회사법 연구 Ⅱ

회사법 연구 Ⅱ

김건식 지음

小花

차례

제2편 판례 평석

머리말

1977년 학부를 졸업하고 대학원에 진학한 지도 어느덧 30년이 훌쩍 넘었다. 대학원은 연구자를 위한 곳이라지만 대학원 공부를 하면서도 뚜렷이 학자가 되겠다는 생각은 없었다. 미국법상의 집단소송에 대한 석사논문을 쓰면서 처음으로 연구라는 것이 재미있기도 하다는 점을 느꼈다. 1979년 석사과정을 마치면서 바로 미국유학을 떠났다. 막바지로 치닫는 정치현실을 뒤로하고 미국행 비행기를 탈 때만 해도 앞으로 어떻게 살아가야 할지 막연하기만 했다. 영어강의를 따라가는 것은 너무도 힘겨웠지만 LL.M. 논문을 쓰는 것은 그래도 즐거웠다. 기존 논문과는 다른 독자적인 주장을 내세우고 그것을 뒷받침하는 논리를 짜내다 보면 어느새 자신이 아주 고차원적인 일을 하는 듯한 착각에 빠지기도 했다. 1980년 여름 마침내 어느 law review로부터 그 논문을 게재해 주겠다는 편지를 받고서 갑자기 유명 학자나 된 것처럼 마냥 우쭐했던 기억이 생생하다. 어쩌면 온몸을 감쌌던 그때의 야릇한 쾌감이 나를 학문의 길로 이끈 것인지도 모르겠다. 이후 30년을 나는 대체로 회사법과 증권법을 공부하며 보냈다. 1986년 서울대 강단에 서면서부터 연구자 이외의 다른 길은 차츰 멀어져 갔다. 그러나 교수로서의 평온한 일상은 2007년 로스쿨 도입의 소용돌이를 맞으며 산산조각이 났다. 우여곡절

끝에 로스쿨 준비의 행정책임을 맡게 되면서 아쉽지만 학자의 삶은 잠시 접어둘 수밖에 없었다. 대신 학자로서의 휴지기를 맞은 김에 지난 30년 학문활동을 정리해 보자는 생각이 들었다.

그간 증권법 분야에서의 연구성과는 "증권거래법"과 "자본시장법"이라는 제목의 교과서를 내면서 대부분 반영하였다. 그러나 회사법에 관해서 발표한 내 논문들은 여러 곳에 흩어져 찾아보기 몹시 불편했다. 이들 중 기업지배구조에 관해서 쓴 비교적 가벼운 글들을 따로 뽑아 금년 봄 "기업지배구조와 법"이라는 책으로 발간하였다. "기업지배구조와 법"에 실리지 못하고 남은 글들을 모은 것이 이번에 내놓는 "회사법 연구" I과 II이다. 같은 회사법 분야의 글이지만 이 책에 실린 글들이 보다 학술적인 성격이 강한 것이 사실이다.

이 책에 실린 글들은 오랜 기간에 걸쳐 발표된 것들이어서 발표 당시와는 상법, 증권거래법 등 관계법령은 물론이고 경제 여건도 많이 변했다. 그것을 일일이 본문에 반영하는 것은 너무 부담스런 작업이라 최소한도의 내용만 追記에 담기로 하였다. 또한 원고를 정리하다 보니 각주의 인용방식도 글마다 차이가 있었다. 가급적 원래의 모습을 변경하지 않는다는 원칙을 지킨다는 핑계로 그대로 놓아두기로 했다. 아무쪼록 독자들의 너그러운 이해를 빌 뿐이다.

지난 5월로 2년의 학장 임기를 마치고 연구실로 돌아왔다. 창밖에 펼쳐진 관악산 정경을 하염없이 바라보다가도 언뜻 연구하고 싶은 테마나 마무리해야 할 일들이 머리 속을 스쳐 간다. 그러나 인생의 시침이 저녁을 향해 미끄러지듯 흘러가는 처지에 앞으로 30년 전과 같은 쾌감을 얼마나 맛볼 수 있을지 모르겠다.

이 책의 글들은 대부분 서울대에 재직하면서 쓴 것이다. 원고를 정리하면서 새삼 옛 은사들의 기억이 많이 떠올랐다. 돌아가신 정희철 선생님을 비롯해서 최기원, 양승규, 송상현 선생님께 받은 학은에 대해서 다시 한 번 감사의 마음을 표하고 싶다.

이 책을 내면서도 강원대학교 최문희 교수의 도움을 많이 받았다. 한창 연구에 물이 오른 최 교수가 이 책 때문에 빼앗긴 시간과 정력을 생각하면 미안하기 짝이 없다. 끝으로 어려운 출판 여건에서도 이러한 연구서의 발간을 쾌히 떠맡아준 도서출판 소화의 여러분들께 깊이 감사드리는 바이다.

2010년 8월

관악캠퍼스 연구실에서

김건식

제1편

기업재무

01 주식발행을 통한 자금조달과 중소기업

I. 서언

기업의 자금조달형태는 자금의 원천에 따라 내부금융과 외부금융의 두 가지로 대별할 수 있다. 내부금융이란 기업의 영업활동의 결과 발생하는 사내보유, 감가상각충당금 등의 내부자금에 의한 것을 말한다. 그러나 내부자금만으로 자금수요를 충분히 해결해 나갈 수 있는 기업은 별로 많지 않다. 대부분의 기업은 정도의 차이는 있지만 내부자금에 의한 금융, 즉 내부금융에 의존하고 있다.

외부금융은 자금의 조달방식에 따라 직접금융과 간접금융의 두 가지로 나눌 수 있다. 대체로 직접금융이란 주식, 사채의 발행을 통한 자금조달을 말하고 간접금융이란 은행 등 금융기관으로부터의 차입을 통한 자금조달을 말한다.

중소기업은 직접금융과 간접금융의 양면에서 대기업에 비할 수 없이 불리한 처지에 있다. 중소기업의 자금조달상의 어려움을 덜어 주기 위해서 정부는 여러 가지 금융지원제도를 마련하고 있다.[1] 그러한 중소기업 금융지원제도는 대부분 간접금융의 이용촉진에 중점을 둔 것이다. 물론 중소기업의 경우에는 아무래도 직접금융보다는 간접금융의 비중이 클 수밖에 없을 것이라는 점에서 앞으로도 그 방면의 지원은 지속되어야 할 것이다. 그러나 이제부터는 직접금융, 특히 그중에서도 주식이나 주식관련증권(예컨대 전환사채나 신주인수권부사채)의 발행을 통한 자금조달에도 관심을 가질 필요가 있다. 주식에 의한 자금조달의 이점은 여러 가지가 있다. 첫째, 이것은 중소기업뿐 아니라 대기업에도 해당되는 말이기는 하지만 기업의 자기자본비율을 높임으로써 도산위험을 감소시킨다. 둘째, 중소기업단계에서부터 주식소유의 분산을 촉진함으로써 기업성장의 혜택을 보다 많은 사람들이 누릴 수 있게 된다. 셋째, 중소기업에 대한 투자는 위험이 높기 때문에 사업의 성공시에도 고정이율에 따른 이자만을 받는 데 그치는 융자방식보다는 기업성장의 과실을 함께 나눌 수 있는 주식인수방식이 보다 합리적일 수 있다.

우리나라에서도 중소기업의 주식인수에 의한 자금조달을 지원하기 위한 시도가 전혀 없었던 것은 아니다. 1980년에는 중소기업은행과 신용보증기금이, 그리고 1983년에는 국민은행이 중소기업이 발행하는 주식이나 사채를 인수하는 방식으로 자금을 제공하는 업무를 개시한 바 있다.[2] 그러나 그 규모는 1986년 말 현재 1,000억 원에도 미치지 못하였을 뿐 아니라 그 대부분이 주식이 아니라 사채의 인수에 집중되었다. 1986년 제정된 "신기술사업금융지원에 관한 법률" 및 "중소기업창업지원법"은 중소기업의 직접금융을 촉진하는 방안으로서는 획기적인 것이라고 할 수 있다. 그러나 두 개의 법률만으로 중소기업의 주식발행을 통한 자금조달을 활성화할 수 있으리라고

1 현재 우리나라의 중소기업금융제도 전반에 대한 소개로는 중소기업은행, 중소기업금융편람(1988) 참조.
2 윤창번 외, 80년대 중소기업육성정책의 성과와 과제(산업연구원 연구보고서 제161호, 1989) 138면.

기대하기는 어렵다. 아직도 중소기업에 대한 투자를 가로막는 요인들이 존재하고 있기 때문이다. 이 연구는 중소기업의 주식발행을 어렵게 하는 법적 제약요인들을 검토하고 그 개선방안을 모색하는 것을 목적으로 한다.

중소기업에 투자하는 것을 꺼리게 되는 이유로는 여러 가지를 들 수 있겠지만 가장 중요한 것은 대체로 다음 세 가지라고 할 수 있다. 첫째, 일반적으로 중소기업에 대한 투자는 대기업에 대한 투자에 비하여 위험이 크다. 둘째, 1인의 주주가 전부 또는 대부분의 주식을 지배하는 것이 보통인 중소기업에서 소수주주의 지위는 지극히 취약하다. 셋째, 일단 중소기업에 출자한 자금은 원하는 시기에 회수하기가 어렵다.

중소기업에 대한 주식투자를 활성화할 수 있으려면 이상의 세 가지 문제점을 해결하거나 개선하지 않으면 안 된다. 이 연구에서는 이 세 가지 주제를 중심으로 논의를 전개하고자 한다. 먼저 II에서는 중소기업에 대한 투자에 수반되는 위험은 분산투자를 통하여 회피할 수 있는 기관투자가의 역할을 증대하는 방안을 검토한다. 두 번째 문제는 주로 폐쇄회사에서의 소수주주의 보호와 중복된다고 할 수 있다. 그러나 중소기업의 증자방식의 자금조달이 부진한 것은 사업자 측의 부당한 억압에 대한 출자자 측의 우려 때문만은 아니고 자신의 사업경영에 대한 간섭을 꺼리는 사업자 측의 태도에서도 원인을 찾아볼 수 있다. 따라서 III에서는 이러한 출자자와 사업자의 이해를 조절할 수 있는 방안을 모색해 보기로 한다. IV에서는 출자자의 투하자본회수를 용이하게 하기 위한 방안에 대해서 논한다. V에서는 현재 우리나라에서는 그다지 중요하게 부각되고 있지는 않으나 중소기업의 증자와 관련된 증권거래법상의 문제점에 대해서 살펴본다.

본격적인 논의에 들어가기 앞서 몇 가지 점을 분명히 해두고자 한다. 첫째, 중소기업이 취할 수 있는 기업형태는 개인기업, 조합, 그리고 회사인 경우에는 합명회사, 합자회사, 유한회사, 주식회사 등 실로 다양하지만 이 연구는 그중 주식회사만을 대상으로 한다. 주식발행을 통한 자금조달은 주식회사만이 할 수 있는 것이므로 이 점은 불가피하다. 또한 우리나라에서는 대부분의 중기업과 다수의 소기업이 주식회사의 형태를 취하고 있으므로 주식회사만을 대상으로 하더라도 의미가 없지 않을 것이다.

둘째, 이 연구에서의 중소기업은 이른바 벤처기업이라는 것보다는 넓은 개념이다. 벤처기업은 일반적으로 "기술창업인이 신기술을 개발하여 새로운 시장을 개척해 나가기 위하여 설립한 연구개발형 또는 기술집약형 신기업으로 위험부담이 크지만 성공시 높은 기대수익이 예상되며 모험적 사업에 도전하여 성취하려는 왕성한 기업가정신을 지니고 있는 기업" 으로 정의되고 있다.[3] 중소기업은 이 같은 벤처기업의 범주에 속하는 경우가 많을 것이다. 물론 주식발행을 통한 자금조달을 촉진할 필요성은 "신기술을 개발한 기업" 의 경우에 가장 절실할 것이나 반드시 그 경우에만 있는 것은 아니다. 그러므로 이 연구에서는 벤처기업 대신에 중소기업이라는 보다 넓은 개념을 사용하기로 한다.

셋째, 이 연구에서 중소기업의 폐쇄적 측면을 강조하는 경우에는 폐쇄회사라는 용어를 사용하기로 한다. 주식회사는 주식이 다수의 주주들에게 분산되는 공개회사에 적합한 기업형태이지만 중소기업의 경우에는 실질적으로 전 주식이 1인 또는 극소수의 주주에 의하여 보유되는 폐쇄회사인 것이 보통이다. 이 연구에서는 그 주식의 전부 또는 대부분을 보유하며 경영을 주도하는 대주주를 사업자라고 부르고 후에 주식인수를 통하여 기업에 참여한 자를 출자자로 부르기로 한다.

3 강문수, 벤처캐피털의 역할과 과제(1987) 16면.

II. 기관투자자의 역할증대

1. 중소기업에 대한 투자와 기관투자가의 기능

(1) 위험분산

중소기업에 대한 투자에는 높은 위험이 따른다. 여기서의 위험은 두 가지로 나누어 볼 수 있다.[4] 먼저 생각할 수 있는 것은 도산위험(default risk)이다. 많은 기업들이 매일 끊임없이 등장하고 사라지고 있지만 그것들은 거의 전부가 중소기업이라고 할 수 있다. 어떠한 이유에서건 대기업이 도산에까지 이르는 것은 아주 드문 일에 속한다. 따라서 도산위험만을 생각한다면 중소기업에 투자하는 것은 어리석은 일일지도 모른다. 그러나 위험에는 도산위험만이 있는 것은 아니다. 오히려 투자전문가들 사이에서 위험이라고 하면 기대이익의 상한과 하한 사이의 폭이 크다는 것, 즉 이른바 불안정위험(volatility risk)을 가리키는 것으로 이해되고 있다. 엄격히 말하면 도산위험은 불안정위험에 포함되는 것으로 볼 수 있다. 위험을 이와 같이 이해한다면 위험이 높다는 것이 반드시 나쁜 것만은 아니다. 위험이 높은 투자에서는 한 푼도 못 건질 가능성도 있지만 그 반면에 떼돈을 벌 가능성도 있기 때문이다. 문제는 대부분의 투자자들이 그러한 위험을 혐오한다는(risk averse) 점이다.[5] 그러나 다행히 위험을 줄일 수 있는 방법이 전혀 없는 것은 아니다. 충분히 많은 수의 중소기업에 분산하여 투자를 할 수 있다면 그중 일부 기업이 도산한다 해도 전체의 투자수익은 별로 심각한 영향을 받지 않을 것이다. 즉 투자위험을 대폭 줄일 수 있을 것이다. 오늘날 한창 관심을 끌고 있는 이른

4 W. Klein & J. Coffee, Business Organization and Finance 208-211(3rd ed. 1988).

5 Id. 214.

바 포트폴리오 이론이라는 것은 바로 이러한 위험을 극소화하는 방법에 대한 연구라고 할 수 있다. 그러한 분산투자를 할 수 있으려면 상당한 규모의 자금이 필요하다. 뿐만 아니라 그러한 분산투자를 효과적으로 수행하기 위해서는 투자에 관한 정보 및 전문 지식이 불가결하다. 그러나 개인이 그처럼 막대한 자금을 가지고 있는 경우는 많지 않다. 더욱이 개인이 투자에 관한 정보와 전문지식을 가질 것을 기대하는 것은 비현실적이다. 따라서 중소기업에 대한 투자가 활성화되기 위해서는 자금력과 투자전문인력을 갖춘 기관투자가들의 참여가 필수적이라고 할 수 있다.

(2) 자위능력

뒤에서 보는 바와 같이 폐쇄적인 중소기업에서 소수주주인 출자자의 지위는 지극히 취약하다. 현행법상 소수주주의 이익보호는 상당 부분 대주주인 사업자와의 주주간 계약에 의존할 수밖에 없다. 계약에 의하여 자신의 이익을 보호하는 면에서는 아무래도 기관투자가가 개인투자가보다 앞서 있는 것이 사실이다. 따라서 개인의 투자규모나 전문지식이 기관투자가에 손색이 없는 극히 예외적인 경우를 제외하고는 개인의 중소기업에 대한 투자는 가급적 기관투자가의 개입을 통하여 이루어지도록 유도하는 것이 보다 합리적일 것이다.

2. 기관투자가의 중소기업에 대한 출자현황

현재는 제도상으로도 기관투자가들이 중소기업에 출자할 수 있는 길이 완전히 막혀 있는 것은 아니다. 이곳에서는 중소기업에 대한 출자가 허용되고 있는 기관투자가들의 출자현황을 살펴보기로 한다.

(1) 일반금융기관

1980년 중소기업은행과 신용보호기금이 중소기업에 대한 투자의무를 개시한 이후 1983년에는 국민은행도 그 업무를 담당하게 되었다.[6] 그러나 이들의 투자실적은 극히 부진하여 1986년 말 현재의 잔액이 1,000억 원에도 미치지 못하여 투자의 대부분이 주식이 아닌 사채의 인수에 집중되고 있는 실정이다. 또한 한국장기신용은행도 장기신용은행법(8조 1항)에 의하여 투자업무를 수행하고 있으나 그 규모는 극히 미미하다.[7]

(2) 신기술사업금융회사

새로운 기술의 사업화를 노리는 중소기업에 대한 투융자를 장려하기 위하여 1986년 12월 신기술사업금융지원에 관한 법률이 제정되었다.[8] 동법은 그러한 투융자의무를 신기술사업금융회사라는 새로운 조직체에 맡기고 있다.[9]

현재 한국기술개발주식회사를 비롯한 4개의 신기술사업금융회사가 신기술사업자에 대한 투금융의무를 수행하고 있다.[10] 그러나 이들의 주식인수실적 또한 당초의 기대를 크게 밑돌고 있다. 1980년 이후 1986년까지 위 4개

6 윤창번, (주 2), 138면. 중소기업은행법(33조 1항)과 국민은행법(18조 1항)은 그러한 투자업무를 명시적으로 허용하고 있다. 신용보증기업법(23조)에 의하면 투자업무는 명시적으로 허용되고 있는 것은 아니나 재무부장관의 승인을 받으면 투자업무도 수행가능한 것으로 되어 있다.

7 강문수, (주 3), 64면.

8 동법은 1988년 12월 대폭 개정된 바 있다.

9 동법에 의하면 신기술사업금융회사로서 인가를 받기 위하여는 후에 설명하는 중소기업창업지원법에 의한 중소기업창업투자회사로 등록된 후 2년이 경과할 것을 요건으로 하고 있다(5조). 그러나 중소기업창업지원법 또한 최근에(1986년 5월) 제정된 것이기 때문에 등록 후 2년이라는 요건을 갖추고 신기술사업금융회사로 인가를 받은 회사는 1989년 7월 현재 아직 없다. 현재 존재하는 4개의 회사는 모두 조세감면규정법상의 신기술사업투자회사를 신기술사업금융회사로 인가받을 수 있도록 한 동법의 부칙(2조)에 의한 인가를 받은 것이다.

10 자세한 것은 강문수, (주 3), 48-63면 참조.

회사의 투자총액은 2,281억 원인데 그중 87.2퍼센트에 해당하는 2,861억 원이 일반융자 및 신용대출에 집중되고 있으며 나머지 12.8퍼센트에 해당하는 420억 원만이 투자와 조건부출자의 형태를 취하고 있다.[11] 따라서 주식투자액은 420억 원에 못 미치는 셈이다.

(3) 중소기업창업투자회사

중소기업의 창업을 촉진하기 위하여 1986년 5월 제정된 중소기업창업지원법은 창업자에 대한 투자업무를 수행할 주체로서 중소기업창업투자회사라는 새로운 조직체를 도입하고 있다. 1989년 5월 현재 동법에 의하여 설립된 투자회사는 26개사로서 총자본금 규모는 1,827억 원에 이르고 있다. 이들의 투자실적은 1988년 3월 현재 259개 창업자에 대하여 474억 원에 이르고 있다.[12]

(4) 투자조합

앞에서 살펴본 신기술사업금융회사와 중소기업창업투자회사는 흔히 벤처캐피털회사로 불리우고 있다. 이들 벤처캐피털회사의 투자업무는 그 자본규모에 의하여 제약을 받을 수밖에 없다. 그런데 1986년 말 현재 신기술사업금융회사의 총자본금은 675.7억 원이고,[13] 중소기업창업투자회사의경우는 1989년 5월 말 현재 1,827억 원에 불과하다. 따라서 투자가 활발히 수행될 수 있으려면 벤처캐피털회사가 내부자금의 한계에서 벗어나 외부의 민간자금을 활용할 필요가 있다. 외부의 투자자들로부터 자금을 동원하는 방편으로

11 Id. 50면.

12 이 연구에서 중소기업창업투자회사에 대한 수치는 모두 상공부의 내부통계자료에 의한 것이다.

13 강문수, (주 3), 77면.

서 도입된 것이 바로 투자조합제도라고 할 수 있다. 1988년 말 현재 벤처캐피털회사가 설립한 투자조합은 모두 12개로서 출자금총액은 595억 원에 이르고 있다.

(5) 벤처주식투자신탁

현행 증권투자신탁업법에 의하면 증권투자신탁의 경우 신탁재산은 "주로 상장유가증권에 투자하게 되어 있다(8조 1항). 비상장주식을 취득하는 것은 재무부장관의 승인을 받은 경우에만 가능하다(동법 20조 2항 3호). 1988년 12월 24일 재무부는 벤처기업 및 중소기업을 지원하기 위하여 신탁재산으로 그러한 기업이 발행하는 비상장주식을 취득하는 것을 허용하였다.[14] 그에 따라 내국의 투자신탁회사들은 벤처주식을 대상으로 하는 투자신탁을 설정하였다. 한국투자신탁과 대한투자신탁은 재무부의 승인과 동시에 각각 55억 원 규모의 벤처 주식투자신탁을 설정하였다.

3. 기관투자가의 중소기업주식투자에 대한 규제

위에서 본 바와 같이 현재 중소기업에 대한 투자는 대부분 벤처캐피털회사와 그에 의하여 설립된 투자조합에 의하여 이루어지고 있다. 그러나 그 투자대상은 벤처캐피털의 특성상 중소기업 일반이 아니라 벤처기업에 한정되고 있다. 먼저 신기술사업금융지원에 관한 법률(2조 1호)에 의하면 투자대상이 될 수 있는 신기술사업자는 "기술을 개발하거나 이를 응용하여 사업화하는" 기업에 한한다. 따라서 "기술의 개발이나 응용"과 무관하게 시장의 특별한 수요를 찾아내서 그것을 사업화하려는 기업은 동법상의 투자대상에 해

14 대한투자신탁십년사(1987) 138면.

당한다고 보기 어려울 것이다.

또한 중소기업창업지원법상의 투자에도 제약이 따르고 있다. 동법상 투자대상이 될 수 있는 자는 "중소기업을 창업하는 자"에 한한다(2조 2호). 법문상으로는 투자대상이 창업자로 되어 있어 투자는 창업시에만 가능한 것처럼 되어 있으나 업계에서는 사업개시일로부터 3년 이내인 신설기업도 투자대상이 될 수 있는 것으로 보고 있다.[15] 또한 동법은 중소기업 중에서도 제조업 및 대통령령이 정하는 업종의 기업만을 대상으로 하고 있다(3조).

이처럼 위의 두 법률이 대상기업을 한정하고 있는 이유는 그것들의 설립목적이 중소기업의 직접금융을 촉진하는 것이 아니고, 벤처기업을 정책적으로 지원하는 것이기 때문이다. 위 두 법률 모두가 벤처기업에 대한 금융, 세제상의 지원과 벤처기업의 투자자들에 대한 세제상의 혜택을 규정하고 있다는 점을 보더라도 그 법률의 밑에 깔려 있는 벤처기업의 육성이라는 정책목표를 쉽게 알 수 있다. 물론 중소기업 중에서도 특히 벤처기업의 경우에 지원필요성이 두드러진다는 점을 부인할 수 없을 것이다. 그러나 벤처기업의 범주에 속하지 않는 일반중소기업의 경우에도 직접금융을 촉진할 필요성이 없는 것은 아니다. 벤처캐피털의 지원을 위한 법률에서와 같이 정부가 중소기업에 대한 투자자에게 경제적 이익을 제공하기까지 할 필요는 없다 하더라도 시장원리에 따라 시중의 자금이 중소기업으로 순조롭게 흘러갈 수 있도록 제도적 장치를 마련해 줄 필요가 있다. 그 같은 제도적 장치로서 가장 적합한 것은 증권투자신탁이라고 할 수 있다. 현재 재무부의 승인에 따라 비상장벤처기업주식을 주된 대상으로 하는 투자신탁까지 허용되고 있음은 앞서 살펴본 바 있다. 앞으로는 중소기업주식을 대상으로 하는 투자신탁도 활성화할 필요가 있다. 이에는 물론 중소기업주식의 위험성을 투자자들

15 창업투자조합운영 및 관리요령 16조 1항; 중소기업은행, (주 1), 63면. 이 같은 해석의 근거는 동법 시행령 4조 1항인 것으로 짐작되나 그 규정은 법문상으로는 정부에 의한 투자에 대한 것으로서 창업투자회사나 투자조합에 의한 투자에는 적용이 없다.

에게 충분히 주지시킬 것이 전제가 되어야 할 것이다.

주식에 대한 투자신탁은 증권투자신탁의 형식뿐 아니라 은행 등에 의한 불특정금전신탁의 형식으로도 이루어질 수가 있다. 현재의 신탁업법상 불특정금전신탁의 경우에는 주식의 인수에 의한 운용이 가능하도록 되어 있다(15조의2). 신탁회사가 고유자금으로 매입할 수 있는 주식은 재무부의 인가를 받은 종류에 한한다(15조 2항). 불특정금전신탁에 대한 규정인 15조의 2에는 15조 2항과 같이 운용대상을 재무부의 인가를 받은 종류의 주식에 한한다는 명시적인 규정은 없다. 그러나 재무부는 불특정금전신탁에도 15조 2항이 적용된다는 해석에 따라 상장주식에 대하여 포괄적으로 인가를 해준 바 있다. 비상장주식에 대해서는 재무부의 승인을 얻은 경우에만 매입이 가능하다. 그 같은 승인은 부실기업의 정리와 관련하여 불가피한 경우에만 극히 예외적으로 행하여지고 있다.[16]

한편 은행은 신탁업무와는 별도로 주식을 매입할 수 있다. 은행법에 의하면 특정회사의 주식을 10퍼센트의 범위 내에서 매입할 수 있다(27조 1항 10호). 다만 주식 및 상환기간 3년을 넘는 사채 등 유가증권에 대한 은행의 투자는 그 요구불예금의 25퍼센트를 넘을 수 없다(22조). 그러나 1985년 현재 일반은행의 주식보유액은 자산총액의 1퍼센트에도 미치지 못하는 3,654억원에 불과하다.[17] 은행의 보유주식 중 상당 부분은 비상장주식이나 이들 주식은 대부분 독자적인 투자결정이 아니라 외부적 요인에 따라 매입한 것으로서 수익성악화의 요인이 되고 있다고 한다. 그러나 은행이 중소기업에 대하여 자금을 제공하는 경우에는 상황에 따라 대출, 주식 또는 사채인수 중에서 적절한 방법을 선택할 수 있는 재량을 부여받을 필요가 있다. 따라서 은행의 비상장주식매입은 부정적으로만 볼 것이 아니라 충분한 심사를 거친

16 이상의 내용은 재무부 담당자와의 전화인터뷰에 기한 것이다.

17 이상훈 · 장충식, 증권시장의 발달과 기관투자가의 역할(1986) 132면.

후에 투자는 일정한 한도 내에서 적극적으로 장려하여야 할 것이다.

투자신탁회사나 은행에 못지않은 기관투자가로서는 보험회사를 들 수 있다. 현재의 보험업법에 의하면 비상장주식의 취득은 원칙적으로 불가능하다(19조; 시행령 14조 2항). 다만 1년만기 정기예금금리수준 이상의 배당을 보장하는 참가적 · 누적적 우선주의 취득은 가능하다. 따라서 비상장중소기업에 대한 투자도 그러한 우선주의 형식을 빌리면 가능하다. 실제로 미국에서는 벤처기업에 대한 투자는 우선주의 형식으로 이루어지는 경우가 많다고 한다.[18]

우리나라에서는 증권회사도 기관투자가로서 유가증권에 대한 투자를 행하고 있다. 그러나 증권회사는 장외거래종목으로 등록된 경우를 제외하고는 비상장주식을 소유할 수 없다(증권회사의 자산운용준칙 6조). 증권회사의 주된 업무는 위탁매매업무이고 주식투자와 관련된 자기매매업무는 위탁매매업무를 보완하기 위한 부차적인 업무라는 점에 비추어 보면[19] 증권회사에 비상장주식에 대한 투자를 전면적으로 허용하는 것은 바람직하지 않을 것이다.

그 밖에 공무원연금기금은 막대한 자금력이 있기는 하지만 현재 유가증권의 매입은 극히 제한적으로 허용되고 있으며 비상장주식의 매입은 허용되지 않는다(공무원연금법 74조 2항). 그러나 사립학교교원연금기금의 경우에는 상장되었거나 상장될 예정인 유가증권에 대한 투자가 가능하고 문교부장관의 승인을 얻으면 그 밖의 유가증권에 대한 투자도 가능하도록 되어 있어 운영 여하에 따라서는 중소기업에 대한 투자가 전혀 봉쇄되어 있는 것만은 아니다.

18 J. Bartlett, Venture Capital 251-252(1988).

19 이덕훈 외, (주 17), 127면.

Ⅲ. 사업자와 출자자 사이의 이해조정

1. 서설

출자자는 중소기업의 주식을 인수함과 동시에 사업자와 동업관계에 서게 된다. 본래 동업관계는 민법상의 조합규정이나 상법상의 인적 회사규정에 의하여 처리하는 것이 바람직할 것이다. 그러나 동업관계에 있는 자들이 주식회사의 형태를 취하는 경우에는 그것이 불가능하다. 물적 결합관계를 전제로 마련된 주식회사법 규정을 이 같은 동업자 사이의 인적 결합관계에 적용할 때 발생하는 갈등을 극소화하는 것은 폐쇄회사법의 기본과제라고 할 수 있다. 우리나라에서는 이제껏 법적으로나 실무적으로나 그러한 갈등이 거의 방치되어 왔다. 실무적으로 그러한 갈등을 줄이는 길은 출자자와 사업자가 각자의 이익을 보호하기 위한 여러 방법에 대하여 미리 합의하여 정관이나 계약서에 명문화해 두는 것이다. 현재 우리나라의 벤처캐피털업계에서는 신주인수계약이나 합작투자계약이라는 이름으로 그러한 계약을 체결하는 것이 실무관행이다. 주주간 또는 주주와 회사 사이에 성립된 그 같은 합의를 회사법이 어느 범위까지 수용할 수 있는가? 이곳에서는 주로 이 문제를 다루기로 한다. 사업자와 출자자 사이의 이해조정을 위한 수단이 가장 발달한 나라는 미국이라고 할 수 있다. 이하에서는 먼저 당사자 간의 합의에 기한 그러한 테크닉이 미국법상 어떻게 취급되고 있는지를 살펴본 후 우리법상의 평가에 대해서 논하기로 한다. 그리고 끝으로 사업자와 출자자 사이에 미리 그러한 합의가 없거나 불충분한 경우에도 출자자의 이익을 보호할 수 있는 방안에 대하여 언급하기로 한다.

2. 주식양도의 제한

(1) 양도제한의 필요

주주 사이에 조합과 유사한 관계가 성립하는 폐쇄회사의 경우에는 주주의 개성이 중요하다. 그러한 사정은 외부의 출자자에게 주식을 발행하여 자금을 조달한 중소기업의 경우에도 마찬가지이다. 회사운영에 영향을 미칠 수 있을 정도의 지분을 가진 경우 출자자가 쉽게 타인으로 바뀔 수 있다면 사업자는 불안을 느끼게 될 것이다. 마찬가지로 출자자의 관점에서 보더라도 특정의 사업자를 믿고서 투자를 하는데 사업자가 자유로이 자신의 지위를 타인에게 양도하고서 회사를 떠날 수 있다면 출자자는 투자를 꺼리게 될 것이다. 따라서 주주의 개성이 중요한 의미를 지니는 중소기업의 경우에는 어느 정도 주식의 양도를 제한할 필요가 있다. 그러나 한편 투자를 촉진하기 위해서는 투하자본의 회수를 보장할 필요도 있다. 이 두 가지 필요는 서로 충돌한다. 따라서 주식양도제한의 문제는 이 두 가지 상반되는 요청을 어느 선에서 조화할 것인가 하는 문제라고 할 수 있다.

(2) 제한의 방법

미국법상 주식양도를 제한하는 약정은 다음의 여러 가지 유형으로 나눌 수 있다.[20]

1) 주식선매권

주식선매권은 right of first refusal과 first option의 두 유형으로 나눌 수 있

20 R. Clark, Corporate Law 764-765(1986).

다. 주식선매권은 회사나 다른 주주 또는 양자에 동시에 부여되는 것이 보통이다. 제3자에게 주식을 양도하고자 하는 주주는 먼저 주식선매권자에게 일정한 기간 내에 매수할 것을 청구하여야 한다. 이때 가격은 right of first refusal의 경우에는 제3자가 매수가격으로 제시한 가격이고, first option의 경우에는 선매권 부여시에 확정한 가격이다.

2) 동의

주식의 양도에 이사회나 다른 주주의 동의를 요건으로 함으로써 그것을 제한하는 방법이다. 동의권자의 동의를 얻지 못하면 주식은 양도가 금지되므로 주주가 투하자본을 회수할 수 있는 길을 열어 주기 위해서 동의를 얻지 못한 주주에게 회사해산권이나 동의권자에 대한 주식매수청구권을 부여하는 경우가 많다.[21]

3) 회사의 주식매수권

예컨대 주주가 종업원의 지위를 상실하는 경우 등 일정한 사유가 발생하는 경우 그 주주의 의사에 관계없이 주식을 매수할 수 있는 권리를 회사에 부여함으로써 주식이 제3자에게 양도될 수 있는 여지를 봉쇄하는 방법이다.

4) 조건부매매계약

이 방법은 주주의 사망, 퇴직과 같은 일정한 사유가 발생하는 경우 3)과는 달리 바로 회사와 주주 사이에 매매계약이 발효하는 것으로 보는 방법이다.[22]

21 浜田道代, アメリカ閉鎖會社法(1974) 62면.

22 上柳 교수는 "양도의 자유"를 제한하는 협의의 양도제한약정에 비하여 이러한 유형은 "양도하지 않을 자유"를 제한하는 약정으로서 壤渡약정이라고 부르고 있다. 上柳克郞. "株式の讓渡制限," 大阪學院大學法學研究 15권 1, 2합병호(1989) 5면.

(3) 미국법상의 효력[23]

제한약정의 효력에 대한 법의 태도는 주마다 차이가 있다.

제한약정의 효력문제를 자세히 규정하고 있는 회사법(예컨대 모범사업회사법)을 가진 주에서는 법원이 판결에서 그 효력 여부를 판단하는 기준을 제시하고 있다. 법원은 제한약정의 유효요건으로서 "합리성"(reasonableness)과 주주의 "인지"(notice)라는 두 가지를 들고 있다. 델라웨어주를 비롯한 일부 주들은 제정법에서 양도제한의 여러 유형에 대하여 효력을 인정하고 있다. 예컨대 델라웨어주법은 주식선매권(first refusal rights)이나 동의권조항의 유효성을 명시적으로 인정하고 있다.

끝으로 메릴랜드주와 같이 폐쇄회사에 대하여 따로 엄격한 특별규정을 두고 있는 경우가 있다. 메릴랜드주법에 의하면 폐쇄회사의 주주는 다른 주주 전원의 동의를 얻지 못하면 주식을 양도할 수 없다. 그러나 다른 주주의 반대로 말미암아 양도를 못하게 된 주주는 회사를 해산시킬 수 있다. 제정법에 양도제한에 대하여 상세한 규정을 두지 않은 경우에는 결국 법원이 구체적인 제한약정이 합리적인지 여부를 판단하여 그 유효 여부를 결정하여야 한다. 법원의 합리성판단에서 가장 중요한 것은 제한약정의 형태라고 할 수 있다. 주식선매권조항 중 right of first refusal조항은 합리적이라고 보는 것이 보통이다. 그러나 first option조항의 경우에는 매매가격의 결정방법에 따라 합리성 여부가 좌우된다. 선매권행사시의 수익가격에 따라 가격을 결정하는 경우는 물론 합리적이라고 보지만 장부가격에 의하는 경우도 가격결정이 주관적일 수밖에 없다는 점에 비추어 합리성이 인정될 가능성이 크다. 주주가 원래 매수한 가격과 같은 가격으로 매수하기로 하는 약정은 주가의 변동 가능성에 비추어 문제가 없지 않으나 당사자의 합의를 존중한다는 취지에

23 Clark, (주 20), 767-771.

서 유효하다고 본 판례도 있다.[24] 한편 동의조항은 제한의 정도가 심하므로 법원은 보다 엄격한 태도를 취하고 있으나 사안에 따라 법원의 태도는 일정치 않다.

법원은 유효하다고 판단하는 제한약정의 이행을 담보하기 위해서 경우에 따라 특정이행(specific performance), 손해배상, 약정에 위반한 양도의 취소 등 여러 구제수단을 인정하고 있다.[25] 때로는 약정에 위반하여 양도된 주식은 회사에 다시 양도될 때까지 이익배당이나 의결권행사가 중지된다는 규정을 정관에 두는 경우가 있는데 법원은 그러한 규정도 유효로 보고 있는 것으로 여겨진다.

(4) 우리 법상의 효력

우리 상법은 "주식의 양도는 정관에 의하여도 이를 금지하거나 제한하지 못한다"로 하여(335조 1항) 주식의 자유양도성을 강행법적으로 확립하고 있다. 이 규정에 의하면 정관에 주식양도를 제한하는 조항을 두는 것이 허용되지 않으며 그러한 조항이 무효라는 것은 분명하다. 그렇다면 정관에 의한 제한이 아닌 계약에 의한 제한의 효력은 어떠한가?

양도를 제한하는 계약은 주주 사이에 체결되는 경우와 주주와 회사 사이에 체결되는 경우, 두 가지로 나누어 볼 수 있다. 통설은 두 가지 경우에 모두 계약의 채권적 효력만을 인정하고 있다.[26] 통설에 의하면 주주가 그러한 약정에 위반하여 양도한 경우 양수인의 선의, 악의와 관계없이 양도 자체는

24 Allen v. Biltmore Tissue Corp., 141 N.E. 2d 812(N.Y. 1957).

25 F. O'Neal & R. Thompson, Close Corporations §7.17(3rd ed. 1987).

26 최기원, 신회사법론, 368면(제3전정판 1987년). 소수설은 회사를 상대로 체결된 계약은 회사에 의한 제한을 금하는 상법의 취지에 비추어 무효라고 하고 있다. 이태로 · 이철송, 회사법강의 258면(전정판 1988).

유효하고 양도인이 계약위반에 따른 손해배상책임을 질 뿐이다. 이 경우 손해의 입증은 극히 어렵다. 물론 계약으로 손해배상액을 예정할 수 있으나, 그 금액이 부당히 과다한 경우에는 법원이 감액할 수 있다(민법 398조).

이 같은 통설의 태도는 상법의 주식양도제한금지규정을 폐쇄회사의 수요를 가급적 수용하는 방향으로 해석한 것으로 이해할 수 있다. 그러나 상법의 규정(그리고 그 규정에 대한 통설의 태도)은 양도제한약정에 여러 가지 유형이 있을 수 있으며, 그 각 유형의 약정이 주주의 투하자본 회수의 기회를 가로막는 정도에는 큰 차이가 있다는 점을 무시하고 있다. 또한 현행제도상으로는 주식양도제한약정은 아무리 그 필요성이 인정되는 경우에도 실효성을 확보할 수 있는 방법을 찾기 어렵다.

현재 우리나라에서 벤처투자조합이 출자를 하는 경우에 체결하는 계약에는 거의 예외 없이 출자자와 사업자의 주식양도를 제한하는 조항이 들어 있다.[27] 그러나 그 조항의 실효성을 담보할 만한 장치는 거의 찾아볼 수 없다. 이 같은 사정을 근본적으로 해결하기 위해서는 결국 합리적인 제한약정이 실효를 거둘 수 있는 방향으로 상법을 개정할 수밖에 없을 것이다.

3. 의결권(구속)계약(voting agreement or pooling agreement)

(1) 의의

의결권(구속)계약이란 주주 사이에 일정한 결의사항에 대하여 의결권을 일정한 방법으로 행사할 것을 정한 계약을 말한다. 의결권계약은 주로 다수결원칙의 지배하에서는 그 의사가 무시될 수밖에 없는 소수주주의 이익을 보호하기 위하여 체결되는 것이 보통이다. 지배주주가 소수주주의 출자를

27 본인이 개인적으로 수집한 계약서들은 모두 그러한 조항을 담고 있다.

유도하기 위하여 이사 중 1인은 소수주주가 지명하는 자로 선임하기로 약정하는 경우가 그 대표적인 예이다. 그러한 약정은 우리나라의 벤처회사와 사업자 사이의 계약에서도 흔히 찾아볼 수 있다. 그러나 의결권계약은 반드시 이러한 경우에만 체결되는 것은 아니다. 예컨대 어느 주주도 단독으로는 과반수에 못 미치는 경우 주주들 중 일부가 결합하여 지배그룹을 형성하고자 할 때에도 그들 사이에 의결권계약을 체결할 수 있다.

의결권행사를 구속하는 합의에는 여러 가지 형태가 있는바 그중 대표적인 것들을 들면 다음과 같다.[28]

① 계약당사자의 의결권의 과반수로 결정하는 바에 따라 의결권을 행사하기로 하는 합의

② 특정의 제3자의 결정에 따라 의결권을 행사하기로 하는 합의

③ 계약당사자가 의결내용에 대해서 미리 정하고 그 정함에 따라 각자의 의결권을 행사하기로 하는 합의

(2) 미국법상의 효력

미국에서 종전에는 의결권계약의 효력을 부정하는 것이 일반적인 판례의 경향이었다.[29] 그 주된 논거는 주식과 의결권을 분리시키는 결과를 가져오는 계약은 허용되지 않는다는 것이었다. 그러한 논거에 의하면 어떠한 형태의 의결권계약도 무효로 볼 수 있었다. 그러나 법원의 이 같은 부정적인 태도는 1910년을 전후하여 차츰 바뀌기 시작하여 1960년대에 이르러서는 대체로 의결권계약의 효력을 인정하는 방향으로 기울게 되었다.

현재 대부분의 주는 제정법으로 의결권계약이 유효함을 선언하고 있다.[30]

28 O'Neal & Thompson, (주 25), §5.09.

29 Id. §5.04.

30 Id. §5.09.

뒤에 설명하는 의결권신탁(voting trust)에 적용되는 엄격한 요건들은 의결권계약에는 적용이 없음을 제정법에 명시한 주들도 많다.

한편 그 같은 제정법이 없는 주의 법원도 비슷한 결론에 이르고 있다.[31] 예컨대 네브래스카주 법원은 기존 주주가 출자자로부터 출자를 유도하기 위하여 서로 각 당사자가 지명한 후보자를 이사로 선임한다는 합의를 하고서는 나중에 그 합의가 공익(public policy)에 반한다는 이유로 그 합의의 무효를 주장한 사안에서 그 합의의 유효를 선언하였다.[32]

법원은 의결권계약은 "회사의 이익에 합치되고 채권자나 다른 주주를 기망하지 않으며 법규정이나 확립된 공익에 반하지 않는 경우"에는 유효하다고 판시하였다. 이처럼 오늘날 미국법상 의결권계약이 당연히 무효인 것은 아니지만 그렇다고 해서 모든 형태의 의결권계약이 유효로 받아들여지는 것도 아님을 주의하여야 한다.

의결권계약이 유효인 경우에는 그 내용을 어떻게 실현할 것인가가 문제된다. 그 실현 방법에는 여러 가지가 있다.[33] 먼저 계약당사자가 계약상의 권리를 확인하는 선언적 판결(declaratory judgment)을 법원에 구할 수 있다. 계약당사자가 계약을 위반한 자에게 손해배상을 청구할 수 있음은 물론이다. 그러나 손해액의 산정이 어렵기 때문에 손해배상을 구하는 대신 형평법(equity)상의 구제방법인 특정이행(specific performance)을 구하는 것이 보다 효과적이다. 법원은 계약내용에 따른 이행을 명할 수 있고 그 명령에 복종하지 않는 당사자는 법정모욕(contempt of court)으로 처벌된다. 과거에는 의결권계약의 특정이행을 부정하는 판결이 많았으나 차츰 그것을 인정하는 판결이 늘고 있다. 특정이행이 인정된 예는 주주 전원이 계약당사자가 된 경우에 많이 찾아볼 수 있다. 그러나 최근에는 일부의 주주만이 계약을

31 Clark, (주 20), 774.

32 E.K. Buck Retail Stores v. Harkert, 62 N.W. 2d 288(Neb, 1954).

33 이하는 주로 浜田, (주 21), 167-172면 참조.

체결한 경우에도 특정이행을 인정한 판결이 나오고 있다. 한편 주의 제정법에서도 의결권계약의 특정이행을 명시적으로 인정하는 경우가 증가하고 있다.

(3) 우리 법상의 효력

우리 상법은 의결권계약에 대한 규정을 따로 두고 있지 않다. 그러나 학설은 대체로 그 유효성을 인정하고 있다.[34] 그러나 의결권계약의 유효성과 그것의 실효성은 전혀 별개의 문제이다. 우리 법상으로는 그 실효성을 확보하는 것이 쉽지 않다. 먼저 위반자에게 손해배상을 청구할 수 있는 것은 물론이다. 그러나 손해액산정이 어렵다는 점이 문제이다.

의결권계약에 위반하여 의결권이 행사된 경우에도 그 결의는 완전히 유효하다고 보는 것이 일반적이다.[35] 소수설은 주주 전원이 계약에 참여한 경우에는 계약에 반하는 일부 주주의 의결권행사는 무효이고 그 결과 채택된 결의는 무효확인의 소(상법 380조)의 대상이 된다고 하고 있다.[36]

주식회사의 내부관계 규정인 까닭은 소수주주를 보호하기 위해서인데 소수주주까지 포함한 주주 전원이 법이 예정한 것과 다른 의사결정방법에 합의한 경우에는 굳이 그 효력을 부인할 필요가 없다는 것이다. 그러나 소수설의 이 같은 주장은 입법론으로는 혹시 모르겠으나, 결의무효확인의 소의 대상을 법령 또는 정관에 위반하는 내용의 결의에 한하고 있는 현행 상법의 규정(380조)의 해석론으로는 다소 무리가 있는 것 같다. 따라서 계약에 반하는 의결권행사가 이루어지고 난 후에 그 효력을 다투기보다는 사전에

34 정동윤, 폐쇄회사의 법리, 166면(1982); 최기원, (주 26), 464면. 다만 최 교수는 "선량한 풍속 기타 강행법규나 주식회사의 본질에 위배되지 않는 한" 유효하다고 하여 의결권계약의 유효성이 모든 경우에 인정되는 것이 아니라는 점을 명시하고 있다.

35 최기원, (주 26), 464면.

36 정동윤, (주 34), 168면.

계약에 합치되는 방향으로 의결권의 행사가 이루어지도록 조치할 필요가 있다. 먼저 계약위반의 우려가 있는 주주에 대하여 계약에 따른 의결권의 행사를 구하는 장래의 이행의 소(민법 229조)를 제기하는 방법을 생각해 볼 수 있다.[37] 이 경우 주주총회 전에 판결을 얻을 수 없는 것이 보통일 것이므로 먼저 그 소를 본안으로 하여 임시의 지위를 정하는 가처분(민소법 714조 2항)을 청구하여야 할 것이다. 그러나 의결권계약의 목적을 확실히 달성하기 위해서 총회시마다 법원에 제소하여야 하는 것은 큰 부담이라고 하지 않을 수 없다.

4. 철회불능위임장(irrevocable proxy)

(1) 의의

주주는 그의 의결권을 대리인에 의하여 행사할 수 있다. 대리권은 위임장(proxy)이라는 서면에 의하여 표창되는 것이 보통이다. 앞서 살펴본 바와 같이 의결권계약의 경우에는 그 이행의 확보를 위해서 총회시마다 소송을 거쳐야 하는 불편이 있다. 그러나 의결권계약의 구속을 받는 주주로부터 위임장을 받고 그것을 철회가 불가능한 것으로 할 수 있다면 회사의 의사결정을 보다 확실하게 지배할 수 있을 것이다.

(2) 미국법상의 효력

초기에는 주식의 본질적 요소인 의결권을 주식으로부터 분리하는 것은 허용되지 않는다는 이유에서 철회불능위임장은 무효로 간주되었다.[38] 그러

37 Id. 167면.

38 O'Neal & Thompson, (주 25), §5.04.

나 현재에는 철회불능위임장도 위임장으로 유효하다는 데에는 이론이 없지만 그것을 과연 철회불능으로 볼 것인지에 대해서는 다투어져 왔다. 위임장은 대리권을 표창하는 서면이라는 점을 이유로 이익과 결부되지 않은(not coupled with an interest) 대리권은 항상 철회할 수 있다는 대리의 법리의 적용을 받아 왔다.[39] 전통적인 견해에 의하면 위임장이 "이익과 결부된" 것으로 볼 수 있는 경우는 위임장소지인이 의결권이 귀속되는 주식 자체에 대하여 권리 내지 이익을 갖는 경우로 한정되었다. 그러나 오늘날 법원은 그러한 "이익" 요건을 포기하거나 아주 융통성 있게 해석하는 것이 일반적이다. 법원의 해석에 의하면 위임장소지인이 위임장을 신뢰하여 어떠한 법률관계의 변동을 초래하였거나 위임장이 위임장소지인의 이익을 위하여 주어진 경우에는 철회가 불가능한 것으로 할 수 있다.[40]

현재 대부분의 주제정법은 장기의 철회불능위임장을 제한하는 규정을 두고 있다.[41] 다수의 주법은 다른 명시적인 합의가 없으면 위임장은 일정기간(보통 11개월) 동안만 유효하다고 하고 있다. 또한 20여 주가 위임장은 철회가능한 것이 원칙이라고 규정하고 있다. 그러한 주법상 철회불능위임장은 위임장에 철회불능의 취지가 명시되고 또한 철회불능이 허용되는 일정한 범주에 해당하는 경우에만 허용된다.

많은 주가 그처럼 철회불능으로 할 수 있는 경우를 "이익과 결부된" 경우에 한정하고 있다. 그러나 "이익" 요건은 과거보다는 융통성 있게 규정되고 있다. 예컨대 델라웨어주법은 이익이 주식 자체에 대한 것이든 회사에 대한 것이든 관계없다고 하고 있다. 또한 모범사업회사법은 이익이 존재하는 경우를 열거하면서 의결권계약을 체결한 경우도 포함시키고 있다. 한편 뉴욕주와 캘리포니아주를 비롯한 일부 주는 아예 이익요건을 포기하고 철회불

39 Id. §5.13.

40 Id.

41 Id. §5.14.

능위임장이 허용되는 경우를 개별적으로 규정하고 있다.

(3) 우리 법상의 효력

우리 상법은 명문으로 의결권의 대리행사를 인정하고 있다(368조 3항). 일본상법은 대리권수여는 매 총회시 하여야 한다(239조 4항)고 규정하고 있는데 비하여 우리 상법에는 그러한 규정이 없다. 우리 법상 수 개의 총회에 대한 대리권을 일괄하여 수여할 수 있는지에 대해서는 학설이 나뉘고 있다.[42] 부정설의 근거는 그것을 무한정 허용하면 주주지위로부터 의결권만을 분리양도하는 것을 허용하는 결과가 된다는 것이다. 그러나 주주지위와 의결권이 분리되는 것을 그처럼 금기시하여야 할 것인가는 별론으로 하고[43] 위임장의 철회가 언제나 가능하다고 보는 통설에 의하면 긍정설을 취하더라도 주주지위와 의결권이 분리된다고 볼 것은 아니다. 보다 근본적인 문제는 위임장을 철회가능으로 할 수 있는가 하는 것이다. 국내의 학설은 총회결의 전에는 언제라도 위임장의 철회가 가능하다는 데 일치하고 있다. 그 근거로는 임의대리의 경우에는 언제든지 수권행위의 철회가 가능하다는 것(민법 128조)을 들고 있다. 철회불능 여부에 대한 특약이 없는 경우에는 그 같은 결론을 받아들일 수도 있을 것이다. 그러나 당사자 간에 일정기간 동안 철회불능으로 하는 명시적 합의가 있는 경우에는 반드시 그 합의를 무시할 필요는 없다. 민법상 위임의 경우에는 각 당사자가 자유로이 해지할 수 있는 것이 원칙이지만(689조 1항), 당사자 간에 해지를 제한하는 특약이 있는 경우에는 그렇지 않다.[44] 어느 범위까지 그러한 합의의 효력을 인정할 것인가는 사적자치의 한계의 문제라고 할 것이다. 당사자들의 예측가능성을 위해서는 철

42 이태로 · 이철송, (주 22), 384면.

43 예컨대 프랑스 상사회사법은 1983년의 개정으로 주식과 의결권의 분리를 허용하고 있다(283-1조).

44 이은영, 채권각론(1989) 431면.

회불능으로 할 수 있는 기간의 상한을 법으로 정해두는 방안도 고려해 봄직하다.

5. 의결권신탁(voting trust)

(1) 의의

의결권신탁은 미국에서 발달한 제도로서 주주가 주식을 수탁자(trustee)에 양도하고 수탁자는 주식에 대한 수익권(형평법상의 소유권)을 표창하는 양도성 의결권 수탁증서(transferable voting trust certificates)를 주주에게 교부함으로써 성립한다.[45] 주주는 신탁계약으로 의결권의 행사방법을 정하고 수탁자는 그에 따라 의결권을 행사하여야 한다.

(2) 미국법상의 효력

오늘날 대부분의 주제정법은 의결권신탁의 효력을 일정한 요건하에 인정하고 있다. 그 요건은 대체로 다음과 같은 내용으로 되어 있다.

① 신탁계약이 서면으로 체결될 것

② 계약서사본 및 수익자 명단을 회사 본점에서 열람할 수 있을 것

③ 신탁계약기간이 일정기간(통상 10년)을 초과할 수 없을 것

④ 신탁계약은 계약기간 동안 취소가 불가능할 것

의결권 신탁에 대해서는 위와 같이 엄격한 요건이 적용되고 있는 반면 대체로 같은 목적으로 이용되는 의결권계약에 대해서는 그러한 요건이 명시적으로 요구되고 있지 않다. 따라서 의결권계약의 효력을 부인하고자 하는

45 이하는 주로 Clark, (주 20), 777-778면 참조.

측에서는 그 계약이 실질적으로 의결권신탁과 다름없음에도 불구하고 그 요건을 갖추지 못하였으므로 무효라는 주장을 펴는 경우가 많다.

(3) 우리 법상의 효력

우리 법은 의결권신탁에 대하여 아무런 규정도 두고 있지 않다. 따라서 현행법상 그것이 허용되는지 여부에 대해서는 논란의 여지가 있으나 대체로 허용된다는 견해가 많은 것 같다.[46] 다만 신탁법상 "선량한 풍속 기타 사회질서에 위반하는 사실"을 목적으로 하는 신탁은 허용되지 않으므로(5조 1항) 미국법상 의결권계약의 경우와 마찬가지로 구체적인 의결권신탁의 내용이 사회질서에 위반하는지 여부를 따져 보아야 할 것이다. 그 최종적인 판단은 법원이 하게 될 것이므로 의결권신탁이 허용되는 범위는 결국 법원이 폐쇄회사의 특별한 수요를 어느 정도로 존중해 줄 것인가에 달려 있다고 할 수 있다.

한편 수익권은 양도가 가능하지만 그것을 유가증권으로 하는 것은 신탁법상 원칙적으로 허용되지 않는다고 보고 있다.[47] 신탁업법은 수익증권의 발행을 허용하고 있으나 그것이 허용되는 경우를 금전신탁에 한정하고 있으므로(17조의2) 유가증권관리신탁의 형태를 취하는 의결권신탁의 경우에는 수익증권의 발행이 불가능하다.

현재 경영권안정을 위한 수단으로서 의결권신탁에 대한 실무계의 관심은 어느 때보다도 고조되고 있으나 아직 실제 이용된 예는 없는 것 같다.

46 최기원, (주 26), 462-463면; 정동윤, (주 34), 169면; 장형룡, 신탁법개론(1985) 56면.
47 장형룡, (주 46), 162면.

6. 결의요건의 가중(supermajority provisions)

(1) 의의

소수주주는 결의요건을 가중하여 실질적인 거부권을 확보함으로써 자신의 이익을 보호할 수 있다. 예컨대 정관에 이사선임에 80퍼센트 이상의 주식을 보유하는 주주의 찬성을 요한다는 규정을 두는 경우 21퍼센트의 주식을 보유하는 출자자는 이사선임결정에 거부권을 갖는 것과 마찬가지의 결과가 될 것이다. 결의요건의 가중은 한편으로는 소수주주를 보호하는 방파제의 기능을 할 수 있으나, 다른 한편으로는 회사운영의 마비를 가져올 수도 있다. 결의요건의 가중은 주주총회뿐 아니라 이사회에 관해서도 문제될 수 있고 표결수뿐 아니라 정족수에 관해서도 생각해 볼 수 있지만, 이곳에서는 주주총회에서의 표결수 요건의 가중에 대해서만 논하기로 한다.

(2) 미국법상의 효력

미국의 초기의 판결은 가중된 결의요건을 무효로 선언하는 경우가 없지 않았다.[48] 이 같은 판례의 태도는 차츰 그것을 명시적으로 허용하는 입법에 의하여 수정되었다. 현재 대부분의 주는 정관을 변경하여 결의요건을 가중하는 것을 허용하고 있다.[49] 결의요건 가중을 위한 정관변경에 필요한 주식수에 대하여 특별히 규정하고 있는 주법은 별로 없다. 그러나 모범사업회사법을 비롯한 일부 주법은 그러한 정관변경을 위해서는 변경 후의 가중된 결의요건을 충족하여야 함을 명시하고 있다.[50]

48 浜田, (주 21), 84-86면.
49 O'Neal & Thompson, (주 25), §4.07.
50 Id. §4.17.

결의요건을 가중할 수 있다고 하더라도 주주전원일치까지 요구할 수 있는가? 그에 대해서 명시한 경우는 많지 않지만 대부분의 주법은 해석상 만장일치의 요건까지 허용하는 것으로 받아들여지고 있다.[51]

(3) 우리 법상의 효력

우리 상법은 이사회의 결의에 대해서는 명시적으로 정관에 의한 결의요건의 가중을 인정하고 있다(391조 1항 단서). 또한 주주총회의 보통결의의 요건을 규정함에 있어서는 "정관에 다른 정함이 있는 경우 외에는" 발행주식총수의 과반수출석과 출석주주의 의결권의 과반수찬성을 요구하고 있으므로(368조 1항) 결의요건의 가중이 가능한 것으로 해석되고 있다.[52] 다만 이사의 선임에 대해서는 정관에 의한 결의요건변경이 허용되지 않음을 분명히 하고 있다(384조). 주식회사의 특별결의의 요건을 가중할 수 있는가에 대해서는 학설이 대립하고 있다.[53] 보통결의사항에 대해서도 결의요건의 가중이 허용되고 있는데 그보다 더 중요한 특별결의사항의 경우에 그것이 금지된다고 해석하는 것은 부당하다.[54]

7. 이사회권한사항에 대한 주주간 계약

(1) 의의

의결권계약은 주주총회의 권한사항에 대해서 의결권을 어떻게 행사할 것

51 Id. §4.19.
52 최기원, (주 26), 432면.
53 Id. 431면.
54 정동윤, 회사법(1986) 352면.

인가를 미리 정하는 것인 데 비하여 이사회권한사항에 관한 주주간 계약은 주주총회가 아닌 이사회의 권한사항에 대해서 주주간에 미리 약정을 하는 경우를 말한다. 미국에서는 예컨대 사장 등 회사의 임원선출이나 이익배당의 결정은 이사회의 권한사항으로 되어 있는바 그러한 사항에 대하여 주주들이 합의하는 경우에 어떠한 효력을 인정할 것인가가 논의되어 왔다.

(2) 미국법상의 효력

종래에는 이사의 독립적인 판단에 제약을 가하는 약정은 무효라고 한 판결이 많았다.[55] 그러나 근년의 판결들은 폐쇄회사의 경우 그러한 계약의 유효성을 인정하는 방향으로 나아가고 있다.[56] 그러한 계약에 대한 주법은 여러 가지 유형으로 나눌 수 있다.[57]

예컨대 뉴욕주는 다음과 같은 요건을 충족한 경우에 이사회업무에 대한 계약을 유효라고 하고 있다. ① 주주 전원의 동의, ② 정관에의 기재, ③ 후에 주식을 취득하는 자에 대한 공시. 한편 델라웨어주법은 주주 전원이 아니라 과반수 주주 사이의 계약도 유효라고 하고 있다. 끝으로 가장 자세한 규정을 담고 있는 미네소타주법은 다음과 같은 요건하에 그러한 계약의 효력을 인정하고 있다. ① 서면계약일 것, ② 주주 전원의 서명이 있을 것, ③ 계약서 사본을 회사에 제출할 것, ④ 주권에 계약에 대한 기재가 있을 것, ⑤ 주식에 대하여 권리를 가지는 모든 자가 계약서를 열람할 수 있을 것. 이상의 요건이 충족되면 계약에 참가하지 않은 후일의 주주에 대해서도 효력이 인정된다고 하고 있다.

55 정동윤, (주 34), 46면.
56 Clark, (주 20), 784.
57 Id. 782.

(3) 우리 법상의 효력

우리 법상 이사회권한사항에 대한 주주간 계약의 효력에 대하여는 별로 논의가 없으나 법률과 정관에 반하지 않는 한 유효한 것으로 보자는 유력한 견해가 있다.[58] 우리나라에서는 그러한 계약의 중요성이 미국에 비하여 훨씬 떨어진다. 미국에서는 주요 간부(officer)의 임면 및 보수결정, 이익배당의 결정 등 소수주주의 관심이 큰 사항들이 이사회권한사항으로 되어 있는 데 비하여 우리나라에서는 그중 대표이사의 선임만이 이사회의 권한사항으로 되어 있다(상법 389조 1항). 또한 우리 상법은 이사회의 권한사항을 정관의 규정으로 주주총회의 권한사항으로 하는 것도 허용하고 있다(361조). 주주총회의 권한사항으로 할 수 있는 범위에 대해서는 상법에 명문의 규정이 있는 경우에 한한다는 설도 있지만 다수설은 총회소집과 같이 성질상 허용될 수 없는 것을 제외하고는 모두 주주총회의 권한으로 할 수 있다고 본다.[59]

따라서 이사회권한사항에 대한 주주간 계약의 효력이 불분명한 현실을 고려하면 정관으로 이사회권한사항을 가능한 한 주주총회로 옮긴 후에 의결권계약을 체결하는 편이 바람직할 것이다.

8. 소수주주보호를 위한 일반규정

(1) 합의에 기한 소수주주보호의 한계

이상에서 살펴본 제도는 모두 주주 사이의 합의를 통하여 소수주주의 보호를 도모한다는 점에서 공통점을 지니고 있다. 그러나 소수주주의 보호를

58 정동윤, (주 34), 170면.
59 최기원, (주 26), 433면.

주주간의 합의에만 맡기는 것은 바람직하지 않다. 합의는 대등한 교섭력을 지닌 당사자 사이에서는 효과적인 이해조정수단이지만 그 한계가 없지 않다. 중소기업에 투자하는 출자자가 사업자에 뒤지지 않는 교섭력을 가진다고 하더라도 미래의 상황을 모두 정확히 예측하여 적절한 조치가 이루어지도록 합의하는 것은 현실적으로 불가능하다. 따라서 주주간의 구체적인 합의와는 별도로 대주주의 부당한 행위에 포괄적으로 대처할 수 있는 제도적 장치가 필요하다. 우리 상법은 그러한 장치를 두고 있지 않다. 우리 상법의 해석상 이사는 선관주의 의무를 부담하는 것을 되어 있으나(상법 382조 2항, 민법 681조), 막상 대주주에 대해서는 아무런 규정도 없다. 따라서 대주주가 이사직을 맡지 않은 경우에는 그의 억압적인 행위에 대한 실효성 있는 무기가 거의 없는 형편이다. 소수주주의 보호를 위한 가장 효과적인 수단을 마련하고 있는 것은 영국의 회사법이라고 할 수 있다. 1948년 회사법 210조(1985년 법의 459조)가 그것이다. 이하에서는 영국의 제도의 개요를 살피기로 한다.

(2) 불공정한 침해에 대한 구제

종래 영국법상 소수주주의 보호수단으로는 대표소송과 해산명령의 두 가지가 논의되었다. 그러나 이 두 가지는 모두 적절한 보호수단이라고는 할 수 없었다. 먼저 대표소송은 Foss v. Harbottle판결[60] 및 그 이후의 판결에서 회사에 대한 충실의무 위반행위 및 내부의 분쟁에 대하여 제소할 수 있는 권한은 궁극적으로 회사에 속하며 이사회가 제소하지 않는 경우에는 주주총회가 제소 여부를 결정한다는 원칙이 확립됨에 따라 그 범위가 크게 축소되었다.[61] 해산명령도 계속기업에 대한 주주의 이익이 무시되고 청산가격이 과소

60 (1843) 2 Hare 461.

61 자세한 것은 L.C.B Gower, Gower's Principles of Modern Company Law 641-656(4th ed. 1979) 참조.

하게 평가되는 경우가 많다는 점에서 바람직한 보호방법이 될 수 없었다.[62] 이러한 판단하에서 코헨위원회(The Cohen Committee)는 1948년법 210조를 마련하였다.

210조에 의하면 회사의 업무가 일부 주주에 대하여 억압적인 방법으로(in a manner oppressive) 수행되는 경우 그 주주나 상무부(The Department of Trade)는 법원에 대하여 해산명령 이외의 적절한 명령을 내려 줄 것을 신청할 수 있다. 그러한 명령을 구하기 위해서는 상황이 회사의 해산명령을 공정하고 형평에 맞는(just and equitable) 것으로 정당화하기는 하지만 그 주주들을 불공정하게 해치는(unfairly prejudicial) 것이라는 점을 입증하여야 했다. 그러나 이 요건이 엄격하게 해석되었기 때문에 모처럼 마련된 새로운 제도가 별로 자주 이용되지 못하였다.[63] 그리하여 1980년 법개정시에는 210조는 75조로 바뀌면서 다음과 같이 개정되었다.[64] 먼저 해산명령을 정당화할 수 있는 상황이 존재하여야 한다는 요건이 삭제되었다. 또한 "일부의 주주에 대하여 억압적인 방법으로 수행되는"이라는 구절이 "일부의 주주의 이익을 불공정하게 해치는(unfairly prejudicial) 방법으로 수행되거나 회사의 실제의 또는 계획상의 작위 또는 부작위가 그처럼 불공정하게 해치는"이라는 구절로 교체되었다. 75조는 1985년 개정에서 내용의 수정 없이 459조 내지 461조로 조문이 변경되었다. 개정 이후 불공정침해를 이유로 한 이 구제수단은 널리 이용되고 있으며 회사법 전반에 걸쳐서 커다란 영향을 미치고 있다.[65]

법원은 주주 등의 신청이 있으면 상황에 따라 적절하다고 판단하는 명령을 내릴 수 있다. 법원의 이러한 광범위한 재량권이 이 구제수단의 특징이자

62 山本忠弘, "少數派株主についての一考察," 現代株式會社法の課題(1986) 537면.

63 Gower, (주 61), 665.

64 B.G. Pettet, Second Cumulative Supplement to the Fourth Edition of Gower's Principles of Modern Company Law 120(1988).

65 Id.

장점이라고 할 수 있다. 법원은 명령으로 회사의 장래의 사무수행을 제약할 수도 있고, 구제를 신청한 주주의 주식을 다른 주주나 회사로 하여금 매수하도록 할 수도 있으며, 회사가 법원의 동의 없이는 정관변경을 하지 못하게 할 수도 있다.[66]

Ⅳ. 출자자의 투하자본회수의 촉진

1. 투하자본회수의 필요성

대주주의 불공정행위를 막을 수 있는 효과적인 방법이 없다는 것 외에 중소기업에 출자하는 것을 꺼리게 하는 또 다른 이유는 투하자본의 회수가 어렵다는 점이다. 상장기업의 경우라면 회사의 운영에 불만을 가진 주주는 주식을 시장에서 처분함으로써 쉽게 회사에서 빠져나갈 수 있다. 그러나 폐쇄회사의 소수주주에게는 그러한 길이 열려 있지 않다. 따라서 대주주의 불공정행위에 대한 소수주주의 우려는 폐쇄회사의 경우에 보다 더 절박해진다고 할 수 있다. 그러나 출자의 회수는 대주주인 사업자의 억압에 대한 구제 내지는 방어수단으로서만 중요한 것은 아니다. 사업자가 출자자의 이익을 도외시하고 자신의 이익만을 추구하는 것이 불가능하게 제도적인 보장이 되어 있는 경우에도 출자의 회수가 어렵다면 출자자는 투자 자체를 꺼리게 될 것이다. 따라서 중소기업의 주식발행을 통한 자금조달을 촉진하기 위해서는 출자자가 투하자본을 회수할 수 있는 가능성을 보장할 필요가 있다.

투하자본회수책으로는 먼저 회사를 해산하여 출자자의 지분에 해당하는 잔여재산을 분배하는 방법을 생각해 볼 수 있다. 그러나 이 방법은 계속기업

66 Id. 119.

의 가치를 충분히 실현할 수 없을 뿐 아니라 기업유지의 이상에도 반한다는 점에서 적합하지 않다. 따라서 기업은 그대로 존속하되 출자자가 자신의 지분만을 현금화할 수 있는 방법을 찾아내야 한다. 폐쇄회사의 소수주주인 출자자의 지분은 시장성이 없으므로 그것을 매수할 수 있는 자는 극히 제한된다. 매수인으로 우선 생각해 볼 수 있는 것은 회사 자신이다. 이와 관련하여서는 자기주식취득금지의 원칙과 주식매수청구권이 문제된다. 그 다음으로 떠오르는 것은 다른 주주(대부분의 경우 대주주)가 매수인이 되는 경우이다. 이 경우 미리 주식의 평가방법에 대하여 합의하여 두지 않는다면 그에 대한 분쟁을 피하기 어렵다. 이 문제에 대해서는 이 연구에서는 따로 다루지 않기로 한다. 끝으로 일반투자자가 매수하는 경우가 있을 수 있다. 출자자는 회사의 기업공개시에 자신의 주식을 처분함으로써 투하자본을 회수할 수 있다. 이하에서는 이상의 각 경우에 대하여 살펴보기로 한다.

2. 자기주식취득금지의 원칙

중소기업에 대한 출자자는 기업공개 전에는 회사나 사업자에 지분을 양도하는 것 말고는 출자를 회수할 수 있는 방법이 거의 없다. 그러나 상법상 회사는 일정한 예외를 제외하고는 자기주식을 취득하는 것이 허용되지 아니한다(341조). 그 예외 중 하나가 주식을 소각하는 경우이다. 주식의 소각은 자본감소의 절차를 밟는 경우가 아니면 이익으로만 하여야 한다(343조 1항). 이익으로 하는 소각은 특정 종류의 주식(상환주식)을 대상으로 하는 소각(345조)과 모든 주식을 대상으로 하는 소각의 두 가지로 나눌 수 있다. 상환주식은 이익배당우선주에 한하여 허용되며 상환가액, 상환기간 등 상환조건의 내용을 미리 정관에 기재해 두어야 한다(345조). 현행법의 이러한 엄격한 규정으로 말미암아 회사에 주식을 매수시키는 방법을 통하여 출자를 회수하는 것은 아주 어렵게 되어 있다. 우선 회사가 출자자로부터 주식을 매수하는 경우에는 회사는 그것을 소각하는 것이 원칙이다. 미국에서와 같이 회사가 매수한 자기주식을 후일 제3자에게 매도하는 것이 허용되지 않는다. 그리고 소각은 자본감소를 행하지 않는 한 이익으로써만 할 수 있다. 그것은 상환주식의 경우에도 마찬가지이다. 따라서 아무리 미리 상환의 조건에 대하여 합의를 해둔 바 있다 하더라도 이익이 없다면 주식을 상환할 수는 없고, 따라서 그 방법을 통한 출자자의 자금회수는 불가능하다. 미국에서는 주법에 따라 내용에 다소 차이가 있지만 이익이 없더라도 예컨대 자본준비금의 범위 내에서 자기주식의 매수를 허용하는 등 보다 융통성 있는 태도를 보이고 있다.[67] 특히 상환(redemption)의 경우에는 그 조건이 미리 정관에 기재되어 있으므로 통상의 매수(repurchase)의 경우보다 더 자유롭게 인정되고 있다.

출자자가 자금의 회수를 보장받기 위해서는 보유주식의 매수를 청구할 수 있는 권리를 확보해 두어야 할 것이다. 상환주식의 경우 주주가 상환을 요구할 수 있는 옵션을 갖는 이른바 의무상환주식의 발행이 허용된다는 데 의문의 여지가 없다.[68] 그러나 주식의 소각은 주주의 동의를 요하는가 여부에 따라 임의소각과 강제소각으로 구분되기는 하지만 기본적으로 소각을 할 것인지의 여부는 회사의 의사에 달려 있다. 주주가 회사에 주식의 소각을 요구할 수 있는 권리를 미리 계약으로 확보해 둘 수 있을까? 그것은 이익배당우선주만을 상환주식으로 할 수 있다는 현행 상법규정(345조 1항)에 비추어 허용되지 않는다고 할 것이다. 따라서 출자자가 회사에 대한 처분을 통하여 투자자금을 회수할 수 있으려면 상환주식의 형태를 취하는 방법밖에 없다.

67 Clark, (주 20), 636.

68 신판주석회사법(3)(1986) 326면.

3. 주식매수청구권

주식매수청구권이란 일정한 중요사항에 대한 회사의 결정에 대하여 불만을 가진 주주가 회사에 대하여 자신의 주식을 매수할 것을 청구할 수 있는 권리를 말한다.

우리나라에서는 이 권리는 상장법인의 주주에 대해서만 인정되고 있다(증권거래법 191조). 중소기업은 비상장인 경우가 대부분이므로 그 출자자는 주식매수청구권을 가질 수 없다. 비상장법인의 주식에 대해서는 시장이 형성되어 있지 않으므로 불만이 있는 주주는 보유주식을 시장에서 처분할 수도 없다. 또한 앞서 본 바와 같이 현행법상 주주가 회사로 하여금 자신의 주식을 매수시킬 수 있는 권리를 미리 계약으로 확보해 둘 수 있는 방법은 없다. 따라서 중소기업의 출자자가 대주주의 억압에 효과적으로 대처할 수 있도록 비상장법인의 주주에게도 주식매수청구권을 인정하는 방향으로 법을 개정하여야 할 것이다.

4. 회사의 기업공개

(1) 서설

출자자가 회사의 기업공개를 요구할 수 있다면 출자자는 기업공개시 보유주식을 매출함으로써 출자를 회수할 수 있을 것이다. 또한 기업공개로 인하여 주식이 시장성이 높아질 것이므로 기업공개시 보유주식을 매출하지 않고 그대로 보유한다고 하더라도 후일 언제라도 시장에서 매각하여 현금화할 수 있을 것이다. 우리나라에서는 아직 이에 대한 논의가 별로 없는 실정이므로 이하에서는 미국에서의 실무를 간단히 소개하고 우리 법제도상의 문제점을 논하기로 한다.

(2) 미국법

연방증권법상 증권의 공모를 하기 위해서는 신고(registration)를 행하여야 한다(5조). 회사가 신주를 전혀 발행하지 않고 대주주만이 보유주식을 매출하는 경우에도 막상 신고를 할 수 있는 것은 회사뿐이다(증권법 6조). 대주주는 회사를 지배하고 있으므로 신고절차를 이행시키는 데 별문제가 없을 것이다. 그러나 소수주주는 보유주식의 분매에 필요한 신고를 행할 것을 회사에 대하여 요구할 수 있는 권리를 당연히 갖는 것은 아니다. 소수주주는 신고에 대한 회사의 동의를 얻어야 하며 회사의 동의를 얻지 못하는 한 보유주식의 분매는 불가능하다.[69] 따라서 미국에서도 투자자가 후일 회사의 협조를 확보하기 위하여 투자시에 미리 이른바 신고권리계약(registration right agreement)이라는 것을 체결하여 두는 것이 보통이다.[70]

위에서 말하는 신고권리는 두 가지로 나뉜다. 첫째는 회사가 자신 또는 다른 주주의 공모를 위하여 신고를 행하는 경우에 주주가 자기의 보유주식도 매출이 가능하도록 신고서에 포함시켜 줄 것을 요구할 수 있는 권리로서 통상 신고포함권(piggyback rights)이라고 불린다. 둘째는 타인의 공모에 동반하는 것이 아닌 독립적인 보유주식의 분매가 가능하도록 신고를 행할 것을 회사에 대하여 요구할 수 있는 권리로서 보통 신고요구권(demand right)으로 불린다.

주주가 이 같은 신고요구권을 가진 경우에도 회사의 공모를 수반하지 않고 기존 주주의 주식만이 분매되는 경우는 별로 없다. 그 이유는 다음과 같은 어려움 때문이다. 첫째, 주주가 인수회사(underwriter)를 선정하고 로드쇼를 진행하는 등 공모에 있어서 주도적 역할을 맡고 회사는 수동적으로 신고

69 Bartlett, (주 18), 165.

70 이하는 주로 Id. 165-173 참조.

의무만을 이행하는 데 그쳐서는 공모가 성공적으로 이루어지기 어렵다. 둘째, 기업공개시 조달된 자금이 회사의 사업자금으로 쓰이는 것이 아니라 기존 주주의 출자회수에 충당되는 경우에는 투자자들이 주식의 매수를 꺼리는 경향이 있다.

그러나 실제로는 주주가 신고요구권을 행사하면 회사가 스스로 기업공개를 행하는 것이 보통이라고 한다. 문제는 신고비용을 누가 부담할 것인가 하는 것이다. 신고권리계약에는 주주의 첫 번째의 신고요구권 행사에 따른 신고비용이나 주주의 신고포함권 행사에 다른 추가비용은 회사가 부담한다는 조항을 두는 것이 일반적이다.

신고권리계약에는 다음과 같은 조항이 포함된다는 것이 보통이다. 첫째는 인수회사가 주주가 회사의 공모에 동반시킬 수 있는 주식의 양을 제한할 수 있다는 조항으로 "haircut"라고 부른다. 둘째는 주식의 공모가 짧은 기간 동안에 집중되는 것을 피하기 위하여 신고요구권을 회사의 공모를 전후하여 일정기간 동안 행사할 수 없다는 조항으로 "stand aside" 또는 "stand-off" 라고 부른다. 셋째는 회사의 공모가 성공적으로 이루어질 수 있도록 인수회사의 요청이 있으면 주주가 일정기간 동안 주식의 처분을 하지 않는다는 조항으로 "lock up"으로 부른다.

(3) 우리 법

증권거래법(이하 "법"이라고 약칭함)에 의하면 주식의 공모, 매출을 하고자 하는 법인은 등록과 신고요건을 충족하여야 한다(3조, 8조). 주주가 자신이 보유하고 있는 주식을 매출하고자 하는 경우 신고를 행하여야 함은 법문상 명백하지만(법 8조 1항), 등록요건까지 갖추어야 하는지는 분명치 않다. 그러나 주주가 보유주식을 매출하는 경우와 회사가 신주를 공모하는 경우 사이에 정보공시의 필요라는 면에서 차이가 있는 것은 아닐 것이므로 어느 경우나 등록이 선행되어야 한다고 보아야 할 것이다.

주주가 자신의 보유주식을 매출하는 경우에도 등록과 신고의 주체는 회사로 되어 있다(법 3조, 8항). 또한 일반투자자에 대한 매출이 원활하게 이루어지기 위해서는 그 주식을 증권거래소에 상장하거나 적어도 장외시장에서 등록하여야 하나 이 두 가지 모두 회사의 협조가 없이는 불가능하다(유가증권 상장규정 3조; 중소기업등의 주식등록절차 및 공시등에 관한 규칙 3조 2항). 따라서 보유주식을 매출하여 출자를 회수하고자 하는 주주는 회사의 협조를 얻지 않으면 아니 된다. 물론 주주가 회사를 지배하는 대주주인 경우에는 그 같은 협조를 얻는 데 어려움이 없을 것이다. 그러나 대주주가 아닌 소수주주는 자기의 보유주식의 매출이 가능하도록 요구할 권리가 있는가? 이에 대해서는 법에 아무런 규정도 없으므로 견해가 갈릴 수도 있을 것이다. 일단 회사가 공개되고 나면 여러 가지 변화를 겪게 된다. 그 변화 중에는 회사에 유리한 것도 있지만 불리한 것도 없지 않다. 예컨대 회사는 상장 후 여러 가지 공시의무를 부담하며(법 92조, 93조, 186조) 유상증자시마다 우리 사주조합에 소정비율의 주식을 배정할 의무를 부담한다(자본시장육성에 관한 법률 17조). 이러한 점에 비추어 소수주주가 자신의 출자회수만을 위하여 다수주주의 의사에 반하여 기업공개에 협조할 것을 구할 수 있다고 보기는 어렵다. 따라서 폐쇄회사의 출자자는 미리 사업자 및 회사와 기업공개에 관한 약정을 맺어 둘 필요가 있다. 실제로 신기술사업금융지원에 관한 법률이나 중소기업 창업지원법에 따른 투자시에 체결되는 계약서에는 그에 관한 조항이 들어 있는 것이 보통이다. 전형적인 조항의 예는 다음과 같다.

"기업공개의무:

주주나 회사는 가능한 한 조속한 기간 내에 회사의 주식이 공개시장에서 매매될 수 있도록 기업공개(장외시장 등록포함)를 성실히 추진하여야 하며, 회사의 설립일로부터 4년이 경과한 후에는 회사가 기업공개요건을 갖추었다고 인정되어 투자자가 기업공개를 요청하였을 경우에는 회사는 이를 성실히 이행하여야 한다."

이 조항에는 문제점이 없지 않다. 우선 문면상으로는 회사에 기업공개의무를 부과하였을 뿐이므로 회사가 기업공개시 출자자의 보유주식도 포함시킬 의무가 있는가가 반드시 분명하지는 않다. 또한 회사가 출자자의 보유주식을 포함시킬 의무가 있다 하더라도 그로 인한 추가비용을 누가 부담할 것인가는 이 조항의 문면만으로는 결정할 수 없다. 끝으로 이 조항은 회사가 부채비율요건, 납입자본이익율 등 기업공개요건을 갖추지 못한 경우에 대해서도 전혀 언급이 없다. 회사의 부실한 경영으로 소정의 기간이 경과하여도 공개요건을 갖추지 못한 경우에는 출자자가 사업자로부터 경영권을 넘겨받을 수 있는 조치를 계약상 규정해 두는 방안도 고려해 볼 수 있을 것이다.

V. 중소기업의 주식발행과 증권거래법

1. 서설

중소기업이 주식을 발행하는 경우 상법상의 요건을 충족시켜야 함은 물론이지만 그것이 주식의 공모에 해당하는 경우에는 증권거래법상의 등록과 신고요건까지 갖추지 않으면 안 된다. 그러나 실제로 등록과 신고는 그다지 회사에 큰 부담이 되는 것은 아니다. 신고서류는 주간사인수회사와 발행회사의 담당직원들이 간단한 협의를 거쳐 작성하는 것이 실무관행이다. 미국에서와 같이 변호사가 신고서류를 작성하는 경우는 고사하고 그것을 검토하는 경우조차도 눈에 띄지 않는 것이 현실이다. 또한 여지껏 신고서류의 부실기재를 이유로 작성관여자의 배상책임을 묻는 소가 제기된 바도 없다. 미국에서는 신고서류의 부실기재를 이유로 손해배상책임을 인정한 예가 많기 때문에 신고서류는 아주 신중하게 작성되고 있으며 따라서 발행회사에 큰 부담을 주고 있다.

신고가 형식적으로 이루어지고 부실한 신고에 대한 책임을 묻는 소송을 찾아보기 어려운 상황이 계속되는 한 신고의무를 완화하여 발행회사의 부담을 덜어 줄 필요성은 그다지 절실하지 않다. 그러나 앞으로도 이러한 상황이 전혀 변하지 않으리라는 보장은 없다. 또한 신고의 부담이 그렇게 크지 않다고 해서 굳이 신고를 필요로 하지 않는 경우에까지 신고를 행하도록 요구할 필요는 없다. 따라서 신고가 필요한 경우와 그것이 면제되는 경우의 한계를 합리적으로 확정해 둘 필요가 있다. 중소기업의 주식발행과 신고면제는 특히 밀접한 관련을 가지고 있다. 중소기업의 주식발행은 상대적으로 소규모로 이루어지고 소수의 전문투자자들만이 참여하는 것이 보통이다. 그러한 경우에는 신고의 실익이 크지 않다. 이하에서는 먼저 신고의 면제에 대하여 가장 자세한 규정을 두고 있는 미국법을 소개하고 이어서 우리 법을 검토하기로 한다.

2. 미국법[71]

(1) 신고면제

1933년의 연방증권법(이하 "33년법"이라고 약칭함)에 의하면 증권의 매매는 신고요건을 충족한 경우에만 허용되는 것이 원칙이다(5조). 법은 예외적으로

71 이하의 설명은 주로 Ratner, Securities Regulation 53(3rd ed. 1988) 이하 및 森田 章, "證券の發行と開示," 證券取引法大系(1986) 155면 이하에 의존하였다.

신고가 면제되는 증권유형과 거래유형에 대하여 규정을 두고 있다(3조, 4조). 이하에서는 중소기업의 주식발행의 경우에 적용될 수 있는 신고면제규정만을 소개하기로 한다.

(2) 자위능력 있는 투자자

연방의회는 1980년 중소기업의 증권발행을 촉진하기 위하여 중소기업투자촉진법(Small Business Investment Promotion Act)을 제정하였다. 동법은 이른바 "자위능력 있는 투자자"(accredited investors)라는 개념을 33년법에 도입하였다. 동법에 의하여 개정된 33년법은 자위능력 있는 투자자만을 대상으로 하는 증권발행은 500만 달러까지는 신고가 면제된다고 하고 있다(4조 6항). 이 자위능력 있는 투자자에는 은행, 보험회사, 투자회사, 사업개발회사(business development company), 중소기업투자회사, 은행 등이 수탁자인 종업원후생기금(employee benefit plan) 등이 포함된다(2조 15항). 그 밖에도 발행인의 이사, 순자산이 100만 달러를 넘는 개인, 최근 2년간 연소득이 20만 달러를 넘는 개인 등도 자위능력 있는 투자자에 포함된다(Rule 215, Rule 501). 중소기업이 발행하는 증권을 매수하는 자들은 모두 이러한 자위능력 있는 투자자들인 경우가 보통일 것이므로 중소기업의 신고부담은 크게 줄어든 셈이다. 이 자위능력 있는 투자자란 개념은 다른 신고면제사유에서도 등장하고 있다.

(3) 사모

33년법은 공모(public offering)가 아닌 거래, 즉 사모에 대해서는 신고를 면제하고 있다(4조 2항). 어느 경우가 공모에 해당하는지에 대해서는 33년법은 아무런 규정도 두고 있지 않다. 따라서 그 해석에 관해서는 다툼이 많았다.

최근에 SEC가 채택한 Regulation D에는 사모면제에 대해서 안전항(safe-harbor)규칙이라고 할 수 있는 Rule 506을 두고 있다. 주의할 것은 Rule 506의 요건을 충족하는 경우에는 공모가 아닌 것으로 보아 신고가 면제되지만, 그 요건을 충족하지 못한다고 해서 자동적으로 공모에 해당하는 것으로 간주되지는 않는다는 점이다(Regulation D 전주 3).

사모면제와 관련하여 발행규모에 대한 제한은 없다. 다만 그 규모가 커짐에 따라 매수인에게 제공하여야 할 정보의 범위가 확대될 뿐이다(Rule 502(b)). 매수인의 수가 실제로 35인 이하이거나 발행인이 그렇게 믿은 것이 합리적이어야 하며 그 수의 계산시 자위능력 있는 투자자는 포함되지 않는다(Rule 506(b)(2)(i)). 매수인이 자위능력 있는 투자자가 아닌 경우에는 매수인 또는 그 대리인이 그 투자의 가치 및 위험을 판단할 수 있는 전문지식을 가지고 있을 것을 요한다(Rule 506(b)(2)(ii)).

Rule 506의 요건을 충족한다고 해도 정식의 신고가 면제될 뿐 공시의무가 완전히 면제되는 것은 아니다. 발행인은 매수인에게 일정한 정보를 제공하여야 하고 매도 후 SEC에 일정한 사항을 통지하여야 한다(Rule 502(b), 503).

(4) 소액발행(small offering)

1) 33년법 3조 (b)항

33년법은 발행규모가 작거나 공모가 제한적으로 이루어지는 경우에 대해서는 SEC가 규칙을 제정하여 신고를 면제할 수 있도록 하고 있다(3조 (b)항). 다만 그 경우의 신고면제는 발행규모가 500만 달러를 초과하는 경우에는 허용되지 아니한다. 그에 따라 SEC는 Regulation A, Rule 240, Rule 242를 제정한 바 있으나 Rule 240과 Rule 242는 후에 제정된 Regulation D의 Rule 504와 Rule 505로 흡수되었다.

2) Regulation A

Regulation A는 신고면제를 규정한 것이라기보다는 소액발행에 대한 약식신고절차를 규정한 것이다. Regulation A에 따른 약식신고절차를 이용하기 위해서는 발행규모가 발행인의 경우에는 1년간 150만 달러 그리고 발행인이 아닌 자의 경우에는 30만 달러를 초과해서는 아니 된다(Rule 254). Regulation A의 약식신고절차에 의하면 발행인은 모집통지서(notification)와 모집설명서(offering circular) 등의 서류로 이루어진 모집서류(offering statement)를 발행 10일 전까지 SEC에 제출하여야 한다(Rule 255). 모집설명서는 사업설명서(prospectus)에 상응하는 것이나 그보다는 훨씬 더 간단하며 그곳에 포함되는 재무제표는 감사증명을 요하지 않는다. 모집서류는 정식의 신고서가 아니므로 허위기재가 있는 경우에도 신고서의 허위기재시의 책임에 대한 규정인 33년법 11조 대신 일반적인 허위표시에 의한 거래시의 책임에 대한 규정인 12조 2호가 적용된다.

70만 달러 이하의 소액발행시의 정식신고에는 간편한 Form S-18이 이용된다. Form S-18에 의한 신고와 Regulation A의 약식신고와의 사이에는 별 차이가 없기 때문에 SEC는 Regulation A의 폐지를 검토하고 있다. 현재 Regulation A에 의한 약식신고는 매년 100건 정도밖에 행하여지지 않고 있다.

3) Rule 504

Rule 504에 의하면 1년간 100만 달러 이하를 발행하는 발행인은 매수인의 수와 자격에 관계없이 신고 없이 증권을 발행할 수 있다. 단 발행액 중 주법에 따른 신고도 없이 발행된 부분이 50만 달러를 넘어서는 아니 된다. 매수인에게는 아무런 정보도 제공할 필요가 없으나 SEC에는 소정의 통지를 행하여야 한다(Rule 503).

4) Rule 505

Rule 505에 의하여 신고를 면제받기 위해서는 다음과 같은 요건을 갖추어야 한다. 매수인의 수가 실제로 35명 이하이거나 발행인이 그렇게 믿은 것이 합리적이어야 한다. 35명 속에는 자위능력 있는 투자자는 포함되지 않는다. Rule 505의 요건을 충족한 경우에도 신고가 면제될 뿐이고 Rule 506에서와 같은 공시의무는 여전히 존재한다.

(5) 재매매의 제한

33년법상 인수인(underwriter)에 의한 거래는 신고면제의 대상이 되지 않는 것으로 되어 있다. 동법상 인수인에는 "분매의 목적으로 발행인으로부터 매수한 자"도 포함된다(2조 11항). 이 같은 정의에 따르면 사모에 의하여 발행인으로부터 직접 주식을 매수한 자가 그 주식을 매각하고자 하는 경우에는 인수인으로 간주될 가능성이 있다. 그가 인수인으로 간주되어 매각시 신고를 요하는지 여부는 처음 그가 주식을 매수하였을 때의 의도가 무엇이었는가에 따라 결정된다. 이러한 주관적 의도가 무엇이었는가를 밝히는 것은 어려운 일이므로 SEC는 일종의 안전항으로서 Rule 144를 제정하였다. Rule 144의 요건을 충족하는 한 사모나 Rule 505나 Rule 506 등 신고가 면제된 거래에 의하여 매수한 증권(제한증권: restricted securities)을 후일 매각하는 경우에도 매수인으로 간주되지 아니한다. Rule 144는 증권을 최소한 2년간 보유해야 하며, 3개월간의 재매각증권수가 그 총수의 1퍼센트와 지난 4주간의 평균주간거래량의 두 가지 중 보다 큰 것을 초과할 수 없다는 등의 요건을 규정하고 있다.

3. 우리 법

우리 증권거래법상 중소기업의 주식발행이 신고면제의 혜택을 받기 위해서는 i) 발행총액이 1억 원 이하이거나 ii) 모집에 해당하지 않아야 한다(8조 1항). 동법상 "모집"이란 "불특정다수인에 대하여 균일한 조건으로 신규로 발행되는 유가증권의 취득의 청약을 권유함"을 말한다(2조 3항). 여기서 권유대상자수가 어느 정도가 되면 "불특정다수인"에 해당하는지에 대해서는 우리나라에서는 아무런 단서도 찾아볼 수 없다. 일본의 행정당국은 권유대상자수가 "50명 정도 이상"이면 모집에 해당한다고 보고 있다.[72] 단순히 "50명 이상"이라는 표현 대신에 "50명 정도 이상"이라고 하고 있는 점에 비추어 수만이 기준은 아니라는 것이 일반적인 견해이다. 수 이외에는 권유대상자의 "자위능력"도 모집 여부를 가리는 데 고려되어야 할 것이다. 우리나라에서도 일본의 이 같은 해석은 참고가 될 수 있으나, 결국은 보다 명확한 기준이 나와야 중소기업의 판단을 도울 수 있을 것이다.

우리 증권거래법은 재매매에 대해서는 아무런 규정도 두고 있지 않다. 따라서 발행가액의 총액이 1억 원 이상인 주식을 취득한 소수의 투자자가 각각 다시 다른 소수의 투자자에게 전매하는 경우에는 결과적으로 처음부터 불특정다수의 투자자에게 발행한 것과 다름이 없음에도 불구하고 신고를 면할 수 있는 것이 아닌가 하는 의문이 생긴다. 일본의 학설은 발행인이 최초의 취득자의 전매목적을 알고 있었던 경우에는 신고의무가 있는 것으로 보고 있다.[73] 그러나 발행인이 알고 있었다는 주관적인 사정을 입증하기는 어려울 것이다. 또한 사모에 의하여 취득한 주식을 증권시장에서 매각하는 경우에는 그것이 "균일한 조건"의 요건을 충족하는 것으로 보더라도 그 총

72 森田, (주 71), 175면.

73 Id. 177면.

액이 1억 원 이하인 경우에는 신고의무를 부과하기가 어려울 것이다.

VI. 결어

중소기업의 주식발행을 통한 자금조달을 가로막은 요인으로는 투자의 위험성, 출자자 지위의 취약성, 출자회수의 곤란 등을 들 수 있다. 이러한 방해 요인들을 제거 내지는 극소화하기 위해서는 여러 방면에서의 노력이 요구된다. 먼저 투자의 위험성의 문제를 해결하기 위해서는 분산투자를 통한 위험의 회피가 가능한 기관투자가의 참여를 유도할 필요가 있다. 현행 제도상 기관투자가의 중소기업에 대한 투자는 벤처캐피털회사에 의한 경우를 제외하고는 대체로 엄격하게 규제되고 있다. 그러나 그 규제는 반드시 합리적이라고 할 수 없는 경우도 없지 않다. 앞으로는 중소기업에 대한 투자를 활성화하기 위해서는 벤처캐피털의 육성과 아울러 합리적인 범위 내에서 그 규제를 완화하려는 노력이 병행되지 않으면 아니 된다. 출자자의 지위를 강화하기 위해서는 두 가지 방면에서의 노력이 요구된다. 먼저 사업자와 출자자가 계약에 의하여 자신들의 이해를 조정하는 것을 가능한 한 수용할 필요가 있다. 그러기 위해서는 주로 공개회사를 전제로 마련된 현재의 주식회사법 규정을 폐쇄회사의 현실과 조화될 수 있도록 융통성 있게 해석하고 필요에 따라서는 법개정을 주저하지 않는 적극적 자세가 요구된다. 이 문제는 사적 자치에 의한 회사법 규정의 변용을 어느 범위에까지 인정할 것인가 하는 문제와 깊은 관련을 갖고 있다. 한편 당사자 간의 계약에 의한 이해조정을 보다 긍정적으로 수용하는 것과는 별도로 그러한 계약이 없는 경우에도 사업자의 부당한 억압으로부터 소수주주를 보호할 수 있는 제도를 마련할 필요가 있다.

끝으로 출자회수의 불편을 타개하기 위해서는 회사에 보유주식을 양도하는 것을 어렵게 하는 현행법상의 제한을 가급적 완화하여야 할 것이다. 아울러 출자자는 회사 및 사업자의 기업공개의무에 대하여 주식인수시에 보다 상세한 합의를 해둘 필요가 있다.

『저스티스』 24권 1호(한국법학원, 1991), 7면 이하.

* 추기: 19면에서 언급한 증권투자신탁업법은 간접투자자산운용업법을 거쳐서 자본시장과 금융투자업에 관한 법률(자본시장법)로 통합되었다. 21면의 신탁업법과 48면의 증권거래법도 자본시장법에 통합되었다. 22면에서 언급한 보험회사의 비상장회사 주식취득과 관련하여 과거에는 보험업법이 그것을 금지하고 있었으나 2002년의 개정으로 총자산의 10%를 초과하지 않는 범위에서 허용하고 있다. 한편 증권회사와 같은 금융투자업자의 자산운용에 대해서 직접 규제를 가하지 않고 간접적으로 자기자본을 규제하는 방식을 취하고 있다.
또한 상법의 개정으로 이 글의 여러 부분이 변화를 겪었다. 먼저 27면에서 언급한 주식양도의 제한과 관련하여 1995년의 상법개정으로 현재는 정관으로 이사회 승인을 얻도록 제한하는 것이 가능하게 되었다(335조 1항 단서). 38면에 언급된 주주총회의 보통결의와 특별결의의 요건도 상법개정으로 변경되었다. 46면의 주식매수청구권은 이제 비상장회사의 경우에도 인정된다(374조의2).
49면에 언급된 자본시장육성에 관한 법률은 1997년 폐지되었으며 기업공개권고제도도 폐지되었다. 56면의 설명과 관련하여 현재 소규모공모의 발행총액은 10억 원 미만으로 되어 있으며(자본시장법 119조 1항, 시행령 120조 1항), 공모의 상대방도 불특정다수인이 아니라 50인을 기준으로 하고 있다(자본시장법 9조 7항, 9항).

02 증권의 다양화에 관한 기초적 고찰

I. 서설

최근에는 우리 자본시장에도 종래 듣도 보도 못한 생소한 증권들이 꼬리를 물고 등장하고 있다. 영구사채(永久社債),[1] 주식연계증권(equity linked securities: ELS), 워런트(warrant)[2] 등이 그 몇 가지 예라고 할 수 있다. 물론 이러한 신종증권이 출현하게 된 배경에는 그것을 원하는 거래계의 수요가 있다. 거래계의 수요가 불법적이거나 특히 비합리적인 것이 아닌 한 당국으로서는 이를 적절히 수용해야 할 것이다. 그러나 현재 상법과 증권거래법을 비롯한 우리 법제는 이처럼 새로이 등장하는 증권을 원만하게 수용할 수 있는

1 상환기한이 확정된 시기가 아니라 회사의 청산시로 정해져 있는 사채를 말한다. 영구사채에 관해서는 江頭憲治郎, "永久社債に關する諸問題," 企業と法(下)(西原寛一追悼, 1995) 253면 이하 참조.

2 워런트에 관한 일반적인 설명은 김건식, "워런트(warrant) 도입을 위한 소론," 서울대학교법학 제40권 제1호 (1999) 참조.

태세라고 보기 어렵다. 현행 법제의 한계는 주로 증권개념에 대한 경직된 이해에서 비롯된 것으로 짐작된다. 이 글은 이러한 문제의식을 가지고 변화하는 증권의 개념에 대해서 근본적으로 재검토하는 것을 목적으로 한다.

우선 증권의 개념에 대한 불필요한 혼란을 피하기 위하여 증권의 의의를 간단히 정리하는 것에서부터 논의를 출발하고자 한다. 법학계에서는 '유가증권'이란 용어가 사용되고 있지만 이곳에서는 편의상 '증권'이란 용어를 사용하기로 한다. 증권은 크게 두 가지, 즉 사법상(私法上)의 증권과 증권거래법상의 증권으로 나누어 볼 수 있다. 사법상 증권의 의의에 관해서는 학설의 다툼이 있지만 일반적으로 증권이란 권리의 관념성에서 발생하는 난점을 피하기 위하여 무형적인 권리를 유체물인 증서에 화체(化體)시킨 것이라고 할 수 있다. 즉 증권은 추상적인 권리를 유체물로 전환시킨 법적 기술의 산물이다. 증권의 형태를 취함으로써 권리의 행사나 양도가 간편해진 것은 이미 주지하는 바이다.[3]

반면에 증권거래법에서 증권은 전혀 다른 의미로 사용되고 있다. 증권거래법상 증권을 어떻게 구성할 것인가에 대해서는 다소 견해가 엇갈리고 있다.[4] 증권거래법의 목적은 투자자, 특히 일반 투자자의 보호라고 보는 것이 지배적인 견해이다. 그에 의하면 증권은 일반 투자자가 투자할 수 있는 대상을 포섭해야 할 것이다. 그러한 관점에서는 사법상의 증권에서와 같이 투자대상이 증서에 화체된 것인지 여부는 그다지 중요하지 않다.[5] 그러나 증권거래법에서도 마찬가지로 증권이라는 용어를 사용하다 보니 그 범위를 획정하는 과정에서 은연중 사법상 증권의 영향을 받은 것으로 보인다. 그리하

3 그러나 경우에 따라서는 유체물인 증서를 이동하는 것이 불편하게 느껴질 수도 있다. 수표의 제시에 관하여 현물 대신 영상으로 대신하고자 하는 시도(check truncation)나 시장거래의 대상인 사채나 주식 같은 증권을 이른바 무권화하려는 시도는 기술의 변화가 다시 법제도의 변화를 가져오는 좋은 예라고 할 수 있다.

4 김건식, 증권거래법(제3판 2004) 71면 이하.

5 다만 증서에 화체된 경우에는 투자자의 접근이 보다 쉬울 것이다.

여 증권거래법상의 증권과 사법상의 증권은 상당 부분 일치하고 있다. 증권거래법상 대표적인 증권유형인 주식과 사채는 사법상으로도 증권에 해당한다. 그러나 기본적으로 투자자보호를 목적으로 하는 증권거래법의 성격상 증권은 일반 투자자의 투자대상으로 적합한 다수의 균일한 권리를 포섭하는 방향으로 꾸며지고 있다. 즉 증권거래법상 증권은 증서에 의한 화체보다는 대량성과 균일성이 두드러진 개념이다.[6]

이 글에서 다룰 증권의 다양화는 사법보다는 주로 상법이나 증권거래법상의 관점에서 논의의 대상이 되고 있다. 이 글에서는 증권을, 현재 증권거래법상의 증권으로 정의되고 있는 것에 한정되지 않고 일반적으로 균일성을 갖춘 투자대상을 포섭하는 넓은 의미로 사용하기로 한다. 증권거래법상 증권은 반드시 회사가 발행하는 것에 한정되는 것은 아니지만[7] 금융기관을 비롯한 회사가 발행하는 것이 대부분을 차지하고 있다. 이 글에서는 회사가 발행하는 증권을 중심으로 논의를 펴나가기로 한다. 회사가 발행하는 증권을 검토할 때에는 상법(특히 회사편)을 무시할 수 없다. 그러나 상법은 회사가 어떠한 증권을 발행할 수 있는지에 대해서 일반적인 규정을 두고 있지 않다.[8] 단지 대표적인 증권유형인 주식과 사채에 대해서 규정하고 있을 뿐이다. 따라서 과연 회사가 상법에 언급되지 않은 유형의 증권을 발행할 수 있는지에 대해서 의문이 제기될 수 있다. 또한 특히 사채의 정의에 대해서 아무런 규정도 없기 때문에 그 내용을 꾸밈에 있어 어느 정도까지 자유가 허용될 수 있는지 다소 의문이 있을 수 있다.

증권의 다양화에 대한 법적 검토는 다방면에서 수행될 수 있다. 세법이나 도산법상의 취급도 놓쳐서는 아니 될 중요한 과제이다. 그러나 이 글에서는

6 미국의 연방증권법규에서는 투자를 보다 넓게 포섭하기 위하여 균일성은 그다지 중시되고 있지 않다.

7 자산유동화를 위해서 발행되는 수익증권이 그 대표적인 예이다.

8 반면에 미국의 주회사법은 회사가 발행할 수 있는 증권을 폭넓게 인정하고 있다. 예컨대 Model Business Corporation Act §§3.02(7), 6.01.

주로 상법과 증권거래법이라는 두 가지 법에 초점을 맞추기로 한다. 먼저 상법상의 문제는 회사가 문제의 증권을 발행할 수 있는가 하는 문제이다. 증권거래법상의 문제는 두 가지 측면이 있다. 하나는 당해 증권의 거래와 관련하여 증권거래법상의 보호를 제공할 것인가의 문제이고 다른 하나는 당해 증권을 증권회사가(또는 증권회사만이) 취급할 수 있는가 하는 문제이다. 어떠한 신종증권도 이러한 상법과 증권거래법상의 문제가 모두 명확히 해결되기 전에는 자본시장의 무대에 등장할 수 없을 것이다.

이 글은 다음과 같은 순서로 진행된다. 먼저 II에서는 증권의 다양화를 보는 이론적인 시각을 정리하고 다양화의 구체적인 양상을 살펴보기로 한다. 이어서 III에서는 증권의 다양화를 뒷받침하는 시장의 수요에 대해서 소개한다. IV에서는 증권의 다양화에 대하여 상법과 증권거래법의 관점에서 검토한다.

II. 증권의 다양화: 그 이론과 현실

1. 증권의 두 가지 요소: 현금흐름에 대한 권리와 의결권

회사가 발행하는 증권은 크게 주식과 사채로 나눌 수 있다. 전통적인 이해에 따르면 주식은 회사내부의 소유자로서의 지위를 균일한 단위로 나눈 것을 말한다.

반면에 사채는 회사외부의 채권자로서의 지위를 균일한 단위로 나눈 것을 말한다. 이러한 관점에 의하면 의결권은 주주가 회사의 소유자로서 의사결정에 참여하는 권리이기 때문에 회사의 외부채권자에 불과한 사채권자가 의결권이 없는 것은 당연한 이치라고 할 것이다.

이러한 전통적인 설명과는 달리 최근에는 증권의 기능적인 측면에 착안한 이해가 널리 지지를 받고 있다.[9] 기능적인 면에서는 증권은 현금흐름(cash-flow)에 대한 권리라고 할 수 있다. 이 글에서 논의의 대상으로 삼은 회사가 발행하는 증권은 회사의 현금흐름에 대한 권리를 말한다.[10] 현금흐름에 대한 권리라는 점에서는 증권과 회사에 대한 채권은 차이가 없다.[11] 회사에 대한 일반 채권과 증권의 차이는 결국 균일성과 대량성이 있는지 여부에서 찾을 수 있을 것이다.

회사의 현금흐름 배분과 관련하여 오로지 동질적인 권리만이 존재하는 경우 그 권리는 상법상 주식에 해당한다. 주식이 표창하는 현금흐름의 크기는 장차 무수한 요소의 영향을 받아 결정된다. 따라서 주식을 취득하는 사람은 현금흐름에 영향을 주는 요소들을 통제할 수 있는 힘을 원할 것이다.[12] 만약 현금흐름에 영향을 주는 요소들을 사전에 완전하게 파악할 수 있다면 계약으로 자신의 이익을 적절히 보호하는 것이 가능할 수도 있다. 그러나 장기간에 걸쳐서 발생하는 현금흐름과 관련하여 장차 일어날 수 있는 상황을 사전에 모두 파악하여 각 경우마다 취할 조치를 계약에 명시해 두는 것은 현실적으로 불가능하다. 따라서 주식에 대한 투자를 촉진하기 위해서는 주주에게 추가적인 보호장치를 제공할 필요가 있다. 그러한 추가적인 보호장치의 대표적인 예가 바로 현금흐름에 영향을 미치는 회사의 의사결정에 참여할 수 있는 권리, 즉 지배에 관한 권리(control rights)이다. 그러한 지배권의 핵심은 의결권이라고 할 것이므로 이 글에서는 의결권을 중심으로 논의를 펴기

9 이 점에 관해서는 「デットとエクイティに關する法原理についての研究會」 報告書, 金融研究(日本銀行金融研究所 2001. 9) 4면 이하 참조 (이하 '보고서'로 인용).

10 현금흐름은 기업의 수익활동에서 발생하는 것이 보통이겠지만 반드시 그것에 국한되는 것이 아니다. 기업이 청산되는 경우 재산의 분배도 현금흐름에 속한다고 할 수 있다.

11 금전채권이 아닌 채권도 손해배상청구권으로 전환될 수 있다는 점에서는 잠재적인 금전채권이라고 할 수 있으므로 궁극적으로는 회사의 현금흐름으로 뒷받침되는 권리라고 할 수 있다.

12 현금흐름에 대한 권리를 파는 회사(보다 정확하게는 경영자)와 그것을 사는 투자자 사이에는 정보의 비대칭이 존재한다. 증권거래법상 발행시장의 공시의무는 바로 이러한 정보비대칭 문제를 완화하기 위한 장치이다.

로 한다.

이상의 설명은 사채에 대해서는 그대로 타당하지 않다. 사채는 회사의 현금흐름을 두 단계로 배분할 때 현금흐름에 대한 선순위의 권리를 가리킨다.[13] 선순위의 권리이기 때문에 사채권자에 지급되는 금액은 예컨대 원금 1억 원, 이자 연 10%라는 식으로 금액 자체가 고정되거나 예컨대 우대금리 +1%라는 식으로 적어도 금액을 결정하는 방법이 고정되어 있다(fixed claims). 회사의 실적이 아무리 좋다고 해도 사채권자가 미리 정해 둔 금액을 넘어서 받을 수는 없다. 반대로 실적이 아무리 나쁘다고 해도 사채권자는 계약상의 금액을 받을 권리가 있다.[14] 이처럼 회사의 현금흐름에 대한 사채권자의 권리는 고정적이므로 사채권자에 대해서는 주주에 대해서와 같이 의결권을 부여할 필요는 절실하지 않다. 그리하여 실제로 사채권자의 이익은 주로 계약에 의하여 보호되고 있다.[15] 요컨대 사채의 경우에는 주식에 비하여 우선적인 청구권을 갖는 대신 의결권이 없는 데 반하여 상위의 청구권자가 차지하고 남은 현금흐름에 대한 청구권(잔여청구권: residual claims)인 주식의 경우에는 회사의 흥망성쇠에 관한 이해관계가 크기 때문에 의결권을 갖는 것이다.

2. 증권 다양화의 구체적 양상

(1) 전통적인 다양화

이처럼 회사가 발행하는 증권은 현금흐름에 대한 권리와 의결권이라는

13 두 단계의 현금흐름 배분은 우선주와 보통주가 병존하는 경우에도 이루어지지만 이곳에서는 사채와 주식의 경우만을 다루기로 한다. 또한 사채만이 아니라 은행차입과 같은 일반 금전채권의 경우에도 같은 논리가 타당하지만 이 글에서는 사채에 초점을 맞추기로 한다.

14 물론 회사가 도산하면 사실상 변제의 길이 막히게 되는 것이지만 그것은 예외적인 경우이다.

15 사채의 규모가 크고 기간이 길수록 두꺼운 계약서가 작성되는 것이 보통이다.

두 가지 요소가 축을 이루고 있다. 주식과 사채는 기본적으로 현금흐름에 대한 권리라는 점에서는 차이가 없다. 단지 현금흐름의 배분에 참여하는 순위에 차이가 있을 뿐이다. 따라서 현금흐름에 대한 배분방법을 적절히 변용하기에 따라서는 양자가 상당히 접근할 가능성이 있다. 예컨대 상환우선주는 사채에 접근하고 이익참가사채는 주식에 접근한다. 주식과 사채의 접근은 현금흐름의 측면에서뿐 아니라 의결권의 측면에서도 일어날 수 있다. 예컨대 우선주는 주식임에도 불구하고 의결권 없이 발행할 수 있다. 이러한 무의결권우선주는 꾸미기에 따라서는 사채와 실질적으로 거의 차이가 없는 경우도 있다. 한편 전환사채는 회사의 의사결정에 광범위하게 간섭할 수 있는 권한을 계약으로 부여하는 경우 주식과 거의 비슷해진다.

이처럼 주식과 사채의 구별이 상대적이라는 점은 일찍부터 잘 알려진 사항이다. 종래 증권의 다양화는 사채와 주식을 양극단으로 삼고 그 중간지점을 택하는 형태로 행해진 것이 사실이다. 전환사채나 신주인수권부사채와 같은 주식관련사채, 무의결권우선주는 모두 주식과 사채의 중간형태라고 할 수 있다. 그러나 최근에는 증권의 다양화가 주식과 사채를 연결하는 직선상에서가 아니라 보다 자유로운 모습으로 진행되고 있다. 현금흐름에 대한 권리는 물론이고 의결권의 면에서도 다채로운 변형이 시도되고 있다. 이하 차례로 살펴본다.

(2) 현금흐름에 대한 권리의 변형

종래 증권에서 현금흐름에 대한 권리의 변형은 일반적으로 배분상의 순위라는 차원에서 행해졌다. 주식과 사채의 구분이 결국 배분순위의 차이에 근거한 것이라는 점은 이미 지적한 바와 같다. 사실 현금흐름의 배분에서 순위를 구분하는 것을 반드시 한 단계에 그쳐야 할 이유는 없다. 주식에서 다시 우선주, 보통주, 후배주(後配株 또는 劣後株)의 구분이 등장한 것은 어쩌면 자연스런 일이라고 할 것이다. 이러한 순위의 세분화가 주식의 영역 내에서만 일어나야 할 이유도 없다. 사채의 영역에서 일반 채권에 뒤지는 후순위채(後順位債 또는 劣後債)가 나오게 된 것도 이론상으로 전혀 놀라운 일이 아니다. 이처럼 주식과 사채의 순위가 세분되면 될수록 주식과 사채를 구별하는 선을 어디에 긋는가가 극히 자의적인 결정이라는 점이 두드러질 것이다.

사채와 주식의 구분은 인위적인 것이지만 일단 구분이 되면 여러 면에서 차이가 발생한다. 그렇다면 사채와 주식을 가르는 가장 기본적인 차이는 무엇일까? 먼저 현금흐름 배분순위의 차이는 큰 의미를 갖기 어렵다. 현금흐름에 대한 권리가 순위 면에서 세분화되는 경우 순위의 차이는 주식의 내부나 사채의 내부에서도 존재할 수 있기 때문이다. 의결권의 유무는 무의결권주식에서 보는 것처럼 양자를 가르는 핵심적인 표지가 될 수 없다. 상환성의 유무도 마찬가지이다. 주식 중에서도 상환주식은 상환이 예정되어 있지만 사채 중에서도 영구사채는 상환시기가 해산시로 미뤄져 있기 때문이다. 사채와 주식의 차이에 대해서는 보다 본격적인 검토를 거쳐야 하겠지만 현재로는 일응 현금흐름의 미지급이 채무불이행의 효과를 발생시키는지 여부가 양자의 차이라고 볼 수밖에 없는 것이 아닌가 생각된다. 사채와 주식에 대한 전통적인 사고를 위협하는 가장 극명한 예는 바로 이른바 '초후순위채'(deeply subordinated debt)라는 신종증권이다.[16] 최근 BIS자기자본비율을 의식한 금융기관에 의하여 주로 발행되고 있는 초후순위채의 내용은 반드시 일정하지 않지만 대체로 사채의 형태를 취하면서도 누적적 우선주에 대한 배당이 행해진 후에야 이자를 지급하는 조건으로 발행되고 있다.[17] 즉 주식보다 현금흐름배분의 순위가 처지는 사채라고 할 수 있다. 초후순위채로 인하

16 논자에 따라서는 신종자본증권이란 표현을 사용하기도 한다. 고창현, "신종자본증권" 민사판례연구 제26권(2005) 868면 이하 참조.

17 고창현, (주 16) 논문 참조.

여 현금흐름의 배분에 있어 사채가 주식에 우선한다는 기본적인 명제가 흔들리는 것이 사실이다. 그러나 회사와 사채권자 사이의 계약으로 그러한 후순위의 약정을 체결하는 것을 구태여 무효로 볼 필요는 없을 것이다. 만약 우선주에 대한 배당이 행해졌음에도 불구하고 이자지급을 이행하지 않는 경우 채무불이행의 효과가 발생한다는 점에서는 여전히 사채로 볼 수 있을 것이다.[18]

현금흐름에 대한 권리의 변형은 우선주나 후순위채와 같이 순위를 세분하는 식으로만 가능한 것은 아니다. 외국에서는 트래킹스톡(tracking stock)이라고 하여 이익배당액을 특정 사업부문이나 자회사의 이익에 연동시켜 지급하는 내용의 주식도 발행되고 있다.[19] 사채의 경우에는 현금흐름에 대한 권리의 변형이 훨씬 다양한 형태로 이루어지고 있다.[20] 주식에 지급되는 현금흐름을 모방하기 위하여 고안된 이익참가부사채도 이미 증권거래법(제191조의4)에 도입되어 있다.

실제로 사채의 경우 현금흐름에 대한 권리의 변형은 파생금융상품과 결합되어 이루어지는 경우가 많다.[21] 파생금융상품을 이용하면 사채의 경우에도 극히 다양한 현금흐름을 창출할 수 있다. 사채의 이자나 원금을 주가지수에 연동시키는 내용의 주식연계증권은 이미 증권거래법에서 도입된 바 있다(시행령 제2조의3 제7호). 최근에는 특정 기업이나 국가의 신용상태나 지진이나 가뭄 같은 재해를 결합시킨 특수한 사채가 속속 등장하고 있다.

18 이러한 논리를 관철한다면 보통주에 대한 배당이 행해진 후에 한해서 이자를 지급하기로 하는 사채도 발행 가능하다고 볼 것인가? 그 경우에는 명칭은 사채라고 붙였더라도 실질적으로는 보통주라고 보아 무효로 보아야 하지 않을까?

19 트래킹스톡에 대해서는 윤영신, "미국법상 트랙킹스톡에 대한 고찰," 「이십일세기 한국상사법학의 과제와 전망(송상현 선생 화갑기념)」, 224면 참조.

20 주식에 접근시키기 위하여 일종의 옵션을 첨부한 사채인 전환사채나 신주인수권부사채는 이미 상법에 도입되어 있다.

21 거래계에서는 이러한 상품을 복합금융상품이라고 부른다. 자세한 것은 정순섭, "복합금융상품의 법적구조에 관한 연구," 민사판례연구 제27권(2005) 901면 이하 참조.

(3) 의결권의 변형

증권의 다양화는 증권에 수반되는 의결권을 변형시키는 방법으로도 실현될 수 있다. 전통적인 원칙에 의하면 의결권은 주식에는 있고 사채에는 없다.[22] 따라서 의결권의 변형은 주로 주식에서 시도되고 있다. 우리 상법은 비교적 전통적인 견해를 취하여 의결권의 존부만을 달리하는 것을 허용하면서 무의결권주식은 우선주에 한해서만 인정하고 있다. 따라서 의결권이 복수 있는 주식이나 예컨대 2분의 1개의 의결권이 있는 주식의 발행은 허용되지 않는다. 이 점은 이른바 차등의결권주식(dual class common stock)을 자유롭게 허용하는 미국의 회사법과 큰 차이를 보이고 있다.[23] 의결권의 변형은 단순히 의결권의 유무나 수에 한해서만 가능한 것은 아니다. 예컨대 일정한 사항에 대해서만 의결권이 있다거나 없다거나 하는 식으로 제한하는 것도 생각할 수 있다. 일본에서는 2003년 상법을 개정하여 그러한 제한의결권주식도 허용하고 있다.[24]

III. 다양한 증권에 대한 시장의 수요

1. 투자자의 다양한 수요

회사가 발행하는 증권의 다양화는 결국 자금을 제공하는 투자자의 수요

22 도산상태에 빠진 경우와 사채계약에 정해진 경우에는 예외적으로 사채에도 어느 정도 지배권이 인정된다.

23 다만 미국에서도 증권거래소의 상장규정에서는 차등의결권주식의 상장은 제한되고 있다. 예컨대 New York Stock Exchange Listed Company Manual 330.00(A). 차등의결권주식에 대해서 상세한 것은 김건식, 무의결권우선주에 관한 연구(상장협 연구보고서 94-2, 1994) 103면 이하 참조.

24 일본 상법 제222조 제1항.

가 동질적인 것이 아니기 때문에 일어나는 현상이다. 모든 투자자가 동질적인 위험을 감수할 용의가 있다면 주식, 그것도 보통주만 발행하면 될 것이다. 주식 외에 사채가 발행되는 이유는 위험회피성향이 보다 강한 투자자의 자금을 끌기 위해서라고 할 수 있다.[25] 예컨대 지급이자를 손금으로 처리하는 것과 같이 차입에 의한 자금조달의 매력을 높이는 세법상의 혜택도 회사가 사채를 발행할 유인을 강화한다. 그렇다면 기존의 주식과 사채라는 기본적인 분류를 넘어서 한층 더 다양한 유형의 증권이 시장에 등장하고 있는 이유는 무엇인가? 이하에서는 그러한 다양한 증권을 필요로 하는 시장의 수요가 어떠한 문맥에서 생겨나고 있는가에 대해서 살펴보기로 한다.

2. 벤처기업의 자금조달[26]

성숙한 대기업에 비하여 벤처기업은 사업상 위험이 높다. 따라서 벤처기업에 대한 투자는 높은 투자위험을 감당할 수 있는 자금으로 이루어지는 것이 바람직하다. 그러한 자금은 통상의 금융기관이 중개하기는 적합지 않다. 그리하여 등장한 특수한 중개기관이 바로 벤처캐피털이다. 벤처기업에 투자하는 벤처캐피털은 다음과 같은 수요가 있다. 첫째, 벤처기업의 의사결정에 깊이 개입할 수 있어야 한다. 벤처캐피털의 개입권한은 단순한 채권적인 계약에 의해서뿐 아니라 회사법상의 권한에 의하여 담보될 필요가 있다. 둘째, 벤처기업은 실패할 확률이 높기 때문에 성공할 때에는 벤처캐피털이 그 과실을 충분히 분배받을 수 있어야 한다. 셋째, 벤처기업이 청산되는 때에는 창업자보다 우선적인 지위를 보장받을 필요가 있다. 이러한 벤처캐피털의 수요를 충족시킬 수 있는 증권은 우선주라고 할 수 있다. 벤처캐피털이 회사

25 주주로서는 레버리지 효과를 거둘 수도 있을 것이다.

26 벤처기업의 자금조달에 관하여 상세한 것은 김건식, 증권거래법(제3판 2004) 586면 이하; 보고서, (주 9), 8면 이하.

의 의사결정에 참여하기 위해서는 의결권이 있어야 할 것이고 성공의 과실을 보다 효과적으로 향유하기 위해서는 기업공개시에 보통주로 전환할 수 있는 전환권이 부착되어 있는 것이 보통이다. 또한 자본다수결원칙을 취하고 있는 현행법상 의사결정에 대한 참여를 확실히 보장받기 위해서는 의결권의 과반수를 확보할 필요가 있다. 그러나 벤처캐피털의 투자는 50%에 미달하는 경우가 많다. 50%에 미달하는 지분투자자가 자신의 이익을 대변할 이사를 선임하기 위해서는 창업자와 주주간 계약을 체결하는 것이 보통이다. 자신이 추천하는 이사후보에 대해서 창업자가 주주총회에서 찬성표를 던지기로 하는 이른바 의결권구속계약이 채권적으로 유효하다는 점에 대해서는 대체로 견해가 일치하고 있다. 그러나 그 합의를 법적으로 강제할 수 있는지 여부에 대해서는 학설이 나뉘고 있다. 특히 제3자에 대해서는 그러한 주주간 합의의 효력을 주장할 수 없다는 점에 대해서는 견해가 일치되고 있다.

미국에서는 보통주도 두 가지로 나누어 예컨대 A종류 주식의 주주는 이사 3인을 선임하고 B종류 주식의 주주는 이사 2인을 선임할 수 있는 권리를 갖도록 하는 것도 허용하고 있다. 이러한 종류투표가 가능하다면 구태여 의결권구속계약을 체결할 필요가 없을 것이다. 2002년 개정된 일본 상법에서는 이러한 종류투표가 가능한 주식의 발행을 허용하고 있다(제222조 제1항 제6호, 제7항).

3. 합작투자회사

합작투자의 당사자들도 벤처투자와 마찬가지로 회사의 형태를 취하면서도 일종의 조합적인 효과를 원하는 수요가 있다. 합작투자의 당사자들은 벤처캐피털과는 달리 현금흐름을 선순위로 분배받을 것을 고집하지는 않는다. 합작투자에서 중요한 것은 지배권을 배분하는 문제이다. 서로 50%대 50%로 대등하게 참여하는 합작투자에서는 사이가 나빠져 막다른 골목에 다다른 경우의 관계해소가 문제될 뿐 일방당사자가 불의의 손해를 입을 가능성은 그리 높지 않다. 그러나 50% 미만의 투자자로 참여하는 당사자로서는 자신의 이익을 자본다수결원칙으로부터 지켜 내는 것이 긴요한 과제이다. 현재 그러한 당사자가 기댈 수 있는 것은 주주간계약밖에 없기 때문에 벤처투자와 마찬가지의 문제가 있고 일본에서 도입된 것과 같은 의결권제한주식에 대한 수요가 존재한다.

4. 적대적 기업인수에 대한 경영권 방어수단

최근에는 전혀 다른 맥락에서 의결권의 변형이 주목을 끌고 있다. 최근 우리 대기업에서는 지배주주가 지배하는 지분이 감소하는 한편으로 외국투자자의 지분이 증가하고 있다. 그리하여 외국투자자로부터 국내 기업의 경영권을 보호하는 문제가 재계는 물론이고 정부와 국회의 주목을 받고 있다.[27] 지배주주의 우려를 한번에 날려 버릴 수 있는 방어수단으로 차등의결권주식을 허용하자는 주장도 제기된 바 있다. 예컨대 보통주를 의결권이 1개인 A종류와 100개인 B종류의 주식으로 나누고 지배주주에게 B종류의 주식을 독점시킨다면 지배주주가 거의 완벽한 방어수단을 확보할 수도 있을 것이다.[28]

미국에서 흔히 이용되는 이른바 경영권안정증권(poison pill)[29]의 경우에는

27 공정거래법상의 출자총액제한을 폐지하고 계열금융기관의 의결권행사에 대한 제한을 없애라는 재계의 집요한 요구는 바로 그러한 맥락에서 나온 것이다.

28 그러나 뒤에 설명하는 바와 같이 기업공개 전의 회사라면 몰라도 일단 공개된 회사의 경우에는 의결권이 많은 주식을 지배주주에게만 취득시키는 것은 쉽지 않을 수도 있다. 김건식, 무의결권우선주에 관한 연구(상장협 연구보고서 94-2, 1994) 122-123면.

29 독약증권이라고 직역되는 경우도 많지만 이 글에서는 경영권을 안정시키는 기능에 착안해서 경영권안정증권이란 용어를 사용하기로 한다. 경영권안정증권에 대한 간단한 설명과 외국에서의 도입 가능성에 관해서는 Ronald Gilson, The Poison Pill in Japan: The Missing Infrastructure, 2004 Columbia Business Law Review 21(2004) 참조.

지배주주에게만 취득시켜야 하는 문제가 없다. 경영권안정증권은 워낙 다양한 유형으로 발행되고 있어 일률적인 설명은 어렵다. 그러나 가장 일반적인 형태의 경영권안정증권은 제3자가 경영권을 위협할 수 있는 정도의 지분(예컨대 20%)을 취득하는 경우에 복수의결권주식으로 전환할 수 있는 특수한 증권을 가리킨다. 경영권안정증권은 기존의 모든 주주에게 발행되지만 경영권을 위협하는 지분을 취득한 제3자는 전환권을 행사할 수 없게 되어 있어 결국 전환권의 행사에 따라 제3자의 의결권지분은 다시 하락할 것이기 때문에 애초에 지분취득을 단념하게 되는 것이다. 한편 경영권안정증권은 이사회가 언제라도 명목상의 가액을 지급하고 소각할 수 있다. 따라서 이사회가 제3자의 제안이 공정하고 적절한 것으로 판단하는 경우에는 경영권안정증권을 소각함으로써 제3자의 경영권취득을 방해하지 않을 수도 있다. 따라서 제3자가 주주에게 아주 유리한 가격을 제시하며 경영권을 취득하고자 하는 경우 이사회는 현실적으로 경영권안정증권을 소각하라는 강력한 압력을 받게 된다고 한다.[30] 그리하여 실제로 경영권안정증권은 처음에 보는 것처럼 경영권을 무조건 보호하는 완벽한 방패는 아니라고 한다. 경영권안정증권이 실제로 과연 어떠한 효과를 낳는지에 대해서는 본고장인 미국에서도 아직 다툼이 계속되고 있는 것으로 보인다.

경영권안정증권의 실증적 효과를 논하는 것은 이 글의 범위를 훨씬 넘는다. 이 글에서는 경영권방어의 목적으로 이용되어 온 기존의 수단(예컨대 계열사를 통한 상호출자, 자기주식취득, 전환사채발행 등)에 비하여 경영권안정증권이 설계하기에 따라서는 훨씬 덜 경직적이고 효과적일 수 있다는 점만을 지적해 두고자 한다.

우리나라에서 경영권안정증권을 도입하기 위해서는 무엇보다도 복수의

30 이사회가 그것을 거부하는 경우에는 위임장권유에 의하여 주주총회에서 기존의 이사들을 해임할 수도 있다.

결권주식을 허용할 필요가 있다.[31] 경영권안정증권의 도입 여부에 대해서는 그 장단점을 면밀히 검토한 후에 결정해야 할 것이다. 그러나 지금처럼 복수의결권주식을 인정하지 않는 상법의 태도 때문에 자동적으로 그것의 도입 여부가 결정되는 것은 바람직하지 않다고 생각된다.

5. 규제의 회피

증권의 다양화는 기업이 부담스런 규제를 회피하기 위한 필요 때문에도 촉진된다. 국내 금융기관도 이제는 BIS자기자본규제에 따라 자기자본을 확충할 압력을 받고 있다. 그러나 주식발행이 항상 가능한 것은 아니기 때문에 사채의 형태를 취하면서도 주식과 유사한 효과를 낼 수 있는 증권이 대안으로 관심을 끌고 있다. 앞서 언급한 초후순위채는 그 좋은 예라고 할 수 있다.

또한 금융기관은 취급할 수 있는 업무가 규제법규에 의하여 제한되는 경우가 많다. 예컨대 보험회사가 보증을 할 수 없다는 식의 규제가 그것이다. 앞서 언급한 바와 같이 금융기관으로서는 파생상품이 결합된 사채를 이용함으로써 규제를 회피하려 할 수도 있다. 예컨대 특정 기업이나 국가의 지급불능사태에 연계된 신용파생상품(credit derivatives)이 결합된 사채를 발행함으로써 규제의 장벽을 넘으려 할 수도 있을 것이다.[32]

31 경영권안정증권이 경영권을 취득하려는 제3자는 전환권을 행사할 수 없다는 점에서 주주평등의 원칙상 허용되는지에 대해서 의문을 표시하는 견해도 있다. 이 문제는 이 글의 직접적인 목적과는 관계가 없지만 경영권안정증권이 적어도 주주평등의 원칙에는 반하지 않는다고 생각한다.

32 물론 기존의 규제가 타당한 것이라면 이러한 규제의 틈은 해석이나 입법으로 메워야 하겠으나 금융기관으로서는 일시적이나마 그 공백을 활용하려 할 수 있을 것이다.

IV. 다양화에 대한 법적 검토

1. 서설

이상에서 살펴본 바와 같이 증권의 다양화는 극히 다방면에서 복잡하게 진행되고 있다. 이러한 복잡다단한 현상에 대해서 일률적인 법적 평가를 시도하는 것은 자칫 무모하기 십상이다. 결국 특정증권에 대한 법적 평가는 개별적으로 결정될 수밖에 없을 것이다. 이곳에서는 상법과 증권거래법의 관점에서 평가의 기본적인 시점을 정리해 보기로 한다. 증권의 다양화에 대한 법적 검토에도 해석론적 측면과 입법론적 측면이 함께 존재한다. 해석론상의 과제는 현행법상 증권의 다양화가 어느 범위까지 가능한 것인지를 구명하는 것이라고 한다면 입법론상의 과제는 과연 어느 범위까지 허용하는 것이 바람직한지를 결정하는 것이다.

이 글에서는 주로 후자의 관점에서 증권의 다양화를 보는 기본적 시각을 정리하고자 한다.

2. 상법상의 검토

(1) 사적 자치의 한계

앞서 지적한 바와 같이 증권은 결국 기업의 현금흐름에 대한 권리와 의결권의 조합이다. 원론적으로 증권의 내용은 원칙적으로 기업과 투자자[33] 사이의 합의, 즉 사적 자치에 의하여 결정해도 무방하다는 견해도 성립할 수 있다.

33 주식의 경우에는 기업과 투자자가 아니라 주주와 주주 사이의 합의로 파악할 수도 있다.

이러한 사적 자치설에 의하면 상법이 증권에 관해서 규정을 두는 이유는 무엇일까? 가장 쉽게 생각해 볼 수 있는 것은 이른바 당사자들의 편의를 위하여 표준적인 계약양식(standard contract)을 제공한다는 것이다. 사적 자치설에 따르면 상법에 근거규정이 없는 증권도 회사와 투자자가 합의하는 경우에는 발행할 수 있다는 결론이 된다. 그러나 당연한 말이지만 사적 자치가 무제한 인정되는 것은 아니다. 뒤에서 설명하는 바와 같이 상법은 1주1의결권원칙을 채택하여 무의결권우선주의 예외를 제외하고는 의결권의 변형을 허용하지 않고 있다. 즉 미국에서와 같은 차등의결권주식이나 최근 일본에서 도입된 제한의결권주식은 상법을 개정하지 않는 한 허용되지 않는다.

사적 자치의 한계를 뒷받침하는 논리로는 형식적인 것과 실질적인 것의 두 가지를 생각해 볼 수 있다. 형식적인 논리는 이른바 유가증권법정주의라고 하는 것이다. 실질적인 논리로서는 제3자의 이익에 대한 고려, 투자자의 제한적 합리성, 균일성의 필요 등이 있다. 이하 유가증권법정주의부터 차례로 검토하기로 한다.

(2) 유가증권법정주의

유가증권법정주의란 증권에는 항변의 절단 등 특별한 법적 보호장치가 수반되므로 법에서 규정한 것과 다른 새로운 증권을 당사자들의 합의로 창출할 수는 없다는 것이다. 그러나 유가증권법정주의는 증권의 다양화를 가로막는 장애물이 될 수 없다고 판단된다. 유가증권법정주의에서 말하는 증권은 앞서 언급한 사법상(私法上)의 증권이다. 따라서 증서에 표창되지 않은 단순한 권리로서의 증권은 유가증권법정주의와 관계없이 얼마든지 창출할 수 있다. 물론 증서에 표창될 수 없다면 현실적으로 투자대상으로서의 매력이 떨어질 수도 있다. 그러나 다행히 유가증권법정주의가 타당하는 범위는 그리 넓지 않다. 민법상 지시채권이나 무기명채권은 명시적으로 허용되고 있다(제508조, 제523조). 실제로 다양화가 많이 문제되는 사채의 경우에는 아무리 다양화하더라도 기본적으로 채권적 권리라고 할 것이므로 사법상의 증권으로 표창하는 것이 가능하다고 볼 것이다.

(3) 제3자의 이익에 대한 고려

증권의 내용과 관련하여 상법이 사적 자치를 제약하는 것을 정당화할 수 있는 근거는 무엇인가? 이와 관련해서는 크게 세 가지를 생각해 볼 수 있을 것이다. 첫째는 당사자 간의 사적인 합의가 제3자의 이익을 침해할 수 있는 경우이다. 이러한 제3자의 이익에 대한 고려는 사적 자치의 전통적인 한계라고 할 수 있다. 그렇다면 증권의 발행과 관련하여 제3자의 이익은 어떻게 영향을 받는가?

먼저 현금흐름의 배분에 대한 합의는 반드시 제3자의 이익에 영향을 준다고 볼 것은 아니다. 예컨대 우선주는 이익배당이나 잔여재산분배에서 보통주에 앞선다는 점에서 보통주주의 이익을 침해하는 것으로 볼 소지도 없지 않다. 그러나 현행 상법은 정관에 우선주의 내용에 관한 규정을 두도록 함으로써 보통주주의 이익을 보호하고 있다. 정관에 우선주 조항이 마련된 후에 보통주를 취득한 주주는 그 내용에 동의한 것으로 볼 수 있을 것이다. 그러한 조항이 도입되기 전부터 주주였던 자라면 정관변경에 반대할 수 있고 그것이 여의치 않다면 보유주식을 처분할 수도 있을 것이다.[34] 이러한 논리에 의하면 우선주 조항의 내용이 상세하면 할수록 보통주주의 이익에 대한 보호가 더 철저할 것으로 보인다. 그러나 그렇게 한다면 시장상황에 적합한 우선주발행은 어려워질 것이다. 반면에 정관에 우선주발행의 근거 정도만 규정하는 경우에는 이사회의 재량이 늘어날 것이지만 그렇다고 해서 보통주

34 물론 이러한 사전적인 대처방안이 완전한 것으로 볼 수는 없다.

주가 완전히 무방비상태가 되는 것은 아니다. 어차피 이사는 충실의무의 구속을 받기 때문에 부당한 우선주발행으로 손해를 입은 보통주주는 적어도 사후적인 구제를 받을 수 있다.[35] 사적 자치와 이사의 충실의무를 강조하는 관점에서는 상법에는 물론이고 정관에도 선순위 증권에 관한 상세한 조항을 둘 필요가 없을 것이다. 상법은 우선주의 경우에는 정관에 내용을 정하도록 요구하고 있지만 사채의 경우에는 이사회의 결의를 요할 뿐이다. 그러나 보통주에 대한 선순위 권리라는 점에서 우선주나 사채는 차이가 없다. 사채의 경우에는 회사가 현금흐름을 설계할 수 있는 폭이 한층 더 넓다. 상법의 관점에서는 일반적인 사채에 파생상품을 결합하는 방법으로 현금흐름을 변경하는 것을 구태여 막을 이유가 없을 것이다.

현금흐름의 배분에 비하여 의결권의 변형은 한층 복잡한 문제를 야기한다. 예컨대 보통주가 의결권이 1개인 A형 보통주와 100개인 B형 보통주로 나뉘어서 발행되는 경우를 상정해 보자. 회사설립시부터 정관에 그에 관한 규정이 있었다면 A형 주식을 인수한 투자자가 불의의 손해를 입은 것으로 볼 수 없다는 논리도 성립할 수 있다. A형 주식을 인수하는 투자자는 처음부터 B형 주식의 발행 가능성에 대해서 알고서 투자한 것으로 보아야 할 것이기 때문이다. 이러한 논리는 당초 B형 주식만 발행된 상태에서 새로이 발행하는 A형 주식을 인수하는 투자자에도 그대로 적용할 수 있을 것이다. 그러나 A형 주식의 경제적인 내용을 B형 주식보다 유리하게 꾸며서 기존 주주가 보유하는 B형 주식과 A형 주식을 교환할 것을 제의하는 경우에는 기존 주주가 원치 않는 경우에도 교환에 동의하게 될 수 있다. 다른 주주가 모두 교환에 응하는 경우에는 자신의 의결권은 무의미한 것이 되고 결과적으로 자신만 손해를 보게 되기 때문이다. 즉 이 경우 기존 주주의 동의는 일종의 강요

35 물론 이사가 충실의무를 부담하는 상대방이 주주가 아니라 회사이기는 하지만 대체로 정당한 사유 없이 주주의 이익을 침해하는 경우에는 회사에 대한 충실의무위반에 해당하는 것으로 볼 수 있을 것이다.

된 동의라고 할 수 있다.

(4) 투자자의 제한적 합리성

위의 예에서 A형 보통주를 인수하는 투자자의 의사가 위에서 언급한 압력에 근거한 것이 아니라 하더라도 그것을 자유의사의 표현으로서 존중할 필요가 있는지에 대해서는 근본적인 시각에서 의문을 제기할 수도 있다. 사적 자치를 존중해야 하는 당위성은 당사자가 자신의 이익을 가장 잘 판단할 수 있다는 전제에 입각하고 있다. 그러나 이러한 전제는 과연 올바른 것인가? 최근의 실증연구는 일반적인 인간은 물론이고 투자자도 반드시 합리적으로만 행동하는 것은 아니라는 점을 확인해 주고 있다.[36] 투자자의 이른바 '제한적 합리성'(bounded rationality)은 널리 지지를 받고 있다. 인간은 특히 부정적인 효과가 먼 장래에 발생할 가능성이 있는 경우에는 그것을 과소평가하는 경향이 있다고 한다. 차등의결권주식과 같은 의결권의 변형이 지배구조에 미치는 효과는 장기적으로 나타난다. 차등의결권주식은 지배주주의 경영권을 강화하는 기능을 한다. 차등의결권주식을 활용하면 지배주주가 예컨대 1%의 경제적인 권리밖에 없으면서도 50%의 지배적인 권리를 가질 수도 있다. 이처럼 경제적인 권리와 지배적인 권리 사이에 괴리가 커질수록 지배주주와 소수주주 사이의 이른바 대리문제는 더 심각하게 될 것이다. 지배주주의 의결권지분이 막대하기 때문에 지배주주를 몰아내는 것은 불가능하다. 투자자들은 차등의결권주식이 초래하는 이러한 부정적인 효과에 대해서 충분히 인식하지 못한 상태에서 비합리적인 결정을 내릴 가능성이 있다. 그 좋은 예가 과거 우리 자본시장을 휩쓸었던 이른바 1% 무의결권우선주라고

36 Shleifer는 이 점을 근거로 효율적 시장가설을 비판하고 있다. Andrei Shleifer, Inefficient Markets: An Introduction to Behavioral Finance 10 (2000).

할 수 있다. 보통주보다 1%의 배당을 더 받지만 의결권이 없는 독특한 이 신종우선주는 무의결권의 폐해가 인식됨에 따라 급속히 투자자들의 외면을 받았다.[37]

이처럼 사적 자치만을 이유로 의결권의 변형을 무제한 허용하는 것은 위험한 면이 있다. 그러나 그렇다고 해서 현행 상법에서처럼 마냥 1주1의결권 원칙에 집착하는 것도 능사는 아닐 것이다. 앞서 벤처투자나 합작투자와 관련하여 지적한 바와 같이 의결권을 투자한 금액에 비례하지 않는 방식으로 배분할 필요는 현실적으로 존재한다. 따라서 적어도 사업의 프로들만이 투자하는 폐쇄회사의 경우에는 차등의결권주식이나 제한의결권주식의 도입을 신중하게 검토할 필요가 있을 것이다.

(5) 균일성의 필요

사적 자치에 한계를 긋는 마지막 요인은 균일성을 확보할 필요이다. 사적 자치를 관철하는 경우 회사가 발행하는 증권의 내용은 그때그때의 당사자의 수요에 따라 각양각색이 될 공산이 크다. 그러나 증권의 내용이 이처럼 각양각색인 경우에는 시장에서 거래되기 어렵다. 당사자 간에 개별적인 교섭을 거쳐 체결되는 상대거래에서는 증권의 내용이 독특하더라도 문제되지 않는다. 그러나 시장에서 불특정다수인 사이에서 대량으로, 신속하게, 그리고 반복적으로 거래될 수 있으려면 가급적 그 내용이 균일해야 할 것이다. 그러므로 시장에서는 최대한 균일성을 확보하기 위하여 증권의 내용에 제약을 가할 필요가 있다. 일반법인 상법에서는 개별적인 수요를 충족시키기 위하여 증권의 내용이 자유롭게 결정되는 것을 허용하더라도 거래소의 상장규정에서는 균일성을 요구할 수 있을 것이다.

37 1% 우선주에 대해서는 김건식, (주 23), 12-23면 참조.

3. 증권거래법상의 검토

앞서 제시한 상법상의 검토를 요약하자면 다음과 같다. 먼저 현금흐름에 대한 권리의 변형은 자유롭게 허용된다. 의결권의 변형은 현행법상 1주1의결권원칙의 제약을 받지만 입법론상으로는 적어도 폐쇄회사의 맥락에서는 그 제약을 완화할 필요가 있다. 그러나 증권거래법에서 증권을 논하는 것은 이와는 전혀 다른 맥락에서이다. 특정의 투자대상이 증권거래법에서 증권으로 평가되는 경우에는 원칙적으로 공시규제가 적용되고 증권회사만이 거래할 수 있는 등 증권거래법의 적용을 받는다. 주식이나 사채는 증권거래법상으로도 증권에 속한다. 증권거래법상 증권에 속하는지 여부가 문제되는 것은 주로 사채이다. 앞서 언급한 바와 같이 이론상 사채의 현금흐름은 사적자치에 따라 자유롭게 변형될 수 있다. 만약 이러한 상법상의 사채개념을 그대로 증권거래법에 적용한다면 증권회사의 업무범위가 대폭 확대될 것이다. 그러나 우리 실무계에서는 상법상으로도 사채개념을 그렇게 융통성 있는 개념으로 보고 있지 않는 것 같다. 논의는 별로 없지만 우리나라에서는 대체로 상법에서 명시적으로 허용되지 않은 증권은 발행할 수 없는 것으로 보는 견해가 주류를 이루는 것 같다.[38] 이러한 사채개념을 그대로 증권거래법에 차용하는 경우에는 증권회사의 신상품 개발 활동이 위축될 수밖에 없을 것이다. 증권거래법에서 구태여 주식연계증권에 대한 규정을 둔 이유도 그런 규정이 없다면 증권회사가 그러한 증권을 취급할 수 없다는 인식 때문으로 짐작된다. 흥미로운 것은 상법에 명시적인 근거가 없는 상태에서 주식연계증권이 발행되고 있다는 점이다. 이에 대해서는 상법의 특별법인 증권거래법에 근거조항이 있으므로 당연히 회사가 주가연계증권을 발행할 수 있다

38 증권거래법이 상장법인이 이익참가부사채나 교환사채를 발행할 수 있음을 명시하고 있는 것(제191조의4)도 그러한 견해에 입각한 것으로 볼 수 있다.

는 식의 해석도 가능할 것이다. 그러나 그러한 해석을 뒤집어 본다면 상법상으로도 사채의 현금흐름에 변형을 가하는 것은 상법이나 증권거래법에 명시적으로 허용된 경우에만 가능하다는 결론에 이르게 된다. 이러한 해석이 다양한 증권의 출현을 가로막는 것은 물론이다. 오히려 앞서 언급한 바와 같이 상법상으로 사채는 현금흐름에 대한 권리의 내용을 폭넓게 변화시킬 수 있다고 해석하는 편이 보다 합리적일 것이다.

그렇다면 이러한 상법상의 사채개념의 확대에 대해서 증권거래법은 어떻게 대처해야 할 것인가? 최근 입법예고된 증권거래법 시행령 개정안에 따르면 전통적인 증권에 파생상품적 요소가 결합된 파생결합증권도 증권으로 포함시키고 있다(시행령안 제2조의3 제6호). 파생결합증권에 관해서 주로 고려하여야 할 것은 파생상품과 구별의 문제이다. 사채에 파생상품을 결합하는 경우 파생상품이 차지하는 비중이 커지면 커질수록 그 상품은 파생상품, 그것도 장외파생상품에 접근하게 된다. 사채와는 달리 장외파생상품의 경우에는 위험성이 높기 때문에 증권거래법에 의한 보호만으로는 부족하고 보다 강도 높은 보호를 가할 필요가 있다. 파생상품요소가 가미된 사채와 파생상품을 구분하는 기준으로는 일응 투자자가 추가적인 출자의무가 발생할 가능성이 있는지가 될 것이다.[39]

V. 결어

이상에서 살펴본 바와 같이 증권은 현금흐름에 대한 권리와 의결권의 구체적인 배합에 따라 실로 다양한 유형을 만들어 낼 수 있다. 그럼에도 불구하

39 최근 입법예고된 증권거래법 시행규칙안은 비슷한 태도를 취하고 있다(시행규칙안 제1조의3 제2항 제2호).

고 상법이나 증권거래법에서 기본적인 증권유형은 주식과 사채라고 할 수 있다. 과거 기업과 투자자의 수요가 단순하였던 시대에는 이러한 단순한 이분법도 별로 문제가 될 수 없었다. 그러나 시장에서의 수요가 점차 다양화하고 있는 상황에서는 이러한 이분법에 집착하는 것은 바람직하지 않을 수도 있다. 상법상으로는 주식과 사채가 다양한 형태로 발행될 수 있도록 길을 열어 주어야 할 것이다. 주식의 경우에는 일단 의결권 등 주주권을 행사할 자를 특정할 필요 때문에 그 범위를 명확하게 획정할 필요가 있을 것이다. 그러나 사채의 경우에는 그러한 필요는 없다. 현행 상법에서는 사채총액한도와 같은 강행규정의 적용 여부를 결정하기 위해서도 사채에 해당하는지 여부를 결정할 필요가 있다. 그러나 궁극적으로 사채에 관한 규정은 당사자들이 사채라고 합의한 경우에 적용되는 임의규정으로 하는 것이 바람직할 것이다.

이러한 변화는 우리 자본시장에 관한 규제가 사전적 규제에서 사후적 규제로 전환하는 것을 의미한다. 사전적 규제하에서 회사는 상법에서 명시적으로 허용한 증권만을 발행할 수 있고 증권회사는 증권거래법에서 증권으로 명시한 상품만을 취급할 수 있다. 이러한 체제는 법적 안정성이 높지만 변화하는 시장의 수요에 기동성 있게 대처하기 불편하다. 그에 비하여 사후적 규제하에서는 법에서 명시적으로 금지한 것이 아닌 증권은 회사가 발행하고 증권회사가 취급할 수 있다. 다만 그러한 자유가 남용이 되는 경우에는 관계자들의 민사책임을 묻는 방법으로 통제할 수 있다. 사후적 규제는 시장의 수요에 대처하는 면에서는 한발 앞서지만 최종적으로 법을 해석하는 법원의 부담이 늘어난다는 점도 간과해서는 아니 될 것이다.

『민사판례연구』 제27집(2005. 2).

＊추기: 증권거래법은 자본시장과 금융투자업에 관한 법률로 통합되었다.

03 워런트(warrant)의 도입을 위한 소론

I. 서설

워런트(warrant)는 본고장인 미국에서도 법률상 엄격히 정의되고 있는 개념이 아니다. 일반적인 용례에 의하면 워런트는 일정한 기간 동안 일정한 수량의 주식을 일정한 가격에 매입할 수 있는 증권이라고 할 수 있다.[1] 일종의 콜옵션(call option: 매수선택권)에 해당하지만 일반적인 콜옵션과 다른 점은 대상 주식을 발행한 회사에 의하여 발행된다는 점이다. 워런트는 그 가치가 대상 주식의 가치에 따라 변동한다는 점에서 요즘 주목되고 있는 파생상품(derivatives)에 속한다. 워런트는 우리 상법에 반드시 낯선 존재만은 아니다. 상법에 규정되고 있을 뿐 아니라 실제로 국내외에서 많이 발행되고 있는 신주인수권부사채(新株引受權附社債)에서 분리된 신주인수권증권(제516조의5)

1 David L.Scott, Wall Street Words, 363(1988).

이 바로 워런트에 해당한다.[2] 또한 1997년 증권거래법에서 도입된 주식매입선택권[3](제189조의4) 중 신주발행방식의 경우도 워런트에 속한다.

워런트가 이처럼 비록 제한된 범위에서나마 우리 법에서 자리를 잡고 있는 것은 나름대로 효용이 있기 때문이다. 그러나 워런트의 효용은 신주인수권부사채나 주식매입선택권의 경우에만 한정되는 것은 아니다. 뒤에 설명하는 바와 같이 워런트는 다양한 상황에서 유용하다. 그러나 우리 상법의 해석상 워런트가 발행가능한 것인지에 대해서는 의문이 없지 않다. 아직 학계에서 논의는 별로 없지만 발행할 수 없다고 보는 견해가 오히려 일반적인 것이 아닌가 여겨진다.

이 글의 목적은 주로 워런트에 관한 다음의 두 가지 문제를 검토하는 것이다. 첫째, 우리 상법상 워런트를 발행할 수 있는가? 둘째, 상법상 워런트에 관한 규정을 어떻게 도입할 것인가? 첫째 물음에 대한 답은 긍정적이다. 그렇다면 둘째의 문제에 대해서는 답할 필요가 없지 않은가? 그렇지는 않다. 워런트발행이 가능한가에 대해서 회의적인 견해가 널리 퍼져 있는 상황에서는 상법을 개정하여 워런트의 발행 가능성을 명시할 필요가 있기 때문이다.

이러한 두 가지 문제를 다루기에 앞서 약간의 준비작업이 필요하다. 워런트는 우리 상법상 주주의 신주인수권과 유사할 뿐 아니라 서로 충돌되는 개념이다. II에서는 우리 상법상 워런트의 지위를 제대로 파악하기 위해서 워런트와 신주인수권의 개념 자체를 보다 명확하게 정리해 두기로 한다. 또한 이 글은 워런트가 유용한 수단이라는 점을 전제로 하고 있다. III에서는 워런트에 대한 수요는 어떠한 경우에 인정될 수 있는 것인지, 과연 그러한 수요를 충족시킬 수 있는 대안은 없는 것인지에 대해서 검토하기로 한다. 이어서

2 신주인수권부사채는 영문으로 bonds with warrants(BW)로 불리고 있다.

3 흔히 스톡옵션(stock option)으로 불리고 있다. 양도가 금지되고 증권이 발행되지 않는다는 점에서 워런트와 차이가 있다.

Ⅳ에서는 이러한 준비작업을 토대로 상법상 워런트를 발행할 수 있는 것인지를 따져 보기로 한다. 이와 관련해서는 우리나라와 마찬가지로 워런트에 대한 명문의 규정을 두고 있지 않은 독일 주식법의 해석에 관한 논의를 참고하기로 한다. Ⅴ에서는 워런트를 도입하기 위하여 상법을 개정하는 경우에 참고할 사항에 대해서 언급하고자 한다.

II. 워런트 개념의 분석

1. 워런트의 의의

이 글에서는 일단 워런트를 보유자가 일정한 기간 동안 일정한 수량의 특정 주식을 일정한 가격에 매입할 수 있는 권리로 정의하기로 한다.[4] 보유자가 매수를 선택할 수 있는 권리만을 갖는다는 점에서 워런트는 일종의 콜옵션이다. 일반적인 콜옵션은 이론상 아무나 발행할 수 있는 것임에 비하여 워런트는 대상주식을 발행하는 회사 자신이 발행한 것만을 가리킨다. 그러나 거래계에서는 워런트에 대해서도 옵션이라는 용어가 사용되기도 한다. 임직원에게 부여되는 스톡옵션이 그 대표적인 예라고 할 수 있다.

4 워런트의 대상은 반드시 주식에 한정되는 것은 아니나 이 글에서는 주식을 대상으로 하는 워런트만을 다루기로 한다. 또한 워런트는 신주인수권을 표창한 "증권"을 지칭하는 의미로 사용하는 경우가 많다. Charles I. Woelfel, Encyclopedia of Banking & Finance(1994), P.1199. 그러나 증권발행 여부가 권리의 내용에 차이를 발생시키는 것은 아니므로 이 글에서는 증권이 발행되지 않은 순수한 계약상에 권리에 불과한 경우도 워런트에 포함되는 것으로 다루기로 한다.

2. 신주인수권과의 비교

(1) 신주인수권과의 유사성

상법상 워런트와 가장 유사한 것은 신주인수권이다. 신주인수권부사채에 붙어 있는 신주인수권은 워런트와 차이가 없으나 신주인수권이라는 이름이 붙어 있다. 그러나 신주인수권과 워런트는 완전히 일치하는 개념은 아니다. 상법상의 신주인수권이 워런트보다 폭넓은 개념이라고 할 수 있다. 상법상 신주인수권은 다양한 내용으로 사용될 수 있으므로 미리 그 의미를 정리해 두지 않으면 혼란에 빠질 우려가 있다.

(2) 주주의 신주인수권

먼저 상법상의 신주인수권은 우선 주주의 신주인수권과 제3자의 신주인수권으로 구분할 수 있다. 이 두 가지 중 워런트는 제3자의 신주인수권에 포함시킬 수 있다. 주주의 신주인수권은 법률(상법 제418조)에 기한 권리로서 추상적 신주인수권과 구체적 신주인수권으로 나뉜다.[5]

전자는 주식의 불가분적 일부를 이루는 것으로서 신주가 발행될 때 그것을 우선적으로 배정받을 수 있는 권리이다(제418조 제1항). 이 권리는 주식과 독립하여 양도할 수도 없고 회사에 대해서 신주발행을 요구할 수도 없으므로 권리성은 강하지 않다. 반면에 후자, 즉 구체적 신주인수권은 이사회의 신주발행결정으로 주주에게 발생하는 완전한 권리이다. 상법상 구체적 신주

5 독일에서는 추상적 신주인수권은 일반적인 법률상 신주인수권(generelles gesetzlichen Bezugsrecht) 또는 신주인수기본권(Bezugsgrundrecht 또는 Bezugsstammrecht)으로, 구체적 신주인수권은 구체적 신주인수청구권(konkreter Bezugsanspruch)으로 불리기도 한다. Lutter, in Kölner Kommentar. zum AktG, 2. Aufl., §186 Rn. 10.

인수권은 보유자에게 주식인수인으로서의 지위를 부여하는 것은 아니다. 즉 신주인수권자의 권리행사 없이 바로 회사와 신주인수권자 사이에 주식인수계약이 성립된 것으로 볼 수는 없다. 또한 상법은 구체적 신주인수권을 형성권이 아니라 채권으로 전제하고 있는 것으로 보인다.[6] 일단 이사회가 신주발행을 결정하면 신주인수권자인 주주는 주식인수의 청약에 의하여 회사에 대해서 인수계약을 체결할 것을 청구할 수 있다. 이론상 주식인수계약이 성립되려면 회사의 배정, 즉 청약에 대한 승낙이 필요하다. 주주의 신주인수권은 바로 이 시점에서 회사에 대하여 자신에게 배정할 것을 청구할 수 있는 권리이다.[7]

(3) 제3자의 신주인수권

다음에는 제3자의 신주인수권에 대해서 살펴볼 차례이다. 그에 앞서 주의할 것은 주주의 신주인수권을 제한하는 것과 제3자의 신주인수권과의 차이이다. 우리 상법은 정관으로 주주의 신주인수권을 제한할 수 있음을 전제하고 있다(상법 제418조 제1항). 그러나 주주의 신주인수권이 제한되었다고 해서 바로 제3자가 신주인수권을 갖게 되는 것은 아니다. 주주의 신주인수권이 배제되면 그 배제된 한도에서 이사회는 신주를 배정할 수 있는 자유를 누리게 된다. 물론 충실의무와 선관주의의무의 구속을 받기는 하지만 이사회는 신주배정에 있어 상당한 재량을 갖게 된다. 결과적으로 특정인이 신주를 인수하더라도 이는 그 특정인의 신주인수권에 기한 것이 아니라 이사회의 배정권한행사에 따른 반사적 이익에 불과하다. 제3자가 신주인수권을 가지

6 정동윤, 회사법(제5판 1999), 502면.

7 이 권리는 채권이기는 하지만 계약이 아니라 법률의 명시적 규정에 기한 권리이므로 그것을 위반한 경우 단순히 손해배상청구권만이 발생하는 것으로 처리하기는 어려운 측면이 있다. 이 문제에 대한 검토는 다음 기회로 미루기로 한다.

려면 정관에 의한 신주인수권의 배제에서 한 걸음 더 나아가 회사와 제3자 사이에 신주인수권을 부여하는 계약이 필요하다.[8]

법률에 기한 주주의 신주인수권과는 달리 제3자의 신주인수권은 계약에 기한 것이기 때문에 그 내용은 계약자유의 원칙에 따라 다양하게 꾸밀 수 있다. 그리하여 이론상 제3자의 신주인수권은 주주의 신주인수권과 마찬가지로 회사의 신주발행을 기다려 비로소 행사할 수 있는 수동적인 권리(수동적 신주인수권)로 꾸밀 수도 있지만 반대로 회사에 대해서 미리 합의한 조건에 따라 신주를 발행할 것을 능동적으로 요구할 수 있는 권리(능동적 신주인수권)로 꾸밀 수도 있다. 워런트는 제3자의 신주인수권 중에서도 바로 능동적 신주인수권에 속한다.[9]

3. 워런트 행사의 효과

워런트는 계약에 기하여 발생하는 권리이기 때문에 그 행사의 효과면에서도 여러 가지 형태로 꾸밀 수 있다. 워런트 보유자에 가장 유리하기는 회사에 대한 의사표시에 의하여 자동적으로 주주지위를 취득하는 경우일 것이다(제1유형). 그러나 원칙적으로 주금의 납입 전에 주주지위를 인정하지 않는 상법의 태도에 비추어 그처럼 의사표시만으로 주주지위를 취득하는 예외를 인정하기는 어려울 것이다.[10] 그 다음으로 워런트 보유자에게 유리한 것은 워런트를 행사하면 회사의 행위를 기다리지 않고 바로 회사와 보유

8 우리사주조합원과 같이 법률에 기하여 신주인수권을 갖는 경우가 있지만(증권거래법 제191조의7) 그 것은 예외적인 경우이다.

9 독일에서는 상법상 주주의 신주인수권을 좁은 의미의 신주인수권 또는 사원권적인 신주인수권(mitgliedschaftliches Bezugsrecht)으로, 워런트는 넓은 의미에서의 신주인수권 또는 계약상의 신주인수권(vertragliches Bezugsrecht)으로 분류하고 있다. Wiedemann in Großkommentar, AktG(4. Aufl., 1995), §186 Rdn. 49.

10 전환사채의 경우에는 전환권의 행사가 있는 시점에 바로 주주지위를 취득하지만(상법 제516조 제2항, 제350조 제1항) 이 경우에는 애당초 주금납입이 필요하지 않기 때문에 그러한 처리가 가능하다.

자 간에 신주인수계약이 체결된 것으로 보는 경우이다(제2유형). 즉 워런트를 일종의 형성권으로 구성하는 경우이다. 그 경우에는 워런트 보유자는 주금을 납입함으로써 주주로서의 지위를 취득한다. 워런트 보유자에게 가장 불리한 것은 워런트의 행사를 주식인수계약의 청약으로 보고 회사는 워런트보유자와의 계약상 단순히 승낙할 의무가 있는 것으로 보는 경우이다(제3유형). 제3유형의 워런트인 경우 회사가 청약에 응하지 않은 때에는 워런트 보유자로서는 계약상의 손해배상을 구할 수 있을 뿐이다.

이론상 워런트는 제2유형과 제3유형의 어느 쪽으로도 구성할 수 있을 것이다. 상법상 신주인수권부사채의 신주인수권이 두 가지 유형 중 어느 것에 해당하는지 반드시 명확한 것은 아니다. 그러나 일반적인 신주발행의 경우와는 달리 배정에 대해서 아무런 언급이 없이 바로 납입에 대해서 규정하고 있는 점(상법 제516조의8 제1항)에 비추어 볼 때 제2유형으로 전제한 것이 아닌가 여겨진다.[11] 일반적으로 워런트가 어느 유형에 해당하는지는 꾸미기에 달려 있을 것이다. 워런트의 행사만으로 주식인수계약이 성립된 것으로 볼 수 있을 만큼 회사와 제3자 사이의 워런트부여계약이 상세한 경우에는 원칙적으로 제2유형에 해당하는 것으로 볼 수 있을 것이다.[12]

4. 증권발행 여부

워런트에 대해서는 유통성을 높이기 위해서 증권을 발행하는 것이 보통

11 신주인수권의 행사와 동시에 납입이 이루어지는 경우에는 사실상 제1유형과 차이가 없을 것이다. 신주인수권을 행사한 자는 납입시부터 주주가 된다고 규정하는 상법 제516조의9 때문에 제3유형이 허용되지 않는 것이 아닌가 하는 의문이 있을 수 있다. 그러나 제516조의9는 주주가 되는 시점에 관한 규정이지 신주인수권 행사의 효과에 관한 규정은 아니다. 회사는 사전에 납입을 맡은 은행에 납입사무처리계약의 해지를 통고함으로써 신주인수권자의 납입을 가로막을 수 있을 것이다.

12 Andreas Fuchs, Selbständige Optionsscheine als Finanzierungsinstrument der Aktiengesellschaft, AG 1995, S.433, 441.

이다.[13] 분리형 신주인수권부사채에서의 신주인수권증권이 바로 그러한 증권—즉 사법상의 유가증권—이라고 할 수 있다. 그러나 증권으로 표창되지 않는 워런트도 생각할 수 없는 것은 아니다. 그러한 워런트는 그냥 제3자의 신주인수권이라고 부르는 편이 보다 적합할지도 모른다. 결국은 용어상의 문제이지만 이곳에서는 증권의 발행 여부와 관계없이 워런트라고 부르기로 한다.

5. 신주발행형과 자기주식형

이제까지는 워런트를 주로 신주인수권과 대비하여 설명하다 보니 회사가 신주를 발행하는 경우만을 전제하였다. 그러나 워런트 보유자의 관점에서 보면 주식을 취득하는 것이 중요하지 회사가 신주를 발행하는지(신주발행형) 보유 중인 자기주식을 양도하는지(자기주식형)는 중요하지 않다.[14] 원래 워런트는 자기주식형으로 출발하였다고 한다. 그러나 자기주식형의 경우에는 회사가 자기주식을 확보하고 있지 못하면, 즉 covered warrant가 아니라 naked warrant인 경우에는 워런트보유자가 주식을 취득할 수 있는지 여부가 불확실하다. 그러한 불확실성을 제거하기 위하여 차츰 신주발행형이 등장하였다고 한다. 그런 이유에서인지 신주발행형의 워런트는 naked warrant로 불리고 있다.

신주발행과 자기주식의 매도를 실질적으로 동일한 차원으로 보는 시각이 일반적인 미국에서는 워런트가 신주발행형에 한정되는지 아니면 자기주식형까지도 포함하는지에 대해서 별로 중시하지 않는 것으로 보인다. 이 글에서도 신주발행형만을 논의의 대상으로 삼기로 한다.

13 Claussen, Aktienoptionen—eine Bereicherung des Kapitalmarktrechts, WM 1997, 1825, 1826.

14 정관에 신주에 대해서도 당해 연도부터 이익배당을 한다는 정함이 있는 경우(상법 제423조 제1항 제2문, 제350조 제3항 후단)에는 이익배당의 면에서도 신주취득과 구주매수는 차이가 없다. 일반주주의 관점에서는 발행주식수가 늘어난다는 점에서 신주발행방식을 더 탐탁지 않게 생각할 수도 있을 것이다.

III. 워런트의 기능과 대체적인 수단

1. 워런트의 기능

워런트는 주식에 대한 일반적인 콜옵션과 마찬가지로 보유자로 하여금 주가상승의 혜택을 누릴 수 있게 한다. 반면에 워런트를 발행하는 회사로서는 당장에 주식을 발행해야 하는 것도 아니고 또한 행사기간 동안 주가가 행사가격에 미달하는 경우에는 신주를 발행할 필요도 없으므로 그리 부담을 느끼지 않는다.

워런트는 여러 가지 경우에 이용될 수 있다. 가장 대표적인 경우는 임직원에 대한 스톡옵션이다.[15] 워런트는 자본시장에서는 회사에 투자하는 자에 투자를 유인하는 감미제(sweetener)로서 활용되고 있다. 신주인수권부사채에서도 신주인수권은 바로 투자자를 유인하는 감미제의 역할을 하고 있다. 이러한 감미제는 채권과 결합하여 발행되는 것이 보통이지만 주식을 발행하는 경우에도 추가적인 감미제로 활용되는 경우가 없지 않다.[16] 워런트의 감미제기능은 특히 IMF구제금융시대를 맞은 우리나라에서 커다란 과제로 대두되고 있는 부실기업의 처리와 관련하여 그 진가를 발휘할 수 있다. 도산상태에 빠진 기업의 갱생을 위하여 필요한 자금을 조달하는 경우 당해 기업의 주주, 기존의 채권자, 새로운 자금공급자 사이에 이해를 조정하는 것은 쉬운 일이 아니다. 차입의 형태를 취할 때에는 높은 금리를 물 수밖에 없다. 그러나 금리가 높아지면 이자부담 때문에 부실기업의 회생 자체가 곤란해진다. 그렇다고 해서 주식을 발행할 수도 없는 경우가 많다. 이미 가치가 거의 없는 부실기업의 주식을 거액을 들여 인수할 자도 별로 없겠지만 경영진 쪽에

15 최근에는 이러한 스톡옵션을 전문경영인뿐 아니라 변호사, 공인회계사와 같은 전문직종사자에게도 부여할 수 있도록 벤처기업육성에 관한 특별조치법을 개정하려는 움직임이 있다.

16 Fuchs, (주 12), S.437f.

서도 경영권이 위태롭게 되기 때문에 선뜻 응하기 어렵다. 이러한 딜레마를 해결할 수 있는 수단이 바로 워런트이다. 즉 자금제공자에게 낮은 이자를 지급하는 대신 워런트를 제공할 수 있다면 회사는 이자부담을 낮출 수 있어서 좋고 자금제공자는 자신의 도움으로 기업이 회생하는 경우에 그 혜택을 함께 누릴 수 있어서 좋다.

워런트가 반드시 차입에 의한 자금조달시에만 쓸모 있는 것은 아니다. 신주를 발행하는 경우에도 추가로 워런트를 제공할 필요가 있는 경우가 있다. 부실기업이 자금조달을 위하여 주식을 발행하는 경우 발행가격이 액면에 미달할 수밖에 없을 것이다. 액면미달발행을 피하기 위해서는 사전에 대폭 감자(減資)를 할 수밖에 없다. 그러나 감자나 액면미달발행을 감행하기 위해서는 주주총회의 결의가 필요하기 때문에 신속한 자금조달이 불가능하다. 만약 워런트발행이 가능하다면 회사는 액면으로 인수하는 투자자들에게 워런트를 제공함으로써 액면인수로 인한 불이익을 상쇄해 줄 수 있을 것이다. 다만 이 경우에도 워런트를 무상으로 제공하면 결국 실질적으로는 액면미달발행과 같은 것이 아닌가 하는 의문이 남는다.[17]

워런트는 기업인수시에도 진가를 발휘하는 경우가 있다. 예컨대 대상기업의 미래의 사업성에 대한 견해차 때문에 당사자 사이에서 매수가격에 대하여 합의하기 어려운 경우가 있다고 하자. 그러한 경우 매수기업이 일단 자신의 평가에 따른 금액을 매도인에 현금으로 지급하고 매도인의 평가와 차이 나는 부분은 워런트로 지급할 수 있다면 양 당사자 간에 합의가 가능할 수도 있다. 만약 매도인의 말대로 대상기업의 수익성이 좋아서 기업인수 후에 매수기업의 주가가 오르게 되면 매도인은 대가로 취득한 워런트를 행사하여 추가로 자금을 확보할 수 있을 것이다.[18]

17 이 점은 박준 변호사가 교시해 주었음을 밝혀 둔다.

18 주식의 공모발행시에 주간사인수인에 대한 추가배정(overallotment)의 수단으로 워런트를 이용할 수 있다는 점에 대해서는 Fuchs, (주 12), 438ff.

2. 대체적인 수단

설사 상법상 워런트의 발행이 허용되지 않는다고 해도 만약 다른 수단으로 위와 같은 워런트의 기능을 대신할 수 있다면 구태여 상법을 개정하여 워런트를 도입할 실익은 그다지 크지 않을 것이다. 현재 상법상 워런트의 대체물로 고려해 볼 수 있는 것은 전환사채나 신주인수권부사채와 같은 주식 관련 사채이다.[19]

주식 관련 사채는 워런트와 사채가 결합하고 있는 형태라고 할 수 있다. 따라서 워런트만 필요한 경우에도 반드시 사채를 발행하지 않으면 안 된다는 점이 단점이다. 예컨대 채무자인 회사가 기존채무의 기한연장을 받기 위해서 채권자에게 워런트를 제공할 필요가 있는 경우라면 회사는 기존의 채무를 전환사채나 신주인수권부사채로 교체하는 것도 생각해 볼 수 있다. 이 경우에는 사채의 발행비용 등 거래비용이 추가로 소요될 것이다. 그러나 채무자에 대해서 도산절차가 개시된 경우에는 채권자가 뜻하지 않은 불이익을 입을 수도 있다. 기존의 채권을 사채로 교체하는 것은 단순한 대출기한의 연장과는 달리 새로운 채무부담행위로 판단될 수도 있기 때문이다.[20]

이러한 장애를 피할 수 있는 편법이 없는 것은 아니다. 전환사채의 경우와는 달리 신주인수권부사채의 경우에는 신주의 발행가액은 사채의 "금액"을 초과할 수 없다고 하고 있다(제516조의2 제3항).[21] 여기서 사채의 금액은 사채의 "액면금액"으로 보는 것이 일반적인 견해이다. 따라서 신주인수권부사채에서 사채 부분의 발행조건을 극도로 사채권자에 불리하게 하여 발행가액을 낮춘다면 사채권자는 실질적으로 워런트를 취득하는 것과 마찬가지의

19 주권상장법인이 발행한 전환사채나 신주인수권부사채 중에서 주식으로의 전환이나 신주인수권의 행사가 가능한 분에 해당한 금액은 사채발행한도의 제한을 받지 않는다(증권거래법 제191조의5).

20 이 부분은 박준 변호사의 교시에 따른 것이다.

21 전환사채의 경우에는 전환사채의 발행가액을 신주의 발행가액으로 하게 되어 있다(상법 제516조 제2항, 제348조).

결과를 얻을 수 있다. 실제로 그처럼 신주인수권부사채라는 명목을 빌린 워런트가 이미 우리 자본시장에 등장한 바 있다. 1998년 신한은행은 주주들에게 액면미달로 신주를 발행하면서 주주들의 불만을 진정하기 위하여 다음과 같이 워런트적인 성격이 강한 신주인수권부사채를 발행한 바 있다.

사채의 내용
액면이율: 0%
만기: 50년
할인매출가액: 액면 1만 원당 10원
신주인수권 행사 비율: 사채액면 1만 원당 신주(보통주) 2매 행사 가능
행사가격: 5천 원
행사기간: 사채발행 후 3개월 경과하는 날부터 5년까지
조기상환선택권: 회사는 사채의 발행 후 5년이 되는 날에 조기상환선택권을 행사할 수 있으며 조기상환가액은 사채액면가액 1만 원당 20원으로 함.

이러한 신주인수권부사채는 명목상으로는 신주인수권부사채이지만 실질적으로는 워런트의 성격이 두드러진다.[22] 그럼에도 불구하고 금융감독위원회는 이러한 실질적인 워런트의 발행을 승인하였고 발행예는 증가일로에 있다. 그러나 이러한 괴이한 형태의 신주인수권부사채를 발행하게 하기보다는 정면으로 워런트의 발행을 허용하는 것이 바람직할 것이다.

22 독일에서도 1997년 Henkel사가 워런트성이 강한 신주인수권부사채를 발행한 바 있다. Claussen, 주 13, S.1827.

IV. 상법상의 허용 여부: 독일에서의 논의를 참고로 하여

1. 서

과연 상법상 워런트를 발행하는 것은 허용되지 않는 것인가? 여지껏 이 문제에 대해서 우리 학계에서 본격적으로 논의가 이루어진 일은 없는 것으로 보인다. 그러나 명문으로 금지하는 규정은 없지만 막연히 현행법상 허용되지 않는 것으로 보는 견해가 일반적인 것 같다. 증권거래법에서 굳이 워런트의 일종인 스톡옵션을 도입한 것은 바로 그러한 전제에 입각한 것이다. 그러나 이 문제는 막연한 느낌에 의하여 해결하기에는 현실적으로는 물론이고 이론적으로도 너무나 중요한 문제이다. 이 문제를 정면으로 다루고 있는 우리 문헌은 찾지 못하였다. 그러나 독일에서는 워런트에 대한 논의가 일부에서나마 아직도 진행되고 있다. 우리 상법과 마찬가지로 독일 주식법도 워런트에 대하여 전혀 언급하고 있지 않다. 그리하여 학자들 사이에서 워런트의 발행이 허용되는지 여부에 대해서 다툼이 있다. 다수설은 부정설을 취하고 있지만 긍정설도 만만치 않다.[23] 이러한 논의는 워런트에 대한 규정이 없는 우리 상법의 해석상으로도 참고가 된다. 이하에서는 독일에서의 논의를 먼저 소개한 후 그것을 토대로 우리 상법상 워런트의 발행이 허용될 수 있는 것인지에 대해서 살펴보기로 한다.

2. 독일 주식법상의 신주인수권

독일에서의 논의를 제대로 이해하기 위해서는 워런트와 관련이 있는 주식법의 규정부터 살펴볼 필요가 있다. 독일 주식법상 기초자본(Grundkapital)

23 Fuchs, (주 12), S.439f.

의 증자는 원칙적으로 주주총회의 결의에 의하여 이루어진다(제182조). 주주총회가 증자를 결정하는 것이 자금조달의 기동성을 담보할 수 없는 경우에는 회사는 정관으로 일정한 한도 내에서 증자를 결정할 수 있는 권한을 이사회에 부여할 수 있다(제202조 내지 제206조). 이 경우 이사회는 수권된 자본의 한도액, 즉 수권자본(genehmigtes Kapital)[24]의 범위 내에서 신주발행을 결정할 권한을 갖는다.

독일 주식법상으로도 신주인수권은 원칙적으로 주주가 갖는다(제186조 제1항). 우리나라에서와 마찬가지로 주주의 신주인수권은 제한할 수 있다. 주주의 신주인수권은 기초자본을 증가하는 주주총회 결의시에 일부 또는 전부를 배제할 수 있다(제186조 제3항). 신주인수권을 배제하는 데 주주총회의 결의를 요구하고 있기 때문에 우리 상법에서와 같이 정관으로 배제하는 것은 불가능하다.[25] 또한 신주인수권의 배제를 위해서는 주주총회 결의와 같은 절차상의 요건 이외에 필요성, 비례성 등 엄격한 실체상의 요건을 충족하여야 한다.[26] 이러한 사정은 주식회사가 수권자본을 채택하고 있는 경우에도 마찬가지이다. 회사는 이사회에 수권하는 주주총회의 결의시에 주주의 신주인수권을 바로 배제해 둘 수도 있고, 이사회에 주주의 신주인수권을 배제할 수 있는 권한을 부여할 수도 있다(제203조 제1항, 제2항).

주주의 신주인수권을 배제한다고 해서 자동적으로 제3자[27]가 신주인수권을 갖게 되는 것은 아니다. 제3자에게 신주인수권을 부여하기 위해서는 주주의 신주인수권을 배제함과 아울러 제3자에게 신주인수권을 부여하는 계약을 체결하지 않으면 안 된다. 그렇지만 제3자에게 신주인수권을 부여하기

24 학자에 따라서 認可資本 또는 認許資本이라는 용어를 사용하기도 한다.

25 Lutter, (주 5), §186 Rn. 51.

26 이 문제에 관하여 가장 상세한 문헌으로는 이동승, 주주의 신주인수권에 관한 연구(고려대 박사학위논문 1998) 참조.

27 엄밀히 말하면 반드시 주주 이외의 자를 의미하는 것은 아니다. 주주라는 지위에 기하여 자동적으로 신주인수권을 얻는 경우가 아니라면 주주라도 제3자라고 볼 수 있다.

위해서는 그 전제로서 반드시 주주의 신주인수권을 제한하지 않으면 안 된다. 주식법은 그것을 명시하고 있다(제187조 제1항). 주주의 신주인수권을 제한하는 것은 주주총회 결의에 의하여만 가능하므로 제3자에게 신주인수권을 부여하기 위해서는 주주총회 결의가 필요하다. 주식법은 증자의 결의 전에 제3자에게 신주인수권을 부여하는 것은 회사에 대해서 효력이 없음을 명시하고 있다(제187조 제2항).[28]

이러한 규정에 의하면 제3자에게 신주인수권을 부여하기 위해서는 반드시 동시에 증자결의를 해야 한다는 결론이 된다. 그러나 제3자가 신주인수권의 행사 여부를 미래의 시점에 결정할 수 있도록 할 필요가 있는 경우에는 이러한 주식법의 틀은 불편하기 짝이 없다. 이러한 불편을 구제하는 수단이 바로 조건부증자(bedingte Kapitalerhöhung)이다.[29] 주식법은 주주총회가 기초자본을 조건부로 증가시키는 것을 허용하고 있다(제192조 제1항). 이러한 조건부증자의 결의는 회사가 신주발행을 요구할 수 있는 권리를 제3자에게 부여하는 한정된 경우에 한하여 행해진다(제192조 제2항). 사채권자에게 전환권이나 신주인수권을 부여하는 경우(제192조 제2항 제1호)는 물론이고 1998년의 주식법개정에 의하여 경영진에 신주인수권을 부여하는 경우(제192조 제2항 제3호)에도 조건부증자결의를 할 수 있게 되었다. 조건부증자의 결의가 있으면 그 한도에서는 주주의 신주인수권은 배제된다. 따라서 조건부증자와 함께 신주인수권부사채가 발행된 경우에는 신주인수권의 행사시에 주주의 신주인수권을 배제하기 위하여 주주총회의 결의를 얻을 필요가 없다. 또한 조건부증자의 결의가 있으면 후일 주주총회는 그것을 침해하는 결의를 할 수 없으므로(제192조 제4항) 제3자의 신주인수권은 확실히 보호된다.

28 결과적으로 회사는 증자결의시에 그것을 누구에게 배정할 것인가에 대해서는 완전한 자유를 누리고 주주의 신주인수권과 제3자의 신주인수권이 충돌하는 경우에는 전자가 앞서는 셈이다.

29 제3자의 신주인수권을 수권자본으로 담보하는 것도 불가능한 것은 아니지만 현실적으로 여러 가지 난점 때문에 현재 이용되지 않고 있다. Fuchs, (주 12), S.445.

주식법 제221조가 정하는 신주인수권부사채[30]는 주주의 신주인수권에 대한 예외에 해당한다. 그러나 그로 인하여 주주의 이익이 특별히 침해된다고 볼 것은 아니다. 먼저 신주인수권부사채의 발행은 주주총회의 특별결의사항으로 되어 있다(제221조 제1항). 또한 그 사채의 인수권은 주주에게 부여되고 있으며[31] 그것을 배제하기 위해서는 신주인수권의 경우와 마찬가지로 엄격한 요건을 충족해야 한다(제221조 제4항). 게다가 이러한 채권자의 주식취득권을 확실히 담보하기 위해서는 앞서 설명한 바와 같이 주주총회 결의에 의하여 조건부증자가 선행되지 않으면 안 된다(제192조). 이러한 사정에 비추어 보면 신주인수권부사채도 주주의 신주인수권을 제한하고 제3자에게 신주인수권을 부여하는 권한을 주주총회에 부여하고 있는 주식법의 기본태도에서 벗어난 것이라고 보기는 어렵다.

3. 독일 주식법상 워런트의 허용 여부

앞서 언급한 바와 같이 독일에서는 주식법상 워런트의 발행은 허용되지 않는다고 보는 견해가 우세하다.[32] 부정설의 주된 근거는 워런트가 주식법 221조와 192조 2항 1호에서 허용하는 예외에 명시되고 있지 않다는 것이다. 또한 부정설은 워런트가 자기자본구조의 투명성을 해치며 투기에 이용될 수 있기 때문에 그 규정을 워런트에 유추적용하는 것에도 반대하고 있다. 그러나 반론도 만만치 않다. 이하에서는 부정설에 대한 반론으로 가장 최근에 발표된 Fuchs의 견해를 중심으로 소개하기로 한다. 다만 이러한 찬반론은 모두 경영진에게 스톡옵션을 부여하기 위한 조건부증자결의를 명시적으로

30 전환사채도 마찬가지이다.

31 그러므로 주주는 간접적으로나마 신주에 대해서 인수권을 갖는 셈이다.

32 Lutter, 주5, §221 Rn. 185; Martens, Festschrift Stimpel(1985), S.621, 629f; Hirte, WM 1993, 2067, 2068. 이에 반하여 긍정설로는 Karollus, in: Geßler/Hefermehl/Eckardt/Kropff, AktG. Komm., §221 Rn. 27ff; Fuchs, (주 12), S.433ff. 이하의 설명은 Fuchs의 논문에 의존한 바 크다.

허용한 1998년의 주식법개정이 있기 전에 나온 것이라는 점을 주의할 필요가 있다. 1998년 주식법개정이 워런트 일반에 관한 해석론에 미치는 영향에 대해서는 나중에 간단히 언급하고자 한다.

Fuchs에 의하면 먼저 워런트가 제221조의 신주인수권부사채[33]에 포함되지 않는다고 해도 바로 회사가 워런트를 발행할 수 없다는 결론이 도출되는 것이 아니라는 점을 분명히 하고 있다.[34] 제221조가 회사가 발행할 수 있는 자금조달수단을 제한하기 위한 규정은 아니기 때문이다. 주식법상 워런트가 허용되는지 여부는 제187조를 포함한 다른 규정이나 워런트 자체의 평가를 기초로 결정해야 할 것이다. 그러나 워런트에 관한 기존의 학설은 찬반론을 불문하고 모두 워런트가 제221조에 포함되는지의 문제를 중심으로 하고 있다. 그러나 제221조에 포함되는지의 문제를 판단함에 있어서는 결국 워런트 자체의 평가도 반영되고 있으므로 실제의 차이는 그리 크지 않은 것으로 보인다.

제221조는 전환사채, 신주인수권부사채, 이익참가부사채, 향익권(Genussrechte)의 4가지 자금조달수단을 특별한 규율대상으로 삼고 있다. 그것은 이들이 채권적인 권리이면서도 모두 주식적인 속성을 지니고 있으므로 주주이익을 보호하기 위한 것이다. 제221조는 그러한 자금조달 수단의 발행으로부터 주주이익을 보호하기 위하여 그 발행에 주주총회의 특별결의를 요구하고 주주에게 인수권을 부여하는 등 조치를 취하고 있다. 워런트는 제221조에 명시된 신주인수권부사채의 신주인수권과 본질적으로 차이가 없다. 신주인수권부사채에서 신주인수권은 발행 즉시 분리되어 따로 거래의 대상이 되는 것이 보통이다. 이러한 사정을 고려하면 워런트에 대해서도 제221조의 규율을 받는 것이 당연할 것이다. 워런트가 당초 제221조에 명시되지 않은

33 실제로 221조는 전환사채(Wandelschuldverschreibungen)라는 용어만을 사용하고 있지만 그것이 신주인수권부사채(Optionsanleihen)도 포함한다는 점에 대해서는 다툼이 없다.

34 Fuchs, (주 12), S.439.

것은 법의 제정 당시에는 워런트라는 것이 독일의 자본시장에서 그다지 알려지지 않았기 때문이다.

부정설은 워런트에 제221조를 유추적용하면 주주의 신주인수권에 대한 제한에 주주총회 결의를 요하는 제187조의 원칙이 무력하게 되고 제187조의 원칙, 제221조(및 제192조 제2항)의 예외가 뒤바뀌게 된다는 것을 근거로 삼고 있다.[35] 그러나 워런트에 제221조를 유추적용하는 경우에도 주주의 이익은 충분히 보호된다. 먼저 조건부증자결의가 필요하기 때문에 주주는 의사결정에 참여할 수 있다. 또한 주주가 워런트의 인수권을 가지며 이 인수권은 신주인수권과 마찬가지로 보호된다.[36]

부정설은 또한 워런트가 자기자본구조의 투명성을 해치며 회사나 취득자가 투기수단으로 이용할 수 있다는 점을 강조한다. 워런트가 발행된 경우 장차 자본금 및 자기자본이 어떻게 변화할지를 예측하기 어려운 것은 사실이다. 그러나 이러한 사정은 신주인수권부사채나 전환사채가 발행되는 경우에도 마찬가지로 발생한다. 또한 워런트가 투기수단으로 이용 가능하다는 점을 강조하는 견해는 시시각각으로 새로운 자금조달수단이 생겨나고 있는 현대의 금융시장에서는 더 이상 받아들이기 어려운 너무나도 퇴영적인 견해라고 여겨진다.

설사 워런트가 제221조의 유추적용에 의하여 발행 가능하다고 해도 워런트취득자의 권리를 담보하기 위해서는 여러 차례 언급한 바와 같이 제192조에 의한 조건부자본증가결의가 있어야 한다. 제192조 제2항은 증자결의를 할 수 있는 경우를 한정하고 있다. 그러나 법문에는 사채권자에 대한 신주인수권의 부여는 포함되고 있지만 워런트의 부여는 포함되고 있지 않다. 과거 이와 관련해서는 제192조 제2항을 융통성 있게 해석하여 사채권자에 대하

35 대표적인 견해로 Lutter, (주 5), §221 Rn. 185.

36 Fuchs, (주 12), S.444.

여 전환권 또는 신주인수권을 부여하는 경우(1호)에 워런트를 부여하는 경우도 포함되는 것으로 보아야 한다는 견해도 없지 않았다.[37]

1998년 주식법개정으로 조건부증자의 결의를 할 수 있는 경우의 하나로 워런트의 일종인 스톡옵션을 경영진 등에 발행하는 경우가 명시적으로 추가되었다. 따라서 일반적인 워런트를 발행하는 경우에도 조건부증자를 결의할 수 있다는 해석을 하기는 어려워졌다.[38] 그렇지만 1998년의 개정을 반드시 워런트에 대한 긍정설에 쐐기를 박은 조치로 이해해야만 하는 것은 아니다. 주식법 제192조의 개정으로 말미암아 분명해진 것은 워런트를 발행하면서 조건부증자결의를 할 수 없다는 점뿐이고 워런트는 여전히 신주인수권부사채에 관한 제221조의 유추적용에 따라 발행이 가능하다고 해석할 수 있다. 이제 워런트보유자의 신주인수권을 보다 확실히 보장하기 위해서는 조건부증자결의보다는 불편하지만 수권자본을 이용할 수밖에 없을 것이다.[39] 1998년의 개정은 자본시장의 국제화를 촉진하기 위한 것이었는데 그로 인하여 거꾸로 국제시장에서 뿌리를 내리고 있는 워런트의 발행이 저해된 것은 아이러니라고 하지 않을 수 없다.

4. 우리 상법상 워런트의 허용 여부

(1) 유가증권 법정주의

이상에서 설명한 독일에서의 학설 대립은 우리 상법의 해석상으로도 시사하는 바가 크다. 우리나라에서는 워런트에 대해서 아직 별로 논의가 없지

37 보다 상세한 것은 Fuchs, (주 12), S.445f.

38 Claussen, (주 13), S.1831.

39 주주의 신주인수권이 자동적으로 배제되는 것이 아니고 수권은 5년 동안에 한정되는 등 불편이 존재한다. Fuchs, (주 12), S.445, FN 108.

만 아마도 독일에서와 마찬가지로 부정설이 우세할 것으로 여겨진다. 증권거래법이 성질상 워런트와 같은 주식매수선택권에 대해서 특별히 규정을 도입한 것도 현행법상 워런트의 발행이 허용되지 않는다고 보았기 때문으로 짐작된다. 우리나라에서 부정설의 근거로는 어떠한 것들이 제시될 수 있을까? 먼저 생각해 볼 수 있는 것은 이른바 "유가증권법정주의"라는 관념이다. 유가증권법정주의란 유가증권에는 항변의 절단 등 특별한 법적 보호장치가 수반되므로 법에서 규정한 것과 다른 새로운 유가증권을 당사자들의 합의로 창출할 수는 없다는 원칙이다. 여기서 말하는 유가증권은 권리의 유통성을 제고하기 위하여 발행되는 사법상의 유가증권이다. 따라서 유가증권으로 표창되지 않은 단순한 계약상의 권리로서의 워런트는 유가증권법정주의와 관계없이 창출할 수 있다는 결론이 나온다. 나아가 워런트를 증권에 표창하는 것도 유가증권법정주의에 반한다고 할 수 없다. 본질적으로 동일한 신주인수권증권이 상법에서 명시적으로 허용되고 있기 때문이다.[40]

유가증권법정주의와는 별도로 우리나라에서는 막연히 법에서 명시적으로 허용되지 않은 증권은 발행할 수 없다는 관념이 널리 퍼져 있는 것 같다. 이러한 관념은 과거 투자자의 이해가 미흡했던 당시에는 나름대로 투자자를 보호하는 기능이 없지 않았을 것이다. 또한 기업의 금융관행이나 자본시장이 덜 발달되었을 당시에는 기업에도 큰 불편이 없었을 것이다. 법에서 정하지 않은 새로운 자금조달수단을 이용할 필요가 그리 크지 않았을 것이기 때문이다. 그러나 자본시장에서 국가 간의 장벽이 급속히 허물어지고 있는 오늘날 이러한 관념은 더 이상 고집할 수 없는 시대착오적인 것이다. 실제로 우리 기업은 상법에서 명시적으로 허용하지 않은 증권을 이미 발행하고 있다. 그 좋은 예가 바로 우리 기업들이 국내외에서 발행하고 있는 열후채(후순

40 민법상 지시채권과 무기명채권은 명시적으로 허용되고 있다(제508조, 제523조). 따라서 신주인수권을 채권적 권리로 이해하는 한 그것을 유가증권으로 표창하는 것은 당연히 허용된다고 해야 할 것이다.

위채: subordinated bond)이다. 열후채는 다른 면에서는 일반사채와 같고 단지 도산시의 처리에서 일반사채가 완전히 상환을 받은 후에야 비로소 상환을 받을 수 있다는 점에 차이가 있다. 도산시에만 차이가 생겨난다는 점에서 단순히 일반사채와 원리금지급조건이 다른 정도로 볼 수도 있다. 그러나 일반사채와 열후채는 순위의 면에서 차이가 있다는 점에서 보통주와 우선주와의 구별과 실제로 다를 바 없다. 만약 우선주가 상법에 근거규정이 있기 때문에 비로소 발행할 수 있는 것이라면 열후채에 대해서도 마찬가지의 논리를 적용할 수 있을 것이다.

(2) 기존 주주의 이익

워런트에 대한 반론 중 가장 중요한 것은 워런트가 기존 주주의 이익을 침해할 소지가 크다는 점이다. 그러한 견해에 의하면 워런트를 기존 주주에게 발행하는 것은 문제가 없다는 결론에 이른다. 그러나 워런트를 제3자에게 발행하는 경우에도 기존 주주이익을 내세워 워런트를 봉쇄하는 것은 현명한 처사가 아니다. 제3자에게 워런트를 발행하면 기존 주주의 이익이 희석되는 것은 사실이다. 그러나 기존 주주의 이익이 희석되는 측면만을 고려하는 것은 워런트행사에 의한 신주발행이 불공정발행에 해당한다고 보는 견해와 일맥상통한다. 워런트의 발행이 기존 주주에게 불리한 것으로 비치는 것은 워런트에 의하여 회사 내지 기존 주주가 이익을 얻는 측면을 무시하기 때문이다. 회사가 아무런 대가 없이 워런트를 제공하는 것은 아니다. 물론 회사이익에 의하여 정당화되는 범위를 넘어서 과도하게 워런트를 발행하는 경우에는 기존 주주의 이익이 침해되는 것은 분명하다. 특히 우리나라에서는 워런트가 경영권보호의 수단으로 악용될 우려도 없지 않다. 그러나 경영진의 권한남용으로 인한 손해의 가능성은 다른 거래에도 공통된 것이다. 신주인수권부사채나 전환사채의 발행권한이 남용되는 경우에 기존 주주가 손해 보는 것과 크게 다를 바 없다. 그렇다고 해서 이러한 주식관련 사채를 전면적으로 금지하자는 주장은 찾아볼 수 없다. 워런트의 무분별한 발행이 우려된다면 그것을 막는 방안을 강구하는 것이 정도이다. 워런트 자체를 금하는 것은 마치 면도칼이 상처를 입힐 가능성이 크다고 해서 면도칼 자체를 없애 버리는 것과 다를 바 없을 것이다.

(3) 워런트의 투기성

워런트에 대한 또 하나의 우려는 그것이 투기적이라는 것에 기인한다. 워런트가 투기에 이용될 수 있는 것은 사실이다. 주가의 하락(내지 현상유지)을 예상하는 발행회사는 워런트를 발행함으로써 투기를 할 수 있다. 투자자는 워런트를 매입함으로써 시세차익의 극대화를 노릴 수 있다. 워런트가 파생상품의 일종이기 때문에 투기가능성에 대해서는 파생상품에 대한 설명이 그대로 타당할 것이다. 파생상품거래는 투기에 이용될 수 있다. 그러나 그렇다고 해서 오늘날 파생상품거래 자체를 금지하자는 견해는 거의 찾아보기 어렵다. 파생상품거래가 기업의 정당한 수요를 효과적으로 충족해 줄 수 있기 때문이다.

워런트가 투자대상으로 리스크가 높은 것은 사실이다. 그러나 투자자의 보호를 위해서 워런트를 금지하자는 견해에도 문제가 있다. 투자전문가인 기관투자자의 경우에는 리스크가 큰 상품을 거래하는 데 문제가 없을 것이다. 일반투자자의 경우에는 멋모르고 워런트 투자에 뛰어들었다가 큰 손실을 볼 수 있다. 실제로 일본에서는 일반투자자들이 증권회사 직원의 무책임한 권유에 현혹되어 워런트에 투자하였다가 막대한 투자손실을 입은 예가 적지 않다. 그러나 그러한 경우는 증권회사에 설명의무나 적합성원칙을 적용함으로써 대처하는 것이 정도(正道)라고 할 것이다.

(4) 불공정발행

워런트의 행사가액은 워런트제공시의 시가보다는 높거나 적어도 같은 가격으로 정해지는 것이 일반적이다. 워런트보유자가 워런트를 행사하는 것은 행사가액이 대상주식의 시가보다 낮은 경우일 것이다. 그렇다면 워런트보유자가 시가보다 낮은 가격에 주식을 인수할 수 있기 때문에 그것이 상법 424조상의 "불공정한 가액에 의한 발행"에 해당하지 않는가 하는 의문이 들 수 있다. 그러나 워런트의 행사가격이 시가에 미달한다고 해서 워런트 행사로 인한 주식발행을 불공정발행으로 볼 수는 없다. 상법 제424조는 이사가 특정인과 짜고 기존 주주에게 불리하게 현저하게 불공정한 가액으로 신주를 인수하는 경우를 막기 위한 것이다. 워런트의 행사에 의한 주식발행은 주주에게 불공정한 것이 아니다. 그 이유는 두 가지이다. 하나는 불공정성을 판단하는 기준시기와 관련된 것이다. 워런트를 행사하는 시점에서는 행사자는 시장가격보다 낮은 행사가격에 주식을 인수하므로 그 시점에서는 불공정한 것으로 보일 수도 있다. 그러나 기준이 되는 것은 행사시점이 아니라 이사와 통모하는 시점—즉 워런트를 취득하는 시점—이 되어야 할 것이다. 또한 불공정성을 판단함에 있어서는 워런트에 대한 대가를 아울러 고려해야 한다. 회사는 워런트를 발행할 때 무상으로 발행하는 것이 아니라 무엇인가 대가를 받는다. 예컨대 차입시에 감미제로 이용하는 경우에는 워런트를 발행하여 주는 대가로 그렇지 않았으면 받지 못했을 신용을 제공받거나 아니면 적어도 보다 낮은 금리로 제공받는 것이다. 따라서 불공정성을 검토할 때에는 그러한 워런트의 대가까지 아울러 고려해야 할 것이다. 이렇게 본다면 워런트 행사로 인한 신주발행이 불공정발행에 해당하는 경우는 그다지 많지 않을 것이다.

(5) 신주인수권부사채 및 스톡옵션과의 충돌 여부

우리 상법상 워런트가 허용되는지 여부를 판단함에 있어서 독일에서와 마찬가지로 상법이 명시하는 신주인수권부사채와의 관계를 어떻게 이해할 것인가 하는 점이 문제로 대두된다. 허용긍정설을 펴는 자라면 우리 상법이 사채로부터 분리된 신주인수권증권을 인정하고 있다는 점을 강조할 것이다. 허용부정설을 취하는 자는 상법이 신주인수권증권은 사채에 함께 발행되는 경우만을 인정한다는 점을 반대해석하여 워런트는 허용되지 않는다고 주장할 것이다. 그러나 앞서 지적한 바와 같이 상법상의 주식, 사채 등 증권에 관한 규정을 다른 형태의 증권을 배제하는 취지로 해석하는 것은 바람직하지 않다. 상법의 규정은 오히려 그러한 증권이 발행되는 경우의 권리관계를 분명히 함으로써 거래비용을 감소시키는 규정으로 이해하는 것이 올바를 것이다.

워런트의 허용긍정설에 장애물이 될 수 있는 또 하나의 규정으로 신주인수권부사채에서 부여되는 신주인수권의 한도를 정한 제516조의2 제3항이 있다. 그에 의하면 "신주인수권의 행사로 인하여 발행할 주식의 발행가액의 합계액은 각 신주인수권부사채의 금액을 초과할 수 없다." 이 규정의 취지는 신주인수권이 남발되는 것을 막기 위한 것이다. 만약 워런트가 허용된다면 이처럼 신주인수권의 한도를 사채금액에 한정하고 있는 제516조의2 제3항은 일반사채와 워런트를 동시에 발행함으로써 쉽게 회피될 수 있을 것이다.[41] 워런트와 제516조의2 제3항이 확실히 조화하기 어려운 것은 사실이다. 그러나 이 규정을 이유로 상법상 워런트가 허용되지 않는다고 보는 것은 바람직한 해석은 아니라고 생각한다. 이 규정에도 불구하고 회사가 제3자에게 신주인수권을 부여할 수 있다는 점에 대해서는 학계에서 거의 다툼이 없다.

41 박준 변호사는 이 규정이야말로 워런트를 가로막는 최대의 장애물이라고 보고 있다.

다만 상법상 허용된다고 보는 제3자의 신주인수권이 주주의 신주인수권과 같은 수동적인 권리에 한정되는지 아니면 워런트와 같이 능동적인 권리도 포함되는지에 대해서는 별로 논의가 없다. 제3자의 신주인수권에는 워런트와 같은 능동적인 신주인수권은 포함되지 않는다고 볼 것인가? 그렇다면 제3자에게 신주인수권을 인정하는 의미가 크게 퇴색할 것이다. 또한 법리상으로도 굳이 그렇게 해석할 필요는 없다. 제3자의 신주인수권을 어느 범위에서 허용할 것인가 하는 문제에서 가장 중요한 것은 기존 주주의 신주인수권과의 관계이다. 제3자의 신주인수권은 그것이 수동적인 권리든 능동적인 권리든 누가 신주발행의 결정권을 갖는가에 차이가 있을 뿐 기존 주주의 신주인수권을 제한한다는 점에는 차이가 없다. 따라서 제3자의 신주인수권을 인정하면서 능동적인 신주인수권만이 배제된다고 볼 이유는 없다. 그렇다면 제516조의2 제3항은 어떠한 의미를 갖는가? 이 규정은 결국 신주인수권이 사채에 부착되어 발행되는 경우, 즉 신주인수권부사채의 경우에만 적용되는 것으로 보아야 할 것이다. 이러한 해석에 의하면 제516조의2 제3항의 의의는 별로 크지 않다. 또한 배정시 아무런 제한이 없는 워런트의 경우와 균형도 맞지 않는다. 따라서 입법론적으로는 삭제하는 것이 바람직할 것이다. 혹자는 증권거래법상의 주식매입선택권규정의 반대해석에서 워런트가 허용되지 않는다는 결론을 도출할지도 모른다. 그러나 증권거래법의 규정만을 근거로 상법상의 일반적인 문제에 관한 결론을 도출하는 것은 옳지 않다. 상법상 워런트 발행이 허용되는지 여부에 대해서 의문이 존재하는 상황에서 증권거래법을 주관하는 재정경제부로서는 특별히 주식매입선택권에 관한 규정을 채택함으로써 해석상의 불확실성을 제거할 필요가 있었을 것이기 때문이다.

V. 워런트 발행시의 검토사항

상법의 해석상 법개정 없이도 워런트를 발행할 수 있다고 해도 회사가 워런트를 마음대로 발행할 수 있는 것은 아니다. 회사가 워런트 발행시에 주의할 점 몇 가지를 살펴본다.

1. 주주의 신주인수권과의 관계

상법 제418조에 의하면 주주는 "정관에 다른 정함이 없으면" 보유주식수에 비례하여 신주인수권을 보유한다. 상법의 전환사채나 신주인수권부사채는 이러한 주주의 신주인수권이 미치지 않는 예외라고 할 것이다. 전환사채나 신주인수권부사채의 경우에는 상법에 규정이 있으므로 따로 규정이 없어도 주주의 신주인수권이 당연히 제한된다고 볼 수 있다. 그러나 상법이 명시하고 있지 않은 워런트의 경우에는 사전에 정관으로 주주의 신주인수권을 제한해 둘 필요가 있을 것이다. 그러나 신주인수권을 구체적으로 어떻게 제한할 수 있는가에 대해서는 다소 의문이 없지 않다.

신주인수권을 제한하는 방법 중에서 가장 광범한 것은 정관에서 주주의 신주인수권을 전면적으로 부정하는 것이다.[42] 일단 주주의 신주인수권이 배제되고 나면 제3자에게 워런트를 발행한다고 해도 적어도 주주의 신주인수권과의 충돌은 문제되지 않을 것이다. 다수설은 상법상 이러한 신주인수권의 전면적인 배제가 허용된다고 보고 있다.[43] 그러나 이에 대해서는 독일에서와 같이 신주인수권 제한의 내재적 한계를 근거로 그러한 전면적인 배제가 허용되지 않는다는 견해도 유력하다.[44] 이곳에서 자세히 논할 여유는 없

42 예컨대 정관에서 "주주는 상법 제418조 제1항의 신주인수권을 갖지 않는다"고 규정하는 경우이다.
43 최기원, 상법학신론(상) 제9판, 1999, 826면.
44 정동윤, 회사법 제4전정 증보판, 1997, 469면.

지만 전면적 배제를 부정하는 견해는 찬성하기 어렵다. 먼저 법문은 "정관에 다른 정함이 없으면"이라고 하여 정관에서 주주의 신주인수권을 제한하는 데 어떤 제약이 있는 것으로 규정하고 있지 않다. 또한 주주의 신주인수권은 주주이익을 보호하는 데 불가결한 권리도 아니다. 현재 미국의 주 회사법 중 다수는 물론이고[45] 일본 상법도 원칙적으로 주주의 신주인수권을 인정하지 않고 있다(일본 상법 제280조의1 제1항 5호 참조). 한편 우리 상법과 마찬가지로 주주의 신주인수권을 명시하고 있는 주 회사법에서도 정관으로 그것을 부정할 수 있다는 점은 당연한 것으로 받아들여지고 있다.[46] 따라서 우리 상법 제418조의 문언도 주주들이 신주인수권을 완전히 포기하는 쪽의 선택도 할 수 있다고 해석하는 것이 온당할 것이다.

주주의 신주인수권을 전면적으로 배제하는 것이 바람직하지 않다면 워런트와 충돌하는 범위 내에서만 신주인수권을 제한해 두는 방법도 고려할 수 있다. 예컨대 "다음 각 호의 주식에 대해서는 주주가 신주인수권을 갖지 않는다"는 취지의 규정을 두고 그 하나로 "워런트의 행사에 의하여 발행되는 주식"을 명시하는 방법을 생각해 볼 수 있다. 이러한 규정만으로는 누가 워런트 자체에 대한 인수권을 갖는가는 알 수 없다. 그렇다면 이사회는 워런트를 아무에게나 발행할 수 있을까? 신주인수권부사채에 관한 상법 제516조의3 제4항을 고려하면 그러한 해석이 가능한지 의문이 있다. 따라서 정관에 워런트의 한도, 내용은 물론이고 이사회가 워런트를 아무에게나 발행할 수 있다는 점을 명시하는 것이 바람직할 것이다.

45 1993년 현재 정관에 다른 정함이 없는 한 주주의 신주인수권을 부정하는 규정(소위 opt in statutes)을 채택한 주가 25주이고 다른 정함이 없는 한 주주의 신주인수권을 인정하는 규정을 채택한 주가 20주라고 하고 있다. 1 Model Business Corporation Act Annotated(3rd ed. 1993), pp.457-458.

46 Harry G. Henn & John R.Alexander, Laws of Corporations(3d ed. 1983), p.442; Robert Hamilton, The Law of Corporations(4th ed. 1996), p.173.

2. 증권의 발행 여부

워런트를 발행하는 회사는 워런트를 표창하는 증권을 발행할 수도 있고 발행하지 않을 수도 있을 것이다. 양도가 가능한 워런트를 발행하는 경우에는 신주인수권증권에 관한 상법 제516조의5 제1항을 유추적용하여 반드시 증권을 발행해야 한다고 볼 것이다. 그 경우 증권의 기재사항은 신주인수권증권의 경우와 마찬가지로 보아야 할 것이다.

3. 증권거래법상의 문제

워런트는 주식을 취득할 수 있는 권리라는 점에서 증권거래법상의 유가증권(2조1항)에 해당하는지 여부가 문제될 수 있다. 증권거래법에서 열거되고 있는 유가증권유형 중에서 워런트에 가장 가까운 것은 "신주인수권을 표시하는 증서"(제2조 제1항 제6호)이다. 유가증권에 표시되는 권리는 유가증권이 발행되지 않는 경우에도 유가증권으로 본다고 하고 있으므로(제2조2항) "신주인수권"도 유가증권에 해당할 것이다. 그렇다면 여기서 말하는 신주인수권은 워런트도 포함하는 것인가? 앞서 살펴본 바와 같이 일반적으로 신주인수권은 상당히 넓은 개념으로 워런트를 포함하는 개념이다. 또한 "신주인수권을 표시하는 증서"는 신주인수권증서(상법 제420조의2)뿐 아니라 신주인수권증권(상법 제516조의5)도 포함한다고 보는 것이 일반적인 견해이다.[47] 그러므로 신주인수권증권과 실질적으로 차이가 없는 워런트도 증권거래법상의 유가증권에 해당한다고 할 것이다. 따라서 워런트를 공모하는 경우에는 유가증권신고서의 제출 등 증권거래법상의 공시의무가 부과된다(제8조 이하).

47 사실 증권거래법상의 유가증권으로 다룰 필요는 극히 짧은 기간만 존속하는 신주인수권증서의 경우보다 신주인수권증권의 경우가 훨씬 더 크다.

4. 등기의 필요

일반사채의 경우와는 달리 신주인수권부사채와 같은 주식관련사채가 발행되는 경우에는 납입이 완료된 날부터 2주간 내에 등기하여야 한다(상법 제514조의2, 제516조의7). 이는 주식관련사채가 주식으로서의 성격을 갖기 때문이다. 그렇다면 워런트도 등기하여야 하는가? 주식관련사채가 등기의 필요성이 있다면 워런트의 경우에도 등기의 필요성이 있음은 부정할 수 없다. 그러나 상법이나 비송사건절차법에 명문의 근거가 없는 현재의 상황에서는 그러한 등기는 사실상 불가능할 것이다. 그렇다면 이 점이 현행법상 워런트 발행이 허용되지 않는다는 근거가 되는 것은 아닌가? 그렇게 볼 것은 아니다. 회사가 특정 제3자에게 능동적 신주인수권을 부여하는 계약을 체결하는 경우를 생각해 보자. 그러한 계약을 등기가 불가능한 것을 이유로 막을 수는 없을 것이다. 워런트에 대한 등기가 불가능하다는 단순한 법률의 미비일 뿐이다. 그것을 이유로 워런트 자체를 막는 것은 본말이 전도된 해석일 것이다.

VI. 상법개정의 필요성

위에서 언급한 바와 같이 현행 상법상 워런트의 발행이 반드시 금지되는 것으로 볼 이유는 없다. 그러나 일반통념상으로는 현행 상법상 워런트의 발행이 불가능하다고 보고 있는 것 같다. 그러한 일반통념이 전혀 근거 없는 것만은 아니다. 또한 해석상 워런트 발행이 허용된다고 해도 입법적인 조치 없이 워런트에 관한 각종의 문제를 모두 원만하게 해결할 수 있는 것은 아니다. 앞서 언급한 등기의 문제도 그 한 가지 예라고 할 것이다. 따라서 가급적 빠른 시일 내에 상법에 워런트의 발행근거를 명시함으로써 해석상의 불명

확성을 해소하는 것이 바람직할 것이다.[48]

한편 현행법의 해석론상 워런트의 발행을 부정하는 견해라고 해서 반드시 입법론으로까지 그것을 부정하는 것은 아닐 것이다. 앞에서(IV. 4.) 살펴본 워런트에 대한 부정론의 근거 중 워런트가 기존 주주의 이익을 해친다든가 투기적이라든가 하는 주장은 워런트를 입법적으로 도입하는 경우에도 제기될 수 있을 것이다. 그러나 그러한 주장이 모두 근거가 없다는 점은 이미 앞의 검토에서 분명히 드러났다고 할 것이다. 또한 워런트의 필요성은 앞서 소개한 신한은행의 신주인수권부사채의 예에서 극명하게 제시된 바 있다.

워런트에 관한 규정을 도입할 때에는 워런트에 대한 명시적인 규정을 두고 있는 미국회사법을 참고할 필요가 있다. 미국에서 워런트가 발행되기 시작한 것은 회사법에 근거규정이 도입되기도 전의 일이다.[49] 1929년 델라웨어주 회사법에서 그 근거를 처음 도입한 이래 현재는 거의 대부분의 주에서 발행근거를 명시하고 있다. 예컨대 개정모범사업회사법(Revised Model Business Corporation Act)은 "회사는 주식매수를 위한 권리, 옵션 또는 워런트를 발행할 수 있다. 이사회는 권리, 옵션, 또는 워런트가 발행되는 조건, 형식, 내용과 발행할 대가를 결정할 수 있다"고 규정하고 있다(§6.24). 상법이 워런트의 발행을 명문으로 인정하는 경우에는 워런트의 행사결과 발행되는 신주에 대해서 따로 정관에서 주주의 신주인수권을 제한해 둘 필요는 없을 것이다.[50] 워런트를 양도 가능한 것으로 하는 경우에는 상법상 신주인수권증권에 관한 규정을 준용하는 것이 바람직할 것이다.

앞서 언급한 개정모범사업회사법의 규정은 이사회의 운신의 폭을 가장 넓게 인정하는 것이다. 그 반면에 주주이익이 침해될 가능성도 가장 크다.

48 독일에서도 비슷한 취지의 주장이 존재한다. Claussen, (주 13), S.1831.

49 미국법상의 워런트에 관한 상세한 설명으로는 윤영신, "우리 상법개정과 미국회사법," 각국의 최근 상법 동향, 법무부, 1998년, 25-42면 참조.

50 그 점은 신주인수권부사채의 경우에도 마찬가지이다.

이사회의 재량권과 주주이익보호라는, 때로 상반되는 두 가지 요청 사이의 타협점을 어느 곳에서 찾을 것인가가 워런트에 관한 입법시에 가장 기본적인 고려사항이라고 할 것이다. 이와 관련해서 고려할 사항으로는 워런트의 발행한도를 부과할 것인가, 주주에게 워런트의 인수권을 부여할 것인가 등이다. 신주인수권부사채와 마찬가지로 주주 이외의 자에게 발행할 수 있는 워런트의 경우에는 발행한도와 내용에 대해서 정관에 규정하거나 주주총회의 특별결의로 정하도록 해야 할 것이다.

VII. 경제현실의 변화와 회사법의 적응

워런트에 대한 반대론자들이 가장 우려하는 것은 이사회가 발행권한을 남용할 위험이라고 할 수 있다. 워런트가 낮은 행사가격으로 남발되면 기존 주주들의 이익이 희석될 수밖에 없다. 그러나 워런트의 발행권한을 이사회가 갖고 상법이나 정관에 아무런 제한이 없다고 해도 이사회가 제멋대로 워런트를 발행할 수 있는 것은 아니다. 이사회의 모든 행동은 선관주의의무와 충실의무의 테두리를 벗어날 수 없기 때문이다. 따라서 워런트의 문제도 결국은 경영진에 행동의 자유를 어느 만큼 인정할 것인가 하는 회사법상의 근본문제에 귀착한다고 할 수 있다. 경영진에 권한을 많이 주면 줄수록 권한남용의 위험이 커지는 것은 물론이다. 그렇다고 해서 경영진의 행동을 구속한다면 원활한 경영이 저해되어 결과적으로 오히려 주주에게 불리할 수도 있다. 결국은 양극단의 사이에서 타협점을 찾을 수밖에 없을 것이다.

이제까지 우리 상법의 선택은 대체로 경영진의 행동반경을 제약하는 쪽에 치우쳤다고 할 수 있다. 액면미달발행의 제한(제417조), 자기주식취득의 제한(제341조), 사채발행의 한도(제470조) 등은 모두 우리 상법의 그러한 경향을 보여 주는 예에 속한다. 이러한 상법의 태도는 경영진에게 행동의 자유를 가급적 널리 허용하되 주주이익에 반하는 행동만을 포착하여 제재를 가하려는 미국 회사법의 기본사고와 상당히 거리가 있다. 이러한 미국식 접근방식은 fiduciary duty라는 일반개념과 그에 근거한 소송에 크게 의존하지 않을 수 없다. 이러한 접근방식은 남용위험이 있는 행동을 아예 봉쇄하는 우리 상법의 방식보다 운용비용이 많이 소요되는 것은 분명하다. 미국식 모델의 더 큰 문제점은 능력 있고 신뢰할 수 있는 법률가집단, 효율적이고 공평한 재판제도 등 법적 인프라가 제대로 갖춰지지 않은 사회에서는 작동하기 어렵다는 점이다. 법적 인프라가 미비한 사회에서는 운용이 간편한 단순한 제도만이 현실적으로 선택가능하다.[51] 경영진의 재량남용 여지를 원천적으로 최소화하는 경직적인 제도가 반드시 운용비용이 적다고는 할 수 없다. 경영진의 행동반경이 줄어들면 주주에 불리한 행동이 억제되는 것은 물론이지만 유리한 행동도 억제될 수밖에 없다. 이러한 바람직한 행동이 제한됨으로써 발생하는 비용—이런 비용은 겉으로 잘 드러나지 않는다—까지 고려한다면 이런 단순하지만 경직적인 제도의 비용은 훨씬 더 커질 수도 있다.

최근 우리 상법은—유감스럽게도 증권거래법의 선도하에—급속히 변모하고 있다. 그 변모의 추세는 대체로 단순한 제도에서 복잡한 제도로, 보다 경직된 제도에서 보다 융통성 있는 제도로 이행하는 것이 아닌가 여겨진다. 흥미 있는 것은 이러한 변화의 물결은 비단 우리나라에 국한된 것이 아니라는 점이다. 주주이익을 위해서 회사의 행동반경을 가장 엄격하게 제약하는 입법례에 속하는 독일 주식법도 최근에는 경제현실의 변화를 고려하여 급속히 변화하고 있다. 경영진에 대한 스톡옵션의 도입(제192조 제2항 제3호), 10%까지 자기주식취득의 허용(제71조 제2항), 시가발행시 신주인수권배제의 허용(제186조 제3항 제4문) 등 회사법의 유연화를 보여 주는 예는 한두

51 이러한 명제를 명쾌하게 설파한 최근의 논문으로 Bernard Black & Reinier Kraakman, A Self-Enforcing Model of Corporate Law, 109 Harvard Law Review 1911 (1996)이 있다.

가지가 아니다.[52]

이 글에서 도입을 주장한 워런트는 주가상승의 이익을 효과적으로 제공할 수 있는 첨단의 고급병기라고 할 수 있다. 파괴력이 뛰어난 만큼 수반되는 위험도 큰 이러한 첨단병기를 안전하게 다루기에는 아직 우리 법제도가 미숙하다는 신중론도 일리가 없는 것은 아니다. 그러나 이미 우리 경제의 지각변동은 그러한 첨단병기의 효용을 더 이상 외면할 수만은 없는 지경에 이른 것이 아닐까? 세계자본시장을 휩쓸고 있는 변화의 물결을 애써 외면하며 과거의 고정관념에 안주하지 않고 변화하는 현실에 우리 회사법상의 제도를 적응시키려는 노력이 그 어느 때보다 절실한 시점이라고 할 것이다.

『서울대학교 법학』 40권 1호(1999), 241면 이하.

* 추기: 구 증권거래법에서는 전환사채나 신주인수권부사채 중 "주식으로의 전환 또는 신주인수권 행사가 가능한 금액"은 사채발행한도(상법 470조)의 규제를 받지 않는다고 하였으나 증권거래법을 통합하여 제정된 자본시장법과 금융투자업에 관한 법률에서는 전환사채나 신주인수권부사채의 발행금액은 모두 사채발행한도의 총액에 산입하지 않는다고 하고 있다(165조의10).

52 독일 주식법의 최근 개정동향에 대해서는 박상근, "1990년대 독일의 주식회사 관련법 개혁," 각국의 최근 상법 동향, 법무부, 1998, 133면 이하 참조.

04 무의결권우선주에 관한 연구

I. 서설

1. 연구의 배경과 목적

주주평등의 원칙에 의하면 각 주식의 내용은 동일한 것이 원칙이다. 그러나 상법은 예외적으로 회사가 "이익이나 이자의 배당 또는 잔여재산의 분배에 관하여 내용이 다른 수종의 주식을 발행"하는 것을 허용하고 있다(344조 1항). 또한 상법은 1주1의결권원칙(369조 1항)을 취하면서도 예외적으로 배당우선주에 대해서는 의결권 없이 발행하는 것을 허용하고 있다(370조). 이처럼 상법상 무의결권우선주의 발행이 허용되었음에도 불구하고 지난 1980년대 중반까지는 우리 경제계에서 무의결권주가 발행된 예를 찾아보기 어려웠다. 그러나 1986년 동양맥주주식회사가 새로운 형태의 무의결권우선주(이하 "신종우선주"라 한다)를 발행한 것을 계기로 이러한 사정은 완전히 바뀌게 되었다. 과거에 국내에서 간혹 발행된 바 있던 우선주와는 달리 의결권이 배제된 신종우선주의 특색은 배당률이 "보통주배당률 + 1%"라는 특이한 형태를 취하고 있다는 점이다. 이러한 신종우선주는 뒤에서 자세히 살펴보는 바와 같이 단기간 내에 놀라운 속도로 우리 주식시장에서 광범위하게 보급되었다. 그러나 이 신종우선주에 대해서는 당초부터 의문을 표시하는 견해도 만만치 않았다.

특히 실무계에서 신종우선주와 일반적인 보통주와의 관계정립문제와 관련하여 많은 혼선이 있었다. 나아가 대주주들이 신종우선주를 "우선적으로" 매각함에 따라 시장침체기에는 주가하락을 가속시키는 요인으로도 지적된 바 있다. 그리하여 1990년대에 들어서면서부터 정부는 우선주의 발행을 억제하는 정책을 시행하고 있다. 한동안 시들했던 우선주에 대한 논의와 관심은 1994년 8월 우선주의 시세폭락을 계기로 다시금 비등하고 있다. 그러나 이제까지 우리나라에서 우선주에 대한 대책을 강구하기에 앞서 우리에게 절실히 요구되는 것은 우선주제도 전반에 대한 포괄적이고도 체계적인 연구라고 할 것이다. 신종우선주와 관련된 실무계의 혼란은 바로 이러한 기초적인 이해의 빈곤을 나타내 주는 증거라고 하지 않을 수 없다. 이 연구는 바로 이러한 문제의식에서 출발하여 무의결권우선주 전반을 주로 법적인 관점에서 분석, 검토하는 것을 목적으로 한다.

2. 연구의 순서

이 연구는 다음과 같은 순서로 진행한다. 먼저 제II장에서는 우리 자본시장에서의 우선주의 연혁, 현황, 문제점을 차례로 정리한다. 우선주는 결국 외국에서의 수입물이라고 할 수 있다. 이러한 우선주의 본래적 모습을 파악하기 위하여 제III장에서는 미국, 독일, 일본에서의 우선주의 이용실태와 법적 규제를 살펴본다. 무의결권우선주에 관해서는 복잡한 법률문제가 무수하게 존재한다. 이 문제점들에 대한 일관성 있는 해답의 실마리는 주식이라는 자금조달수단에 관한 근본적인 검토에서 찾아야 할 것이다. 제IV장에서는 이들 다양한 법률문제에 대하여 해석론과 입법론의 양면에서 포괄적으로 고찰한다. 특히 우리나라에서는 우선주가 주로 무의결권이라는 속성 때문에 이용되고 있다. 제V장에서는 이러한 현실을 고려하여 의결권에 차이가 있는 주식이 존재하는 경우는 문제를 미국에서의 논의를 참고하여 다루기로 한다. 제VI장에서는 이상의 연구결과를 토대로 우리나라의 우선주제도의 방향을 제시하기로 한다. 본격적인 논의에 들어가기에 앞서 다양한 우선주의 유형을 정리해 둠으로써 앞으로의 논의에 참고로 삼기로 한다.

3. 우선주의 유형

(1) 우선주 내용의 다양성

우선주의 핵심은 결국 일정한 비율까지 보통주보다 앞서 순위의 배당이 보장된다는 점에 있다. 그 밖의 내용에 대해서는 법이 특별히 규정하고 있는 바가 없다. 따라서 그 구체적인 내용은 발행회사가 다양하게 정할 수 있다. 발행회사가 정하기에 따라서 사채에 접근할 수도, 보통주에 접근할 수도 있다. 우선배당률을 시장금리수준으로 누적적 · 비참가적으로 만들면 회사채에 접근하며, 우선배당률을 1~2% 정도로 낮추고 참가적으로 하는 경우에는 보통주에 접근할 것이다. 이러한 사채형 우선주와 보통주형 우선주 사이에서는 양자의 속성이 혼합된 중간형태의 우선주가 다양하게 발행될 수 있다. 그러나 실무상으로는 대체로 다음의 세 가지 유형 중 하나에 근접한 내용으로 발행될 것으로 보인다.[1]; (1) 보통주형; (2) 사채형; (3) 전환사채형.

1 이하의 분류에 대해서 상세한 것은 木下(1991), 143-247면 참조.

(2) 보통주형

우선배당률이 실제 배당예상액보다 훨씬 낮은 명목상의 비율(예컨대 1~2%)로 정하여진, 의결권 없는 참가적 우선주가 이에 해당한다. 상법상 무의결권보통주가 허용되지 않기 때문에 우선주로 꾸민 것이므로 나머지 내용은 가능한 한 보통주에 가깝게 구성한다. 이러한 보통주형 우선주의 주가는 보통주의 주가에 연동한다. 이러한 유형은 우선주의 의결권지분의 변동없이 유상증자를 하고자 할 때 발행하며 주로 독일에서 많이 발행되고 있다.

(3) 사채형

우선배당률이 시장금리와 비슷한 수준의 고율로 정해진 누적적 · 비참가적 우선주가 이에 해당한다. 무상증자나 주식배당에 대한 권리나 신주인수권, 의결권을 부여하지 않고 잔여재산분배에 관해서 우선주의 발행가액에 누적배당금을 합한 금액에 대해서 우선권을 준다면 한층 회사채에 접근할 것이다. 이러한 사채형 우선주의 주가는 회사채의 가격에 연동할 것이다. 따라서 우선주에 관한 법률문제도 주로 사채형 우선주에 관한 것만이 논의되어왔다. 그러나 실제로 현재 우리나라의 우선주는 거의 전부가 보통주형으로 되어 있다.

(4) 전환사채형

사채형 우선주에 보통주식으로의 전환권이 붙어 있는 우선주가 이에 해당한다. 전환권이 인정되기 때문에 우선배당률은 사채형보다 낮은 수준으로 정할 수 있을 것이다.[2]

2 1980년대 일본에서 日立造船이나 日本冶金工業 등이 발행한 우선주는 바로 이러한 유형에 속한다.

Ⅱ. 우리 자본시장에서의 무의결권우선주: 그 연혁과 현황

1. 1986년 이전

앞서 언급한 신종우선주가 등장하기 전에도 우리 자본시장에 우선주가 전혀 발행되지 않았던 것은 아니다. 그러나 과거에 우선주는 〈표 1〉에서 보는 바와 같이 대부분 공금리수준의 우선배당금을 지급하기로 하는 사채형 우선주로 발행되는 것이 관행이었다. 또한 이들 우선주에는 의결권이 주어졌으며 발행일로부터 일정기간(대체로 3년) 후에 보통주로의 전환이 허용되는 등 전환사채적인 요소도 가미된 경우가 많았다.

〈표 1〉 1990년대 중반까지 상장회사의 우선주발행현황[3]

발행사	발행일	발행가액	납입금액	우선배당률	우선권내용	존속기간
삼양중기	76.2	액면	15억	18%	의결권/누적/참가	3년
세양선박	77.11	액면	68억	18%	의결권/누적/참가	3년
현대증권	77.11	액면	30억	18%	의결권/누적/참가	3년
온양팔프	81.1	액면	11억	공금리수준	의결권/누적/참가	무기한*
신호제지	83.11	액면	10억	공금리수준	의결권/누적/참가	**

* 1987년 주주총회와 우선주주총회의 결의를 거쳐 보통주로 전환

** 우선주 발행 당시 회사정리절차 중의 회사로서 정리계획안 종결 후 보통주로 전환

3 대우경제연구소(1988), 22면.

2. 1987년 무의결권보통주의 도입논의

동양맥주의 신종우선주가 발행된 직후인 1987년 재무부는 자본시장육성에 관한 법률(이하 "자시법")에 대한 개정안을 마련하는 과정에서 무의결권보통주의 도입을 시도한 바 있다. 재무부의 의도는 요컨대 상장법인의 경우에는 상법상의 1주1의결권원칙에도 불구하고 우선주는 물론이고 보통주까지도 의결권 없이 발행할 수 있도록 하려는 것이었다. 이 같은 재무부의 시도는 법무부 및 법제처 등 관련부처와의 협의 및 학계의 의견을 수렴하는 과정에서 거센 반대에 부딪혀 끝내 성공을 거두지 못하였다. 이처럼 무의결권보통주의 도입시도는 좌절되었지만 그에 관한 논의의 경과는 무의결권주 일반에 대한 우리 정부, 경제계, 학계의 태도를 파악하는 데 유익한 자료라고 할 수 있다. 이하에서는 1987년 무의결권보통주의 도입론이 대두된 배경과 그것이 좌절되게 된 과정을 간단히 살펴보기로 한다.[4]

우리나라의 기업, 특히 대기업이 미국이나 일본의 기업에 비하여 타인자본에 의존하고 있는 정도가 심한 것은 이미 주지의 사실이다.[5] 그러나 1980년대에 들어서부터는 우리 대기업들도 은행 등 금융기관을 통한 차입이나 회사채발행에 대한 의존도를 줄이고 증권시장에서의 신주발행을 통한 자금조달을 적극적으로 고려하지 않을 수 없게 되었다. 그 이유로는 여러 가지를 들 수 있을 것이다. 첫째, 물가상승율이 낮아짐에 따라 과거의 만성인플레시대에서와 같이 실질금리가 낮은 (때로는 마이너스인) 자금은 자취를 감추게 되었다. 둘째, 자기자본비율이 너무 낮기 때문에 경기가 침체되는 경우 도산의 위험이 높아진다. 물론 이제까지는 대기업의 경우 정부가 국민경제에 미치는 영향을 고려하여 도산 직전의 기업에 이른바 구제금융을 해주는 것이

4 무의결권보통주의 도입을 둘러싼 논의에 관하여 객관적인 자료로 남아 있는 부분은 별로 없다. 따라서 이하의 서술은 대부분 연구보고자 개인의 주관적인 정보에 의존할 수밖에 없었음을 밝혀 둔다.

5 예컨대 김응한(1986).

관례가 되다시피 하였기 때문에 도산의 위험은 다른 나라의 기업에서와 같이 그렇게 절실한 것은 아니었다. 그러다 보니 금융기관은 대출은 자연히 소수의 대기업에 편중되게 되었으며 그에 대한 국민여론이 나빠져서 정부도 그 같은 정책을 무한정 계속할 수도 없게 되었다. 따라서 정부는 은행감독원의 여신규정 등을 통해서 특히 재벌기업에 대한 여신을 억제함과 동시에 주식발행을 통한 자금조달을 권장하고 있다.[6]

이처럼 주식발행을 통한 자금조달의 필요성은 이제 충분히 인식되고 있지만 그것이 널리 행해지기 위해서는 현실적으로 반드시 해결되지 않으면 아니 되는 문제가 있다. 그것은 바로 사주의 경영권을 어떻게 확보하느냐 하는 것이다. 차입을 통한 자금조달시와는 달리 주식발행을 통한 자금조달시에는 사주의 경영권이 위태롭게 될 우려가 있다. 사주가 자신의 의결권지분을 유지하기 위해서는 자신에게 배정되는 신주를 모두 인수하지 않으면 아니 된다. 그러나 사주가 아무리 재력이 있다 하더라도 그 출자부담은 사주의 자금력의 범위를 넘어서는 것이 보통이다. 또한 자금이 풍부한 사주라 하더라도 투자위험의 분산이라는 면에서는 한 기업에 자기재산의 대부분을 투입하는 것은 탐탁지 않을 것이다.[7] 따라서 사주는 추가로 투자를 하지 않으면서도 자신의 경영권을 확보할 수 있는 금융방법을 모색하게 된다. 현행법상 생각해 볼 수 있는 방안으로는 자기그룹에 속하는 계열회사로 하여금 주식을 인수하게 하는 방안, 즉 이른바 상호주를 이용하는 방안과 이 연구의 대상인 무의결권우선주를 발행하는 방안이 있다. 전자, 즉 상호주를 이용하는 방안은 1986년 말에 개정된 독점규제 및 공정거래에 관한 법률에 의하여 크게 제한을 받고 있다. 후자의 경우에는 자기자본은 증가하지만 의결권의 수는 조금도 늘어나지 않는다. 따라서 사주가 배정된 신주를 인수하지 않더

6 다만 증권당국이 증권시장의 수급상황을 고려하여 기업공개나 유상증자를 억제하는 경우가 많다.

7 Gilson(1987), p.812.

라도 의결권지분은 그대로 유지된다.[8] 다만 우선주의 경우에는 발행회사가 적어도 우선배당률까지는 배당을 해야 한다는 배당압력을 받게 된다. 물론 우선주도 주식의 일종이므로 배당가능이익이 없거나 적은 경우에는 정해진 배당률까지 배당이 불가능할 수도 있다. 그렇지만 보통주에 조금이라도 배당을 하기 위해서는 소정의 우선배당금을 전부 지급하지 않으면 아니 된다. 또한 이익배당을 제대로 못하게 되는 경우에는 장차 자금조달이 어려울 것이므로 우선배당금의 배당에 대해서는 현실적으로 사채의 이자지급에 못지 않은 의무감을 느끼는 것이 보통일 것이다.

대기업 측에서 자신의 수요에 적합한 자금조달수단으로 무의결권보통주에 관심을 갖게 된 것은 이러한 상황에 비추어 본다면 당연한 일이라고 할 수 있다.[9] 이러한 재계의 요망사항을 처음 접한 것은 재무부였다. 무의결권보통주의 발행이 허용되기 위해서는 무의결권주의 발행을 이익배당우선주의 경우에만 허용하는 상법 370조를 개정하거나 적어도 그에 대한 예외규정을 특별법에 마련하여야 한다. 그러나 상법은 불과 2~3년 전인 1984년에 대폭 개정된 바 있어 다시금 개정을 논의하기가 어려웠다. 또한 상법개정을 담당하는 정부부처도 재무부가 아니라 법무부였기 때문에 재무부로서는 상법 대신 자시법을 개정하는 방안을 추진하기로 하였다. 그러나 법개정에는 상당한 시간이 소요될 것이므로 경제계에서는 당시의 실정법상 가능한 방법을 모색하는 작업이 병행되었다.

이러한 과정에서 떠오른 것이 바로 보통주배당을 $+\alpha$의 배당을 받는 무의결권우선주를 발행하는 방안이었다. 이 우선주는 α를 낮추면 낮출수록 보통주에 접근한다. 이제 문제는 법적으로 허용되는 α의 최저한도가 얼마인가 하는 것이었다. 1985년 초 상장협은 무의결권주에 관하여 유권해석을 구하

8 실제로는 우선주도 시가보다 할인된 가격으로 발행하기 때문에 대주주가 그것을 인수하는 것이 보통이다. 다만 자금의 필요가 있거나 주가의 하락이 예상되는 경우에는 우선주부터 처분하게 된다.

9 이 같은 무의결권보통주에 대한 관심은 일본의 경제계에서도 마찬가지로 끊임없이 표시되고 있다.

는 일련의 결의를 법무부에 제출한 바 있다.[10] 그러나 그 질의에서는 α를 정관에 미리 정하지 않고 이사회가 정할 수 있는가를 물었을 뿐 정작 α의 최저한도에 대해서는 전혀 언급이 없었다. 이에 관한 문의를 받은 어느 법률사무소는 현행법상 α는 1원이라도 무방하지만 "모양이 좋지 않으므로" 다소 올려 잡는 것이 좋겠다는 의견을 낸 일도 있다고 한다. 이러한 신종우선주를 최초로 활용한 기업은 동양맥주주식회사였다. 동양맥주가 1986년 발행한 무의결권우선주는 당시까지 통상 발행되고 있던 우선주가 대부분 공금리수준의 우선배당률을 규정하였던 것이었음에 비하여 보통주의 배당률에 연 1%를 가산하는 배당을 규정한 독특한 것이었다. 이러한 신종우선주는 법률적인 관점에서 재구성한다면 뒤에 설명하는 바와 같이 우선배당률 1%에 즉시 참가를 허용하는 참가적 우선주라고 할 수 있다.[11] 종래의 우선주가 "사채형"이었던 것에 비하여 신종우선주는 보통주형이라고 할 수 있다. 동양맥주의 신종우선주는 바로 증권업계의 주목을 끌게 되었다. 증권업계는 기업들에 신종우선주의 장점을 홍보하는 한편으로 그러한 편법이 아니라 정식으로 무의결권보통주를 발행할 수 있도록 법을 개정하기 위한 노력도 계속하였다.

상장법인이나 공개를 위하여 주식을 모집·매출하는 법인이 무의결권보통주를 발행하는 것을 허용하는 재무부의 자시법개정시안(제7조)은 바로 그 같은 경제계의 요망을 수용한 것이었다. 그러나 그 조항은 정부 내의 협의과정에서 법무부 측의 강한 반대에 부딪혔다. 게다가 상법학계의 의견도 반대하는 쪽으로 기울었다.[12] 그 조항을 둘러싼 부처 간의 줄다리기의 경과나 마침내 승리한 반대론의 근거에 대하여는 자세히 알려지고 있지 않다. 비공식적으로 알려진 몇 가지 논거를 들자면 다음과 같다: "의결권을 포기하는 대

10 법심 2301-2781.

11 무기한으로 되어 있는 이 신종우선주는 업계에서 통상 '비누적적·비참가적"이라고 인식되고 있으나 비참가적이라는 부분은 잘못으로 보인다.

12 예컨대 매일경제신문 1987년 6월 16일자 8면 참조.

가로 주주에 아무런 이익도 주지 않는 것은 형평에 반하며 기업 측에 대한 지나친 특혜이다." "미국에서도 그 같은 주식은 상장이 금지되고 있는 등 세계 각국에서 그러한 주식발행을 제한하고 있다." "기업공개를 권장하는 취지에 반한" "민주화시대로 나아가고 있는 이 마당에 회사민주주의에도 반한다." 결국 정부는 최종개정안에서 그 조항을 삭제하고서 국회에 제출하였고 국회는 그것을 거의 원안대로 통과시켰다. 이제 무의결권보통주의 발행이 적어도 당분간 불가능하다는 것이 확실해지자 재계에서는 다시 신종우선주로 눈길을 돌리게 되었다. 그리하여 1987년이후에 발행된 우선주는 극소수의 예외[13]를 제외하고는 모두 신종우선주였다.

3. 1987년 이후 신종우선주의 증가

1987년 이후 신종우선주는 〈표 2〉에서 보는 바와 같이 급속히 증가하였다. 특히 1989년에는 그 발행액이 약 4조 원으로 유가증자총액의 35.8%에까지 이르게 되었다.

〈표 2〉 유상증자에 의한 무의결권주의 발행실적(단위 건, 억 원)

구분	80	84	86	87	88	89	90
유상증가 건수	52	107	110	178	298	274	169
총액 금액(A)	1,708	3,976	7,977	16,549	67,206	111,245	25,818
무의결권 건수	1	1	1	8	20	102	15
우선주식 금액(B)	2	20	20	176	6,325	39,822	5,601
비중(B/A)	0.1	0.5	0.3	1.1	9.4	35.8	21.7

출처: 증권감독원, 증권조사월보

13 예컨대 쌍용제지, 대룡정밀, 내외반도체, 새한종금 등이 발행한 우선주.

또한 〈표 3〉에서 보는 바와 같이 1993년 7월 현재 전체상장회사수 695사 중에서 신종우선주를 발행하고 있는 회사수는 157개사이고 그중 신종우선주가 발행주식의 25~50%를 차지하는 회사만도 40개사에 이르고 있다.

〈표 3〉 무의결권주의 발행회사현황

구분	회사수	상장회사 중 비율	발행회사 중 비율
발행주식의 1/4 이내	117사	16.8%	74.5%
발행주식의 1/4	40사	5.8%	25.5%
우선주 발행회사수	157사	22.6%	100.0%

출처: 증권감독원, 증권조사월보
주 1) 1993년 7월기준, 전체상장회사수 695사
주 2) 무의결권주 액면총액은 10.039억 원(전체발행주식의 5.7%)

〈표 4〉는 무의결권우선주발행현황을 업종별로 표시한 것이다.[14] 그에 의하면 우선주를 발행한 회사의 주식 중 우선주가 차지하는 비율이 평균 22.67%에 달한다. 보다 흥미로운 것은 업종별로 우선주의 발행량에 커다란 차이가 있다는 점이다. 특히 우선주발행이 두드러지는 것은 증권회사이다. 증권회사의 우선주발행비율은 32.56%로서 극소수업종을 제외하고는 가장 높다. 발행회사수도 16개사로서 당시 상장된 증권회사수는 밝혀져 있지 않으나 1994년 3월 현재 26개사를 기준으로 삼더라도 그 비율은 전체평균인 22.6%보다는 현저히 높다. 그와는 대조적으로 은행은 이러한 신종우선주를 완전히 외면하고 있다. 1994년 현재 거래소 1부에 상장된 시중 은행 중에서 우선주를 발행하고 있는 은행은 보람은행 하나밖에 없다. 보람은행의 우선주는 과거 보람은행이 단자회사였던 시기에 발행된 것이므로 결국 은행이 우선주를 발행한 예는 없는 셈이다. 이러한 결과는 어떻게 설명할 수 있을까? 증

14 기준일이 1990년 10월 15일로 되어 있기 때문에 〈표 3〉의 수치와는 다소 차이가 있다.

권회사가 신종우선주의 발행에 앞장선 데에는 다른 회사에 그러한 우선주 발행을 권유해야 하는 영업상의 이유도 없지 않았을 것이다. 그러나 보다 중요한 이유는 소유구조의 차이에서 찾을 수 있을 것이다. 증권회사의 경우에는 거의 예외 없이 지배주주가 존재함에 비하여 시중은행의 경우에는 주식소유가 분산되어 일반 기업에서 보는 것과 같은 지배주주는 없다. 따라서 증권회사와는 달리 은행의 경우에는 경영권의 확보를 위하여 신종우선주를 발행할 필요성이 없었다는 해석도 가능할 것이다.

〈표 4〉 무의결권우선주의 업종별발행현황(단위 천 주, %)

업종명	회사수	보통주수(A)	우선주식주(B)	우선주발행비율(B/(A+B))
어업	1	2,000	400	16.67
음식료업	15	33,423	7,911	19.14
섬유, 의복, 가죽	7	32,156	9,871	23.49
나무 및 나무제품	1	900	596	39.84
종이 및 종이제품	4	6,482	4,312	39.95
화학업	21	166,982	31,762	15.98
비금속광물	6	21,578	5,136	19.23
1차금속업	6	48,311	6,517	11.89
조립금속업	35	236,212	60,078	20.28
종합건설업	14	115,366	20,425	15.04
도소매업	9	42,977	12,634	22.72
운수창고업	2	31,000	1,407	4.34
단자업	24	28,000	3,400	10.83
증권업	16	316,962	153,144	32.58
보험업	3	5,928	1,475	19.92
총 계	144	1,088,277	319,068	22.67(평균)

출처: 정준영(1990)

주 1) 법정관리대상인 신호제지는 제외

주 2) 집계기준일은 1990. 10. 15 현재

신종우선주는 국내에서만이 아니라 해외시장에서도 발행되었다. 1989년 가을 삼미특수강은 유럽시장에서 신종우선주를 신주로 하여 신주인수권부사채를 발행한 바 있다. 흥미로운 것은 해외에서 배포된 투자관계자료에는 "우선"이라는 의미의 "preferred"라는 수식어가 빠져 있다는 것이다. 삼미의 신주인수권부사채 발행 이후 다수의 회사가 신종우선주의 발행을 예정한 신주인수권부사채가 전환사채를 해외시장에서 발행하였다. 이들 증권에 관한 자료는 모두 "preferred"라는 말을 사용하지 않고 있다.[15]

4. 신종우선주에 대한 규제

당초 신종우선주는 일부 학자들의 반대를 제외하고는 대체로 폭넓은 지지를 받았다. 그러나 1989년 후반기에 이르러 여론의 분위기가 급전하였다. 그러한 변화는 신종우선주의 이론적인 문제점에서 기인한 점도 없지 않지만 그보다는 신종우선주가 주가하락을 가속시키는 주범이라는 인식이 확산된 것에 기인한다. 수년간 활황을 구가하던 우리 증권시장은 1989년에 이르러 침체기에 접어들었다. 침체의 원인은 공급과잉 때문이라는 것이 지배적인 견해였다. 지배주주들은 당연히 부유 중인 주식 중에서 의결권지분과 관계없는 우선주부터 처분하였다. 그에 따라 보통주와 우선주 사이의 가격격차가 보다 확대되었다. 우선주에 대한 비판의 소리가 높아지게 되었다. 마침내 재무부는 1990년 3월 "무의결권우선주식 발행제도 개선방안"을 발표하여 무의결권우선주식의 발행을 억제하는 방향으로 선회하였다.

재무부의 새로운 방침에 따라 개정된 상장법인 재무관리규정에 의하면 은행, 증권회사 등 금융기관이 무의결권우선주를 발행하기 위해서는 증권관리위원회의 승인을 받아야 한다(17조의2 1항). 다른 상장법인도 다음의 세

15 미국에서는 특히 단순참가적 우선주가 보통주로 불리는 경우가 있다고 한다. Hamilton(1993), 425.

〈표5〉 1990년 이후 유상증자에 의한 우선주 발행

기간	회사수	발행주식주	비고
90. 3~12	8	5,587,600	삼성전자 DR 현대자동차 DR; 삼선공업 삼성전자 DR 2회
91. 1~12	1	1,907,671	
92. 1~12	2	5,380,025	
93. 1~12	2	4,700,645	
합계	13	17,575,941	

〈표6〉 1990년 이후 전환사채의 전환권행사에 의한 우선주 발행

기간	회사수	발행주식주
90. 3~12	46	3,537,149
91. 1~12	66	8,999,585
92. 1~12	59	16,588,743
93. 1~12	33	3,260,805
합계	204	32,386,282

〈표7〉 1990년 이후 신주인수권부사채에 신주인수권행사에 의한 우선주 발행

기간	회사수	발행주식주
90. 3~12	3	194,765
91. 1~12	1	172,105
합계	4	366,870

- 주) 92년과 93년은 신주인수권사채의 권리행사에 의한 우선주 발행이 없음.

〈표8〉 1990년 이후 무상증자에 의한 우선주 발행

기간	회사수	발행주식주
90. 3~12	13	3,071,488
91. 1~12	7	1,187,822
92. 1~12	5	899,155
93. 1~12	5	899,155
94. 1~12	3	271,121
합계	28	5,429,586

가지 경우의 예외를 제외하고는 역시 증관위의 승인을 받아야 한다(17조의2 2항).

(1) 공모방식으로 발행하는 경우
(2) 10% 이상의 대주주 및 사실상의 지배자가 인수에 참여하지 않는 경우
(3) 전환사채 및 신주인수권부사채의 권리행사에 의하여 발행하는 경우

위의 규정에 따라 증권위의 승인을 받아 무의결권우선주가 발행된 예는 거의 없다.[16] 다만 위의 예외적인 경우에 해당하여 증권위의 승인 없이 발행되는 경우는 없지 않다. 먼저 위 (1)에 해당하는 우선주 발행사례는 없었다. 위 (2)에 해당하는 발행은 초기에는 몇 차례 허용된 바 있으나 후에는 전혀 인정되고 있지 않다. 위 (3)과 관련해서는 우선 이미 사전에 발행된 전환사채 등의 권리행사가 있는 경우에는 당연히 우선주 발행이 허용되고 있다. 우선주 발행조건의 전환사채 등의 발행은 한동안 사실상 발행이 억제되어 왔으나, 1993년 8월 이후 증권시장의 여건이 호전됨에 따라 구체적인 상황을 고려하여 제한적으로 허용하고 있다. 한편 무상증자는 성질상 기존의 주식이 분할되는 것으로 보아 위의 규정에 관계없이 우선주주에 대해서는 우선주를 배정하는 것을 허용하고 있다. 또한 해외증발행의 경우에는 우선주 발행을 허용하고 있다. 1993년 말에는 무의결권주식의 발행한도를 상장법인에 대해서 발행주식총수의 2분의 1까지 허용하던 자시법 7조를 개정하여 그 한도를 해외발행이나 공공적 법인에 의한 발행의 경우에만 제한적으로 인정하고 있다. 자세한 내용은 뒤에서 소개한다.

16 주주 사이에 분쟁이 진행 중인 신한투금이 우선주를 발행한 경우가 유일한 예외로 알려져 있다.

5. 무의결권우선주에 대한 현행규제의 문제점

뒤에서 자세히 살펴보는 바와 같이 신종우선주는 여러 가지 문제점을 지니고 있다. 그러나 무의결권우선주에 대한 현행규제도 문제가 없지 않다. 근본적인 문제로 현행규제는 무의결권우선주제도의 충분한 이해가 근거한 것이라기보다는 신종우선주로 말미암아 악화된 시장침체에 대처하기 위해서 급조된 대증요법이라는 점이다. 현행규제는 신종우선주의 문제점 때문에 마련된 것이면서도 우선주의 내용을 완전히 도외시하고 있다. 그리하여 신종우선주 내지 일부의 무의결권우선주만이 아니라 무의결권우선주 전부를 대상으로 하고 있다. 그러나 전통적인 사채형 우선주까지 신종우선주와 같은 보통주형 우선주와 동일하게 규제할 필요가 있는지는 의문이다. 현행규제는 우선주의 내용이 아니라 그 발행방법에 따라 규제를 달리하고 있다. 신종우선주의 내용이 문제가 되는 것이라면 발행방법의 공모 여부, 지배주주의 참여 여부, 전환사채나 신주인수권부사채와 관련하여 발행된 것인지 여부 등과 관계없이 규제가 되어야 할 것이다. 그러한 기준에 따라 증관위승인을 면제하는 재무관리규정의 밑바닥에는 그러한 면제사유가 있는 경우에는 우선주가 증권시장의 물량증가를 초래하지 않을 것이라는 사고가 깔려 있음을 숨길 수 없다.

6. 최근의 변화: 기존의 신종우선주의 급락

위와 같이 1990년대를 계기로 신종우선주의 신규발행이 억제되고 있으나 이미 발행된 부분은 여전히 시장에 남아 활발히 거래되고 있다. 신종우선주는 보통주에 비하여 1%의 배당프리미엄을 누림에도 불구하고 이제까지 그 주가는 현실적으로 보통주보다 훨씬 미달하였다. 이러한 보통주와의 주가격차는 시점에 따라 변동하고 있다. 1990년 초에는 약 30%에 달하여 우선주에 대한 정부방침을 전면규제 쪽으로 변화시킨 일도 있으나 그후에는 다소 진정되어 대체로 10%선을 오르내려왔다. 그러나 1994년 8월에 들어서 우선주의 주가가 급격히 하락하면서 주가격차는 크게 확대되었다. 8월 한 달 사이에 우선주의 주가가 30% 이상 하락한 종목만도 10여 개에 이른다. 9월 초 현재 평균주가격차는 32.3%에 이르고, 주가격차가 40%에 육박하거나 초과하는 종목만도 30여 개에 이르고 있다. 심지어 그 격차가 53.8%인 종목까지 나오고 있는 실정이다.[17] 증권시장에서는 이러한 우선주 시세폭락의 이유에 대해서는 여러 가지 억측이 나오고 있다. 공정거래법개정안에 따라 대기업의 출자한도가 축소되면 대주주가 우선주부터 대량으로 출회할 것이라는 투자자의 우려, 앞으로 도입될 주가지수선물거래의 지수산출대상종목에 포함되지 않는다는 점, 이른바 M&A시에 매수대상이 되지 않을 것이라는 점 등이 흔히 주가하락의 근거로 지적되고 있다.[18] 그러나 그 어떠한 이유로도 40~50%나 되는 주가격차를 합리적으로 설명하기는 어려울 것이다. 이러한 우선주파동은 상당 부분 우선주에 대한 투자자들의 막연한 심리적 불안에 의한 것이라고 할 수 있다. 그러나 신종우선주의 불합리한 내용이 이러한 투자자들의 불안을 부추긴 측면도 완전히 부정할 수는 없을 것이다.

증권당국에서는 이러한 우선주문제에 대한 단기적인 대책으로 상장회사들로 하여금 자기회사의 우선주를 매입할 것을 유도하고 있다.[19] 이러한 증권당국의 노력에 힘입어 우선주폭락은 차츰 진정되어 가는 것으로 보인다. 그러나 만약 최근의 주가하락이 신종우선주의 불합리한 내용에도 원인이 있는 것이라면 이처럼 단순히 인위적으로 시장에 개입하는 것만으로는 근본적으로 문제를 해결할 수 없을 것이다. 근본적인 우선주대책을 마련하기

17 한국경제신문 1994년 9월 5일자 13면.

18 한국경제신문 1994년 9월 5일자 13면.

19 1994년 9월 26일 현재 증권감독원에 9월 들어 자사주취득신고서를 제출한 9개사 중에서 6개사가 우선주를 매입하기로 했으며 이들이 매입하기로 한 물량은 전체취득예정물량의 46.6%에 이른다. 한국경제신문 1994년 9월 27일자 17면.

위해서는 먼저 우선주에 대한 정확한 이해가 필수적인 전제조건이다. 그러한 이해를 토대로 하여서만 비로소 신종우선주의 문제점을 올바로 파악하고 적절한 대책을 정립할 수 있을 것이다. 이러한 문제인식을 가지고 다음 제3장에서는 외국의 우선주제도를 고찰하기로 한다.

Ⅲ. 외국의 무의결권우선주

1. 서설

무의결권우선주는 상법상의 다른 제도와 마찬가지로 우리나라의 고유한 제도가 아니라 외국으로부터의 수입물이다. 무의결권우선주는 원래 미국에서 널리 이용되던 것이지만 그에 관한 우리 상법의 규정은 멀리는 독일, 가깝게는 일본의 법 규정을 모델로 하고 있다. 우선주와 그에 관한 법적 규제를 올바르게 이해하기 위해서는 이들 외국의 우선주제도의 실태를 정확하게 파악할 필요가 있다. 이곳에서는 주요대상국이라고 할 수 있는 미국, 독일, 일본의 법과 실무를 간단히 소개하기로 한다.[20]

2. 미국

(1) 우선주발행의 연혁과 현황

미국에서 우선주가 발행되기 시작한 것은 19세기 중반의 일이다.[21] 그러

20 이에 관하여 상세한 것은 일본증권업협회(1988) 참조. 이 부분의 통계자료는 특별한 표시가 없는 한 모두 위의 자료에 의하였다.

21 이하 洲崎(1984), 332-333면.

나 특히 발행이 활발하게 된 것은 제1차 세계대전 후 대공황에 이르기까지의 10여 년간이었다. 당시 전기, 가스회사와 같은 공공사업회사(public utility corporations)를 중심으로 증시의 붐을 타고 우선주가 대량으로 발행되었다. 이들 우선주는 이익배당에 관하여 누적적 · 비참가적인 우선권을 갖는 사채형 우선주였다. 상환조항이 붙어 있는 것이 보통이었으며 의결권이 없는 경우도 적지 않았다. 이처럼 우선주가 사채형으로 발행되는 미국의 관행은 아직도 유지되고 있다. 활발히 행해지던 우선주의 발행은 1930년대 불황을 맞아 대폭 감소하였다. 그 주된 이유는 사채의 이자와 우선주의 배당을 세법상 달리 취급하였기 때문이다. 당시에도 이자와는 달리 배당은 회사가 손금처리를 할 수 없는 것이 원칙이었다. 따라서 법인세율이 높아질수록 상대적으로 우선주의 약점이 커지게 된다. 1913년 1%에 불과하였던 법인세율이 차츰 상승하여 1951년에는 52%에 이르게 됨에 따라 발행회사는 이러한 세법상의 차이를 무시할 수 없게 되었다. 또한 불황기에는 우선주도 안전하지 않다는 것을 투자자들이 알게 된 점도 우선주의 확산을 막은 요인이었다. 그리하여 점차 우선주 대신 사채의 발행이 증가하게 되었다.

현재 미국에서 우선주는 다시금 비교적 활발히 이용되고 있다. 1986년의 통계에 의하면 발행증권총액 약 2,000억 달러 중 보통주가 약 313억 달러로 15.6%를 차지하였음에 비하여 우선주는 약 114억 달러로 5.7%에 달하였다.[22] 우선주의 발행실적을 업종별로 보면 전기 · 가스 수도 등 이른바 공공사업이 13.5%, 금융법이 36.9%로 과반수를 차지하였다. 1980년 초기까지만 해도 공공사업이 50%를 넘었으나 차츰 금융업이 차지하는 비중이 증가하였다. 금융업의 비중이 증가한 주된 이유는 은행이 자기자본비율을 제고하기 위한 수단으로 우선주를 발행하였기 때문이다. 그러나 우선주가 유통시장에서 차지하는 비중은 별로 크지 않다. 1987년 4월 말 현재 뉴욕증권거래소의

22 나머지는 보통사채가 74.5%, 전환사채가 4.2%를 각각 차지하였다. 좌담회1(1992), 14면의 제5표.

상장주식 중 우선주는 주식수로는 1.94%, 시가총액으로는 2.01%에 불과하다. 이하에서는 뉴욕증권거래소에 상장된 우선주에 관련된 통계를 소개한다.[23] 1987년 5월 현재 뉴욕증권거래소에 상장된 주식은 2,090종목으로 그중 우선주는 535종목이다. 〈표 9〉는 그 비중을 표로 표시한 것이고 〈표 10〉은 우선주를 내용별로 분류한 것이다.

〈표 9〉 뉴욕증권거래소 우선주, 보통주 상장상황

구분	종목수	구성비 (%)	주식수 (백만 주)	구성비 (%)	시가총액 (십억 달러)	구성비 (%)
우선주	535	25.60	1,191	1.94	52	2.01
보통주	1,555	74.40	61,327	98.06	2,529	97.98
합계	2,090	100.00	62,518	100.00	2,581	100.00

〈표 10〉 뉴욕증권거래소 상장우선주의 분류

구분	있음	없음
액면	336	99
누적조항	505	30
전환조항	186	349
참가조항	2	533
상환조항	527	8
의결권	156	379

이자율이 낮아진 1990년대 초반에는 수익률(yield)이 흔히 8~9%에 달하는 우선주의 매력이 더욱 커졌다. 그리하여 1992년에는 포드자동차회사가 23억 달러에 달하는 수익률 8.4%의 우선주를 발행한 것을 비롯하여 다수의 회사가 우선주를 대량 발행한 바 있다.[24] 이처럼 미국에서 우선주가 비교적

23 이하의 통계는 좌담회1(1992) 10면에 인용된 자료에 의존하였다.

24 Hamilton(1993), 422.

활발하게 이용되고 있는 이유는 발행회사의 측면과 투자자의 측면의 양쪽에서 찾아볼 수 있다. 먼저 발행회사의 측면에서는 사채에 비하여 우선주를 발행하는 것이 배당의 손금처리가 허용되지 않아 불리한 것은 사실이다. 그러나 요금의 규제를 받는 공공사업회사의 경우에는 세법상의 불이익을 요금 산정시에 모두 소비자에 전가할 수 있으므로 그러한 불이익이 크게 문제되지 않는다. 다음에는 투자자의 측면을 살펴보자. 미국 내국 세입법(the internal revenue code)상 회사의 배당수입은 70%가 소득공제가 되고 있다.[25] 따라서 특히 생명보험회사와 같은 기관투자자의 경우에는 공공사업회사와 같이 안정된 수익을 올리는 기업이 발행하는 우선주는 사채보다 오히려 유리한 투자수단이 될 수 있다.

(2) 우선주의 분류[26]

1) 이용목적에 따른 분류

미국에서 우선주는 이용목적에 따라 크게 1) 자금조달형, 2) 기업매수형의 두 가지로 나눌 수 있다.[27] 유형 1)은 자금조달을 목적으로 현금을 대가로 발행되는 것인 데 비하여 유형 2)는 기업매수의 대가로 발행되는 것이다. 배당능력이 떨어지는 기업은 기업매수의 대가로서 자신의 보통주를 이용하기가 어려우므로 그 대신 배당에 우선권이 부여된 우선주를 이용한다. 이러한 유형 2)에는 의결권과 보통주로의 전환이 붙어 있는 것이 보통이다.

2) 배당의 결정방법에 의한 분류

우선주는 배당의 결정방법에 따라 고정배당형과 변동배당형으로 나눌 수

25 Internal Revenue Code §243. 자회사로부터의 배당인 경우에는 80%가 공제된다.

26 이하의 서술은 주로 일본증권업협회(1988), 14-19면에 의존하였다.

27 최근에는 기업매수에 대항하기 위한 수단(이른바 poison pill)으로 발행하는 예가 많았다.

있다. 고정배당형(fixed-rate preferred stock)은 우선배당률이 고정되어 있는 전통적이고도 일반적인 우선주의 형태이다. 변동배당형은 다시 조정배당형(adjustable rate preferred stock)과 입찰배당형(auction rate preferred stock)으로 나눌 수 있다. 조정배당형은 이자율의 변동에 따라 주식의 가격이 변동하는 고정배당형의 단점을 피하기 위하여 개발된 것으로 배당률이 재무부채권금리와 같은 일정한 지표에 연동되어 있는 우선주이다. 입찰배당형은 조정배당형의 변형으로 배당금지급을 49일마다 행하고 그 배당률을 투자가들의 경매에 의하여 결정하는 우선주를 말한다. 입찰배당형의 배당률은 단기금융시장의 이자율에 접근하게 된다. 1987년의 발행액을 보면 고정배당형은 72건에 약 55억 달러, 조정배당형은 6건에 약 5억 달러, 입찰배당형은 45건에 약 29억 달러가 각각 발행된 바 있다.

(3) 전형적인 우선주

이상에서 설명한 바와 같이 미국에서는 우선주가 다양한 내용으로 발행되고 있으나 아무래도 전형적인 우선주는 자금조달형인 동시에 고정배당형이다. 이하에서는 이러한 전형적인 우선주의 내용을 간단히 설명한다.

1) 우선배당

우선배당도 배당이기 때문에 이사회의 배당결의가 있어야만 회사가 지급의무를 부담한다. 우선주주가 이사회에 우선배당금의 지급을 강제할 수 없는 것이 원칙이다. 다만 예외적으로 회사가 이익이 있는 한 배당의무를 부담하는 조건으로 발행되는 우선주도 존재한다. 우선배당은 비참여적 · 누적적인 것이 보통이다.

2) 의결권

우선주는 일반적으로 의결권 없이 발행되고 있다. 다만 우선배당이 지급되지 않은 경우에는 우선주주가 일정수의 이사를 선임할 수 있는 권한을 갖는 것이 보통이다.

또한 다수의 주법이나 정관에서 우선주주의 이해관계에 중대한 영향을 주는 일정한 사항에 관해서는 우선주의 일정수 이상의 찬성을 요건으로 하고 있다. 그러한 사항의 예로는 우선조항의 변경, 우선주의 권리에 우선하는 권리를 가진 주식의 발행, 합병 등을 들 수 있다.

3) 잔여재산분배

미국의 우선주는 대부분 이익배당에 대해서는 물론이고 잔여재산분배에 대해서도 우선권이 부여되고 있다. 잔여재산분배시의 우선지급금액은 우선주주의 투자액과 누적우선배당금의 합계액으로 정해지는 것이 보통이다.

4) 상환

우선주는 대부분 매년 일정수의 주식의 상환 또는 매수가 예정되어 있다. 상황은 발행회사나 우선주주가 일방의 의사로 강제할 수 있는 경우, 임의적으로 허용되는 경우, 금지되는 경우 등이 있을 수 있다. 발행회사가 우선주를 상환할 수 있다면 시장금리가 우선배당률을 하회하는 경우 기존의 우선주를 상환하고 낮은 금리로 차입을 하든가 보다 낮은 우선배당률의 우선주를 새로 발행함으로써 자본비용을 감소시킬 수 있을 것이다.

우선주의 상환은 미리 정해진 상환가액과 누적우선배당금의 합계액으로 이루어지는 것이 보통이다. 상환은 배당이 가능한 금액의 한도 내에서만 가능하다. 우선주가 일단 상환되면 그 부분은 미발행수권주식에 속하게 된다. 상환에 대비하기 위하여 기본정관이나 이사회결의로 상환기금의 적립을 규정할 수 있다.

5) 전환

우선주에 전환권이 부여된 경우에는 우선주주의 선택에 의하여 보통주로 전환할 수 있다. 전환형 우선주는 의결권이 있는 경우가 많다. 또한 전환형 우선주에는 희박화방지조항이 붙어 있는 것이 보통이다. 예컨대 주식배당, 주식분할, 시장가격 이하의 신주발행, 합병 등과 같이 전환권의 가치를 감소시킬 거래의 경우에는 전환비율을 조정하도록 하고 있다. 최근에는 이러한 전환형 우선주를 약간 변형한 새로운 형태의 우선주가 많이 발행되고 있다. 전환 · 교환형 우선주라고 불리는 이 주식은 주주에 전환권을 부여하는 한편 회사에는 우선주를 사채로 교환할 수 있는 선택권을 부여한 주식이다. 그 주식의 장점은 발행회사가 법인세의 부담이 크지 않은 시기에는 주식으로 남겨 두었다가 법인세액이 증가하는 시점에 이자의 손금처리가 가능한 사채로 교환할 수 있다는 것이다.

(4) 법규제[28]

미국에서는 회사법은 각 주의 제정법의 형태를 취하고 있다. 주회사법은 우선주의 발행이나 그 구체적인 내용에 대해서는 대체로 회사의 자유에 맡기고 있다. 우선주에 대한 잔여재산우선지급액을 침해하는 배당을 금한다든지 우선권변경에 종류주주총회의 결의를 요한다든지 하는 예외가 있을 뿐이다. 이처럼 회사법이 융통성이 있기 때문에 미국에서는 우선주를 사채형으로 발행하는 것이 용이하다.

미국에서도 주주의 신주인수권을 일반적으로 배제하는 것이 가능하다. 그리하여 우선주에 대해서 명시적으로 신주인수권을 배제함으로써 우선주주가 보통주를 인수하는 경우에 발생하는 문제를 해결하고 있다.

28 이하 달리 인용이 없는 부분은 洲崎(1984), 334-334면에 의존한 것임.

상환의 실행이 용이한 점도 우선주를 사채와 비슷하게 활용하는 것을 돕는다. 미국에서는 상환재원이 이익에 한하지 않고 자본잉여금이나 자본에 의한 상환도 가능하다. 최근 미국회사법은 이익배당, 자기주식취득, 상환 등 회사의 재산이 주주에게 유출되는 일체의 행위를 "분배"(distribution)라는 개념으로 파악하여 지급불능이나 채무초과의 상태에 빠지지 않는 한 자유롭게 허용하는 방향으로 나아가고 있다.[29] 또한 자본감소의 경우에는 특별한 채권자보호절차를 요구하지 않고 있다. 따라서 시장의 상황에 따라 우선주를 교체 발행함으로써 자본비용을 절감하는 것이 가능하다.

또한 미국에서는 누적 여부, 참가 여부, 상환 가능 여부 등 우선주의 기본적인 권리내용만을 정관에 정해놓고 우선배당률이나 상환, 전환의 조건 등 구체적인 권리내용을 우선주 발행시 이사회가 결정하는 것을 수권하는 이른바 blank stock제도가 널리 허용되고 있다.[30] 이사회가 결정한 구체적인 내용은 마치 정관의 내용을 보충하는 것이 되어 그것을 변경하기 위해서는 정관변경절차를 거쳐야 한다. 이사회가 시장상황을 고려하여 우선배당률이 상이한 우선주를 수차에 걸쳐서 기동성 있게 발행하는 이른바 시리즈발행도 가능하다.[31] 예컨대 제1회 발행의 A시리즈는 우선배당률 5%로 1순위배당, 제2회 발행의 B시리즈는 우선배당률 4%로 2순위배당으로 하여 우선주 사이에 우선배당률은 물론이고 배당의 순위도 달리할 수 있다.[32] 처음에는 이사회의 결정에 맡겨진 사항이 우선배당률과 같이 일부의 조건에 한정되었지만 차츰 이사회의 권한이 확장되고 있다. 그리하여 최근에는 정관에서 우선주의 수권주식수만을 정해 두고 나머지의 조건은 이사회가 결정할 수

29 모범사업회사법 §6.40.

30 Brudney/Chirelstein (1987), 226 n.x.

31 좌담회(1992), 22면(洲崎발언).

32 Hamilton(1993), 423. 예컨대 Illinois Power와 같은 전기회사는 1992년 9월 현재 뉴욕증권거래소에 10종의 우선주를 상장하고 있다.

있도록 하는 입법례까지 생겨나고 있다.[33] 그러한 주법하에서는 이사회가 정관소정의 수권주식수의 범위 내에서 우선배당액, 잔여재산지급우선액, 전환, 상환조항, 누적 여부, 참가 여부, 의결권 등을 결정할 수 있다.

사채형 우선주는 사채 등의 다른 금융상품과 경쟁해야 하기 때문에 이처럼 발행 당시의 시장상황을 고려하여 그 내용을 결정할 수 있지 않으면 안 된다. 그러나 이처럼 자금조달의 유연성, 기동성을 강조하다 보면 후순위권리자인 기존의 보통 주주의 이익이 침해될 가능성이 있다. 경영진의 권한남용은 경영진을 교체하거나 손해배상책임을 묻는 방법으로 억제한다는 것이 미국법의 태도이다. 이러한 태도는 가급적 이사회의 재량을 넓게 인정하여 적극적인 경영을 유도하는 미국 회사법의 일반적인 경향과 궤를 같이하는 것으로 볼 수 있다.

주회사법상 의결권에 관한 규제는 거의 없다. 따라서 보통주도 복수의결권이나 무의결권으로 발행하는 것이 가능하다. 다만 뒤에 자세히 설명하는 바와 같이 그러한 주식에 대해서는 증권거래소의 상장규정상의 제한이 있다. 무의결권보통주도 허용되기 때문에 독일이나 우리나라에서와 같이 의결권을 박탈할 목적으로 우선주를 보통주형으로 꾸밀 필요가 없다. 실제 미국법상 우선주가 거의 예외 없이 사채형인 것은 바로 그 때문으로 생각된다.

주회사법상 우선배당이 행해지지 않은 경우에 의결권이 부활한다는 규정은 없다. 그러나 우선주주가 일정수의 이사를 선임할 수 있다는 조항이 널리 이용되고 있다. 예컨대 뉴욕증권거래소는 배당불이익이 6사분기 동안 지속된 경우에는 적어도 2명의 이사를 선임할 권리를 누적우선배당금이 우선주주에 완전히 지급될 때까지, 비누적형의 경우에는 우선배당이 적어도 1년간 정기적으로 지급될 때까지 존속한다. 그 밖에 SEC는 공공사업지주회사법에 의하여 등록된 공공사업지주회사 및 그 종속회사에 대해서는 4사분기의 배

33 모범사업회사법 §6.02.

당에 상응하는 액의 배당이 지급되지 않은 경우에는 이사 과반수의 선임권을 우선주주에게 부여할 것을 요구하고 있다.

(5) 우선주에 관한 몇 가지 법률문제[34]

1) 우선주조항의 해석

우선주의 기본적인 권리내용은 정관에서 정하여지지만 정관에 규정이 없거나 있더라도 애매한 경우에 어떻게 해석할 것인가가 초기의 판례에서 문제된 바 있다. 먼저 미지급우선배당금은 달리 명시적인 정함이 없는 한 누적되는 것으로 본다. 참가 여부에 대해서는 긍정하는 판례도 있지만 우선권이 우선배당지급 후의 잔여이익에 대한 참가권을 포기한 대가로 주어진 것으로 보아 부정하는 판례가 다수이다. 잔여재산분배시의 우선권에 대해서도 통상 "채권자에 변제한 후 우선주주는 보통주주에 앞서 우선수납입금과 누적배당금의 합계액의 지급을 받고 나머지에는 참가하지 않는다"는 규정을 두고 있지만 그러한 규정이 없더라도 비참가적으로 보는 견해가 유력하다. 이러한 견해는 우선주가 일반적으로 사채형이라는 현실에 영향을 받은 것으로 보인다.

우선주조항의 해석에서 가장 문제되는 것은 비누적적 우선주주의 이익배당청구권이다. 비누적적 우선주의 경우 특정연도에 배당이 이루어지지 않으면 그해의 배당청구권은 영원히 상실되는 것이 원칙이다. 그러나 이사회가 배당가능이익이 있음에도 불구하고 배당을 하지 않기로 하는 경우에는 우선주주가 불이익을 입는다. 이사회의 재량남용이 인정되지 않는 한 이러한 결과를 허용하는 것이 다수판례의 입장이다. 그러나 뉴저지주법원은 이른바 배당크레디트원칙(the Dividend Credit Rule)을 채택하여 우선주주를 보호하고

34 NYSE Listed Company Section 3, 313.

있다. 이 원칙에 의하면 회사가 이익이 있음에도 배당을 유보하는 경우에는 그 금액을 배당크레디트에 산입하여 후일 보통주주에 대한 배당에 앞서 우선주주에게 지급하여야 한다. 결과적으로 비누적적 우선주라도 이익이 있는 경우에는 누적적 우선주와 같이 취급하는 것이다.

2) 수종의 주식과 주식배당

수종의 주식 간의 비율적 관계를 변동시키는 결과를 가져오는 주식배당의 경우에는 불이익을 입는 종류주주의 동의결의를 요한다. 그러나 사채형 우선주가 일반적인 미국에서 우선주에 대해서 주식배당을 행하는 공개회사는 찾아보기 어렵다. 원래 확정배당액만을 받게 되어 있는 사채형 우선주에 주식배당을 한다면 결과적으로 보통주주의 이익이 침해될 것이다.

3) 우선권의 폐지, 축소

우선권을 제한하려면 우선주주의 종류주주총회에서 동의를 받아야 한다. 그러나 우선주주가 동의한 경우에도 법원이 과거 우선권제한을 불허하였던 예가 있다. 우선배당금이 많이 누적된 회사가 수익회복의 조짐이 보이는 경우에는 보통주에 대한 배당을 가능케 하기 위하여 누적분을 제거하기를 원할 것이다. 회사는 누적배당금을 제거하기 위하여 통상 누적배당금이 있는 우선주 대신에 보통주나 누적분이 없는 새로운 우선주를 교부해 주는 방식을 택한다. 초기의 판례 중에는 누적배당금이 헌법상 보호되는 기득권이라고 하여 그 제거를 불허하는 판례도 있었다. 그러나 주주의 배당청구권은 이사회의 배당선언에 의하여 비로소 채권으로 확정되는 것이므로 기득권이라는 논리는 수용될 수 없었다. 그리하여 주회사법과 판례는 누적배당금의 제거를 허용하는 방향으로 변경되었다. 물론 누적배당금의 제거가 불공정한 경우에는 허용되지 않는다. 그러나 사기나 악의가 없는 한 공정한 것으로 보기 때문에 실제로 불공정으로 판단되어 누적배당금의 제거가 불허된 예는 거의 없다.

3. 독점법

(1) 연혁[35]

독일에서는 1840년경 철도회사들이 우선지위주식(Prioiritäts-Actien)이라는 증권을 발행한 일이 있다. 이 증권은 주식이라는 명칭이 붙어 있었지만 회사의 이익 여부와 관계없이 고정된 이자가 지급되는 등 실제로는 사채와 같은 성격을 지닌 것이었다. 이 증권에서 "우선"이라는 의미는 보통의 주식보다 우선한다는 의미에 불과하였다. 한편 1848년 및 1850년에는 거꾸로 "사채"(Obligationen)라는 명칭이 붙어 있지만 실제로는 오늘날의 우선주에 가까운 증권이 발행되기에 이르렀다. 명실상부한 우선주, 그것도 무의결권우선주가 처음 등장한 것은 1844년의 일이었다. 우선주는 주로 재정상의 곤궁상태에 있는 회사가 그것을 벗어나기 위하여 발행하는 것이 보통이었다. 시가가 액면미달인 회사가 액면가로 주식을 발행하기 위해서는 신주에 이익배당시의 우선권을 주지 않을 수 없었다. 그러나 실제로 경제계에서 이러한 우선주의 비중은 미미하였다.

1861년 구상법(ADHGB)상 의결권의 유무나 수는 회사계약으로 정할 수 있었으므로 우선주는 물론이고 보통주의 경우도 의결권 없이 발행할 수 있었다. 그러나 이익배당에서 우선적인 지위를 부여하는 대가로 의결권을 박탈하는 무의결권 우선주를 발행하는 가능성은 거의 주목되지 않았다. 1884년의 개정에서는 우선주의 발행을 명시적으로 허용하였으나 의결권을 주주의 고유권으로 규정하는 바람에 이러한 무의결권우선주의 발행 가능성은 사라지게 되었다. 그러나 1897년의 신상법(HGB)은 수종의 주식이 발행된 경우에 이들 다른 종류의 주식 사이에 의결권의 차이를 둘 수 있도록 허용하였다.

35 이하 특별한 인용이 없는 부분은 주로 Bezzenberger(1991), 5-34에 의존하였다.

따라서 이론상으로는 우선주에 대해서도 복수의 의결권을 부여하는 것이 가능하였다. 그러나 당시 거래계에서는 복수의결권 자체에 대해서 의문을 가지고 있었기 때문에 제1차 세계대전 말까지는 그러한 복수의결권우선주는 거의 발행된 바 없다.

이러한 사정은 제1차 세계대전 후의 인플레시대에 이르러 급변하였다. 당시 마르크화의 대폭락으로 인한 외국자본의 국내기업인수를 두려워한 기업들은 수십 배의 의결권이 부여된 복수의결권우선주를 발행하였다.[36] 법원은 극히 예외적인 경우가 아닌 한 공서양속에 반하지 않는 것으로 판단하였다. 이러한 복수의결권주식은 1937년 주식법에 이르러서야 원칙적으로 발행이 금지되었다. 당시에는 이미 보통주형 우선주와 사채형 우선주의 두 가지가 모두 발행되었다. 그러나 보다 우세한 것은 사채형이었다. 당시에는 경영권 안정을 위하여 복수의결권이 부여된 우선주를 회사에 우호적인 자에게 배정하는 일이 많았다. 그 경우 기존 주주들의 반발을 막기 위해서도 우선주주의 배당청구권을 일정한 금액으로 제한할 필요성이 있었다. 그러나 사채형 우선주도 여러 가지 이유로 점차 매력을 상실하게 되었다. 첫째, 사채형 우선주에도 신주인수권이 부여되어 기존의 주주가 발행을 탐탁하게 생각지 않았다. 당시의 법상으로도 우선주의 발행에는 보통주주의 특별결의가 필요하였으므로 보통주주들이 반대하는 우선주 발행은 현실적으로 어려웠다. 둘째, 인플레시대에 고정배당만을 받는 사채형 우선주는 배당률을 은행금리보다 높게 책정할 수밖에 없음에도 불구하고 세법상 손금처리를 할 수 없어 부채에 의한 자금조달보다 회사 측에 불리하였다.

36 이에 대하여 많은 경우 외국자본에 의한 경영권탈취의 위험성때문이라기보다는 기존경영진이 지배권을 확보하기 위하여 복수의결권주를 발행하였다고 보는 견해도 있다. Keinath, Die Vorzugsaktien, S. 13-17(1958)(洲崎〈1985〉, 529면 주 1)에서 재인용). 그 밖에도 이익참가사채나 향익증권과 같이 주식적 성격이 가미된 사채도 발행된 바 있다. 그러나 이들 중간적 증권은 세법상 주식으로 취급되고 무의결권우선주가 도입됨에 따라 그 실익이 감소되어 점차 자취를 감추게 된다. 보다 상세한 것은 洲崎(1985), 527-528면.

바이마르공화국 시절의 회사법개정논의에서는 우선주가 무의결권우선주의 형태로 다시 등장하였다. 당시의 개정논의에서는 무의결우선주를 포함하여 영미회사법상의 제도에 대한 관심이 두드러졌다. 1928년 독일법률가회(Der Deutsche Juristentag)가 공표한 보고서에게는 무의결우선주의 도입을 제안하면서 우선배당률을 6% 이상으로 할 것을 명시하였다. 그러나 그후의 논의과정에서 6%의 최저배당률은 삭제되었다. 이러한 입법논의에서 염두에 두었던 것은 보통주형이 아니라 사채형 우선주였다.[37] 무의결권주는 원칙적으로 도입하지 않기로 하면서도 우선주를 의결권 없이 발행하는 것을 허용하기로 한 이유를 설명하면서 사채형 우선주주에게는 의결권이 별로 의미가 없음을 들었다. 또한 당시 무의결권우선주를 도입하는 이유도 회사의 기배구조에 영향을 주려는 의도보다는 영미를 비롯한 외국의 투자자들에게 낯익은 투자수단을 제공함으로써 경제재건에 필요한 외자를 유치하는 것이었다. 영미의 자본시장에서 유통되는 우선주는 의결권이 없는 사채형 우선주였기 때문이다.

1937년 제정된 주식법(Aktiengesetz)은 이러한 바이마르공화국 시절의 법안을 토대로 한 것이었다. 1937년의 주식법은 자금조달에 관한 미국법의 영향을 받아 무의결권우선주를 도입하였다. 당시에 도입된 규정은 별다른 수정 없이 오늘날에도 그대로 남아 있다. 입법과정에서는 사채형을 염두에 두었지만 입법자는 배당우선권이 누적적이라는 점을 제외하고는 우선권의 구체적인 내용의 형성은 실무에 맡겼다. 그리하여 법제정 후 실제로 널리 발행된 것은 참가적인 보통주형이었다. 1937년 주식법에 의하여 발행된 우선주 중에서 사채형은 2건에 불과하였고 전후에는 겨우 1건 있었던 것이 그나마 1979년 이후에는 사라져 버렸다. 이처럼 예상과는 달리 사채형이 전혀 발행되지 않은 이유는 사채에 비한 세법상의 불이익이 그대로 남아 있었기 때문

37 Bezzenberger(1991), 22.

이었다. 또 하나의 이유로는 우선주 발행을 둘러싼 경제사정이 변화한 것을 들 수 있다. 우선주는 주로 미국의 잉여자본을 독일 내로 유치하기 위하여 도입된 것이었다. 그러나 1929년의 공황을 거치면서 상황은 일변하여 미국에서도 잉여자본은 찾아볼 수 없게 되었다. 뿐만 아니라 특히 불황시에 위험한 우선주라는 투자수단에 대한 관심도 사라지게 되었다.

그리하여 1937년법하에서 우선주는 실제로 별로 발행되지 않았다. 1963년 현재 거래소에 상장된 우선주는 겨우 20종에 불과하였다. 이처럼 우선주가 별로 이용되지 않았음에도 불구하고 1965년 주식법은 발행한도액을 총권면액의 3분의 1에서 2분의 1로 인상하였다. 또한 정관에서 달리 규정하지 않은 한 누적적으로 본다는 규정(144조 3항)을 추가하였다.

(2) 현황[38]

1) 거래규모

별로 인기가 없던 과거와는 달리 최근에는 우선주의 발행규모가 늘고 있다. 1989년 말 현재 2,508개의 주식회사(주식합자회사포함) 중에서 529사가 상장 내지 등록하고 있으며 그중 90사가 우선주를 상장 내지 등록하고 있다. 한편 이상의 회사 전체의 기본자본총액은 687.4억 마르크이며 상장 내지 등록된 우선주의 액면총액은 33.9억 마르크(시가총액은 267.4억 마르크)로 약 4.93%에 달하였다.

1986년 현재 독일의 8개 증권거래소에 상장된 467사 중 60사가 우선주를 상장하고 있다.[39] 우선주의 발행은 최근에 들어 늘고 있다. 이들 증권거래소에는 1983년 이래 80사가 상장되었는데 그중 32사가 우선주를 상장하였다.

38 이 부분은 달리 특별히 인용이 없는 한 주로 Bezzenberger(1991), 35-39에 의존하였다.
39 이하는 일본증권업협회(1988), 91-93면에 의존하였다.

〈표 11〉 우선주의 상장 내지 등록 현황

연도	회사수	
	주식의 상장 내지 등록	우선주의 상장 내지 등록(%)
1980	464	29(6.3)
1981	462	30(6.5)
1982	456	31(6.8)
1983	450	33(7.3)
1984	464	43(9.3)
1985	472	48(10.2)
1986	492	60(12.2)
1987	507	74(14.6)
1988	503	77(15.3)
1989	529	90(17.0)

이들 회사는 주로 연방 또는 주정부가 지배하는 회사나 가족이 지배하는 중견기업이다. 이들은 모두 자본시장에서 자금을 조달하면서도 지배권을 유지하기 위한 수단으로 무의결권우선주를 발행한 것이다. 과거와 같이 회사재건을 위한 자금조달을 목적으로 우선주가 발행되는 예는 거의 없다.[40] 즉 현재 독일의 무의결권우선주는 "우선주"의 측면보다는 "무의결권"의 측면이 강조되고 있다.

2) 유형

현재 독일에서 상장되고 있는 무의결권우선주들은 모두 누적적 · 참가적이다. 우선배당률은 대부분 액면이 4~6%로 비교적 높게 설정되어 있다. 참가방식에는 다음에 보는 바와 같이 여러 유형의 방식이 있다.[41]

40 Bezzenberger(1991), 41.

41 Bezzenberger(1991), 52-54.

〔제1유형〕

① 우선배당률 6%

② 다음에 6%까지 보통주에 배당

③ 나머지는 모든 주식에 동등하게 배당

이러한 방식을 취하는 경우에는 회사의 배당가능이익이 충분한 경우에는 우선주와 보통주 사이에 배당액의 면에서 차이가 없다.

〔제2유형〕

① 우선배당률 2%

② 나머지는 모든 주식에 동등하게 배당

이러한 방식을 취하는 경우에는 우선주에 대한 배당이 항상 보통주의 배당을 2% 초과하게 된다. 우리나라의 신종우선주는 바로 이 유형에 속한다고 볼 수 있다.

〔제3유형〕

① 우선배당률 6%

② 다음에는 4%까지 보통주에 배당

③ 나머지는 모든 주식에 동등하게 배당

회사의 배당가능이익이 충분하여 고율의 배당이 이루어지는 경우에는 이 유형은 결과적으로 〔제2유형〕과 차이가 없을 것이다. 그러나 적어도 6%까지는 어느 정도 현실적으로 배당이 보장된다는 점이 〔제2유형〕과는 다르다.

〔제4유형〕

① 우선배당률 6%

② 다음에는 6%까지 보통주에 배당

③ 나머지는 항상 우선주가 보통주보다 2%를 더 받도록 모든 주주에 배당

회사의 배당가능이익이 충분하여 고율의 배당이 이루어지는 경우에는 결과적으로 〔제2유형〕 및 〔제3유형〕과 차이가 없다. 그러나 이 유형에는 우선주가 더 받는 2%의 초과배당은 상법에서 말하는 우선배당은 아니다.

〔제5유형〕

① 우선배당률 6%

② 다음에는 6%까지 보통주에 배당

③ 나머지는 우선주가 보통주보다 다음을 더 받도록 모든 주주에 배당:

보통주에 대한 배당이 6%에서 8%까지는: 2%(또는 0.5%)

8%에서 12%까지는: 1%

12% 이상부터는: 0.5%(또는 2%)

〔제4유형〕과 다른 점은 초과배당이 배당률에 따라 역진 또는 누진적으로 변화한다는 점이다.

〈표 12〉 액면 50마르크주식당 평균시가

연도	보통주(마르크)	우선주(마르크)	차이(%)
1980	178.22	150.15	15.8
1981	172.94	149.99	13.3
1982	194.18	157.11	19.1
1983	262.51	168.77	35.7
1984	278.26	216.83	22.1
1985	465.53	292.69	37.1
1986	473.01	363.87	23.1
1987	303.13	256.98	15.2
1988	387.61	281.47	27.4
1989	508.92	393.92	22.6

실무상으로는 우선주 쪽이 보통주보다 1% 내지 2% 높은 배당을 받을 수

있는 참가방식을 취하고 있는 경우가 많다. 실제로 지급되는 우선배당률을 훨씬 넘는 것이 보통이다. 전환조항이나 상환조항이 붙어 있는 것은 없고 잔여재산분배우선권이 부여되고 있는 것은 극히 일부이다.[42]

3) 우선주의 시가

이처럼 독일의 우선주는 사채형이 아니라 보통주형에 가깝다. 사채형 우선주는 사채에 비하여 세제상의 불이익이 있기 때문에 거의 발행되고 있지 않다. 이들 우선주는 주로 우선주의 측면보다는 무의결권이라는 측면 때문에 발행되고 있다. 상장되어 있는 우선주 중에서는 의결권이 있는 것을 찾기 어렵다. 우선주의 시가는 참가적이기 때문에 보통주에 연동하지만 우선권에

〈표 13〉 보통주와 우선주의 배당

회사	시가			최근배당액(마르크)		배당수익율(0%)	
	보통주	우선주	차이	보통주	우선주	보통주	우선주
ASKO	921	778	15.33	15	17	1.63	2.19
Deckel	232	182	21.55	1.50	2.50	0.65	1.37
Dt. Babcock	208	175	15.87	5	5.50	2.40	3.14
Escada	919	934	-1.63	15	16	1.63	1.71
FAG Kugelfischer	430	323	24.88	7	8	1.63	2.48
Herlitz	267	185	30.71	6	6.80	2.25	3.68
Kaufhof	583	439	24.70	6	6.80	2.25	3.68
KSB	299	234	21.74	6.50	7.25	2.17	3.10
Lufthansa	215	165	23.26	4	4	1.86	2.42
MAN	363	286	21.21	6.50	6.50	1.79	2.27
RWE	330	274	16.97	8	8	2.42	2.92
Rheinmetall	438	305	30.37	9.50	10.50	2.17	3.44
VW	449	379	15.59	10	11	2.23	2.90
Zanders	330	218	33.94	8	8.50	2.42	3.90

42 洲崎(1985), 528면.

도 불구하고 보통주보다 낮은 수준에 가격이 형성되고 있는 것이 통례이다. 그것은 의결권이 없다는 점이 반영된 것이다. 우선주와 보통주 사이의 시가 격차는 〈표 12〉에서 보는 바와 같이 특히 주가가 상승국면에 있는 경우에는 절대적인 금액면에서나 비율면에서 모두 보다 확대되는 경향을 보여 주고 있다.

우선주가 배당의 면에서 유리한 대우를 받음에도 불구하고 이처럼 시가가 보통주에 미달하는 이유는 배당에서의 이점이 의결권의 결여를 상쇄할 만큼 크지 않기 때문이다. 그 점은 몇몇 회사가 발행한 보통주와 우선주의 배당에 관한 다음의 표에서 잘 나타나고 있다.

우선주배당률은 액면 50마르크의 4~6%선, 즉 금액으로는 2~3마르크 선

〈표 14〉 우선주에 대한 배당 중 우선배당액의 비중

회사	총배당액 (마르크)	우선배당액			초과배당 금액 (마르크)
		금액 (마르크)	비율(%) (총배당액대비)	시가수익률 (%)	
ASKO	17	2.50	14.7	0.32	1-2
Deckel	2.50	2.50	100	1.37	1
Dt. Babcock	5.50	3	54.54	1.71	0.50
Escada	16	3	18.75	0.32	1
FAG Kugelfischer	8	2	25	0.62	1
Herlitz	6.80	2.40	35.29	1.30	0.80
Kaufhof	9.50	3	31.58	0.68	1
KSB	7.25	2	27.59	0.85	0.50-1
Lufthansa	4	2.50	62.50	1.52	-
MAN	6.50	2	30.77	0.70	-
RWE	8	2.50	31.25	0.91	-
Rheinmetall	10.50	3	28.57	0.98	1
VW	11	2	18.18	0.53	1
Zanders	8.50	2.50	29.41	1.15	0.50

에서 정해지는 것이 보통이므로 이러한 우선배당액은 위 표에서 보는 바와 같은 수백 마르크에 달하는 시가에 비하면 거의 무시할 만한 수준이라고 할 수 있다. 따라서 다음 표에서 보는 바와 같이 최근에는 우선배당률과는 별도로 보통주에 대한 배당액을 상회하는 초과배당(Mehrdividende)을 부여하는 경우가 늘고 있다.

(3) 법규제[43]

독일의 현행주식법은 일반적으로 수종의 주식의 발행을 허용하는 한편(11조) 이들 이질적인 주주의 보호를 위하여 종류주주총회의 동의를 요구하는 규정을 여러 곳에 마련하고 있다. 특정종류의 주주가 불이익을 입는 정관변경의 경우에 그 종류주주의 동의결의를 요하는 것은 물론이고(179조 3항), 유상증가(182조 2항), 자본감소(222조 2항), 합병(340조 3항)의 경우에는 불이익의 여하를 불문하고 항상 각 종류주주총회의 동의결의를 요하고 있다. 결의요건은 전체 주주총회의 경우와 마찬가지로 결의시에 출석한 기본자본의 4분의 3의 다수이다.

무의결권우선주에 대하여는 특별규정을 두고 있다(139조 내지 141조). 무의결권우선주는 누적적일 것이 요구되고(139조 1항) 액면총액의 2분의 1까지 발행이 허용된다(139조 2항). 우선배당금 중의 일부만을 누적되는 것으로 할 수 있는가에 대해서는 견해가 나뉘지만 다수설은 긍정하고 있고 실제로도 그러한 발행예가 있다.[44] 무의결권주주도 의결권 이외에 모든 주주권을 갖는다는 점이 명시되어 있다(140조 2항). 따라서 우리나라에서 발생하는 해석상의 문제는 존재하지 않는다. 또한 특정연도의 우선배당액이 완전히 지급

43 이하 달리 인용이 없는 부분은 주로 洲崎(1985), 529-533면에 의존하였다.

44 좌담회1(1992). 45면(洲崎발언).

되지 않고 다음 해에도 전년도의 누적분을 포함한 우선배당이 완전히 이루어지지 않은 경우에는 의결권이 부활한다(140조 2항). 우선권을 폐지 또는 제한하는 결의나 우선주와 동위 또는 상위의 우선주를 발행하는 결의에 대해서는 무의결권주주의 동의결의가 필요하다(141조 1항).

주식법상 주주는 법정의 신주인수권을 가진다(186조 1항). 주주는 모든 종류의 신주에 대하여 인수권을 가진다. 기존의 우선주주는 보통주만이 발행되는 경우에도 신주인수권을 갖는다. 우선주주의 신주인수권은 정관으로 일반적으로 배제할 수는 없고 주식발행결의에서 제한할 수 있을 뿐이다.[45]

무상증자와 주식배당과 같은 회사재산에 의한 증자는 주주총회의 특별결의를 거쳐야 한다(207조 1항 · 2항, 182조 1항). 수종의 주식이 있는 경우에는 각종류주주총회의 특별결의도 필요하다(207조 2항, 182조 2항). 신주는 기존의 주주에 지분비율에 따라 배정된다(212조). 주식과 결합된 권리의 상호관계는 증자에 의하여 영향을 받지 않는다(216조 1항). 이는 수종의 주식이 존재하는 경우에는 기존의 주식과 동일한 종류의 주식이 교부되며 정관을 변경하여 종전의 비율적 관계를 변동하지 않도록 조정을 도모하여야 함을 의미한다. 다만 불이익을 받는 종류주식의 동의결의가 있으면 비율적 관계를 변경하는 것도 가능하다고 해석된다. 예컨대 우선배당률 4%인 우선주에 1대 1로 새로운 우선주가 발행된 경우에는 정관을 변경하여 우선배당률을 2%로 하는 것이 원칙이지만 4%로 하면서 보통주주의 동의를 얻어도 무방하다.

상환재원은 대차대조표이익 및 임의준비금에 한정된다(237조 3항). 또한 판례와 통설은 누적배당금의 제거를 우선권의 변경에 속하는 것으로 보아 원칙적으로 인정하고 있다.

45 Bezzenberger(1991), 150-151. 결의요건은 출석한 기본자본의 4분의 3 이상의 찬성이다(186조 3항 2문).

4. 일본법

(1) 우선주의 도입과 발행실태

일본의 1899년 신상법이 증자시에 우선주의 발행을 허용한 이래 우선주는 제2차 세계대전 전까지 이미 160회 이상 발행되었다. 그러나 당시의 우선주는 보통주에 의한 증자가 곤란한 때에 그 대신의 증자수단으로 이용된 것이었으며 미국에서와 같은 발행증권의 다양화를 위한 자본조달수단으로 채택된 것은 아니었다. 1938년의 상법개정에서는 발행주식총수의 4분의 1의 한도 내에서 무의결권주식의 발행이 인정되었다(242조 2항). 그러나 1938년 법상으로는 무의결권주식은 우선주에 한해서 인정한다는 제한은 없었다.[46] 또한 우선주식에 대해서 정관에 정함이 없는 경우에도 증자, 감자, 또는 합병결의시에 신주의 인수, 주식의 병합, 소각 또는 합병으로 인한 주식의 배정에 관하여 특수한 정함을 할 수 있도록 한 것도 바로 1938년의 개정이다(222조 2항). 그리하여 이미 제2차 세계대전 전에 우선주에 대한 법체계는 현재와 같은 모습을 갖추게 된 것이다.

제2차 세계대전 전에도 상법상으로는 여러 형태의 우선주를 발행하는 것이 가능하였지만 실제로 발행된 것은 대부분 사채형 우선주였다. 약 70%가 이익배당만의 우선주였으며 우선배당률은 대부분 8~12%의 고율로 당시의 사채의 이자율을 상회하였다. 또한 거의 전부가 참가형으로 되어 있었다. 이처럼 고율의 우선배당률에 참가까지 인정된 이유는 발행회사가 재정적으로 곤경에 빠져 있어 그같이 유리한 조건의 주식이 아니면 자금조달이 어려웠기 때문이다. 한편 초기에는 비누적형이 통례였지만 차차 누적형이 원칙으로 되었다. 이러한 변화도 결국 우선주를 보다 매력적으로 만들기 위한 시도

46 무의결권주가 배당우선주에 한해서 인정된 것은 1950년 개정부터이다.

의 결과로 보인다.

전후에는 우선주의 이용이 극히 예외적으로 이루어져 왔다. 1990년에 이르기까지 발행된 우선주식은 20개사, 32종목에 불과하다. 게다가 그 20사 중 18사의 우선주는 모두 1970년 이전에 발행한 것이다. 이처럼 우선주의 발행이 회피된 이유로는 다음을 들고 있다.

① 일본의 기업은 장기자금조차도 은행의 단기차입금으로 조달하는 것이 관행이 되어 왔기 때문에 기업이 우선주 발행을 모색하는 등 자금조달의 수단을 다양화할 필요성이 약했다.

② 개인투자가의 재산축적이 미약해서 장기적인 관점에서 주식투자를 할 수 있는 층이 엷었다.

③ 기업이 영업성적에 관계없이 일정한 배당을 하는 경향이 강하여 보통주 자체가 실질상 고정배당을 하는 우선주와 별 차이가 없었으므로 구태여 우선주 발행을 고려할 필요가 없었다.

④ 우선주가 주로 재정적으로 곤궁에 빠진 회사에 의하여 발행되었으므로 기업이나 투자자 모두가 좋지 않은 인상을 가지고 있었다.

⑤ 우선주를 발행하는 경우 주주의 동질성이 사라지는 결과 유상증가, 무상증가, 주식배당시에 업무처리가 복잡하게 되므로 우선주 발행을 주저하였다.[47]

제2차 세계대전 후에 발행된 우선주의 경우에는 우선배당률이 4~10%였고 일부를 제외하고는 대부분 참가형이었다. 또한 참여형 주식 중에는 의결권이 부여된 것이 많았다. 존속기간에 관해서는 약 반수가 2년 정도의 존속기간을 정하고 기한 도래시에는 보통주로 전환되었다. 기한이 없는 것도 정

47 그 밖에 회사채시장의 미발달로 인하여 회사채를 발행하는 것도 원활하지 못하였던 상황에서 가능하면 사채를 발행하지 사채형우선주를 발행한다는 생각을 하기는 어려웠다는 점, 또한 우선주는 법제면이나 절차면에서 기업측에 낯선 것이었다는 점 등을 들고 있다. 좌담회(1992), 14명(木下발언).

관변경 등의 절차를 거쳐서 발행 후 2년 내지 5년을 지나면 보통주식으로 변경되었다. 〈표 15〉는 전후에 발행된 우선주식의 유형을 나타내고 있다.

〈표 15〉 전후 일본에서 발행된 우선주의 유형

구분	참가조항	상환조항	누적조항	전환조항	의결권	종목수
보통주형	○	×	×	×	○	8
	○	×	○	×	○	2
	○	○	○	×	○	1
무의결권 보통주형	○	×	×	×	×	5
	○	○	○	×	×	8
전환사채형	×	○	○	○	×	3
보통사채형	×	○	○	×	×	5

〈표 15〉에서 무의결권보통주형이라고 표시된 것도 우선배당률은 6~8%로 상당히 높다는 점에서 우리나라의 신종우선주와는 차이가 있다. 또한 특기할 것은 1970년 이후에 발행한 2개회사의 우선주 3종목은 모두 전환사채형이라는 점이다. 전환사채형 우선주는 1976년 日立造船이 처음 발행하였다. 日立의 우선주는 무액면주식으로 우선배당금은 주당 15엔(발행가액 200엔 대비 연 7.5%)이었으며 누적적 · 비참가적 무의결권주였다. 잔여재산분배우선액은 발행가액과 누적배당금의 합계액으로 역시 비참가적으로 되어 있었다. 특기할 것은 보통주식으로의 전환권이 부착되어 있었으며 전환청구기간 종료 후 보통주식으로 전환되는 이른바 일제전환조항이 붙어 있었다는 점이다. 발행가액까지 포함하여 이들 사항은 모두 정관에 규정이 되어 있었다. 또한 이들 주식은 우선주인 동안은 신주의 배정, 주식분해, 무상증자, 주식배당에 관한 권리가 없는 것으로 되어 있었다.[48]

48 좌담회1(1992), 23면(州崎발언).

1950년에도 주로 미국 회사법의 영향을 받아 일본 회사법의 대폭적인 개정이 있었다. 당시 우선주에 관한 규정도 일부 개정이 있었다. 특히 중요한 것은 상환주식에 관한 규정이 창설되었으며 이익배당우선주에 한하여 무의결권으로 하는 것이 인정되었다는 점이다. 이처럼 무의결권보통주나 무의결권열후주를 금지한 것은 의결권을 박탈하는 대가로 재산적인 권리를 부여하는 것이 주주보호에도 적합하다는 고려에 기한 것이었다. 또한 구법에서는 정관의 규정으로 무의결권주주로부터 의결권 이외의 공익권을 박탈하는 것이 가능하였지만 개정법에서는 이 규정을 삭제하였다.

(2) 우선주제도의 개정론[49]

우선주에 대한 상법의 규정은 1990년 대폭 개정되었다. 이러한 개정은 지난 수십 년간의 개정논의가 결실을 맺은 것이었다. 우선주에 대한 개정논의의 배경에는 다음과 같은 일본의 경제사정의 변화가 자리 잡고 있다. 1960년대의 급속한 경제성장으로 말미암아 일본 기업의 소요자금규모는 급속하게 팽창하였다. 그러나 기업의 자금조달은 주로 은행차입에 의존하였기 때문에 기업의 자기자본비율이 갈수록 낮아졌다. 그리하여 이러한 기업의 재무구조 개선을 위한 수단으로 우선주 발행이 검토되기 시작했다. 1966년 증권수익심의회는 "자본구성시정을 위한 기업세제에 대하여"라는 보고서에서 우선주 발행을 유도하기 위해서는 사채형우선주의 배당에 대해서는 세법상 이자와 마찬가지로 손금처리가 가능하도록 세법을 개정하자는 주장을 내세운 바 있다. 당시 증권업계에서도 비슷한 주장을 폈으나 채택되지 않았다.

1976년에는 동경증권거래소가 "증권발행의 다양화에 대해서"라는 보고서에서 우선주제도의 개선에 관하여 비교적 상세한 제안을 공표한 바 있다.

49 이하 특별한 인용이 없는 부분은 주로 木下(1991), 67-76면에 의존하였다.

그 내용은 후일의 개정논의의 기초를 이루고 있을 뿐 아니라 우리의 우선주 제도의 문제점을 파악하는 데도 도움이 되므로 이하에서 전문을 인용하기로 한다.

1) 상법개정

우선주의 발행은 현행상법하에서도 가능하지만 금후 우선주의 발행을 용이하게 하고 그 보급을 도모하려면 우선주주에 관련된 권리관계 등을 명확히 함과 아울러 회사가 여러 가지 성격, 내용의 것을 발행할 수 있도록 법률제도를 정비할 필요가 있다. 이 관점에서 다음과 같이 상법의 개정을 행할 필요가 있다.

① 우선주의 발행에 관한 이사회의 권한의 명확성

우선주의 발행에 대하여는 수권주식수 및 우선주주의 기본적 권리에 관한 사항(참가권, 누적권, 전환권, 의결권의 유무)은 정관에 기재하는 것으로 하지만 그 발행을 기동적으로 행할 수 있도록 하기 위하여 발행가격, 우선배당액 및 전화의 조건 등 발행의 조건에 관한 사항은 이사회의 결의에 의하여 결정할 수 있도록 할 필요가 있다(일본상법 222조, 222조의2).

② 우선주 등에 대한 신주의 인수 등의 취급의 명확성을 위한 규정정비

우선주 등에 대하여는 "신주의 인수 등으로 인한 주식의 배정" 외에 무상증자, 주식배당 또는 주식의 분해에 의한 주식의 배정 또는 자본의 감소에 관하여 주식의 종류에 따라 정관 또는 이사회의 결의에 의하여 특별한 정함을 할 수 있도록 할 필요가 있다(222조 3항).

③ 우선주에 있어서 의결권제도의 정비

가. 의결권의 수에 관한 규정의 정비

의결권의 수의 정함(무의결권주에 있어서 의결권이 부활하는 경우도 포함)에 관하여 우선주의 발행가격을 보통주시가와 관계없이 정한 경우, 그 우선주

주와 보통주주 사이에 의결권의 수에 불균형이 생긴다고 할 수 있다. 이 경우 이를 시정하기 위하여는 우선주의 의결권의 수는 정관의 정함에 의하여 보통주의 의결권의 수와 달리 정함에 의하여 상법의 규정을 정비할 필요가 있다(241조).

나. 의결권 없는 주식의 규정의 정비

우선주의 의결권 없는 주식으로서 발행한 경우 기술한 바와 같이 소정의 우선배당이 일정기간(2년 정도) 지급되지 않은 경우에 의결권의 행사가 인정될 수 있도록 상법의 규정을 정비할 필요가 있다(242조).

④ 무의결권주의 발행한도의 인상

금후 우선주의 이용의 확대를 기하기 위하여 의결권 없는 주식의 발행한도를 발행주식총수의 2분의 1로 인상할 필요가 있다(242조).

⑤ 상환주식의 발행에 관한 규정정비

현행상법으로는 회사의 이익으로써 주식의 소각을 하는 경우에 상환주식의 발행이 인정되고 있지만, 금후 상환조항부우선주 등의 발행 및 상환을 용이하게 하기 위하여 상환의 원자(原資)를 회사의 이익(당기이익 및 이익잉여금)에 한하지 않는 것으로 하는 상환주식을 발행할 수 있도록 할 필요가 있다. 이 경우 우선주의 발행에 의하여 생긴 자본잉여금 등을 상환의 원자로 하는 것을 고려할 수 있다(222조 1항, 212조 1항 단서).

2) 세제개정

비참가적으로 누적적인 우선주는 우선배당의 수준을 사채이자율에 근접하여 정하고 배당은 정액으로 지급하기 때문에 그 성격은 매우 사채에 유사한 것으로 되어 세제상으로도 사채와 동등하게 취급할 필요가 있다. 즉, 우선주에 지급하는 배당에 대하여는 사채이자와 동등하게 소득의 계산상 손금에 산입하고 또한 수취배당에 대하여는 수취이자와 동일한 취급을 하도록 세제를 개정할 필요가 있다.

그러나 이러한 제안은 1981년의 상법개정에서 채택되지 않았다. 당시에 고려의 대상이 되었던 사채형 우선주는 사채금리에 상당하는 고율의 우선배당이 손금처리 될 수 없는 한 회사 측으로서는 매력 있는 자금조달수단이 아니었다는 점이 그러한 우선주제도개선안의 추진력을 상실케 한 주된 이유라고 할 수 있다.

(3) 1990년 개정의 경과

1981년의 상법개정 이후에도 우선주제도의 개선론은 줄기차게 계속되었다. 1984년 법무성의 상법개정에 관한 여론수렴과정에서 경단련과 증권업계는 모두 우선주제도의 개선을 요청하였다. 특히 재계를 대표한다고 할 수 있는 경단련은 한 걸음 더 나아가 무의결권보통주의 도입까지도 주장하였다.[50] 그러나 1986년에 마무리된 법무성의 "상법 · 유한회사법개정시안"에서는 우선주에 대해서는 기동성을 살리는 방향으로 개선한다는 것 등 기본적인 개선방향은 결정하면서도 구체적인 사항에 대해서는 차후의 검토사항으로 미루었다. 그후에도 우선주에 관한 법개정을 위한 경제계의 노력은 계속되었다. 1986년 4월에는 경단련이 우선주제도 개정에 관하여 "우선주식의 규제정비에 대하여"라는 구체적인 안을 내놓았고 같은 해 11월에는 일본증권업협회를 위시한 증권업계가 유사한 안을 제시하였다. 이어서 1987년 일본증권업협회는 실무가 중심의 "우선주에 관한 연구회"를 설치하여 우선주에 관한 산업계의 구체적인 수요를 파악하기 위하여 "우선주제도에 대한 의식조사"를 행한 바 있다. 또한 학자와 실무자로 구성된 "구미우선주제도조사단"을 미국, 유럽 등지에 파견하여 현지조사를 행하게 하였다.[51] 증권업협

50 窪内(1985), 240-242면.

51 조사단의 조사결과가 바로 일본증권업협회(1988)이다.

회의 이러한 작업은 1988년 3월 "우선주에 관한 상법개정에 대한 견해"라는 간략한 문서로 마무리되었다. 한편 1988년 3월 법무성의 법제심의회상법부회는 일본증권경제연구소의 상법개정연구회에 우선주제도에 관한 구체적인 시안을 마련해 줄 것을 요청하였다. 상법개정연구회는 소위원회를 구성하여 구체적인 시안의 검토에 착수하였는바, 증권업협회의 그간의 연구성과는 바로 이 소위원회에 계승되었다. 상법개정연구회가 "우선주식제도개정시안"이라는 비교적 상세한 법안을 완성한 것은 1989년 2월의 일이다. 이 시안은 바로 법무성에 제출되었고 1990년 상법개정작업의 기초가 되었다.

경제계가 우선주에 관한 상법개정을 주장하며 그 근거 내지 배경으로 내놓은 것은 다음 네 가지로 요약할 수 있다[52]: ① 상장자회사의 자금조달; ② 기업매수에 대한 방어수단; ③ 일반기업의 자금조달의 다양화; ④ 합작회사 등의 자금조달.[53] 이들 중 가장 중요한 것은 ①이라고 할 수 있다. 자금수요가 왕성한 상장자회사가 주식발행을 하는 경우 모회사는 지배권을 유지하기 위해서 증자액의 상당 부분을 인수하지 않을 수 없다. 그룹 전체로 본다면 실제로 외부로부터의 자금조달은 일부밖에 이루어지지 않은 셈이 된다. 따라서 자회사가 모회사의 참여를 요하지 않고 자금을 조달할 수 있는 수단이 필요하다. 물론 이러한 수요를 가장 잘 충족시킬 수 있는 것은 무의결권주, 그중에서도 무의결권보통주라고 할 수 있다. 그러나 무의결권보통주는 상법상 허용되고 있지 않고 그것을 도입하는 것은 간단한 문제가 아니다. 그렇다면 무의결권보통주라도 발행할 수 있어야 하는데 현실적으로 여러 가지 문제가 있으므로 그것을 개선하여야 한다는 것이었다. 이처럼 경제계의 관심은 주로 우선주의 "무의결권" 측면에 쏠렸다. 그에 따라 종전에는 사채형이

52 좌담회1(1992), 69면(稲見발언).

53 그 밖에 이른바 벤처캐피털 분야에서 투자자가 사업성공의 과실분배에 참여하면서도 본래의 사업자의 경영권에는 위협을 주지 않는 수단으로서, 그리고 금융 분야에서는 은행의 자기자본비율에 관한 바젤협약의 기준을 충족시키기 위한 수단으로서 무의결권우선주의 필요가 각각 지적된 바 있다. 보다 상세한 것은 木下(1991), 74-76면 참조.

주로 관심의 대상이었으나 이번 개정시에는 보통주형 내지 전환사채형으로 관심이 이동하였다.

1990년도의 개혁은 우선주에 관한 체계적이고 일관성 있는 어떠한 이론에 입각한 철저한 개혁이라기보다는 그간 지적되어 오던 구체적인 실무상의 문제점을 해결하기 위한 점진적인 개선으로 평가되고 있다.[54] 애당초 이러한 법개정이 우선주제도의 활성화에 기여할 수 있을지에 대해서는 부정적인 시각도 없지 않았다.[55] 1990년 우선주제도가 개정된 지 4년이 지났지만 우선주는 그다지 발행되고 있지 않다. 실제로 발행한 상장회사는 1994년 6월 현재 사쿠라은행이 유일하다. 우선주 발행을 위하여 정관을 변경한 회사도 손꼽을 정도이다. 이러한 사정은 상당 부분 바로 그때부터 일본 증시가 폭락하여 발행이 현실적으로 곤란했던 점도 영향이 있었을 것이다.

(4) 1990년 개정의 구체적인 내용

1990년 개정되기 전의 일본법의 내용은 우리 법과 거의 차이가 없었다. 이곳에서는 일본법의 전반을 설명하는 대신 개정된 부분만을 소개하기로 한다.

1) 우선배당금의 상한기재

우리 법에서와 마찬가지로 개정 전 일본 상법은 우선주를 발행하는 경우 그 "주식의 내용"을 정관에 정하도록 하고 있었다(222조 2항). 그러나 "주식의 내용"을 어느 정도로 자세히 규정해야 하는지가 법률상 명확하지 않았다. 이 점은 그간 우선주의 활용을 가로막는 중요한 문제점으로 지적되어 왔다.

54 좌담회2(1992), 76면(竹内教授의 말을 인용한 神田발언).

55 대표적인 것으로 稲葉(1992), 244면.

실무상으로는 발행사항의 거의 전부를 정관에 기재하도록 하고 있었다. 우선주의 실무상 정관에 우선주식의 1주당 우선배당금 또는 액면을 기준으로 한 우선배당률을 구체적으로 기재하는 것이 관례였다. 그러나 정관에 정한 우선배당률은 발행당시의 시장상황에 맞지 않아 우선주 발행을 위해 정관을 변경해야 하는 경우가 많았다. 그렇다고 해서 우선주 발행을 위한 임시주주총회를 소집하는 것도 비현실적이었기 때문에 우선주 발행은 정기주주총회에서 정관을 변경하고 난 직후에 이루어지는 것이 보통이었다. 이처럼 종래의 규정에 의하면 우선주 발행의 기동성을 확보하기 어려웠다. 또한 우선주식에 대한 신주인수권의 부여, 무상증자, 주식의 분할에 따라 우선배당금을 조정할 필요가 있는 경우에도 정관변경을 하지 않으면 안 된다는 불편이 있었다. 개정법은 정관에 기재할 우선주식의 내용 중 "우선하여 배당할 금액" 즉 우선배당금에 대해서는 그 상한만을 기재하도록 명시하였다(222조 2항 단서). 정관에서 우선배당금의 상한을 정한 경우에는 구체적인 우선배당금은 회사의 설립시에 발행하는 우선주식에 대해서는 발기인 전원의 동의로써(168조의2), 회사의 성립 후 발행하는 경우에는 정관에 주주총회가 이를 결정한다는 정함이 없는 경우를 제외하고는 이사회의 결의로 정한다(280조의2 1항 1호). 그러므로 일본에서도 이사회결의만으로 시장사정에 따라 우선배당률을 변경하여 우선주를 수시로 발행하는 시리즈발행이 가능하게 되었다.

개정법도 우선주의 내용과 수권주식수를 정관에 규정해야 한다는 기본원칙을 폐기한 것은 아니다. 예외적으로 우선배당금에 대해서만 상한만을 기재할 수 있도록 허용한 것이다. 따라서 그 밖의 내용, 즉 참가 여부 및 방법, 누적 여부 등에 대해서는 정관에 구체적으로 기재할 필요가 있다. 다만 발행가액은 주식의 내용에 속하는 것이 아니므로 기재할 필요가 없다. 그 밖에 잔여재산분배우선주로 하는 경우, 전환주식으로 하는 경우, 상환주식으로 하는 경우, 무의결권주식으로 하는 경우에는 각각 정관에 그 내용을 기재하여야 한다. 이들 조건 중 하나만 차이가 있어도 다른 종류의 우선주가 된다.

따라서 정관에 각 종류마다 별도로 규정하고 수권주식수도 따로 기재하여야 한다.

그러나 우선배당금만이 다른 우선주는 정관상 동일한 우선주로 보며 따라서 각각에 대하여 수권주식수를 별도로 정할 필요가 없다.[56]

이처럼 우선배당금의 결정을 이사회에 맡기면서도 정관에 그 상한을 규정하도록 하는 이유는 기존 주주에게 우선주주에게 우선적으로 배당된 금액의 한도를 짐작할 수 있도록 하기 위한 것으로 볼 수 있다. 그러나 이에 대해서는 보통주주의 이익은 우선주의 우선배당뿐 아니라 그 발행가액에도 좌우된다는 점에서 기존 주주의 보호에 철저하지 못한다는 점이 지적되고 있다.[57] 나아가서는 기존 주주에 우선한다는 면에서는 우선주와 마찬가지인 사채나 은행차입의 경우에는 이자의 상한을 규정하지 않는 것과 모순이 아니냐는 지적도 있다.[58]

2) 특수한 정함과 종류주주총회

개정 전 상법에서는 정관에 정함이 없는 경우에도 신주의 인수, 주식의 병합 또는 소각 또는 합병으로 인한 주식의 배정에 관하여 특별한 정함을 할 수 있었다(222조 3항). 개정법은 그러한 특별한 정함을 둘 수 있는 경우에 주식의 분해 및 전환사채 또는 신주인수권부사채의 발행을 추가하였다. 주식배당이나 준비금의 자본전입에 의한 무상증자는 상법개정시에 주식분할의 일종임이 분명해졌기 때문에 명시하지 않았다. 이러한 개정은 종래 해석론으로 인정되어 오던 것을 명시한 것이다.

일본 상법상으로도 특수한 정함을 하는 경우에 어느 종류의 주주가 손해를 입는 경우에는 종류주주총회의 승인을 얻도록 되어 있다(346조). 이에 관

56 木下(1991), 82면.
57 木下(1991), 83면.
58 좌담회1(1992), 32-33면(神崎발언).

하여는 종래 해석상 예컨대 그러한 사항을 정관으로 정하는 경우에도 종류주주총회를 개최하여야 하는지, 또한 특수한 정함을 하는 경우에는 주주의 손해가 발행하지 않는 경우에도 종류주주총회를 개최하여야 하는지 등의 의문이 있었다. 시안에는 그 경우 종류주주총회의 개최가 불필요하다는 점을 보다 분명히 하는 규정이 들어 있었으나 입법과정에서 그 점은 해석론으로도 같은 결론을 낼 수 있다는 이유로 배제되었다.[59]

3) 전환주식에 관한 개정

개정 전에는 회사가 전환주식을 발행하는 경우 전환조건, 전환에 의하여 발행하는 주식의 내용 및 전환청구기간도 정관에 기재할 것을 요하였다. 따라서 실무상 보통주식에의 전환이 인정된 전환우선주식을 발행하는 경우 정관에는 전환조건으로 전환비율[60] 및 희박화방지조항[61] 등에 대하여 상세한 규정을 정하였다. 이처럼 정관에 상세한 규정을 정하고 난 후 전환우선주식을 실제로 발행할 시점에 주가나 금리수준 등 시장의 상황이 변화하는 경우에는 정관에 정한 전환조건으로는 발행이 어렵게 될 수도 있다. 발행을 위해서는 결국 정관변경이 필요하기 때문에 우선배당률을 미리 정한 경우와 마찬가지의 문제가 있었다. 그리하여 개정법에서는 구체적 발행조건을 구성하는 전환조건과 전환기간에 대해서는 전환주식의 발행가액과 아울러 이사회가 정하도록 하여 전환주식의 기동적 발행을 가능하게 하였다(222조의2 2항).

4) 무의결권주식에 관한 개정

무의결권주식에 관해서는 의결권의 발생시기와 발행한도에 관하여 개정이 있었다. 종전법은 우선배당금이 완전히 지급되지 않은 경우 의결권이 발

59 木下(1991), 100-103면.

60 우선주 한 주의 전환에 의하여 발행하는 보통주의 수.

61 전환주식발행 후에 보통주식의 유리가액발행, 무상증자 등이 행해진 경우의 전환비율조정방법.

생하는 시기는 우선적 배당을 받지 않는 결의가 있었던 때라고 하고 있었다. 이때 결의가 있었던 때의 해석에 관하여는 결의의 시점이라고 보는 결의시 표준설과 그 결의를 포함하는 주주총회의 종료시점이라는 총회표준설이 대립하고 있었다. 개정법은 의결권의 발생시점을 우선적 배당을 받는다는 취지의 의안이 정기총회에 제출되지 않은 경우에는 그 정기총회부터, 우선적 배당을 받는다는 취지의 의안이 정기총회에서 부결된 경우에는 그 정기총회의 종결시점부터 발생한다는 점을 분명히 하였다. 또한 개정법은 배당누적형 우선주식의 경우에는 정관의 규정으로 의결권이 발생하는 시점을 1회에 한하여 연기하는 것을 허용하였다(242조 2항). 구법에서는 무의결권우선주식의 발행한도는 발행주식총수의 4분의 1이었지만 이에 대하여는 경단련에서는 철폐할 것, 증권계에서는 2분의 1까지 인상할 것을 제안하였다. 개정법에서는 이것을 3분의 1로 확대하였다.

Ⅳ. 우리나라 우선주제도의 법적 고찰

1. 서설

우리나라의 우선주에 관한 법적 규정은 상법, 자시법, 상장법인재무관리규정 등에 산재되어 있다. 상법은 우선주에 관한 기본적인 규정을 담고 있다(344조 내지 351조, 370조, 435조, 436조). 자시법은 상장법인이 발행할 수 있는 무의결권 우선주의 한도에 관한 특례를 규정하고 있다(7조). 증권관리위원회가 제정한 상장법인 재무관리규정은 상장법인의 무의결권우선주 발행에 원칙적으로 증관위승인을 요하고 있다. 이하에서는 우리나라의 우선주에 관한 여러 법적 문제를 위의 법규정을 중심으로 해석론 및 입법론의 관점에서 망라적으로 고찰하기로 한다.

2. 우선주의 의의

(1) 상법상의 우선주

상법상 주주평등의 원칙에 따르면 각 주식의 내용, 즉 주주의 권리는 모두 동일한 것이 원칙이다. 예외적으로 상법은 내용이 다른 주식의 발행을 허용하고 있다. 즉 상법상 "회사의 이익이나 이자의 배당 또는 잔여재산의 분배에 관하여 내용이 다른 수종의 주식을 발행할 수 있다"(344조 1항). 여기서 "내용이 다〔르다〕"는 것이 어떻게 다를 수 있는 것인지에 대해서는 구체적으로 규정하고 있지 않다. 따라서 마치 발행회사가 이익배당 등에 관하여 그 내용을 자유롭게 달리할 수 있는 것처럼 보이기도 한다. 그러나 뒤에 보는 것처럼 발행회사가 주식의 내용을 결정함에 있어 완전히 자유로운 것은 아니다.[62] 한편 상법은 무의결권주를 이익배당에 관한 "우선적 내용"이 있는 종류의 주식으로 한정하고 있다(370조 1항). "우선적 내용"이라는 표현에 비추어 상법이 일단 순위의 면에서 "우선적"이거나 "열후적"인 주식을 "수종의 주식"의 하나로 발행할 수 있다는 것에는 의문이 없다. 상법은 "우선주"란 용어를 명시적으로 사용하고 있지 않으나[63] 우선주란 이러한 "수종의 주식"의 하나로 "이익이나 이자의 배당 또는 잔여재산의 분배에 관한여" 보통주에 우선하는 주식이다.

상법규정에 의하면 우선주는 다음의 세 가지로 나눌 수 있다: ①이익배당이나 회사설립시의 건설이자의 배당에 관하여 보통주주에 앞서서 우선적인 배당을 받을 수 있는 권리를 가진 배당우선주; ② 회사해산시의 잔여재산분배에 관하여 보통주주에 앞서서 우선적인 분배를 받을 수 있는 권리를 가진

62 뒤에서 보는 바와 같이 예컨대 보통주배당금의 2배를 받는 주식과 같은 것은 현행법상 허용될 수 없다.
63 상법 370조 1항에서 "우선적 내용" 내지 "우선적 배당" 등의 표현을 사용하고 있을 뿐이다.

잔여재산우선주; ③ 위 ①과 ②를 겸한 우선주. 상법상 위의 세 가지 이외에 다른 권리에 관한 우선적 지위를 인정한 우선주를 발행하는 것은 불가능하다. 예컨대, 신주인수권에 관하여만 우선적인 지위가 인정된 주식을 발행하는 것은 허용되지 않는다.[64] 실제로는 위의 세 가지 중에서 이익배당에 관한 우선적인 지위를 인정함이 없이 건설이자배당에 관한 우선적인 지위나 잔여재산분배에 관한 우선적 지위만이 인정된 우선주는 거의 없다. 통상 우선주라고 하면 이익배당우선주(잔여재산우선주를 겸할 수도 있다)만을 의미한다. 이 연구에서도 달리 명시하지 않는 한 우선주는 이익배당우선주와 같은 의미로 사용한다.

한편 이러한 우선적 지위가 인정되는 우선주에 비하여 기준이 되는 주식을 보통주, 보통주보다도 열위에 서는 주식을 열후주 또는 후배주라고 한다. 지위에 차이가 있는 주식이 두 가지 종류에 그치는 경우에는 그것을 우선주와 보통주로 할 수도 있고 보통주와 열후주로 할 수도 있을 것이다.[65] 또한 이익배당의 면에서는 우선하지만 잔여재산분의 면에서는 열위에 서는 주식과 같이 우선적 지위와 열후적 지위가 혼합된 주식을 혼합주라고 한다.

우선주는 어느 한 해의 배당이 뒤에서 설명하는 "우선적 배당"에 미달하는 경우에 그 누적분이 다음 연도의 우선적 배당에 추가하여 지급되는지 여부에 따라 누적적 우선주와 비누적적 우선주로 나뉜다. 또한 우선적 배당을 지급하고 남은 이익을 보통주에게 배당하는 경우에 그에 참가할 수 있는지 여부에 따라 참가적 우선주와 비참가적 우선주로 나뉜다.

상법상 이익배당우선주는 무의결권주식으로 발행할 수 있을 뿐 아니라(370조 1항) 상환조항이나 전환조항을 붙여서 상환주식(345조 1항)이나 전환주식(346조 1항)으로 할 수 있다.

64 주석 (5)(菅原)(1996), 313면.

65 稻葉(1992), 228면: 座談會1(1992), 6면(洲崎발언).

(2) "우선"의 의미

"이익배당에 관한 우선적 내용"에서 "우선"이라는 의미는 "유리한" 것과는 다르다. "우선"이라는 의미는 보통주보다 순위에서 앞선다는 의미이다.[66] 보통주는 우선주에 대한 배당이 지급된 후에야 비로소 배당을 받을 수 있으므로 보통주의 지위는 우선주에 대한 배당이 얼마나 정해지는가에 크게 좌우된다. 그러므로 우선주가 선순위로 배당을 받을 수 있는 금액은 후에 경영진이 자의적으로 증감할 수 없도록 미리 확정할 필요가 있다. 이것이 바로 우선배당금 내지 우선배당률이다. 우선주는 그 내용을 정하기에 따라서 보통주보다 불리할 수도 있다. 예컨대 우선배당률이 낮고 참가가 인정되지 않는 우선주의 경우에는 현실적으로 우선주에 지급되는 배당금이 보통주의 배당금보다 적을 수도 있다. 그러나 우선주는 보통주보다 "유리하다"고 할 수는 없지만 보통주보다 선순위로 배당을 받는다는 점에서는 여전히 우선주의 성격을 잃지 않는다.

이처럼 우선주의 본질은 "선순위의 배당"에 있으므로 보통주보다 유리한 내용의 이익배당이라 하더라도 그것이 선순위의 배당이 아닌 경우에는 우선주는 아니다. 예컨대 보통주배당률의 2배를 배당하기로 하는 주식은 선순위로 배당하는 것은 아니므로, 즉 우선배당이 정해져 있지 않은 주식이므로, 적어도 우선주라고는 할 수 없다.[67] 이러한 주식은 의결권이 2분의 1인 보통주 2주와 실질적으로 동일하므로 상법이 취하고 있는 1주1의결권원칙(369조

66 이철송(1990), 29면; Bezzenberger(1991), 43; Hamilton(1993), 421.

67 Bezzenberger(1991), 44. 반대설로는 菱田政宏, 利益配當優先株と劣後株(2), 關大法學16권3호 25면 (좌담회 1(1992), 49면에서 재인용). 우선배당금을 5원으로 정하고 나머지는 먼저 보통주에 1원을 배당하고 난 후에 우선주와 보통주에 5대 1로 배당하는 경우에는 현실적으로 보통주배당의 5배를 받은 우선주에 접근할 것이다. 이러한 주식에 의결권이 있는 경우에는 1주1의결권원칙에 위반할 것이고 무의결권으로 한 경우에도 370조 1항의 상한의 부당한 회피로서 위법이라고 해야 할 것이다. 좌담회 1(1992), 45-46면.

1항)과 액면균일이 원칙(329조 3항)에 반하므로 허용되지 않는다고 할 것이다.[68] 수년 전 국내의 어떤 회사가 보통주배당금의 1.1배를 배당하는 "우선주"를 발행한 바 있다. 그러나 그러한 주식은 보통주보다 "선순위"의 배당이 아니라 보통주보다 "많은" 배당을 정한 것이므로 우선주라고 할 수 없다. 우선주를 보통보다 유리한 주식으로 이해하는 이러한 잘못된 경향은 아직도 우리 경제계에 강하게 남아 있는 것으로 보인다. 신종우선주가 "보통주배당률 +1%"를 배당한다는 식으로 표현되고 있는 점이나 우선주가 의결권을 박탈하는 대신에 보통주보다 배당을 더 해주는 주식이라고 널리 인식되고 있는 점은 모두 우선주의 본질에 대한 오해를 나타내는 증거라고 할 것이다.

(3) 우선주의 주식성

우선주는 발행조건을 정하기에 따라서는 사채와 아주 근접한 내용으로 발행될 수 있다. 예컨대 우선배당률이 시장금리수준으로 높게 정해지고 비참가적 · 누적적 · 상환조건부로 발행되는 우선주는 "경제적인" 관점에서는 사채, 특히 열후사채와 별 차이가 없을 것이다. 그러나 그러한 우선주도 엄연히 주식으로서의 성격을 상실하지 않으므로 "법률적인" 관점에서는 사채와 확연히 구별된다. 우선주에 배당되는 우선배당금은 사채의 경우와 같은 무조건적인 지급채무가 아니라 이익배당이다. 따라서 상법상의 배당가능이익이 없는 경우에는 지급할 수 없을 뿐 아니라 배당가능이익이 있는 경우에도 반드시 배당을 지급해야만 하는 것은 아니다. 다만 우선주에 대한 배당을 하지 않고서는 보통주에 배당하는 것이 불가능하다는 제약이 있을 뿐이다. 우선배당금을 지급하지 않는 경우에도 채무불이행은 아니고 무의결권우선주라면 의결권이 부활할 뿐이다(상법370조 1항 단서).

68 稲葉(1992), 236면. 이 문제에 대한 보다 상세한 논의는 좌담회1(1992), 42-44면 참조.

우선주도 보통주와 마찬가지로 주식의 일종이기 때문에 정관에 우선주의 내용으로 정한 사항 이외의 점에 대해서는 법률상 보통주와 동등한 지위를 인정하여야 할 것이다. 무의결권우선주의 경우에는 뒤에서 보는 바와 같이 그 법적 지위가 보통주와 차이를 보이지만 그러한 차이를 우선주라는 점보다는 의결권이 없다는 점에서 유래하는 것이다.

우선주 발행으로 취득한 자금은 보통주 발행으로 취득한 자금과 마찬가지로 회사의 자본금으로서 자기자본을 구성한다. 그러나 사채형 우선주는 보통주에 비하여 그 자금의 자기자본성이 약하므로 보통주 발행에서 얻은 자금과 달리 취급할 필요가 있는 경우도 있다. 그 좋은 예는 은행의 자기자본비율에 관한 국제통일기준을 정립하기 위하여 1988년 체결된 바젤협약에서 찾아볼 수 있다.[69] 바젤협약은 은행의 자기자본을 기본적 자기자본(Tier I Capital)과 보완적 자기자본(Tier II Capital)의 두 가지로 나누어 후자는 전자의 한도 내에서만 자기자본으로 인정하고 있다. 그 협약에 의하면 보통주에 가까운 비누적적 · 영구적 우선주(noncumulative perpetual preferred stock)는 보통주와 마찬가지로 기본적 자기자본에 포함되지만 누적적 우선주와 기한부 우선주는 일정한 조건하에 보완적 자기자본에 포함된다.[70]

3. 우선주의 구체적인 내용

(1) 내용의 결정: 정관의 규정과 특수한 정함

우선주에 관한 상법의 규정은 매우 간단하다. 우선주의 기본적인 요소라고 할 수 있는 "우선적 내용"의 의미, 참가 · 비참가, 누적 · 비누적의 구별

69 바젤협약의 성립과정 및 간단한 소개에 대해서는 Kapstein(1991) 참조.

70 木下(1991), 5면, 주 4).

등에 대해서도 아무런 규정을 하고 있지 않다. 그러나 회사가 이러한 요소들을 상당히 자유로이 혼합하여 다양한 내용의 우선주를 발행할 수 있다는 것에 의문을 표시하는 견해는 없다. 이러한 통념의 밑바닥에는 우선주라고 하는 것이 결국 미국으로부터의 수입물이므로 미국에서 발행되고 있는 유형의 우선주는 특별한 사정이 없는 한 우리나라에서도 발행할 수 있는 것이 아닌가 하는 전제가 깔려 있는 것 같다.[71]

회사가 발행한 우선주의 내용과 수는 정관으로 정하여야 한다(344조 2항). 그러나 상법은 우선주의 "내용"에 대해서 정관에 어느 정도까지 기재하여야 하는지에 대해서는 규정하고 있지 않다. 먼저 우선배당금에 대해서 정관에 기재하지 않으면 우선주는 무효이다. 참가 여부나 누적 여부는 정관에 그 기재가 없다고 해서 우선주가 무효가 되는 것은 아니다.[72] 다만 그것을 이사회의 결정에 맡기는 정관규정은 무효이다.[73] 상환조항이나 전환조항도 효력이 있기 위해서는 역시 정관에 기재되어 있어야 한다(345조 2항, 346조 1항). 후일의 불필요한 다툼을 피하기 위해서는 정관에 가능한 한 상세한 규정을 두는 것이 바람직할 것이다. 그러나 자금조달의 기동성이라는 면을 고려하면 입법론으로는 미국에서와 같이 가능한 한 정관에 미리 규정을 두어야 하는 내용의 범위를 줄이고 발행시에 이사회가 재량에 따라 정할 수 있는 부분을 확대하는 방향으로 나아가야 할 것이다. 그 경우 기존 주주의 이익은 일반적인 경영진 통제수단 및 신주 발행의 공정성을 담보하는 일반적인 수단(424조, 424조의2, 429조 등)으로 보호할 수밖에 없을 것이다.

정관에 특별히 규정하지 않은 사항에 관해서는 우선주도 주식이므로 주식평등의 원칙상 보통주와 동등하게 다루는 것이 원칙이다.[74] 그러나 서로

71 비슷한 견해로는 좌담회1(1992), 59면(洲崎발언).

72 그 경우의 해석에 대해서는 후술한다.

73 주석(보권)(山下)(1992), 145면.

74 뒤에 보는 바와 같이 이에 대해서 적어도 우리나라와 일본에서는 반대의 견해가 우세한 것 같다.

이질적인 보통주와 우선주를 일률적으로 동등하게 다룬다면 오히려 양자 간에 실질적인 형평을 도모할 수 없는 경우도 있다. 따라서 상법은 우선주를 발행하는 때에는 "정관에 다른 정함이 없는 경우에도 주식의 종류에 따라 신주의 인수, 주식의 병합, 소각 또는 합병으로 인한 주식의 배정에 관하여 특수한 정함을 할 수 있다"(344조 3항)고 하여 양자 사이의 실질적인 형평을 도모할 수 있는 길을 열어 놓고 있다. 이 규정은 준비금의 자본전입에 의한 신주발행, 주식배당, 주식분해에 대해서는 언급하고 있지 않으나 그러한 경우에도 마찬가지로 해석해야 한다는 것에 이론이 없다.[75] 또한 이 규정의 문언을 보면 마치 이사회가 "우선주를 발행하는 시점"에 미리 위와 같은 사항에 관하여 특수한 정함을 할 수 있는 것같이도 보인다. 그러나 이 규정은 그러한 사항을 결정하는 주체, 즉 신주의 인수의 경우에는 이사회, 자본감소나 합병결의의 경우에는 주주총회가 "당해조치를 취하는 시점"에 특수한 정함을 할 수 있다는 의미로 해석하고 있다.[76]

이러한 "특수한 정함"으로 인하여 양자 중의 일방, 또는 쌍방 모두 불이익을 입을 가능성이 있다. 상법은 "주식의 종류에 따라 특수한 정함을 하는 경우와 회사의 합병으로 인하여 어느 종류의 주주에게 손해를 미치게 될 경우"에는 손해를 입을 종류의 주주의 종류주식총회결의를 요하고 있다(436조 · 435조).[77] 종류주주총회의 결의는 "그 종류의 발행주식의 총수의 과반수에 해당하는 주식을 가진 주주의 출석으로 그 의결권의 3분의 2 이상의 다수로써 해야 한다"(435조 2항). 이러한 종류주주총회에서는 무의결권주를 가진 주주도 의결권을 행사할 수 있다. 어느 종류주주에 불리한 사항을 미리 정관으로 정해 두는 경우와 특수한 정함으로 인하여 주주의 손해가 발생하지 않는

75 1990년 개정전 일본회사법의 해석도 마찬가지였다. 주석 (3)(菅原)(1986), 319면.

76 Ibid.

77 436조의 법문을 보면 마치 그러한 "특수한 정함"을 하는 경우에는 항상 종류주주총회결의를 요하는 것같이 보이기도 하나 그 종류의 주주에 대하여 손해가 발생하는 경우에 한하여 종류주주총회결의가 필요하다고 볼 것이다. 稻葉(1992), 237면.

경우는 종류주주총회를 개최할 필요가 없다.[78]

상법상 어느 경우가 "특수한 정함"에 해당하는가는 명확하지 않다. 이 문제는 우선주의 내용에 대하여 우선배당을 제외하고는 정관에 아무런 정함이 없는 경우, 즉 "디폴트"(default) 상태를 어떻게 해석할 것인가에 달려 있다. 특수한 정함이란 결국 "디폴트" 상태와 다른 결과를 가져오는 정함이라고 할 것이기 때문이다. 디폴트 상태를 어떻게 해석할 것인가의 문제는 그간 그다지 주목을 받지 못한 것으로 보인다. 그 문제에 관해서는 두 가지의 견해가 있을 수 있다. 하나의 디폴트 상태에서는 주주평등의 원칙을 적용하여 우선주도 보통주와 형식적으로 평등하게 다루어야 한다는 견해이다(형식설). 다른 하나는 우선주와 보통주 사이의 실질적인 평등이 유지되도록 해석해야 한다는 견해이다(실질설).[79] 특수한 정함이란 형식설에 의하면 보통주와 다른 내용의 정함일 것이고 실질설에 의하면 실질적인 평등에 벗어나는 정함일 것이다. 다음과 같은 이유로 형식설이 타당한 것으로 보인다. 첫째, 실질설은 정책론으로는 몰라도 상법의 해석론으로는 근거가 박약하다. 우선주는 상법이 배당에 관해서 특별히 주주평등의 원칙의 예외를 인정한 것이다. 따라서 배당 이외의 면에 관해서는 정관에 달리 정함이 없다면 당연히 주주평등의 원칙이 적용되어야 할 것이다. 그러한 해석은 양 종류의 주식 간에 실질적인 불평등을 가져올 수도 있을 것이다. 그러나 실질적인 평등을 원한다면 미리 그 내용을 정관에 규정해 두면 될 것이다.[80] 둘째, 실질적인 평등이라는 개념 자체가 불명확하기 때문에 실질설을 오히려 불필요한 분쟁을

78 일본에서도 상법개정연구회의 시안에는 그 경우 종류주주총회의 개최가 불필요하다는 점을 보다 분명히 하는 규정이 들어 있었으나 입법과정에서 그 점은 해석론으로도 마찬가지의 결론을 낼 수 있다는 이유로 배제되었다. 木下(1991), 100-103면.

79 이 설은 일본의 다수설이 전제로 하고 있는 것으로 보인다. 주석 (3)(菅原)(1986), 319면; 주석(보권)(山下)(1992), 152면.

80 사후적으로 특수한 정함을 하는 것은 종류주주총회의 결의라는 번잡하고도 엄격한 요건 때문에 바람직한 대안은 아니다.

초래할 우려가 있다. 또한 그 개념을 엄격히 해석한다면 항상 종류주주총회 결의가 필요하다는 결론에 이를 것이다. 결국 실질설을 취하더라도 주주들이 자신들의 이익을 분명히 확보하기 위하여는 현실적으로 정관에 상세한 규정을 두지 않을 수 없을 것이다.

위에서 어느 견해를 취하든 현실적으로는 우선주의 내용에 대해서 미리 정관에 상세한 규정을 둘 필요가 있다. 그렇다고 하여 어떠한 내용이든 정관에 정해 놓기만 하면 모두 그대로 효력이 있는 것은 아니다. 규정내용이 적법하고 합리적인 경우에만 유효하다. 예컨대 일부 회사의 정관에서 보는 바와 같이 "유상증자나 무상증가의 경우 어느 종류의 주식을 배정할 것인가는 이사회가 결정한다"라든가 "유상증자나 무상증자의 경우 이사회는 우선배당금을 조정할 수 있다"는 식의 정관규정은 구체성, 객관성을 결하기 때문에 무효라고 할 것이다.[81] "유상증자, 무상증자의 경우에는 특수의 종류에 대응하는 신주를 동시에 동일비율로 발행하는 것으로 하고 그 경우에는 소정의 산식에 의하여 우선배당금을 조정 · 변경한다. 다만 조정의 결과 감액금액이 1원 미만인 경우에는 변경하지 않는다"라는 식의 규정은 "소정의 산식"의 내용이 합리적이고 객관적으로 예측 가능한 것인 한 종류주주총회의 필요는 없다.[82]

(2) 이익배당에 관한 사항

1) 우선배당금 내지 우선배당률

상법상 "우선적 배당"(370조 1항)은 보통주주에 앞서 우선주주에 지급되는 배당으로서 우리나라에서는 통상 액면에 대한 비율, 즉 우선배당률로 표시

81 비슷한 견해로는 좌담회2(1992), 99면(木下발언).

82 木下(1991), 104면. 그러한 정관규정이 합리적이지 않은 경우에 다투는 방법에 관하여는 좌담회2(1992), 101면 이하 참조.

된다. 1주당 우선적으로 지급되는 금액으로 표시되는 경우에는 우선배당금이라 한다. 참가적 우선주의 경우에는 우선배당 후 잔여이익이 있으면 우선주주가 추가배당을 받을 수도 있다. 그러나 이러한 추가배당은 배당이지만 보통주에 우선하여 배당되는 것은 아니므로 우선배당은 아니다.

현행상법은 우선배당의 최고한도나 최저한도를 규정하고 있지 않다. 독일에서는 바이마르시대의 개정논의에서 무의결권우선주의 경우에는 우선배당률을 6% 이상으로 하자는 안이 제기된 바 있다.[83] 그 취지는 아마도 무의결권주는 어느 정도 이익이 보장되는 사채형 우선주에 한정하기 위한 것으로 짐작된다. 투자자에게 의미 있는 것은 우선배당이 시가에 대해서 차지하는 비율이다. 그러나 주식의 시가는 항상 변동하기 때문에 이처럼 우선배당의 최저한을 법으로 규정해 두더라도 그다지 실효성이 없을 것이다. 오히려 시장상황에 맞게 우선배당률을 정하는 것을 어렵게 함으로써 우선주 발행에 장애요소가 될 가능성도 있다.

보통주주에 앞서 지급되는 우선배당의 규모는 보통주주의 이익과 밀접한 관계가 있으므로 미리 확정될 필요가 있다. 우리나라에서는 우선배당률의 형태로 확정되는 것이 보통이다. 1980년대 미국에서는 우선배당률이 시장금리에 변동하는 우선주가 발행된 바 있다. 그러한 주식은 구체적인 우선배당의 금액이 미확정이지만 금액의 결정방법은 확정되어 있고 나아가 금액의 예측도 어느 정도 가능하므로 우리 법상으로도 적법하다고 보아야 할 것이다.[84]

상법상 우선주주의 내용과 수는 정관에 구체적으로 확정하도록 되어 있다(344조 2항). 여기서 우선주의 내용에 적어도 우선배당률이 구체적으로 포함된다는 것에는 다툼이 없다. 따라서 단순히 우선배당률이 최고한이나 최저한만을 정하여 두는 것은 허용되지 않는다.[85] 그러나 입법론상으로 구체

83 Bezzenberger(1991), 17.

84 독일의 통설도 마찬가지이다. Bezzenberger(1991), 44 fn. 5.

85 주석 (3)(1986), 318면(菅原).

적인 우선배당률은 우선주를 발행할 당시의 시장상황을 고려하여 결정할 수 있도록 하는 것이 바람직하다. 현행법상으로는 만약 정관의 우선배당률이 시장상황에 맞추어 기동성 있게 우선주를 발행하는 것이 어려울 것이다. 우선배당률을 발행 당시에 이사회가 재량에 따라 결정할 수 있다는 발행의 기동성을 살린다는 점에서는 가장 이상적일 것이다. 그 경우 문제는 이익배당에서 후위에 서게 되는 보통주주의 이익이 침해되지 않느냐 하는 것이다. 1990년 개정된 일본 상법에서는 이러한 양쪽의 이익을 타협적으로 고려하여 정관에는 우선배당금의 상한만을 기재하도록 하고 있다(222조 2항). 이에 대해서는 우선배당금에 대하여 아예 아무런 제한을 가하지 않고 완전히 이사회의 재량에 맡기는 것이 낫지 않느냐는 견해도 만만치 않다.[86] 보통주주의 이익이 침해될 가능성은 회사가 은행차입이나 회사채 발행을 하는 경우에 오히려 더 크다고 할 수 있는데 이자율에 대하여 아무런 제한을 가하고 있지 않으면서 유독 우선배당률을 특정할 것을 요구하는 것은 모순이 아닌가 하는 것이다. 이에 대한 반론으로는 우선배당도 배당이므로 배당결정권을 가진 주주총회의 지배하에 두는 것이 상법의 기본태도에 부합한다는 것이다.[87] 입법론상으로는 적어도 일본법과 마찬가지로 이사회에 어느 정도의 재량을 인정하는 것이 바람직할 것이다.

법무부가 국회에 제출한 상법개정안에서는 무의결권우선주에 대해서는 정관에 "최저배당률"을 기재하도록 하고 있다(안 370조 3항). 여기서 "최저배당률"의 의미는 반드시 분명치 않다. 만약에 그것이 통상의 배당률의 최저한도를 의미한 것이라면 그것은 무효라고 할 것이다. 현재 상법상 이익배당은 배당가능이익의 한도 내에서만 할 수 있다(462조 1항). 따라서 배당가능이익이 충분치 않은 경우에는 정관에 "최저배당률"을 정해 놓더라도 배당을

86 좌담회 2(1992), 83면(神崎발언), 84면(神田발언).
87 좌담회 2(1992), 83면(神崎발언).

할 수 없다. 만약에 그것이 우선배당률의 최저한도를 가리킨다고 하면 그것은 상법상 우선주제도의 혁명적인 변화를 의미할 것이다. 우선주에 관한 현행상법의 기본적인 목표는 그보다 후위에 서는 보통주주의 이익을 보호하는 것이다. 정관에 우선주의 수와 내용을 정하도록 한 것(344조 2항)은 보통주에 대한 배당에 앞서서 지급되어야 하는 우선배당금의 규모를 보통주주가 미리 알 수 있도록 하기 위한 것이다. 만약에 개정안에서와 같이 정관에 우선배당률의 최저한도를 규정하여야 한다면 그것은 현행상법에서와는 달리 우선배당률을 구체적으로 명시할 필요가 없다는 말이 된다. 그렇다면 이사회는 우선주의 발행시마다 정관의 최저한도를 하회하지 않는 범위 내에서 우선배당률을 자유롭게 정할 수 있을 것이다. 우선주 발행의 기동성을 살릴 수 있는 것은 분명하나 보통주주의 이익에 치중한 현행상법의 태도와는 완전히 배치된다. 이것은 정관에 우선배당률의 상한만을 기재하도록 함으로써 보통주주보호와 자금조달의 기동성이라는 두 가지 목표의 조화를 기도한 일본 상법보다도 자금조달의 기동성에 치중한 것으로 볼 수 있다. 뒤에서 보는 바와 같이 자금조달의 기동성을 중시하는 기본방향은 합리적인 것으로 보이지만 과연 개정안을 마련한 법무부가 이러한 방향을 의식적으로 선택한 것인지는 의문이다.

개정안의 최저배당률규정은 우선주제도의 기본방향을 바꾸기 위해서라기보다는 "보통주배당률+1%"를 배당하는 신종우선주의 문제를 해결하기 위해서 마련된 것으로 보인다. 신종우선주의 경우에는 우선주주가 실제로 지급받는 배당금이 상당히 소액이라도 보통주주에 대한 배당보다 1%만 높으면 우선배당금을 지급한 것으로 본다. "최저배당률"을 정관에 명시하라는 취지는 그에 의하여 우선주주를 보호하겠다는 것이다. 즉 상법의 우선규정을 보통주주의 보호에서 우선주주의 보호로 방향전환하겠다는 것이다. 그러나 과연 최저배당률을 명시함으로써 우선주주가 보호될 수 있는지는 의문이다. 이미 언급한 바와 같이 투자자에게 중요한 것은 우선배당만이 아니라 우선배당이 시가에서 차지하는 비율이기 때문이다. 우선배당률을 높인다 해도 시가가 따라서 높아진다면 그 수익률은 낮아질 것이다. 추측건대 개정안의 취지는 오히려 우선배당률을 구체적으로 확정하는 데 있는 것으로 보인다. 신종우선주에 대해서는 "보통주배당률+1%" 자체를 우선배당률로 보는 견해가 유력하다.[88] 이 견해는 우선배당률이 사전에 확정되는 것이 아니라 보통주배당률이 정해져야 비로소 확정된다는 점과 보통주의 배당에 앞서 배당을 받는 것이 아니라는 점에서 "전통적 의미의 우선주"가 아니라고 본다. 개정안의 취지는 우선배당률이 보통주배당률에 따라 1%부터 10%, 또는 그 이상으로 과도하게 넓은 범위에서 변화하는 것을 막기 위해서 최저한도를 명시하자는 것으로 보인다. 그러나 신종우선주에 대한 이러한 유력한 견해는—그리고 일반실무계도—개념적인 혼란에 빠져 있는 것으로 보인다. 우선배당률은 보통주주에 "우선"하여 배당되어야 할 배당의 비율이다. 여기서 "우선"한다는 의미는 적어도 그 비율만큼을 우선주에 배당하지 않고서는 보통주에 대한 배당이 불가능하다는 의미이다. 그렇게 보면 신종우선주에서 우선배당률은 "보통주배당률+1%" 가 아니라 1%로 보아야 할 것이다.[89] 우선주가 받는 배당의 비율이 변동하는 것은 사실이지만 그것은 신종우선주가 참가적인 데서 비롯된 것이다. 위의 견해는 신종우선주의 내용을 정확하게 분석하여 우선배당률을 파악하지 않고 단순히 발행회사나 증권회사와 같은 비법률전문가가 "우선주에 대한 배당률" 또는 "우선배당률"이라고 부른 것을 그대로 "법적인 의미에서의" 우선배당률로 받아들인 잘못을 범한 것으로 보인다. 애당초 우선배당률이 아닌 "보통주배당률+1%"를 우선배당률로 보아서 신종우선주가 "전통적인 우선주"—그 의미는 결국 상법상의 우선주이다—와 다르다는 결론에 이르게 된 것이다. 그러나 이미 독일의 우

88 대표적인 예로 이철송(1991), 32면; 정찬형(1992), 150면.

89 같은 견해로는 박상용(1988), 20면.

선주에 대한 소개에서 드러난 바와 같이 우리의 신종우선주는 적어도 이익배당의 면에서는 독일의 우선주와 크게 다르지 않다.

정관에 확정된 우선배당도 역시 배당이므로 배당가능이익(462조 1항)이 부족하면 지급할 수 없음은 물론이다. 이 점에서 우선배당은 사채의 이자와 확연히 구별된다. 심지어 회사가 충분한 배당가능이익이 있는 경우에도 반드시 우선배당률을 배당해야 할 "법적인" 의무가 있는 것은 아니다. 회사가 배당가능이익이 있음에도 우선주에 대한 이익배당을 하지 않는 경우란 현실적으로는 그리 많지 않을 것이다. 무의결권주의 의결권이 부활하고 차후에는 우선주에 의한 자금조달이 불가능할 것이기 때문이다.

그러나 그러한 무배당결정도 "법적으로는" 가능하다. 무배당결정의 폐해는 특히 비누적적 우선주의 경우에 두드러진다. 그러나 이러한 가능성에 대하여 우선주주가 자신의 이익을 방어할 수 있는 수단은 별로 없다. 먼저 무의결권우선주의 경우 배당이 없으면 의결권이 부활하므로 주주총회에서 의결권을 행사함으로써 자기의 이익을 보호할 수 있다. 그러나 우선주의 수가 발행주식총수에서 차지하는 비율이 크지 않을 때에는 별로 실효성이 없을 것이다. 다음에 생각해 볼 수 있는 것은 무배당결정 그 자체에 대해서 공격하는 것이다. 이익처분결정권을 이사회가 갖고 있는 미국과는 달리 우리나라에서는 그 권한을 이사회와 주주총회가 공유하고 있다. 먼저 이사들에 대해서 이익잉여금처분계산서를 부당한 내용으로 작성하였다는 이유로 상법 401조의 손해배상책임을 묻는 방법을 생각할 수 있다. 그러나 이사들은 회사의 재무정책에 관하여 상당한 재량권을 가진다. 손해배상책임을 묻기 위해서는 이사들이 "악의 또는 중대한 과실로" 그 재량을 남용하였음을 우선주주가 입증하여야 할 것이나 그것은 쉽지 않을 것이다.[90] 권리남용 등의 법리를 근거로 주주총회의 재무재표승인결의 자체의 무효를 구하는 것도 쉽

90 주주총회의 승인을 받았다는 점도 이사회의 재량권남용을 긍정하기 어려운 요인일 것이다.

지 않다. 설사 무효가 선언되었다 하더라도 바로 우선주주의 이익배당청구권을 인정하는 것에는 법리상 어려움이 있다. 독일에서는 배당가능이익이 있는 한 주주총회에서 반드시 우선배당의 일부 또는 전부를 지급할 것을 결의하기로 하는 정관규정을 유효로 보는 것이 통설이다.[91] 이상의 난점을 고려한다면 우리도 그러한 유효로 해석하여야 할 것이다.

뒤에 보는 바와 같이 정관변경을 통해서 우선배당을 삭제함으로써 우선주를 보통주로 전환하는 것도 가능하므로 정관에서 정한 우선배당률을 우선주 발행 후에 인하하는 것도 상법상 가능하다고 볼 것이다. 그 경우 종류주주총회의 결의가 필요한 것은 물론이다.

2) 누적 여부

우선주는 특정 연도 배당률이 우선배당률에 미달한 경우에 그 부분을 다음 연도의 배당에 추가로 누적하여 수취할 수 있는지 여부에 따라 누적적 우선주와 비누적적 우선주로 나눌 수 있다. 또한 누적을 일정기간 동안만 인정하거나 배당가능이익의 한도에서만 누적을 인정하는 것과 같이 누적을 제한적으로 인정하는 것도 가능하다.[92]

누적분의 전보가 이루어지는 순서에 대해서 다음과 같은 방법들이 논의되고 있다[93]: ① 먼저 당해 연도의 우선배당, 다음에 당해 연도의 보통배당, 마지막으로 누적분의 전보; ② 먼저 당해 연도의 우선배당, 다음에 누적분의 전보, 마지막으로 보통배당; ③ 먼저 누적분의 전보, 다음에 당해 연도의 우선배당, 마지막으로 보통배당. 독일에서는 누적분의 전보에 있어서도 보다 오래된 것부터 지급할 것인가 최근의 것부터 지급할 것인가에 대하여 논의된 바 있다. 독일의 통설은 먼저 가장 오래된 누적분에서 시작하여 최근의

91 Bezzenberger(1991), 48.

92 Hamilton(1993), 424.

93 최기원(1991), 351면; 주석 (3)(1986), 315면(菅原).

누적분까지 전보한 후에 당해 연도의 우선배당을 지급하는 방법—위의 ③의 방법을 지지하고 있다.[94] 그러나 누적분에 대한 권리만을 중심으로부터 분리하여 양도하는 것이 불가능한 현행법하에서 이처럼 과거의 누적분과 당해 연도의 우선배당을, 그리고 누적분을 연도별로, 구별할 실익이 있는지 의문이다. 누적분과 당해 연도 우선배당의 합계액 중 일부라도 지급되지 않은 경우에는 보통주에 대한 배당이 이루어지지 못하고 의결권이 부활한다는 점에는 의문이 없다. 그러한 의미에서 위의 ①의 방법은 현행법상 허용되지 않는다고 해석할 것이다.

누적분이 있다고 해서 우선주주가 바로 회사에 대하여 현실적인 청구권을 갖는 것이 아니다. 우선주주의 이익배당청구권은 주주총회의 배당결의가 있는 경우에 비로소 발생한다.[95] 회사는 단지 누적분을 지급하기 전에는 보통주에 대한 배당을 할 수 없다는 구속을 받을 뿐이다.[96]

우리나라에서도 미국에서와 같이 누적분을 정관변경 등의 방법으로 배제 내지 감축하는 것이 가능한가? 우선배당금이 지급되지 않아 누적된 경우에도 주주총회에서 배당결의가 있기까지는 주주가 어떠한 권리를 갖는 것이 아니므로 우선배당률의 사후적 변경과 마찬가지로 정관변경을 통하여 배제 내지 감축할 수 있다고 볼 것이다. 다만 종류주주총회의 동의가 필요한 것은 물론이다. 종류주주의 동의를 요하는 것이 부당한 누적분배제를 어느 정도 막는 기능을 할 것은 물론이다. 그러나 미국에서는 종류주주총회결의요건의 실효성은 그리 크지 않다고 한다.[97]

미국법에서는 누적분의 제거에 반대한 주주들에게는 주식매수청구권이

94 木下(1991), 14-15면.

95 Bezzenberger(1991), S.58.

96 미국에서도 마찬가지로 해석한다. Hamilton(1993), 244.

97 Notes, Arrearage Elimination and the Preferred Stock Contract, 9 Cardozo L. Rev. 1139 (1988)(박병무(1989), 57면 (주 40)에서 재인용).

인정되고 있다.[98] 우리 법상 상장법인의 무의결권우선주주들은 통상의 주주들과 마찬가지로 주식매수청구권을 갖는다(증권거래법 191조 1항). 그러나 미국법에서와는 달리 주식매수청구권을 발생시키는 사태가 영업양도(374조)나 합병(522조) 등에 한정되어 있으므로 우리나라의 무의결권우선주주들은 누적분제거를 위한 정관변경의 경우에는 주식매수청구권을 갖지 못한다.

누적분이 있는 상태에서 회사가 해산하는 경우에 누적분은 그대로 소멸하는가 하는 문제가 있다. 우선주주의 보호의 관점에서 누적분이 잔여재산분배에서 우선한다는 견해가 주장되고 있으나[99] 누적분은 주주총회의 배당결의가 있기까지는 기대에 불과한 것이므로 그러한 견해는 따르기 어렵다. 다만 주주총회의 해산결의가 순전히 우선주주의 누적분을 제거하기 위한 목적으로만 행해지는 경우라면 공서양속위반이나 권리남용의 결의로서 무효로 볼 수 있을 것이다.

3) 참가 여부

우선배당금을 지급하고 난 후 잔여이익이 남은 경우 보통주와 더불어 배당에 참여할 수 있는 주식을 참가적 우선주, 그렇지 않은 주식을 비참가적 우선주라 한다. 참가적 우선주의 참가방법은 다음과 같이 여러 가지로 정할 수 있다.

① 단순참가(보통참가)

우선주에 먼저 우선배당금을 지급하고 잔여이익으로 보통주에 우선주와 같은 비율의 배당을 한 후에 그래도 잔여이익이 있으면 우선주와 보통주가 같은 비율로 배당에 참여하는 방식이다. 이 방식에 의하면 배당가능이익이 거액인 경우에는 우선주와 보통주의 배당률이 일치할 것이다.

98 예컨대 모범사업회사법 §13.02.

99 좌담회 2(1992), 104면(稻葉발언).

② 즉시참가

우선주가 먼저 우선배당률의 배당을 받은 후에 즉시 잔여이익에 대해서 우선주와 보통주가 같은 비율로 배당에 참여하는 방식이다. 이 방식에 의하면 배당가능이익만 충분하다면 우선주는 항상 보통주보다 우선배당률만큼 더 많은 배당을 받을 것이다. 따라서 동양맥주형 신종우선주는 바로 우선배당률이 1%인 즉시참가형 우선주라고 할 수 있다.

③ 특수참가

①과 ② 이외의 모든 참가방법을 말한다.

상법상 비참가적 우선주와 같이 주주의 이익배당청구권을 제한한 주식의 발행을 허용하는 명시적인 규정은 없다. 독일에서는 비참가적 무의결권우선주는 주식법상 허용되지 않는다는 견해는 있으나[100] 우리나라에서는 그처럼 엄격한 견해는 존재하지 않는다. 오히려 참가 여부에 대해서 정관에 명시의 규정이 없는 경우에는 비참가적으로 보는 것이 일반적이다.[101] 위와 같이 참가방법이 다양한 점을 고려하더라도 참가방법을 명시하지 않은 경우에는 비참가적으로 보는 것이 타당할 것이다.

(3) 의결권

우선주도 주식이므로 의결권이 있는 것이 원칙이다. 그러나 상법은 이익배당우선주에 한하여 의결권을 배제할 수 있음을 명시하고 있다(370조 1항 본문). 우선주를 무의결권주로 발행하는 경우에는 정관에 그 취지를 명시하여야 한다(370조 1항 본문). 따라서 정관에 아무런 규정이 없으면 우선주라도 당연히 의결권을 갖는다. 외국에서와 마찬가지로 우리나라에서도 실제로 발

100 KK-Zollner, §139, 12. 여하튼 독일에서는 실제로 비참가적 우선주는 발행되고 있지 않다.

101 최기원(1991), 351면; 주석 (3), 314면(菅原). 미국에서도 마찬가지로 해석하고 있다. Hamilton(1993), 425.

행되는 우선주는 대부분 의결권 없이 발행되고 있다. 소정의 우선배당률이 지급되지 않은 경우에는 의결권이 부활하며(370조 1항 단서) 그 의결권은 보통주의 의결권과 완전히 동일하다. 무의결권우선주에 관한 법적인 문제에 대하여는 뒤에서 따로 상세히 설명한다.

(4) 유상증자시의 신주인수권

1) 상법의 규정

상법상 주주는 정관에 다른 정함이 없으면 신주인수권을 가진다(418조 1항). 우선주도 주식이므로 원칙적으로 신주인수권이 있다. 그러나 정관에 일반주주의 신주인수권을 배제하는 규정이 없더라도 우선주의 내용을 기재하면서 신주인수권의 내용을 명시할 수 있다. 우선주의 내용에서 신주인수권이 배제된다는 점이나 신주인수권이 인정되는 경우의 구체적인 배정방법이 표시되는 경우에는 그에 따르면 될 것이다. 그러나 정관에 우선주의 내용을 기재하면서 신주인수권에 대해서 언급하지 않은 경우에는 어려운 문제가 발생한다. 이 경우 우선주주도 신주인수권을 갖는 것은 물론이다. 문제는 신주인수권의 내용이다. 이에 관해서는 견해가 나뉘고 있다.

2) 견해의 대립[102]

① 획일적 주식배정설

우선주에도 보통주에 배정되는 것과 동일한 종류의 주식을 배정하여야 한다는 견해이다. 따라서 우선주에 대해서도 보통주를 발행하는 경우에는 보통주를, 우선주를 발행하는 경우에는 우선주를 배정해야 한다는 견해이

102 학설의 소개에 관해서는 박병무(1989), 81-83면.

다. 이 견해는 앞서 디폴트 상태에 관한 견해 중 형식설과 통하는 것으로서 그 논거는 주주평등의 원칙이다. 이 견해에 따라 신주를 배정한 회사로는 "주식회사 삼미"를 들 수 있다.

② 종류별 주식배정설

보통주에는 보통주, 우선주에는 우선주를 배정해야 한다는 견해이다. 이 견해에 의하면 우선주를 발행하고 있는 회사는 신주발행시에 반드시 두 가지의 주식을 발행해야 한다. 이 견해의 논거는 무의결권우선주에 보통주를 배정하게 되면 우선주주가 의결권을 갖게 되어 본래 무의결권우선주를 발행한 취지에 반한다는 것이다. 이러한 견해에 따라 신주를 배정한 회사의 예로는 "금성사"를 들 수 있다.

③ 실질적 이해조정설

신주인수권이라는 것이 구(舊)주식의 경제적 가치 및 지배적 가치를 유지하는 데 있으므로 각 주식의 종류에 따라 배정하여 보통주주의 지배적 이익을 그대로 유지하고 그 신주의 발행가액을 조정함으로써 양 종류의 주식 간에 실질적인 평등을 도모하여야 한다는 견해이다. 예컨대 보통주의 시가가 2만원이고 우선주의 시가가 1만 8,000원인 경우에는 보통주에는 보통주, 우선주에는 우선주를 배정하면서 발행가액도 위와 같은 시가의 차이를 반영해야 한다는 것이다.

④ 결론

상법상 우선주는 상법이나 정관에서 특별히 보통주와 다른 정함을 하고 있지 않는 한 보통주와 동일한 내용을 갖는 것이 원칙이다(주주평등의 원칙). 이 원칙에 따르면 획일적 주식배정설이 타당하다.[103] 물론 획일적 주식배정설에 의하면 앞서 언급한 것과 같이 무의결권우선주주가 갑자기 신주발행을 계기로 회사지배에 참여할 수 있게 된다는 불합리가 있는 것은 사실이다. 그

103 이철송(1990), 38면; 정찬형(1992), 163면. 독일의 통설도 같은 취지이다. Bezzenberger(1991), S.150.

러나 그 점이 그토록 수용하기 어려운 것이었다면 애초에 정관에 우선주의 내용을 기재할 때에 보통주와 우선주 사이의 실질적인 평등을 도모할 수 있도록 신주인수권의 내용을 명시하였어야 할 것이다. 수종의 주식을 발행한 회사는 정관에 달리 규정이 없는 경우에도 신주의 인수 등에 관하여 특수한 정함을 함으로써 우선주와 보통주 사이의 실질적인 평등을 도모할 수 있다(344조 3항). 따라서 이사회가 신주발행을 결의하면서 위의 실질적 이해조정설과 같은 내용의 특수한 정함을 할 수 있을 것이다. 심지어는 우선주의 신주인수권을 배제하는 것도 생각해 볼 수 있다. 그러한 특수한 정함을 하는 경우에는 불이익을 입는 종류의 주주총회의 승인을 요한다(436조, 435조). 그러나 종류주주총회의 승인을 얻는 것은 번잡하여 증자의 기동성을 해칠 뿐 아니라 현실적으로 얻는 것이 용이하지 않다. 요컨대 이사회가 신주발행결의시에 특수한 정함을 하는 것은 바람직한 대안이 될 수 없고 결국은 정관에 신주인수권에 대하여 상세한 규정을 두는 것이 이상적이다. 따라서 "우선주에 대해서는 이사회의 결정에 따라 보통주나 우선주 중에서 선택하여 배정할 수 있다"는 식의 규정은 무효이다. 신주인수권의 내용은 우선주의 유형에 따라 달리 정하는 것이 좋을 것이다. 만약 사채형 우선주의 경우라면 신주인수권을 배제해 두는 것이 바람직하다. 의결권이 없는 보통주형 우선주의 경우에는 신주인수권을 두더라도 우선주가 배정되는 것으로 규정해 두는 것이 좋을 것이다.

(5) 무상증자

준비금이나 재평가적립금의 자본전입으로 인한 무상증자시에 우선주에 대하여는 어떠한 주식을 배정할 것인가에 대하여도 상법은 아무런 규정도 두고 있지 않다. 정관에서 규정하고 있는 경우에는 그에 따르면 된다. 정관에 아무런 규정이 없는 경우의 처리에 관해서는 다음의 세 가지 견해를 생각해 볼 수 있다.

1) 주식분할설

우선주에는 우선주를, 보통주에는 보통주를 배정해야 한다는 견해이다. 무상증자의 경우에는 자본금은 증가하지만 실질적으로 회사재산이 증가하는 것은 아니므로 성질상 주식분할과 마찬가지로 주식이 세분화되는 것에 불과하다는 것을 근거로 한다. 이 견해는 일본의 통설이다.[104] 주식회사 삼미는 바로 이러한 견해에 따라 무상증자를 행한 바 있다.

2) 보통주배정설

우선주에도 보통주를 배정해야 한다는 이 견해의 논거로는 다음 세 가지를 들 수 있다.[105] 첫째, 우선주란 특정시점에 회사에 "자본기여"를 한 것에 대한 대가인데 무상신주는 자본기여 없이 "내부보유자산"을 재원으로 하여 발행되는 것이므로 우선주로 발행할 수 없다. 둘째, 주식분할설에 의하면 보통주에 우선하는 우선배당의 총액이 증가하므로 보통주주가 불이익을 받는다. 셋째, 우선주에 추가로 붙이는 발행조건인 무의결권이라는 속성은 투자자가 투자선택을 함에 있어서 우선배당 등의 다른 조건과 아울러 고려해야 하는 사항이므로 주주의 선택과 무관하게 발행되는 무상신주에는 붙일 수 없다.

3) 실질적 이해관계설

주식분할설에 의하면 우선주와 보통주 사이의 지배적 이익의 면에서는 종전의 관계가 그대로 유지되지만 경제적 이익의 면에서는 보통주주가 불이익을 입게 된다. 예컨대 우선배당률 10%인 우선주와 보통주가 각각 동일한 수가 존재하는 회사에서 100%의 무상증자가 있는 경우 우선주주의 우선적 배당액은 2배로 증가하며 그에 따라 보통주주의 이익배당가능성은 감소

104 주석 (3)(1986), 321면(菅原)

105 이철송(1990), 38면; 정찬형(1992), 164면.

한다. 실질적 이해조정설에 의하면 이러한 보통주주의 불이익을 제거하기 위하여는 정관변경을 통하여 우선배당률을 5%로 낮추거나 보통주주만의 종류주주총회에서 승인을 받아야 한다(436~435조).

4) 결론

먼저 보통주배정설은 그 근거가 어느 정도 설득력이 없어 받아들일 수 없다. 먼저 그 첫 번째 근거는 결국 우선주는 외부의 자본 기여가 있는 경우에만 발행할 수 있다는 것인데 그렇게 보아야만 할 근거가 분명치 않다. 두 번째 근거는 우선주를 배정하면 보통주주에게 불리하다는 것인데 그러한 현실적인 이유만으로 보통주를 배정하는 근거를 삼을 수는 없다. 보통주를 배정하는 경우에도 역시 보통주는 의결권의 지분이 희석되는 불이익을 입는다. 또한 우선주가 배정된다 해도 결국은 정관에서 정한 한도 내에서만 추가 발행될 것이므로 보통주주의 불이익은 그리 크지 않다. 세 번째 근거도 부당하다. 무의결권이라는 속성이 투자시에 고려할 요소인 것만은 분명하지만, 그렇다고 해서 투자결정과 무관하게 발행되는 무상신주의 속성으로 할 수 없다는 결론이 어떻게 나올 수 있는지 의문이다.

다음으로 실질적 이해조정설은 주식분할설이 보통주주에 불리하다는 것을 근거로 하고 있다. 실질적 이해조정설이 주주평등의 원칙에는 반하지만 보통주와 우선주 사이의 이해관계를 가장 잘 조절할 수 있는 견해인 것만은 사실이다. 그러나 실제로 정관을 변경하는 것은 번거롭고 종류주주총회를 개최하는 것도 비용면이나 가중된 결의요건의 면에서 볼 때 현실적으로 바람직하지 않다. 따라서 이론적으로는 물론이고 현실적으로도 주식분할설을 취할 수밖에 없을 것이다. 주식분할설을 취하는 경우에 보통주주의 이익배당 가능성이 감소하는 것은 사실이지만 우선주의 수가 늘어나는 것도 정관의 테두리 내에서만 가능하므로 보통주주의 이익이 완전히 무시되는 것은 아니다.

물론 가장 바람직하기는 정관에 자세한 규정을 두는 것이다. 정관에 규정을 두는 경우의 문제에 관해서는 앞서 유상증자에 관한 설명이 그대로 타당할 것이다. 사채형우선주에는 애초에 무상증자에의 참여를 배제해 두는 편이 좋을 것이다. 그것이 무의결권이라면 지배적 이익의 감소라는 문제도 생겨나지 않는다. 보통주형의 경우에는 같은 종류의 주식을 배정하는 것으로 규정하는 것이 합리적일 것이다. 일본에서는 우선배당총액이 증가함으로써 발생하는 보통주의 불이익을 방지하기 위하여 다음과 같이 우선배당금을 감액하는 공식을 정관에 기재하는 방안이 널리 지지를 받고 있다.[106]

감액규모＝조정 전의 주당 우선배당금×증자 전 우선주식수/증자 후 우선주식수

(6) 주식배당

1) 학설과 실무

① 이익배당설

주식배당은 현금 대신에 주식을 배당하는 것에 차이가 있을 뿐 성질상 이익배당이므로 우선주에도 보통주에 배정되는 것과 동일한 종류의 주식을 배정해야 하며 그로 인한 주주지위의 변동은 불가피한 것으로 본다. 이 견해가 우리나라의 통설이다.[107]

② 주식분할설

주식배당도 실질적인 회사재산의 증가 없이 주식수가 증가할 뿐이라는 점에서 무상증자와 다를 바 없다. 단지 무상증자의 경우에는 자본으로 전입

106 다만 감액 규모가 일정 수준 이하의 경우에는 보통주의 불이익은 별로 크지 않으므로 우선배당금이 그대로 유지된다는 점을 명시해 둘 것을 권하고 있다.

107 재무부법령질의응답, 증권 1232-174(1985. 3. 16).

되는 것이 준비금인 것에 비하여 주식배당의 경우에는 배당가능이익이라는 점이 차이가 있을 뿐이다. 따라서 주식배당도 주식분할로 보아 우선주에는 우선주, 보통주에는 보통주를 배당하여야 한다는 견해이다.

③ 실무[108]

우리나라에서는 1986년 5월부터 1990년 6월까지 주식배당이 148회 실시된 바 있으나 주식분할설에 의한 주식배당은 한 번도 없었다. 대부분은 보통주만이 발행되었으나 무의결권우선주만이 발행된 예도 몇 차례 있었다.

④ 결론

주식배당은 재원이 배당가능이익이라는 점을 제외하고는 외부의 자금유입 없이 자본이 증가한다는 점에서 무상증자와 성질을 같이하므로 주식분할설이 타당하다.[109] 그에 의하면 우선주에는 우선주, 보통주에는 보통주를 배정해야 할 것이다. 무상증자의 경우와 마찬가지로 우선주와 보통주와의 실질적인 이해조정을 위해서는 결국 정관에 규정을 두는 방법밖에 없을 것이다. 정관에 규정을 두는 경우에는 적어도 사채형우선주에 대해서는 주식배당을 아예 배제하는 것이 바람직할 것이다. 우리 실무상으로는 정관에 주식배당에는 우선배당의 규정을 적용하지 않는다고 명시하는 예가 많다.[110]

⑤ 상법개정안

법무부의 상법개정안에서는 "회사가 수종의 주식을 발행한 때에는 같은 종류의 주식으로 〔주식배당을〕 할 수 있다"(안 462조의2 2항 후단)는 규정을 포함시키고 있다. 이 규정의 취지는 회사가 반드시 이익배당설에 따라 보통주에 배정하는 주식과 동일한 주식을 배당하여야 하는 것이 아니라 회사가 종류별로 같은 종류의 주식을 배당하기로 선택할 수 있도록 하기 위한 것이다. 문면만 보면 마치 정관에 아무런 규정이 없어도 회사가 이익배당결의시

108 정준영(1990), 91면.

109 박병무(1989), 94-95면. 현재 일본의 통설이기도 하다.

110 이러한 규정의 해석에 대해서는 뒤의 7.에서 다루기로 한다.

에 마음대로 선택할 수 있는 것처럼 보인다. 그러나 주주가 우선주를 받는가 보통주를 받는가에 따라 이해가 크게 좌우되는 현실에서 그러한 중요한 결정을 이처럼 회사의 일방적인 결정에 맡기는 해석은 부당하다. 결국은 회사가 "정관에 규정을 둠으로써" 이익배당설의 결과를 피할 수 있다는 취지로 해석해야 할 것이다. 그러나 현행법상으로도 회사가 종류별로 같은 주식을 배당한다는 규정을 정관에 두는 것이 가능할 것이므로 이러한 규정을 포함시키는 실익은 그다지 크지 않다.

(7) 주식분할

주식분할시에는 회사의 재산이나 자본에는 변동이 없이 주주지분의 단위만이 세분되는 것이므로 우선주에는 우선주, 보통주에는 보통주를 배정해야 할 것이다. 주식분할은 액면의 분할도 동반하므로 우선배당이 액면에 대한 비율로 정해져 있는 한 무상증자에서 보는 것 같은 보통주주의 불이익의 문제는 없다.[111]

4. 우선주의 발행

우선주도 주식의 일종이기 때문에 우선주의 발행절차도 기본적으로 보통주의 발행절차와 큰 차이가 없다. 단지 회사가 우선주를 발행하기 위하여는 정관에 우선주 발행이 가능하다는 취지와 우선주의 내용과 수에 관한 기재가 있어야 한다(344조 2항)는 점이 차이라고 할 수 있다. 이미 정관에 그러한 기재가 없는 경우에는 사전에 정관변경절차를 거칠 필요가 있다. 주식발행

111 무액면주식이 인정되지 않고 액면이 최저액인 5,000원으로 되어 있는 회사가 대부분인 우리나라에서는 주식분할의 예는 그리 많지 않다.

사항은 설립시에는 발기인 전원의 동의(291조)로, 신주발행시에는 이사회결의(416조)로 결정하는 것이 원칙이다. 발행하는 우선주의 내용은 정관의 기재에 따른다. 발기인이나 이사회가 결정하는 주식발행사항 중 중요한 것은 우선주의 수와 발행가액뿐이다. 이러한 우선주의 수와 내용은 정관뿐 아니라 주식청약서(302조 2항 4호, 420조2호), 주주명부(352조 1항 2호), 주권(356조 6호), 등기부(317조 2항 3호), 신주인수권자에 대한 최고(419조)에서도 공시를 하여야 한다.[112]

우선주의 구체적인 발행은 정관이 정한 조건에 따르지 않으면 아니 된다. 즉 정관에 정해진 내용과 수의 한도 내에서 발행되어야 한다. 정관의 한도를 위반하여 발행된 우선주는 무효이다. 다만 사후적으로라도 적절하게 정관이 변경되는 경우에는 그 무효사유는 치유된다.[113] 상법은 일반적인 우선주에 대해서는 한도를 정하고 있지 않고 무의결권우선주에 대해서만 발행주식총수의 4분의 1이라는 한도는 정하고 있다(370조 2항).[114]

5. 우선주의 소멸

(1) 서설

우선주는 발행회사의 관점에서는 결국 융통성 있는 재무관리를 위한 수단이라고 할 수 있다. 융통성 있는 재무관리라는 고려는 우선주의 발행단계뿐 아니라 그 소멸단계에서도 요구된다. 우선주는 일단 회사의 자금조달을 위하여 발행되는 것이기는 하지만 일단 발행되고 나면 회사에 부담이 된다.

112 법문상 우선주의 "내용"의 공시가 명시적으로 요구되는 것은 주권과 등기부의 경우뿐이나 주주명부의 경우를 제외하고는 우선주의 내용까지 명시하여야 할 것이다.

113 최기원(1999), 733면.

114 자본시장육성법에서는 그 한도의 예외를 인정하고 있다. 동법 7조.

먼저 주주들이 2개의 이질적인 그룹으로 나뉘기 때문에 이들 사이의 이해조정이라는 어려운 문제가 발생하며 그에 따라 회사운영이 복잡해질 수도 있다. 또한 금리의 변동 등 경제사정의 변화에 따라 기존의 우선주의 조건이 회사재정에 부담이 되고 보통주주에 대한 배당을 제한하는 요인이 될 수도 있다. 따라서 회사로서는 합리적인 재무관리의 관점에서 기존의 우선주를 소멸시킬 필요를 느낄 수도 있다. 한편 투자자의 관점에서도 여건의 변화에 따라 우선주를 현금으로 상환하거나 보통주로 전환하는 편이 보다 유리할 경우가 있다. 원칙적으로는 이러한 발행회사와 투자자의 합리적인 수요는 가능한 한 충족시킬 필요가 있다. 또한 현재 기존의 신종우선주주의 처리와 관련하여 우선주의 소멸방법이 중요한 관심사로 부각되고 있다. 신종우선주 문제의 근본적인 해결을 위해서 일부에서는 우선주의 보통주전환이나 소각을 주장하는 견해도 나오고 있는 실정이다.

이하에서는 주로 발행회사가 우선주를 소멸시키는 여러 가지 가능성에 대하여 검토하기로 한다. 그러나 가능성으로는 다음 네 가지를 들 수 있다:

① 상환조항을 붙여 상환주식으로 발행하는 방법;
② 전환조항을 붙여 전환주식으로 발행하는 방법;
③ 상법 343조의 소각에 의한 방법;
④ 우선주식에 관한 정관규정을 변경하는 방법;

이들 중 ①과 ②는 사전적인 방안이라면 ③과 ④는 사후적인 방안이라 할 수 있다. 사후적인 방안은 엄격한 절차를 요하기 때문에 현실적으로 취하기 어렵다. ③은 자본멸소절차에 따른 주식소각과 이익소각으로 나눌 수 있다. 자본감소절차에 의한 소각은 특별결의와 종류주주통회의 결의를 요함을 물론이고 채권자이의절차(439조 2항 232조)를 요하기 때문에 현실적인 대안이 될 수 없다. 이익소각도 충분한 이익이 축적되어 있느냐의 문제는 차치하고서도 그 조건에 따라서 보통주와 우선주의 일방 또는 쌍방의 종류주주총회의 승인을 요할 것이기 때문에 역시 실행하기 어려울 것이다. ④의 정관변경 역시 특별결의와 종류주주총회의 결의를 요하기 때문에 쉽지 않다. 이곳에서는 ①과 ②를 중심으로 설명하기로 한다.

(2) 상환조항

1) 의의

발행시부터 회사의 이익으로 소각하는 것이 예정된 주식이 상환주식이고 그러한 소각에 관한 조항을 상환조항이라 한다. 상법은 이익배당우선주에 한하여 상환조항을 붙이는 것을 허용하고 있다(345조 1항). 상환조항을 붙일 때에는 상환가액, 상환기간, 상환방법과 수를 정관에 기재하여야 한다(345조 2항). 이러한 정관의 기재는 상환주식을 발행하기 전에 행하는 것이 보통일 것이다. 이와 관련하여서는 이미 발행된 우선주식을 정관변경을 통하여 상환주식으로 할 수 있는가가 문제가 된다. 이에 대해서는 견해가 나뉘고 있으나 긍정하는 것이 타당하다.[115] 상법상 종류주주총회의 결의만 있으면 우선주만의 강제소각도 가능할 것이다. 그렇다면 실질적으로 별 차이 없는 상환조항의 사후포함도 같은 조건하에 허용하는 것이 바람직할 것이다. 또한 예컨대 한은재할인금리가 5% 미만으로 떨어진 경우에 상환권이 발생한다는 식으로 상환조항에 조건을 붙이는 것도 가능하다고 볼 것이다.

상환조항은 일시적인 자금조달의 필요에 따라 발행된 우선주를 소각함으로써 고율의 우선배당의 부담으로부터 벗어나는 것을 가능케 한다. 따라서 상환조항이 있는 우선주는 실질적으로 사채에 한층 접근한다.

115 일부의 견해는 상환가액이 우선주주의 경제적 손실을 전보할 수 있도록 정해진다면 허용된다고 하고 있으나(박병무(1989), 102면) 무슨 근거에서 그러한 조건을 붙일 수 있는지 의문이다.

2) 종류

상환주식은 상환의 선택권을 회사와 주주 중에 누가 갖는가에 따라 수의상환주식과 의무상환주식으로 나눌 수 있다.

① 수의상환주식(callable stock)

상환의 선택권을 회사가 갖는 주식이다. 이는 상환방법에 따라 강제상환주식과 임의상환주식의 두 가지로 나뉜다. 전자는 주주의 의사와 관계없이 회사가 일방적으로 상환할 수 있는 주식이고 후자는 회사가 매입하여 상환하는 것만이 가능한 주식이다. 일반적으로 상환주식이라고 하면 전자를 가리킨다.

② 의무상환주식(put stock)

상환의 선택권을 주주가 갖고 회사는 주주의 청구에 의하여 상환의무를 부담하는 주식이다. 우리 상법상 상환의 재원은 배당가능이익에 한정되고 있으므로(345조 1항) 의무상환주식을 인정하여도 채권자의 이익을 해칠 우려는 없다. 주주가 상환을 청구하더라도 배당가능이익이 없는 한 상환이 불가능하다. 이러한 불편 때문에 실제로 의무상환주식의 예는 거의 없다. 의무상환주식은 한층 사채에 접근한다.

3) 상환가액

상환가액은 정관에 기재하게 되어 있다(345조 2항). 임의상환의 경우에는 상환가액은 결국 시장상황에 따라 정하여질 것이므로 정관에 구체적인 금액을 기재하는 것이 불가능하고 시가라고 기재할 수밖에 없을 것이다. 강제상환의 경우에는 주식의 액면액, 발행가액 등 구체적인 금액으로 정하는 것도 가능하고 시가와 같이 구체적인 기준만을 기재할 수도 있다. 그러나 상환가액은 결국 발행시에 시장의 사정을 고려하여 결정하는 것이 바람직하다는 관점에서 보면 미리 정관에 상환가액까지 기재하여 하는 상법의 태도는 입법론적으로 의문이다. 이와 관련해서는 입법론적으로 상환가액의 이사회가 상환대상주식을 마음대로 선택할 수 있다면 이사회의 권리남용이 문제될 수 있을 것이다.

4) 상환재원

상법은 상환재원을 이익에 한정하고 있으므로(345조) 특히 의무상환주식의 경우에는 주주가 상환청구권을 행사하여도 배당가능이익이 없으면 상환이 불가능하다. 따라서 상환을 담보하기 위하여 미리 배당가능이익 중 일부를 상환기금으로 적립하도록 정관에 규정하는 예가 있다. 이러한 상환기금의 적립이 요구되는 상환주식을 특별히 보호우선주(protected preferred stock)라고 한다. 상환기금은 배당가능이익으로 적립되는 것이므로 성질상 정관의 규정에 의한 임의적립금이라고 할 수 있다.[116] 상환기금을 주총결의로 적립하는 것도 물론 가능하다. 이들 기금 사이에 차이는 없다.

상환의 재원을 이익에 한정하는 상법의 태도에 대해서는 입법론상 의문이 있다. 이익으로만 상환이 가능하다면 이익의 규모가 충분한 경우에만 상환이 가능할 것이다. 그러나 상환의 필요는 이익이 없는 경우에도 생겨날 수 있다. 예컨대 시장금리의 인하로 말미암아 우선주의 우선배당률보다 훨씬 낮은 금리의 차입이나 보다 낮은 우선배당률의 신규발행이 가능한 경우에는 기존의 우선주를 상환할 수 있는 길을 열어 줄 필요가 있다. 따라서 입법론상으로는 영국 회사법에서와 마찬가지로 이익뿐 아니라 자본준비금, 나아가서는 새로이 발행하는 발행하는 주식의 발행대금으로 상환하는 것도 허용하는 것이 바람직할 것이다.[117] 상환재원의 확대가 회사채권자들에 불리한 것은 사실이지만 그 불이익은 회사재무관리의 융통성이 증가하는 이익과 비하면 사소한 것으로 판단된다.

116 박병무(1989), 104면.

117 좌담회(1992), 26면(木下발언).

5) 상환기간

상환기일 또는 기한은 예컨대 주식발행의 시기로부터 일정한 기간을 경과한 후 몇 년 내라고 하는 식으로 정한다. 상환주식은 전부를 일시에 상환하여도 또는 일부씩 수회에 걸쳐서 상환하여도 좋다. 다만 상환주주 상호 간에는 주주평등의 원칙이 적용되기 때문에 일부상환의 경우에는 상환을 받을 주식은 추첨, 안분비례, 입찰 등의 방법에 의하여 정하는 것으로 해야 한다.

6) 상환의 결정

누가 상환결정의 권한을 갖는가에 대해서는 상법에 규정이 없다. 상법상 주식의 소각은 자본감소의 경우를 제외하고는 주주총회의 권한으로 되어 있지 않기 때문에 정관에 특별한 규정이 없는 한 그 권한은 이사회에 속할 것이다. 그러나 상환의 재원이 이익에 한정되어 있으므로 이익처분에 따른 제한이 존재한다. 상법상 이익의 확정 및 분배는 주주총회의 전결사항으로 되어 있다(449조). 따라서 이사회가 상환을 행하기 위해서는 먼저 이익처분안을 주주총회에 제출하여 승인을 받아야 한다.[118] 이와 관련하여서는 이익의 확정 및 처분은 결산주주총회에서 이루어져야 하므로 결국 상환은 결산주주총회의 동의를 얻어서만 가능한 것이 아닌가 하는 의문이 있을 수 있다. 이렇게 해석하면 상환은 1년에 한 번만 가능하다는 결론이 된다. 이러한 해석을 취하면 경제여건의 변화를 이용하기 위한 상환은 현실적으로 어렵게 된다. 따라서 일단 확정된 배당가능이익의 테두리 내에서는 다음의 결산기에 이르기까지 언제라도 상환이 가능하여 다만 주주총회의 결의를 요한다는 취지로 해석하는 견해도 있다.[119] 그러나 이익처분을 결산기에 1회만 하는 것이 아니라 아무리 배당가능이익 내라고는 하지만 1년 내내 수시로 할

118 주석 (3)(1986), 326면(菅原).

119 그러한 견해에 의하면 실제로는 상환의 최종결정권한을 갖는 것은 주주총회이고 이사회는 상환시기만을 결정하는 결과가 될 것이다. 주석 (3)(1986), 330면(菅原).

수 있다는 식의 해석은 근거가 박약하다. 이러한 문제는 실무적으로 상환기금을 마련함으로써 해결할 수 있다. 즉 회사는 정관에서 배당가능이익의 일정부분을 상환기금으로 적립한다는 규정을 두거나 개별적인 결산주주총회의 이익처분결의에 배당가능액의 일부를 상환기금으로 적립하는 방식으로 이 문제를 해결할 수 있다. 이사회는 그 상환기금의 테두리 내에서는 주주총회의 결의 없이 이사회결의만으로 상환하는 것이 가능하다. 물론 상환재원은 이익에 한정하지 않는 방식으로 법을 개정하는 경우에는 주주총회 결의가 불필요한 것이다.

7) 상환의 방법

상환의 방법으로는 임의상환과 강제상환이 있다.

① 임의상환

임의상환이란 회사가 주주와의 사이에 자유로운 계약에 의하여 상환주식을 취득하여 실효시키는 것으로 매입상환이라고도 한다. 이 경우에는 자기주식취득금지의 예외로서 회사는 일시 자기주식을 취득하여 이를 지체 없이 실효시키지 않으면 아니 된다. 따라서 임의상환의 발효시기는 회사가 취득하여 실효시킨 시점이다(341조, 342조).

② 강제상환

강제상환이란 회사가 주주의 의사와 관계없이 상환주식을 소멸시키는 것을 말한다. 일부상환의 경우에는 상환을 받을 주식은 추첨, 안분비례 등의 방법에 의하지 않으면 아니 된다. 강제상환의 발효시기에 대하여는 상법에 명문의 규정이 없으므로 일반적인 주식소각에 대한 규정인 343조가 적용되는 것인지, 즉 결과적으로 주식병합의 시기에 관한 441조가 준용되는 것인지에 대하여 의문이 있다. 상환방법에 대해서는 정관에 기재하여야 하므로 발효시기도 정관에 기재하여야 하고 441조를 준용할 것은 아니라고 볼 수도 있다. 그러나 상환의 효력 발생시기는 모든 주식에 대하여 획일적으로 정할 필요가 있으므로 정관으로 임의로 정할 수 있다고 하기보다는 441조의 준용을 인정하는 것이 타당할 것이다.[120] 그에 의하면 회사는 3월 이상의 기간을 정하여 상환의 취지와 주권을 제출할 것을 공고하고 주주명부에 기재된 주주 및 대권자에게 통지하여야 하며(440조) 상환의 효력은 그 기간이 만료한 때에 발생한다(441조).

8) 상환의 효과

상환의 효력이 발생하여 주식이 소멸하는 경우에도 자본금에는 영향이 없다는 것이 통설이다. 주식의 소멸로 인하여 발행주식총수가 감소하기 때문에 변경등기를 해야 한다. 소멸된 주식을 다시 발행하는 것이 허용되지 않는다는 점에 대해서는 적어도 우리나라에서는 다툼이 없다.[121] 만약 재발행이 가능하다면 이사회는 발행과 상환을 반복함으로써 무제한의 발행수권을 받은 것과 마찬가지의 결과가 될 뿐 아니라 보통주가 영구적으로 열후적인 지위에 서게 된다는 점에서 타당한 해석이라 할 것이다.[122] 한편 수권주식수가 감소하는가에 대하여는 학설이 대립하고 있다. 그러나 발행주식총수는 감소하는데 수권주식수가 유지된다면 수권주식수에서 발행주식총수를 공제한 수가 장차 발행이 가능한 주식수와 차이가 있게 된다. 불필요한 혼란을 피하기 위해서는 수권주식수도 감소함으로써 그러한 차이를 없애는 것이 타당할 것이다. 따라서 수권주식수도 감소된다는 견해가 타당하다.[123] 정관에 재발행을 인정하는 명시적 규정이 있는 경우에는 무제한의 발행수권에서

120 박병무(1989), 106면.

121 일본에서는 재발행이 가능하다는 설도 존재한다. 일본의 학설에 관하여 보다 상세한 것은 鳥本(2)(1993), 22면 참조.

122 주석 (3)(1986), 332-333면(菅原).

123 박병무(1989), 108면. 일본의 등기실무도 같은 견해를 취하고 있다고 한다. 鳥本(2)(1993), 22면.

오는 폐단이 없다는 이유로 그것을 허용하는 것이 우리 통설이다.[124]

(3) 전환조항

1) 의의

회사가 수종의 주식을 발행하는 경우 정관으로 주주가 보유주식을 다른 종류의 주식으로 전환할 것을 청구할 수 있음을 정할 수 있다(346조 1항). 이처럼 다른 종류의 주식에는 전환권이 부여된 주식을 전환주식이라 하고 그러한 조항을 전환조항이라 한다. 전환조항은 수종의 주식 사이에 어느 쪽으로도 붙일 수 있는 것이 원칙이지만 실제로는 우선주를 보통주로 전환하는 경우가 가장 많다. 이하에서도 그러한 전환권부우선주만을 다루기로 한다. 예컨대, 비참가적 우선주의 주주에 보통주로 전환권이 부여된다면 그 주주는 회사의 수익이 비교적 적은 동안은 우선주주로서 안정된 배당을 받고 회사의 수익이 증가하게 되면 보통주로 전환하여 보다 높은 배당을 받을 수 있다. 이러한 경우의 우선주는 실질적으로 전환사채에 접근하게 된다. 우리나라에서는 전환주식의 예는 별로 없으나 같은 전환증권의 일종인 전환사채는 널리 이용되고 있다.

전환조항은 우선주의 발행 전에 마련하는 것이 보통이지만 발행 후에 정관변경을 통해 추가하는 것도 가능하다. 그러한 정관변경이 전환권을 갖게 되는 우선주주에게 불리할 것은 없으므로 종류주주총회의 결의(435조 1항)는 불필요할 것이다.[125]

124 최기원(1991), 357면.

125 Bezzenberger(1991), S.79.

2) 유사개념

① 기한부 또는 조건부 우선주

전환주식과 유사한 것으로 일정한 기한도래 후 또는 조건성취 후 자동적으로 보통주로 전환되는 기한부 또는 조건부우선주가 있다. 조건부우선주로는 예컨대 보통주식이 우선주와 동률의 배당을 받는 일이 일정기간 계속한 경우에는 우선주식이 보통주식이 되는 것과 같은 해제조건부우선주가 대표적이다. 이러한 주식은 주주에게 전환권이 부여된 것이 아니라 자동적인 전환이 예상되는 것이므로 전환주식은 아니다. 이러한 주식은 전환주식은 아니지만 특별히 발행을 금지할 이유도 없으므로 발행이 가능하다고 볼 것이다.[126] 우리나라에서도 기한부우선주가 발행된 예가 있다.[127]

② 전환권이 회사에 부여된 우선주

상법상 전환주식은 전환권이 주주에 부여된 것만을 가리킨다. 따라서 전환권이 회사에 부여된 주식은 상법상의 전환주식은 아니다. 그러나 상법상 상환주식을 인정하고 있는 점에 비추어 이러한 주식의 발행도 허용된다고 볼 것이다.[128] 또한 정관에 보통주로의 전환이 예정되어 있지 않음에도 불구하고 회사가 보통주로 전환시킬 수 있는가도 문제된다. 정관변경에 필요한 주주총회의 특별결의와 불이익을 받는 종류주주총회의 결의가 있으면 그것도 가능하다고 할 것이다.[129]

3) 전환조항의 내용 및 공시

전환조항을 붙이는 경우에는 정관에 다음 사항을 정하여야 한다: (1) 전환

126 주석 (3)(1986), 337면(植村); 鳥本(2)(1993), 18면.

127 세양선박, 삼양중기, 현대증권 등이 3년 후에 보통주로 전환되는 우선주를 발행한 예가 있다.

128 반대: Bezzenberger(1991), S.79; 北澤(1991), 176면.

129 박병무(1989), 111면; 주석 (3)(1986), 338면(植村). 독일주식법 141조는 이 점을 명시하고 있다.

가능하다는 취지; (2) 전환의 조건; (3) 전환의 청구기간; (4) 전환으로 인하여 발행할 주식의 수와 내용(346조 1항). 이러한 사항은 주식청약서 또는 신주인수권증서에도 기재하여야 한다(347조).

4) 전환의 조건: 전환가액과 전환율

전환의 조건은 전환가액이나 전환율로 표시된다. 전환가액이란 전환에 의하여 발행되는 주식의 발행가액에 해당하는 것이다. 예컨대 보통주 1주의 발행가액 1만 원이라는 식으로 표시된다. 전환율이란 전환 전후의 신구주식의 비율을 말하는 것으로서 예컨대 우선주 1주에 대하여 보통주 1주라는 식으로 표시된다.

전환조건은 자유로이 정할 수 있는 것처럼 보이나 실제로는 제약을 받는다. 상법은 우선주의 총발행가액과 전환으로 발행되는 보통주의 총발행가액을 일치하도록 하고 있다(348조). 또한 액면 미달의 발행은 엄격한 제한하에 허용되는 것이므로 원칙적으로 보통주의 발행가액은 액면 이상이어야 한다.

이러한 전환가액이나 전환율은 전환주식의 발행시에 미리 확정되어 있어야 한다. 우선주를 전환주식으로 발행하는 경우 전환가액은 대체로 발행 당시의 보통주의 시가에 프리미엄을 붙여 정하는 경우가 많다.[130] 이 경우 보통주의 시가가 전환가액에 미달하는 경우 전환은 이루어지지 않는다. 이와 관련하여 전환가액을 보통주의 장차의 시가에 연동시키는 방법이 허용되는지 여부가 문제된다. 이에 대해서는 허용론을 취하는 견해도 있으나[131] 그처럼 전환가액의 변동을 인정하는 경우에는 회사의 발행예정주식총수나 각종의 주주들의 이해관계에 영향을 주므로 금지하여야 할 것이다.[132]

130 鳥本(3)(1993), 35면.
131 木下(1991), 237면.
132 鳥本(3)(1993), 36면.

5) 전환기간

전환을 청구할 수 있는 기간은 통상 시기와 종기로 정해진다. 예를 들면 전환주식발행 후 1년을 경과한 날로부터 2년을 경과한 날까지라고 하는 식으로 정해진다. 회사는 전환기간 중에는 전환에 의하여 발행할 주식의 수를 정관에 정한 동종의 주식의 수에 보류해 두어야 한다(346조 2항).

상법은 주주명부의 폐쇄기간 중에는 전환청구를 할 수 없도록 하고 있다(349조 3항). 그러나 기준일에 대해서는 아무런 규정도 두고 있지 않다. 따라서 기준일 이후 주주총회 사이에 전환청구를 하는 것은 가능하다. 기준일 이후에 무의결권우선주의 전환청구가 이루어져 보통주가 발행된 경우에도 의결권의 행사를 인정하는 견해가 유력하다.[133] 그렇다면 의결권을 행사하는 주주를 확정하고자 하는 기준일제도의 의의가 상실될 우려가 있다. 그리하여 일본에서는 기준일 이후의 전환청구를 금지하거나 전환을 인정하되 의결권만은 당해 총회에 한하여 없는 것으로 정할 수 있다고 보는 견해가 일반적이다.[134]

6) 전환권의 희석화방지

상법상 전환권은 일방적 의사표시만으로 구주의 소멸과 신주의 발행이라는 법률효과를 발생시키는 권리로서 형성권에 속한다. 전환우선주가 발행된 후에 회사의 행위에 의하여 전환권의 가치를 실질적으로 감소시키는 것, 즉 전환권을 희석화하는 것을 제한할 필요가 있다. 예컨대 전환우선주의 전환권의 희석화가 일어나는 것은 다음과 같은 경우이다: 1) 시가 이하의 발행가액으로 보통주가 발행되는 경우; 2) 시가 이하의 가액으로 전환 또는 신주인수권을 행사할 수 있는 증권, 즉 추가의 전환주식, 전환사채, 또는 신주인수권부사채가 발행되는 경우; 3) 전환청구가 이루어지기 전에 주식배당, 무상

133 鳥本(3)(1993), 33면.

134 보다 상세한 것은 鳥本(3)(1993), 33-34면.

증자, 주식분해가 일어나는 경우; 4) 합병이나 자본감소로 인하여 보통주의 시가가 하락하는 경우. 상법은 이러한 전환권의 희석화에 대하여 아무런 규정을 두고 있지 않다. 전환권은 그 자체가 주주권의 내용의 일부에 해당하므로 반드시 명시적인 규정이 있어야만 보호가 가능한 것은 아니다. 그러나 정관에 전환권보호를 위하여 전환가액을 조정하는 특별규정을 두면 불필요한 다툼을 방지할 수 있을 것이다.

전환권을 조정하는 방식은 ①시가조정방식과 ②전환가액조정방식의 두 가지가 있다.

① 방식은 전환가액=시장가액이라는 전제하에 전환권이 희석화되는 경우 전환가액을 권리락비율만큼 조정하는 방식이다. 즉 조정 후 전환가액=조정 전 전환가액×권리락비율=조정 전 전화가액×{기발행보통주수+(신발행보통주수×주당납입금액/시가)/(기발행보통주수+신발행보통주수)}

② 방식은 전환가액과 시장가액이 동일하지 않다는 전제하에 보통주의 시장가액을 기준으로 전환가액을 조정할 것이 아니라 바로 전환가액을 조정해야 한다는 입장이다. ①방식 중 "시가"가 "조정전전환가액"으로 치환된다는 점을 제외하고는 동일하다.

7) 전환권의 소멸

전환권의 행사 전에 회사의 해산이나 합병 등에 의하여 전환권이 소멸하는 경우에도 전환권이 희석화된 경우와 마찬가지로 주주를 보호할 필요가 있다. 회사가 해산한 경우에는 해산회사의 법인격의 소멸에 따라 전환주주의 전환권은 소멸하는 것이 원칙이다. 다만 오로지 전환주주의 전환권의 행사를 방해하기 위하여 해산결의를 한 경우에는 의결권행사의 남용으로서 결의무효의 원인이 된다고 할 것이다.

회사의 합병의 경우에는 흡수합병이냐 신설합병이냐를 불문하고 소멸회사의 전환주식의 전환권은 소멸하는 것이 원칙이다. 합병으로 인하여 전환주주가 불이익을 입는 경우에는 종류주주총회의 결의에서 반대함으로써 자신의 이익을 보호할 수 있다. 또한 개정안에서와 같이 주주에게 주식매수청구권이 인정되는 경우에는 주식매수청구권을 행사함으로써 자신의 이익을 보호할 수 있을 것이다.

8) 전환의 효과

① 발행주식수의 증감 및 등기

전환주식의 전환이 있으면 신구 양 주식의 발행주식수가 증감하고 전환율이 1대 1이 아닌 경우에는 발행주식총수도 증감한다. 따라서 이러한 취지의 변경등기가 필요하다. 상법상 그러한 등기는 전환청구가 있을 때마다 해야 한다. 그러나 이는 불편하므로 적어도 상장회사의 경우에는 전환사채의 경우와 마찬가지로 매월 1개월분을 몰아서 할 수 있도록 근거규정을 마련할 필요가 있을 것이다(자본시장육성에 관한 법률 10조 2항).

② 소멸된 구주식의 부활

전환주식의 전환에 의하여 소멸된 구주식분만큼 그 종류의 미발행주식이 부활하는가에 대하여는 다툼이 있다. 긍정설은 전환에 의하여 주식발행의 권한이 행사된 것이라기보다는 발행수권주식의 종류의 교체가 있었던 것으로 보아 신주식의 미발행주식의 총수는 감소하지만 소멸한 구주식은 미발행주식으로 부활하여 회사가 다시 발행할 수 있다고 본다.[135] 또한 재발행을 인정하더라도 상환주식의 경우와는 달리 이사회가 수권주식의 제한을 잠탈할 우려가 없다는 점도 근거로 들고 있다. 그러나 상환주식의 경우와 마찬가지로 구주식은 미발행주식으로 부활하지 않는다고 보는 부정설이 타당할

135 北澤(1991), 178면. 그러나 그 발행은 종전의 전환전주식의 종류에 한정되며 재차 전환주식으로 할 수 없다는 견해도 있다. 이태로 · 이철송(1991), 244면.

것이다. 일본의 등기실무도 부정설을 취하는 한편 정관변경 없이도 수권주식수는 당연히 감소한다고 본다.[136]

③ 단주의 처리

주식의 전환시에 발생하는 단주(端株)의 처리에 관하여는 우리나라에서는 별로 논의가 없다. 정관으로 단주처리방식이 정해진 경우에는 그에 따르면 된다. 그렇지 않은 경우에는 443조를 준용하여 단주의 매각대금을 주주에게 지급하는 방식을 취하는 것이 타당할 것이다.[137]

9) 일제전환조항

전환주식에서 전환권은 주주가 갖는 것이므로 우선주주가 전환권을 행사하지 않는 한 그 부분은 우선주로 그대로 남아 주주의 이원화현상이 지속된다는 문제가 있다. 이러한 문제를 해결하기 위하여 이용하는 것이 이른바 일제전환조항이다. 그것은 "전환청구기간 내에 전환청구가 없으면 전환청구기간 만료일의 익일에 일제히 보통주식으로 변경한다"는 식의 내용으로 되어 있다. 이러한 일제전환조항은 기한부우선주와 마찬가지로 유효로 보는 것이 일반적이다.[138]

누적분이 있는 우선주가 보통주로 전환을 하게 될 경우의 처리에 대해서는 학설이 나뉘고 있다.[139] 누적분이 있는 한 일제전환이 불가하다는 견해도 존재한다. 누적분에 대한 우선주주의 기대를 살리자는 취지에서 누적분이 보통주에 부착되거나 독립된 상태로 존속한다는 견해도 주장된다. 그러나 우선주주의 누적분에 대한 권리는 주주총회의 배당결의가 있어야 비로소 구체화되는 것이므로 배당결의와 관계없이 누적분에 대한 권리를 발생시키

136 鳥本(2)(1993), 22면.
137 박병무(1989), 119면.
138 鳥本(2)(1993), 18-21면.
139 상세한 것은 박병무(1989), 116-117면.

는 이러한 견해를 취할 수 없다. 결국은 누적분이 소멸된다고 보는 견해를 취할 수밖에 없을 것이다.

6. 무의결권우선주의 특수문제

(1) 서설

무의결권우선주는 우선주에 부가된 속성이기 때문에 우선주에 대한 설명이 그대로 타당하다. 그러나 의결권이 없다는 속성 때문에 특별한 고려가 필요하다. 먼저 무의결권으로 할 수 있는 우선주는 어떠한 것인가, 보다 구체적으로는 우리나라의 신종우선주는 적법한 것인가가 문제된다. 이 문제에 관해서는 차등의결권주식에 관한 일반적인 문제를 다루는 다음 장에서 언급한다. 이하에서는 무의결권주의 발행제한, 발행한도, 발행가액, 의결권, 기타의 공익권, 자익권에 대해서 차례로 살펴본다.

(2) 발행제한

1990년 3월 이래 상장법인 재무관리규정에 의하면 은행, 증권회사 등 금융기관이 무의결권우선주를 발행하기 위해서는 증권관리위원회의 승인을 받아야 한다(17조의2 1항). 다른 상장법인도 다음의 3가지 경우의 예외를 제외하고는 역시 증관위의 승인을 받아야 한다(17조의2 2항).

① 공모방식으로 발행하는 경우
② 10% 이상의 대주주 및 사실상의 지배자가 인수에 참여하지 않는 경우
③ 전환사채 및 신주인수권부사채의 권리행사에 의하여 발행하는 경우

위의 규정에 따라 증관위의 승인을 받아 무의결권우선주가 발행된 예는 거의 없다.[140] 다만 위의 예외적인 경우에 해당하여 증권위의 승인없이 발행되는 경우는 없지 않다.[141]

(3) 발행한도

상법상 무의결권주는 발행주식총수의 4분의 1을 초과하지 못한다(370조 2항). 자본시장육성에 관한 법률("자시법")은 상장법인에 대해서는 이러한 제한을 다소 완화하고 있다(7조). 먼저 다음의 경우에는 위 4분의 1의 한도계산에서 제외하고 있다(7조 1항).

① 해외에서 주식을 발행하거나 해외에서 발생한 전환사채, 신주인수권부사채 등 주식관련증권의 권리행사로 인하여 주식을 발행하는 경우

② 국가기간산업 등 대통령령이 정하는 기준에 해당하는 공공법인으로서 위원회가 무의결권주식의 발행이 필요하다고 인정하는 법인이 주식을 발행하는 경우[142]

그러나 이상의 주식과 다른 무의결권주식을 합한 총수가 발행주식총수의 2분의 1을 초과할 수는 없다(7조 2항).

4분의 1의 한도를 초과하는 법인은 그 비율 이내에서는 증권관리위원회

140 주주 사이에 분쟁이 진행 중인 신한투금이 우선주를 발행한 경우 유일한 예외로 알려져 있다.

141 상세한 것은 위 II.장 4. 참조.

142 위 ②에서 대통령령이 정하는 기준에 해당하는 법인은 다음을 말한다(자육법시행령 5조의2):

1. 정부(한국은행 및 정부투자기관관리기본의 적용을 받는 정부투자기관을 포함한다)가 주식 또는 지분의 100분의 30 이상을 소유하고 있는 법인.
2. 증권거래법 외의 법률에 의하여 외국인의 주식취득 또는 지분참여가 제한되는 사업을 영위하고 있는 법인.

가 정하는 바에 따라 신주인수권의 행사, 준비위의 자본전입 또는 주식배당 등의 방법으로 의결권 없는 주식을 발행할 수 있다.

무의결권주의 모국이라고 할 수 있는 영미에서는 발행한도를 제한하는 법규정은 없다. 독일에서는 1937년 주식법에서 발행한도를 3분의 1로 하였다가 1965년 개정시에 2분의 1로 확대하였다. 우리 상법상의 4분의 1의 한도는 일본 상법에서 유래한 것이다. 종래 일본 상법은 발행한도를 우리 상법에서와 같이 4분의 1로 하고 있다가 업계의 강력한 요구를 수용하여 1990년 개정시에 3분의 1로 확대하였다. 이처럼 무의결권주의 발행한도를 두는 것은 소규모의 투자로 대규모의 기업을 지배하는 것은 바람직하지 않다는 판단에 기한 것이다. 그러나 적합한 한도가 4분의 1이어야 하는 적극적인 이유는 없다. 현실적으로 무의결권주가 2분의 1을 초과하여 발행된다면 의결권이 부활하는 경우 무의결권주가 과반수를 차지하여 회사의 경영이 혼란에 빠질 가능성도 있다.

(4) 발행가액

현재 상장법인이 유상증자를 하는 경우에는 시가발행을 하도록 되어 있다(상장 법인 재무관리규정 16조의3). 현재 유상증자에서 무의결권우선주를 발행하는 경우는 거의 없지만 발행하는 경우에는 역시 시가발행에 의하여야 할 것이다. 시가발행시의 기준가격은 기존의 무의결권우선주가 있는 경우에는 그 시가에 의하면 된다. 새로이 무의결권우선주에 발행하는 경우에는 기준가격을 보통주의 주가에서 "무의결권우선주발행법인의 보통주와 우선주의 가격의 평균격차"만큼 공제한 가격으로 한다(16조의3 4항).[143]

143 과거에는 평균격차 대신 15%라는 구체적인 수치를 적용했던 때도 있었으나 이것이 불합리했음은 물론이다.

(5) 의결권

1) 원칙: 의결권의 배제

당연한 일이자만 무의결권주주는 의결권을 갖지 않는 것이 원칙이다. 무의결권주주가 주총결의에 참여하더라도 그 의사는 의결권의 행사로서 효력이 없다. 무의결권주주의 주식수는 총회결의에 관하여는 발행주식총수에 산입하지 않는다(371조 1항).

상법상 원칙적으로 의결권은 1주마다 1개이나 우선주의 경우에 배제할 수 있을 뿐이고 의결권의 수를 달리 정할 수는 없다. 따라서 의결권을 완전히 배제하는 것이 아니라 그것을 제한할 뿐인 우선주를 발행하는 것은 불가능하다. 그러나 의결권을 일정기간 동안만 배제하고 그 이후에는 의결권을 부활시키는 조건의 우선주도 금지할 이유는 없을 것이다.

2) 예외 1: 의결권이 특별히 인정되는 경우

무의결권주주도 예외적으로 우선적 배당이 없다는 결의가 있는 총회의 다음 총회부터 그 우선적 배당을 받는다는 결의가 있는 총회의 종료시까지는 의결권을 갖는다(370조 1항). 그 밖에도 예외적으로 종류주주총회에서의 결의(435조, 436조)와 창립총회에서의 결의(309조), 총주주의 동의를 요하는 이사 · 감사의 책임면제(400조, 415조)나 유한회사로의 조직변경(604조)의 경우에는 무의결권주주도 의결권을 행사할 수 있다.[144]

3) 예외 2: 의견권의 부활

의결권의 박탈은 우선적 배당이 이루어지는 것을 전제로 한 것이므로 무의결권주주라도 정관에 정한 우선적 배당을 하지 아니한다는 결의가 있으

144 최기원(1991), 363면.

면 그 총회의 다음 총회부터 그 우선적 배당을 받는다는 결의가 있는 총회의 종료시까지 의결권을 갖는다(370조 1항 단서). 미국법에서는 일정한 수의 이사를 선임할 수 있는 권한을 갖는다는 식으로 규정되어 있는 것이 보통이다.[145] 그러나 우리 법상으로는 의결권이 부활한 무의결권주식은 보통주식과 마찬가지로 배당과 관계없는 사항에 대해서도 의결권을 갖는다. 의결권 부활의 규정은 강행규정이다.[146] 따라서 정관으로 예컨대 "우선적 배당이 2회에 걸쳐 이루어지지 않은 경우에만 의결권이 부활된다"는 식으로 부활의 요건을 어렵게 하는 것은 허용되지 않는다.

우선적 배당이 이루어지지 않은 경우에는 그 이유 여하를 불문하고 의결권이 부활한다. 회사가 배당가능이익이 충분히 있는데도 배당을 하지 않는 경우에는 물론이고 회사의 영업부진으로 배당가능이익이 불충분하여 우선배당의 지급이 원천적으로 불가능한 경우에도 의결권이 부활한다. 경영진이 배당가능이익의 부족에 책임이 있는지 여부를 불문한다. 법문은 우선적 배당을 하지 않는 "결의"가 있는 경우에만 의결권이 부활하는 것처럼 보이기도 하나 실제로 우선배당이 지급되지 않은 경우에는 역시 의결권이 부활한다고 해석하여야 할 것이다.[147]

누적분 및 당해 연도의 우선배당이 지급된 경우에는 그 다음 총회부터 의결권이 다시 소멸된다. 이 경우에도 법문은 "의결"만 있으면 충분한 것처럼 보이기도 하나 실제로 지급되어야 하는 것으로 새겨야 할 것이다.

배당이 현금이 아니라 주식으로 이루어진 경우에도 우선배당이 이루어진 것으로 볼 수 있는가? 주식배당을 이익배당으로 보는 우리 통설에 의하면

145 우리 상법과는 달리 미국법은 이익배당을 선언할 수 있는 권한을 이사회에 부여하고 있으므로 우선주주는 이사회에 참여함으로써 우선배당을 확보할 수 있다는 점에서 이사선임권의 의의를 이해할 수 있다.

146 Bezzenberger(1991), S.96.

147 독일법은 법문상 "지급"을 요하고 있기 때문에 당연히 그러한 취지로 새기고 있다. Bezzenberger(1991), S.96.

그 경우에도 우선배당이 이루어진 것이므로 의결권은 부활되지 않을 것이다. 소수설인 주식분해설에 의하면 그 경우에도 우선배당이 이루어진 것이므로 의결권은 부활되지 않을 것이다. 소수설인 주식분해설에 의하면 우선배당이 없으므로 의결권은 부활하는 것으로 보아야 할 것이다. 실제로는 정관에 "보통주에 대해 배당하지 않을 때와 주식배당을 할 때에는 〔우선배당〕을 적용하지 않는다"는 규정을 둔 회사가 많다.[148] 상법 370조 1항 단서에 의하면 "정관에 정한 우선적 배당"을 하지 않은 경우에만 의결권이 부활하게 되어 있다. 이 문구를 근거로 일부에서는 무배당이나 주식배당의 경우에는 애당초 "정관에 정한 우선적 배당"이라는 것이 존재하지 않기 때문에 의결권도 부활하지 않는다는 주장을 펴는 자도 있다. 그렇다면 회사는 의결권의 부활을 걱정함이 없이 언제나 보통주에게 배당을 하지 않거나 주식배당을 하는 방법으로 우선배당을 피할 수 있다는 결과가 된다. 우선배당도 없고 의결권도 없는 이러한 결과는 우선배당이 없으면 의결권이 있어야 한다는 우선주의 기본원칙에 반한다. 370조 1항 단서의 "정관에 정한"의 의미는 344조 2항에서와 같이 단지 정관에 우선배당의 구체적인 비율이나 금액, 또는 적어도 그 산정방법을 객관적으로 확정한다는 취지이다. 회사가 의결권 부활의 걱정없이 정관으로 우선배당이 없는 경우를 마음대로 정할 수 있다는 취지는 아니다. 그렇다고 해서 위와 같은 정관의 규정이 무효는 아니다. 그러한 규정은 보통주에 배당을 하지 않거나 주식배당을 하는 경우에는 우선주도 보통주와 동일하게 취급하며 그 경우 어느 한 종류의 주식에 손해가 있더라도 종류주주총회를 개최할 필요가 없다는 점에 의미가 있다.

148 이철송(1990), 39면.

(6) 의결권 이외의 공익권

1) 서설

1950년 개정되기 전의 일본 상법은 무의결권주주도 의결권 이외의 공익권은 갖는 것이 원칙이지만 소수주주에 의한 총회소집청구권, 이사 및 감사에 대한 소제기청구권 등의 공익권은 박탈할 수 있다고 규정하였다(구상법 242조 1항 후단). 1950년의 개정상법은 주주보호의 견지에서 그러한 공익권의 박탈을 허용하는 규정을 삭제하였기 때문에 이제 독점주식법에서와 같이 무의결권주주도 의결권 이외의 모든 공익권을 갖는다고 볼 수 있다.[149] 일본의 통설은 무의결권주주도 소수주주권과 단독주주권을 행사할 수 있지만 주주의 공익권 중 그 성질상 의결권을 전제로 한 것은 갖지 않는다고 해석하고 있다.[150] 일본 상법과 실질적으로 내용이 동일한 우리 상법의 해석에 대해서는 아직 학설이 충분히 성숙되어 있지 않다. 그러나 이제까지 발표된 학자들의 견해는 날카롭게 대립하고 있다. 우리 상법은 무의결권주주에게는 총회소집의 통지를 발송할 필요가 없다는 규정(363조 4항) 외에는 무의결권주주의 권리에 대해서 아무런 규정도 두고 있지 않다. 따라서 무의결권주주가 갖는 권리의 구체적인 범위에 대해서는 당연히 여러 가지 해석이 존재할 수 있다. 입법론상으로는 독일이나 프랑스에서와 같이 무의결권주주가 갖는 권리의 범위에 대하여 보다 명확히 규정하는 것이 바람직할 것이다. 이하에서는 각종의 공익권에 대하여 차례로 살펴본다.

2) 총회소집통지수령권

위에서 본 바와 같이 상법 363조 4항은 무의결권주주에게는 통지를 발송

149 주석 (5)(1986), 243면(菅原). 독일 주식법 140조 1항은 그 취지를 명문으로 규정하고 있다.

150 주석 (5)(1986), 244면(菅原).

할 필요가 없음을 명시하고 있다. 다만 그에 대해서는 입법론적으로 의결권주주에게도 소집통지수령권을 부여해야 한다는 견해도 있다.[151] 한편 1994년 1월 개정된 증권거래법은 상장법인의 무의결권주주에게도 주식매수청구권을 부여하면서 합병이나 영업양도 등 주식매수청구권을 발생시키는 의결사항에 관한 주주총회를 소집하는 경우에는 무의결권주주에게도 소집의 통지나 공고를 하도록 하고 있다(191조 1항, 5항).

3) 주주총회참여권

무의결권주주도 주주총회에 출석하여 발언할 수 있는 총회참여권을 갖는가에 대해서 학설이 대립한다.[152] 다음과 같은 이유에서 부정설이 타당하다. 의결권이 없는 주주를 주주총회에 참여시킴으로써 회의장소의 혼잡과 총회진행의 지연이 초래될 가능성이 있는 데 비하여 무의결권주주에게 총회참여권을 주는 실익을 찾기 어렵기 때문이다. 오늘날의 주주총회는 주주들이 토론을 통해서 의사를 형성하는 장이라기보다는 이미 결정된 의사를 표시하여 회사의 의사를 결정하는 장이라고 할 수 있다. 대리인에 의한 참여를 이사회에서는 허용하지 않으면서 주주총회의 경우에는 허용하는 것은 바로 그러한 이유에서이다. 그러므로 주주가 설사 통념과는 달리 회사경영에 관심을 갖고 주주총회에 참여하고자 하더라도 의결권이 없는 경우에는 참여를 허용할 필요가 없을 것이다. 무의결권주주들이 총회의 결의사항에 대하여 중대한 이해관계를 갖는 경우 그들의 이익은 종류주주총회나 총회결의의 하자를 다투는 소와 같은 장치 등에 의하여 보다 효과적으로 보호받을 수 있을 것이다.

151 최기원(1991), 362면. 주3.

152 긍정설: 서돈각(1985), 334면; 정찬형(1992), 158면; 최기원(1991), 362면. 이 입장이 일본의 압도적 다수설이다. 주석 (5)(1986), 244면(菅原). 부정설; 정동윤(1991), 197면. 우선주주도 의결권을 제외하고는 주주로서의 모든 권한을 갖는다는 점을 명시하고 있는 독일 주식법(140조 1항)하에서는 당연히 긍정설에 서 있다. Bezzenberger(1991), S.108.

4) 총회소집청구권

주주총회참여권의 경우와 마찬가지로 무의결권주주에게 총회소집청구권(366조)을 인정할 것인가에 대해서도 견해가 대립한다. 총회참여권을 부인하는 이상 총회소집청구권도 부인하는 것이 옳을 것이다.

5) 총회결의취소청구권(376조 1항)

무의결권주주가 총회결의취소의 소권을 갖는가에 대해서도 학설이 나뉘고 있다. 무의결권주주가 총회결의취소에 소권을 갖는가에 대해서도 학설이 나뉘고 있지만[153] 긍정하는 것이 타당하다. 결의 당시에 주주가 아니었던 자, 결의에 참가하지 않았던 자, 결의에 찬성했던 자 등에게도 취소청구권을 인정하면서 회사의 출자자로서 회사의사의 정당한 형성에 이익을 갖는 무의결권주주에 취소청구권을 부정하는 것은 부당하기 때문이다. 무의결권주주가 결의무효의 소와 결의부부존재확인의 소를 제기할 수 있는 것은 물론이다.[154]

6) 이사, 감사의 해임청구권(385조 2항, 415조)

소수주주권으로서 이사, 감사의 해임을 법원에 청구하는 권리는 해임결의가 부결된 경우의 구제조치이기 때문에 무의결권주주에게는 인정되지 않는다는 것이 일본의 통설이다.[155] 해임결의는 정당사유의 존부에 관계없이 언제라도 할 수 있는 것으로서 회사지배에 변동을 가져오는 수단이므로 무의결권주주의 참여가 배제되는 것은 당연하다. 그러나 해임청구는 이사, 감사의 "부정행위 또는 법령이나 정관에 위반한 중대한 사실"이 있는 경우에

153 부정설은 서돈각(1985), 334면. 긍정설은 정동윤(1991), 197면; 정찬형(1992), 159면; 최기원(1991), 362면.

154 정찬형(1992), 159면.

155 주석 (5)(1986), 245면(菅原).

인정되는 경영감독권에 속하는 것이므로 무의결권주주도 할 수 있다고 보아야 할 것이다.[156]

7) 회계장부열람권, 검사인선임권

발행주식총수의 5% 이상을 가진 주주는 회계장부와 서류를 열람할 수 있고(466조 1항), 업무집행에 관하여 부정행위 등 의심스러운 사유가 있는 경우에는 법원에 검사인의 선임을 신청할 수 있다(467조 1항). 이러한 권한은 반드시 의결권의 행사를 전제로 한 것이 아니고 널리 주주의 경영감독권에 속하는 것이므로 무의결권주주에게도 인정된다고 볼 것이다.

(7) 자익권

무의결권주주도 이익 내지 이자배당청구권 및 잔여재산분배청구권 등의 자익권을 갖는 것은 당연하다. 상법상 무의결권주는 이익배당우선주에 한하기 때문에(370조 1항 본문) 우선적 배당을 받는다는 점과 그 내용에 대해서는 이미 위에서 상세히 설명한 바 있다.

같은 자익권에 속하는 주식매수청구권에 대해서는 총회에서 결의에 반대하였을 것이 그 행사의 요건이므로 의결권 없는 주주에게는 인정될 수 없다는 것이 학계의 일반적인 견해였다.[157] 다만 무의결권주주도 종류주주총회에서 의결권을 갖는 경우가 있으므로 종류주주총회의 결의를 요하는 경우에는 주식매수청구권을 갖는다고 보았다.[158] 그러나 주식매수청구권이 소수주주의 보호를 위한 수단이라는 점에서 볼 때 무의결권주에도 인정되는 것

156 정동윤(1991), 197면; 정찬형(1992), 160면; 주석 (5)(1986), 245-246면(菅原).

157 이태로 · 이철송(1991), 458면; 정찬형(1992), 161면. 이에 대해서 반대하는 견해로는 최중경(1989), 130면.

158 이태로 · 이철송(1991), 453면; 정찬형(1992), 162면; 주석 (5)(1986), 246면(菅原).

이 바람직하다는 견해가 유력하였다.[159] 이러한 입법론은 1994년 1월 증권거래법의 개정에서 채택되었다. 무의결권주주라도 증권거래법 191조 1항에 의하면 영업양도(상법374조)나 합병(522조) 등에 관한 이사회결의에 반대하는 경우에는 소정의 방식에 의하여 주식매수청구권을 행사할 수 있다. 따라서 그러한 사항에 관한 주주총회의 소집을 통지 또는 공고하는 경우에는 의결권 없는 주주에게도 주식매수청구권의 내용 및 행사방법을 명시하여 통지 또는 공고하여야 한다(191조 5항).

V. 의결권제도의 이론적 고찰: 미국의 차등의결권주식에 대한 논의를 중심으로

1. 차등의결권주식의 의의, 종류, 기능

1주1의결권원칙이 유지되는 한 각 투자자의 투자지분과 의결권지분은 비례한다. 무의결권주가 발행되면 이러한 비례는 허물어진다. 이론적으로나 실제로나 그러한 비례를 허무는 수단은 무의결권주 이외에도 여러 가지가 있다. 이들 다양한 수단은 모두 일부의 주주집단에 투자지분보다 큰 의결권을 부여하기 위하여 고안된 것이다. 우리 상법상은 무의결권주, 그것도 무의결권우선주만이 허용되고 있지만 이론적으로는 무의결권주만을 따로 떼어 고찰하기보다는 의결권이 투자지분과 비례하지 않는 주식들을 동일한 시각에서 아울러 검토할 필요가 있다.

먼저 논의의 편의상 용어를 정리해 두자. 투자지분과 의결권지분의 비례가 허물어진 경우에 의결권이 투자지분에 못 미치는 주식을 열등의결권

159 이태로 · 이철송(1991), 452면; 정찬형(1992), 162면.

주식,[160] 반대로 의결권이 투자지분을 능가하는 주식을 우등의결권주식, 그리고 이들 의결권에 차등이 있는 주식을 통털어 차등의결권주식으로 부르기도 한다. 이들은 발행시부터 의결권의 차등이 주식의 속성으로 고정되어 있는 경우가 대부분이지만 뒤에 설명하는 제한의결권주식과 같이 일정한 조건하에서만 의결권의 차등이 생겨나는 경우도 있다. 이들 개념은 구체적인 의결권의 수와는 반드시 직접적인 관련이 없는 상대적인 개념이다. 예컨대 의결권이 하나 있는 보통주는 무의결권주식이 발행되는 경우에는 우등의결권주식이지만 복수의결권주식이 발행되는 경우에는 열등의결권주식이 된다. 당연한 말이지만 이들 두 가지 주식 중 한 가지만 있는 경우는 없다. 일부의 주식이 열등의결권주식이 되면 나머지 주식은 자동적으로 우등의결권주식이 된다.

열등의결권주식에는 여러 가지 종류가 있을 수 있다.[161] 의결권이 아예 없는 무의결권주식은 당연히 열등의결권주식이 될 수밖에 없다. 의결권이 있더라도 다른 주식이 복수의결권으로 발행된 경우에도 마찬가지이다. 일정한 조건이 성취되면 의결권이 제한되는 제한의결권주식(restricted voting shares)을 열등의결권주식으로 보는 견해도 있다.[162] 예컨대 MCI Communications Corporation은 정관에 한 명의 주주가 의결권을 행사할 수 있는 주식수를 15%로 제한함과 동시에 10% 이상을 초과한 주식은 100분의 1의 의결권만을 갖는다고 규정하였다. 주주들의 광범한 지지 없이는 경영권이 변동될 수 없도록 하는 것이 그 규정의 목적이다. 일단 한 주주의 보유주식이 10%를 초과하는 경우에는 그 초과분의 주식은 의결권이 감소한다는 점에서 열등의결권주식과 같은 외관을 지닌다. 그러나 그것이 주식 자체의 속성이 아니라 어느 주식

160 캐나다에서는 이들 주식을 제한의결권주식(restricted share)이라고 부른다. Kerbel(1987), 38 특히 n. 3. 이론상으로는 제한의결권주식과는 반대로 의결권지분이 투자지분을 상회하는 주식들을 총칭하는 용어도 있을 법하나 그러한 용어는 사용되고 있지 않다.

161 Kerbel(1987), 39-43.

162 Kerbel(1987), 41 이하.

도 일정한 경우에 의결권이 제한될 수 있다는 점에서는 열등의결권주식에 속한다고 보기 어렵다. 의결권의 차등은 다양한 형태를 취할 수 있다. 예컨대 의결권이 같아도 이익배당이 2배인 주식은 실제로는 의결권이 2분의 1인 주식 2주라고 볼 수도 있으므로 역시 열등의결권주식으로 볼 수 있다.[163] 또한 의결권의 차등은 기존주식의 의결권보다 열등하거나 우월한 주식을 새로이 발행하거나 기존주식의 의결권을 제한하는 방법으로 발생시킬 수 있다.

열등의결권주식을 도입하는 주된 이유는 결국 경영권을 확보하기 위한 것이다. 미국에서는 기존의 경영진이 자기 측 보유주식을 제외한 나머지 주식을 열등의결권주식으로 교환하도록 유도함으로써 자기 측의 의결권지분을 높이고 결과적으로 외부자의 경영권탈취를 불가능하게 하는 예가 많았다. 한편 우리나라에서는 기존의 지배주주들이 경영권을 위협받지 않고 자기자본을 보충하기 위한 방법으로 무의결권주를 많이 발행하였다. 또한 열등의결권주식은 주식회사에 조합적 요소를 가미하는 것을 가능하게 하기도 한다. 예컨대 주식의 극히 일부만을 의결권이 있도록 하여 투자액에 관계없이 투자자에게 동등하게 배정하고 나머지 무의결권주식은 투자액에 비례하여 배정한다면 주식회사에서도 1인1의결권원칙을 채택한 것과 마찬가지의 결과가 될 것이다.

2. 의결권제도의 역사적 변천

상법상의 1주1의결권원칙은 자기주식(369조 2항), 무의결권우선주(370조) 등 몇 가지 예외를 제외하고는 이제 완전히 확립되어 마치 회사법상 절대불

163 Kerbel(1987), 43. 이러한 주식이 1주1의결권주식에 반한다는 점은 앞서 우선주의 이익배당의 내용에 관한 논의에서도 확인된 바 있다. 그 밖에도 Kerbel은 동일한 내용의 주식이 일부 주주에게는 1달러에, 나머지 주주에게는 100달러에 발행된 경우에도 후자의 주주가 인수한 주식이 열등의결권주식이라고 하고 있다. Kerbel(1987), 42-43 그러나 일단 발행된 후에 양도되는 경우에는 양자 간에 아무런 차이가 있을 수 없으므로 그것을 차등의결권주식으로 볼 수는 없을 것이다.

변의 원칙 같은 감을 주기까지 한다. 그러나 역사적, 비교법적으로 보자면 이 원칙은 회사의 본질에서 논리필연적으로 도출되는 것이 아니라 대자본가의 지배를 촉진하려는 정책상의 필요에서 생겨났던 것임을 알 수 있다.

(1) 1인1의결권에서 1주1의결권으로

영국에서는 회사발생 초기부터 주주의 의결권의 문제가 논의되었다.[164] 그 논의는 시대에 따라 사회적 · 경제적 수요를 반영하여 전개되었다. 17세기 초에는 오늘날의 정관에 상당하는 주식회사의 특허장(charter)에 의결권의 수에 대한 규정을 두지 않고 부속정관(by-law)에 맡기는 것이 보통이었다. 따라서 그 경우 주주마다 1개의 의결권을 갖는지 주식수에 비례하여 의결권을 갖는지에 대하여 논란이 일곤 했다. 예컨대 1618년부터 1625년 사이에 Virginia & Somers Island Companies의 경영권을 둘러싸고 Smythe파와 Sandys파 사이의 다툼의 주된 쟁점도 1인1의결권이냐 1주1의결권이냐 하는 것이었다.

17세기 후반에 이르러서는 특허장에 의결권에 관한 규정을 두게 되었으나 그 규정의 내용은 일정치 않았다. 1주1의결권을 규정한 유형이 있었는가 하면 일정한 금액 이상을 출자한 투자자는 모두 1개의 의결권만을 갖는다고 규정한 유형도 있다. 또한 이상의 두 유형의 중간에 서는 것으로서 주식수에 대체로 비례하여 의결권을 갖지만 그 최고한도를 정한 유형이 있었다. 예컨대 액면 300파운드짜리 주식에 대하여 2표, 500파운드짜리에는 3표, 1,000파운드짜리에 5표를 주고 5표를 최고한도로 한다는 식의 유형이 그것이다. 이러한 중간적 유형이 18세기 영국의 영리회사에서는 지배적이었다. 이러한 경향은 회사형태가 점차 등장하기 시작한 18세기 후반의 미국에서도 마찬가지여서 의결권이 투자액에 비례하면서도 최고한도가 규정되는 것이 보통

164 이하 영국과 미국의 상황에 대하여는 대체로 Ratner(1970), 3-11.

이었다. 이 같은 의결권의 제한은 집중된 부에 의한 민주주의의 약화를 막기 위한 것이었다.

19세기에 들어서면서 미국에서는 회사설립이 각 회사마다 정부로부터 특허를 부여받는 방식이 아니라 주법인 일반회사법의 요건을 충족하는 방식으로 이루어지게 되었다. 이들 일반회사법은 초기에는 의결권의 수에 대하여 18세기에서와 같이 다양성을 보였으나 점차 1주1의결권원칙이 자리 잡게 되었다. 예컨대 1811년 뉴욕주의 일반제조회사법이나 1837년의 코네티컷주와 미시건주의 회사법은 1주1의결권원칙을 규정하였다. 1836년의 펜실베이니아주 회사법은 2주까지는 1주당 1표, 3주부터 10주까지는 2주당 1표, 11주부터 30주까지는 4주당 1표, 31주부터 100주까지는 10주당 1표, 100주부터는 20주당 1표를 준다고 규정하였다. 1849년법에서는 이 같은 복잡한 공식을 버리고 1주1의결권원칙을 채택하면서도 1인의 의결권수가 의결권총수의 3분의 1을 초과할 수 없다는 제한을 두었지만 이 제한도 1874년에도 사라지게 되었다. 매사추세츠주에서는 1809년과 1830년의 일반제조회사법에 의결권에 대하여 아무런 규정도 두지 않았다. 은행이나 보험회사, 철도회사 등의 특수회사에 대하여는 의결권의 수의 최고한도를 두었지만 그 같은 제한도 1920년대까지는 모두 삭제되었다. 그리하여 19세기 말에 이르러서는 1주1의결권원칙을 제한하는 주법은 거의 찾기가 어렵게 되었다.

한편 영국에서는 1826년 회사법에 이르러 회사규칙(regulation)에 다른 정함이 없는 한 1주1의결권원칙이 적용된다고 규정하였다. 그러나 법에 제시한 모범규칙은 10표까지는 1주당 1표, 11표에서 100표까지는 5주당 1표, 101표 이상은 10주당 1표씩을 준다고 규정하였다. 마침내 1908년 법에 이르러서 비로소 1주1의결권원칙이 모든 회사에 적용되었다.

프랑스법의 발전과정은 영미에서와 비슷하면서도 조금 다른 면이 있다.[165]

165 프랑스법의 자세한 상황에 대하여는 鳥山(1984), 81면 이하 참조.

프랑스혁명 이전에는 주주의 의결권에 대하여 확립된 원칙 같은 것은 없었다. 이러한 상태는 1807년의 나폴레옹상법전하에서도 계속되었다. 다만 당시의 설립허가주의하에서 정부는 설립허가를 내줄 때 주주가 행사할 수 있는 의결권수를 정관에서 제한하도록 강제하였다. 그후 1863년 법과 1867년 법에서는 설립준칙주의를 취함에 따라 주주가 행사할 수 있는 의결권수를 정관에서 결정하게 되었다. 이처럼 1867년 법이 1주1의결권원칙을 강제한 것은 아니었지만 회사설립자가 정관내용을 자기 뜻대로 정할 수 있었기 때문에 실제로는 정관에서 1주1의결권원칙을 정하는 경우가 많았다. 그에 따라 차츰 학자들도 주식회사에서는 1주1의결권이 원칙인 것처럼 주장하게 되었다. 그리하여 1913년 법에 이르러서는 정관변경을 위한 특별결의의 경우에는 주주의 의결권수를 제한할 수 없다고 규정함으로써 정관에 의한 의결권수의 제한을 금지하였다. 하지만 그 규정은 대주주들의 과도한 영향력을 우려한 학자들의 비판을 받아 1930년 법에서는 다시 정관에 의한 의결권수의 제한을 인정하게 되었다. 그러나 실제로 그 같은 제한이 정관에 규정되는 경우는 극히 드물다고 한다.

(2) 1주1의결권원칙에서 차등의결권으로[166]

이처럼 1주1의결권원칙 내지는 자본다수결원칙이 자리를 잡게 됨에 따라 회사자본의 50% 이상만을 투자한 주주가 회사를 마음대로 지배할 수 있게 되었다. 그러나 대주주에게는 회사지배에 필요한 자본의 규모는 작을수록 좋은 것이다. 특히 기업의 규모가 커지면 자본의 50%만 되어도 일 개인이 축적할 수 있는 부의 범위를 훨씬 초과하기 때문이다. 복수의결권주식이나 무의결권주식과 같은 차등의결권주식은 바로 이 같은 지배자본의 규모축소를

166 자세한 것은 Seligman(1988), 468-474.

위하여 도입된 것이라고 할 수 있다.

미국에서는 19세기 말에 이르러서는 1주1의결권원칙을 제한하는 주법을 찾기가 어렵게 되었다는 점은 이미 위에서 언급한 바 있다. 주회사법은 대부분 "정관에 다른 정함이 없는 한" 1주1의결권원칙이 적용된다고 규정하고 있으므로 정관에 근거규정을 두는 경우에는 무의결권보통주뿐 아니라 복수의결권주식이나 부분의결권주식까지도 발행할 수 있다.[167] 20세기에 들어서면서부터 일정한 종류의 주식의 의결권을 제한하려는 움직임이 생겨나기 시작했다.[168] 먼저 소수의 주식을 가진 경영진이 지배권을 유지하기 위한 수단으로 여러 층의 지주회사를 이용하는 이른바 "pyramiding", 의결권신탁 등의 방법과 아울러 무의결권우선주가 등장하였다. 그 대표적인 예로 Dodge Brothers사를 들 수 있다. Dodge사는 의결권이 없는 A종 보통주 150만 주와 의결권 있는 B종 보통주, 우선주, 사채 등을 발행하였는데 그 지배권은 B종 보통주 25만 1주를 보유하는 한 투자은행이 가지고 있었다. 일반투자자의 투자액이 약 1억 3,000만 달러에 달했는 데 비하여 그 투자은행은 225만 달러도 투자하지 않고서도 지배권을 장악하였다. 1925년 Dodge사의 주식이 뉴욕증권거래소에 상장되자 각계에서는 무의결권보통주에 대한 강한 비판 여론이 일게 되었다. 하버드대학의 경제학자인 리플리(William Z. Ripley) 교수를 중심으로 제기된 비판론에 대해서 마침내 의회는 물론이고 쿨리지(Calvin Coolidge) 대통령도 동조하기에 이르렀다.[169] 이 같은 비판적인 여론에 따라 1926년 1월 뉴욕증권거래소는 처음으로 무의결권보통주의 상장을 거부하였다. 초기에는 그것이 뚜렷한 방침이라고는 할 수 없었지만 차츰 확고한 것으

167 Model Business Corporation Act Annotated, Vol. 1, 594-595(3rd ed. 1985).

168 이하의 서술은 주로 Seligman(1986), 694-707.

169 리플리 교수는 무의결권주식이야말로 투자자의 의결권을 박탈하기 위한 이제까지의 노력 중에서 가장 파렴치한 것이었다고 주장하였다. W. Ripley, Main Street and Wall Street 77(1927)(Bainbridge(1991), 569에서 재인용).

로 굳어지게 되었다. 1940년 뉴욕증권거래소가 무의결권보통주의 상장을 금지하는 규칙을 정식으로 공표하기에 이르렀다. 한편 1934년 제정된 연방위임장규칙은 바로 이러한 뉴욕증권거래소의 방침을 전제로 한 것이었다.

차등의결권주식의 상장을 거부하는 이 방침은 흔히 의결권이 주주의 고유권이라는 말로써 정당화되곤 했다. 그러나 이 방침도 예외가 전혀 없이 시행된 것은 아니었다. 예컨대 1956년에는 5.1%의 주식에 40%의 의결권이 부여된 B종 보통주를 발행하고 있는 Ford Motor사의 상장을 허용하였으며 1985년 9월 30일 현재 상장회사들 중에서 약 10사가 차등의결권주식을 발행하고 있다. 아메리칸증권거래소는 1972년 이래 무의결권보통주의 상장을 금하고 있으나 부분의결권주식의 상장은 제한적으로 허용하고 있다. 한편 NASD(미국증권업협회)는 장외시장이나 NASDAQ(전산매매시스템)에서나 의결권에 관해서는 아무런 규제를 가하지 않았기 때문에 차등의결권주식도 자유로이 거래되었다. 1985년의 통계에 의하면 아메리칸증권거래소와 NASDAQ을 통해서 거래되는 4,866개 회사 중 약 170개 회사만이 차등의결권주식을 발행하고 있었다.[170]

(3) 차등의결권주식에 관한 논의

1) 차등의결권주식의 부활

리플리 교수는 이미 1926년에 무의결권우선주의 소멸을 예언한 바 있다.[171] 그러나 위에서 살펴본 바와 같이 그후에도 무의결권 내지 차등의결권주식이 전혀 발행되지 않은 것은 아니다. 겨우 명맥만을 이어 가던 차등의결권주식은 1980년대에 들어오면서 새로운 전기를 맞게 된다. 1980년대에 들

170 Seligman(1988), 473.

171 Ripley, 122(Bainbridge(1991), 208에서 재인용).

어 적대적인 기업인수가 늘어나게 되자 경영진들은 여러 가지로 방어수단을 강구하게 되었다. 가장 완벽한 방법은 경영진이 과반수의 의결권을 확보하는 것이었다. 이른바 Management Buy Out(MBO)과 같이 경영진이 자신의 회사의 주식을 매입하는 것도 가능하지만 그를 위해서는 주주들에게 상당한 프리미엄을 제공하지 않으면 아니 된다. 따라서 그 대안으로 등장한 것이 의결권이 없거나 제한된 주식을 이용하는 방법이었다. 그러한 방법도 다시 다음의 3가지로 나누어진다.[172]

첫째, 주식교환의 방법이다. 먼저 회사는 보통주를 Class A와 Class B의 두 가지로 나누어 전자는 기존의 보통주로 하고 후자는 새로이 발행되는 주식으로서 다수의 의결권(흔히 10개)이 부여되며 기존의 보통주보다 이익배당이 10% 낮게 책정되어 있는 것이 보통이다. Class B 보통주는 주주의 가족 이외의 자에게 양도되는 경우에는 자동적으로 Class A로 전환된다는 조항이 붙어 있다. 주주들은 Class A 보통주를 Class B 보통주와 1대 1로 교환할 수 있으나 어차피 이익배당에나 관심이 있는 투자자주주들을 제외한 경영진들만 교환을 할 것이다. 따라서 의결권 10개인 차등의결권주식이 이용된 경우에는 종래 9%를 넘는 정도의 주식을 가진 경영진이 과반수의 의결권을 확보하게 될 것이다.

둘째, 주식배당의 방법이다. 위에서 설명한 것과 같은 내용의 Class B 주식을 새로이 발행하여 주식배당으로 기존 주주들에게 교부한다. 일반주주들은 궁극적으로 그것을 매각할 것이고 그렇게 되면 통상의 보통주로 전환될 것이다. 결국에는 배당된 복수의결권주식을 보유하고 있는 경영진의 의결권 지분이 높아질 것이다.

셋째, 정관을 개정하여 주주들 사이에 의결권의 차등을 두는 방법이다. 이에 의하면 회사는 정관을 개정하여 일정기간 이상 보유된 주식의 의결권을

172 이하의 주로 R. Gilson & B. Black(1992), 283-291에 의존하였다.

증가시킨다. 주식이 양도되는 경우에는 의결권은 다시 감소한다. 따라서 주식을 계속 보유하는 경영진의 의결권지분은 높아질 것이다.

적대적 기업인수의 위협을 느끼고 있는 회사들은 점차 이러한 차등의결권주식을 이용한 경영권방어에 관심을 기울이게 되었다. 1980년에서 1984년 사이에만도 37개 회사가 이러한 차등의결권제도를 도입하였으며 1985년과 1986년에는 다시 45개의 회사가 채택하였다.[173] 과거의 차등의결권주식이 지배주주들이 경영권을 유지하면서 자금을 조달하기 위한 목적으로 발행한 것임에 비하여 1980년대의 차등의결권주식은 경영진이 적대적 기업인수를 막기 위하여 발행한 것이다.

차등의결권주식을 발행하는 것에는 주법상 거의 문제가 없었다. 이미 언급한 바와 같이 대부분의 주회사법은 정관에 달리 정하는 경우에는 1주1의결권원칙을 벗어나는 것을 허용하고 있다.[174] 약 3분의 1의 주가 증권규제법으로 차등의결권주식의 발행을 일부 제한하고 있지만[175] 차등의결권주식의 확산을 막는 데 주로 기여한 것은 증권거래소의 상장규정이었다.

2) 규칙 19c-4의 제정

차등의결권주식에 대한 경영진의 관심이 높아 감에 따라 가장 위협을 받게 된 것은 뉴욕증권거래소였다. 앞서 언급한 바와 같이 뉴욕증권거래소는 무의결권주의 상장을 불허함은 물론이고 무의결권주의 발행회사가 발행하는 의결권주식의 상장도 금지하였다. 그리고 차등의결권주식을 발행하는 회사의 상장을 사실상 불허하였다. 뉴욕증권거래소가 풍부한 유동성이나 높은 명성면에서 다른 증권거래소나 장외시장에 비할 수 없는 절대적인 우위를

173 차등의결권주식을 발행하는 방법에는 여러 가지가 있으나 가장 널리 이용되는 것은 회사가 기존의 주주에게 보통주를 배당면에서는 유리하나 의결권은 제한된 주식과 교환할 것을 청약하는 방법이다.

174 이와 다른 내용을 규정한 회사법을 갖고 있는 주는 2개밖에 없다. Bainbridge(1991), 574.

175 Bainbridge(1991), 574.

누리고 있던 당시에는 발행회사가 차등의결권주식에 대한 이러한 강경한 방침에 대해서 불만이 있어도 참을 수밖에 없었다. 그러나 1980년대에 들어 특히 NASDAQ의 지위가 급속히 상승함에 따라 회사들은 과거에는 갖지 못했던 선택의 기회를 갖게 되었다. 그리하여 뉴욕증권거래소나 아메리칸증권거래소에도 상장이 가능하게 된 회사가 그대로 NASDAQ에 남기를 택하는 경우가 늘어나게 되었다.[176]

이러한 변화된 상황에 발맞추어 상당수의 상장회사들이 뉴욕증권거래소에 차등의결권주식발행의 허용을 요구하기에 이르렀다. 1984년 뉴욕증권거래소는 의결권에 관한 상장규정의 적용을 유예하고 이 문제의 연구를 위한 위원회를 구성하였다. 그리고 1986년에는 상장규정의 개정안을 내어놓았다. 그에 의하면 외부이사와 주주의 과반수의 찬성이 있으면 기존 주주의 의결권을 변경함으로써 차등의결권제도를 도입하는 것도 가능하게 되었다.[177] 뉴욕증권거래소의 상장규정을 개정하기 위해서는 1934년 증권거래소법상 SEC의 승인을 요하였다(19조). 그러나 그러한 규칙개정에 대해서는 기업인수경쟁의 와중에서 이익을 취하고 있는 기관투자가들은 물론이고 의회도 반대하였으므로 SEC는 규칙개정을 허용하는 대신 각 거래소들이 협의하여 기존 주주의 의결권을 존중하는 방향의 통일적인 규칙을 제정하도록 유도하였다. 그러나 이러한 타협은 끝내 실패하였다. 그러자 SEC는 1987년 6월 미국 내의 모든 증권거래소가 일정한 예외를 제외하고는 1주1의결권원칙을 따르도록 강제하는 것을 골자로 하는 규칙안을 공개하였다. 이 규칙안은 1988년 7월에 이르러 마침내 34년법 규칙 19c-4로서 채택되었다.[178]

176 Bainbridge(1991), 576.

177 NYSE's Proposed Rule Change on Disparate Voting Rights, 18 Sec. Reg. & L. Rep. (BNA) no.37, at 1389-92 (Sept. 19, 1986)(뉴욕증권거래소의 개정안).

178 Exchange Act Release No. 34-25891, Voting Rights Listing Standards — Disenfranchisement Rule (July 7, 1988).

3) 규칙 19c-4의 내용

SEC는 차등의결권주식에 대한 전면적인 금지론[179]을 채택하지 않고 1주 1의결권원칙의 예외를 일정한 범위에서 인정하였다. 즉 규칙 19c-4는 일정 시점 이후에는 기존 보통주주의 의결권을 제한하는 효과가 있는 조치를 취하는 회사가 발행한 증권의 상장을 금지하였다. 그에 의하면 다음의 경우에는 의결권을 제한하는 효과를 갖는 것으로 추정된다(규제 19c-4(c)): ① 보유주식수에 근거하여 의결권을 제한하는 조치를 취하는 경우; ② 보유기간에 근거하여 의결권을 제한하는 조치를 취하는 경우; ③ 기존의 보통주주들에게 의결권이 보다 적거나 많은 새로운 주식과 교환할 것을 청약하는 경우; ④ 기존의 보통주주에 의결권이 보다 많은 주식을 배당하는 경우. 반면에 다음의 경우에는 그러한 효과를 갖지 않는 것으로 추정된다(규칙 19c-4(d)); ① 최초의 공모를 통하여 주식을 발행하는 경우; ② 공모의 방법으로 의결권이 기존의 보통주보다 의결권이 많지 않은 증권을 발행하는 경우; ③ 진정한 합병이나 기업인수를 위하여 기존의 보통주보다 의결권이 많지 않은 증권을 발행하는 경우; ④ 주내회사의 경우에 일정한 수 이상의 주식을 보유하는 주주의 의결권행사에 독립적인 주주의 승인을 요하는 주법에 의하여 회사가 취한 조치의 경우.

이처럼 규칙 19c-4는 기존의 보통주식의 의결권을 사후적으로 제한하는 경우와 애초에 의결권이 제한된 주식을 발행하는 경우를 구분하여 전자의 경우만을 금지하고 있다. 이러한 접근방식은 당시에 발표된 Gilson 교수의 논문[180]에서 근거한 것이다. 그 밖에도 SEC가 이처럼 타협적인 규정에 그칠 수밖에 없었던 것은 당시 1주1의결권원칙에 대한 백악관이나 의회의 지지가 1926년 뉴욕증권거래소가 그 원칙을 채택했을 때보다 약하기 때문이었다.[181]

179 예컨대 DeAngelo(1985); Grossman & Hart(1988).

180 Gilson(1987).

181 Lowenstein(1989), 980.

4) 규칙 19c-4의 폐기

규칙이 채택된 직후 Business Roundtable이라는 경영진들의 이익을 주로 대변하는 단체가 그 규칙이 SEC의 관할을 넘기 때문에 무효라는 선언을 구하는 소송을 제기하였다. 1990년 DC항소법원은 규칙이 의회가 주에 일임한 회사지배의 문제를 다루고 있다는 이유로 그 규칙의 무효를 선언하였다.[182] 그러나 규칙 19c-4가 무효화된 후에 오히려 뉴욕증권거래소와 NASDAQ은 규칙 19c-4와 같은 내용의 규칙을 자발적으로 채택하였다. 아메리칸증권거래소는 1991년 6월 총 주주의 3분의 2이나 경영진이나 지배주주와 관련이 없는 주주들의 과반수가 찬성하는 경우에는 차등의결권제도의 도입을 허용하는 내용의 개정안을 내놓았다. 이에 대한 SEC의 승인 여부는 아직 알려지고 있지 않다.

(4) 영국, 프랑스에서의 논의

미국에서도 회사법상 무의결권보통주나 복수의결권주의 발행이 허용되고 있고 실제 많이 발행되고 있다.[183] 1960년을 전후해서 무의결권보통주를 금지하려는 움직임이 있었으나 성공하지 못하였다.[184]

1920년대에 미국과 독일에서 널리 발행되고 있던 복수의결권주식이 프랑스에 널리 보급된 것은 1926년 이후이다.[185] 그러나 지배권을 확보한 경영자에 의한 자의적인 경영의 우려 때문에 폐지가 주장되어 1930년법에서 앞으로의 발행을 금지하였다. 그후 1933년법에서는 예외적으로 일정한 주식에 2배 의결권을 인정하였다. 지배자본의 규모축소의 면에서 복수의결권주식과

182 Business Roundtable v. SEC, (CCH) Fed. Sec. L. Rep. Para. 95291(D. C. Cir., June 12, 1990).
183 Pennington(1985), 224.
184 Pickering(1965), 272-274.
185 鳥山(1984), 198-199면.

비슷한 기능을 하는 무의결권주식은 1978년법에 이르러서야 발행이 허용되었다. 그 도입이 그렇게 늦었던 것은 의결권이 주식의 본질적인 속성이라는 견해가 뿌리 깊게 자리 잡고 있었던 데 기인한다. 그러나 그러한 견해는 최근 들어 결정적인 타격을 받게 되었다. 즉 1983년법에서는 무의결권주의 발행요건을 완화하였을 뿐 아니라 주식을 재산적 권리만을 표창하는 투자증권과 의결권만을 표창하는 의결권증권으로 분해하는 것도 허용하고 있다.

(5) 소괄

이상의 역사적 · 비교법적 고찰을 통해서 하나의 공통된 흐름을 발견할 수 있다. 그것은 의결권제도가 회사지배를 위하여 필요한 자본의 규모를 줄이는 방향으로 변천해 왔다는 것이다. 즉, 1인1의결권에서 1주1의결권을 거쳐 차등의결권으로 단계적으로 옮아감에 따라 대주주는 회사자본의 일부만을 투자하고서도 자신의 지위를 확고히 할 수 있게 되었다. 따라서 이 같은 단계적인 변천에 대한 반대론의 밑바닥에는 대주주의 지배적인 지위가 강화되는 것에 대한 우려가 깔려 있다. 그러나 그러한 단계적인 변천의 양상이 나라마다 다르기는 하지만 어느 정도 공통적으로 진행되고 있는 것을 보면 거꾸로 대주주의 경영권강화의 필요성도 어느 정도 인식되고 있음을 알 수 있다. 그렇다면 차등의결권주식의 발행을 허용할 것인가, 그리고 어느 범위까지 허용할 것인가의 문제는 대주주의 경영권강화를 어느 정도까지 용납할 것인가 하는 정책적인 문제와 밀접한 관련을 갖고 있다. 이하에서는 미국에서 진행된 바 있는 논의를 중심으로 차등의결권주식의 정책적인 함의에 대하여 살펴본다.

3. 주주의결권의 이론적 근거

현대 자본주의국가에서는 주식회사의 의사결정에 참여할 수 있는 권한인 의결권은 주주만이 행사한다. 주주만이 의결권을 갖는다는 점은 너무도 당연한 것으로 여겨져서인지 그 이론적 근거에 대해서는 회사법학계에서도 별로 논의가 없었다. 최근 법경제학자들은 그 근거를 주주가 회사의 잔여청구권자(residual claimants)라는 것에서 찾고 있다.[186] 주주는 회사의 종업원, 사채권자, 경영자에 대한 의무(주로 계약상의 의무)를 이행한 후에 남는 이익(또는 손실)을 향유(또는 부담)하는 잔여청구권자로서 경영의 성과에 가장 큰 이해관계를 갖는다. 그러므로 회사의 의사결정의 결과에 가장 큰 영향을 받는 집단인 주주들이 출자한 위험자본의 크기에 비례하여 의사결정권을 가져야 한다는 논리인 것이다.[187] 주주가 잔여청구권자라는 등식은 항상 타당한 것은 아니다. 회사가 채무초과상태에 빠지는 경우에는 이미 주주가 차지할 몫은 존재하지 않는다. 이 경우 회사의 흥망성쇠에 가장 큰 이해관계를 갖는 것은 채권자이다. 회사정리절차가 개시된 회사에서 주주의 의결권이 제한되고(회사정리법 129조 3항) 채권자의 참여가 확대되는 것은 바로 그 때문이다.

현재 주주의 의결권은 크게 두 가지 측면에서 위협을 받고 있다. 첫째는 주주 아닌 다른 이해관계자도 일종의 투자위험을 부담하므로 회사의 의사결정에 참여할 수 있어야 한다는 점이다. 주주가 잔여청구권자로서 가장 큰 투자위험을 부담하는 것은 사실이다. 그러나 주주들만이 위험을 부담하는 것은 아니다. 특히 경영자와 종업원은 회사의 흥망성쇠에 주주 못지않은 이해관계를 가진다. 어떤 의미에서는 경영자와 종업원이 갖는 이해관계

186 Easterbrook & Fischel(1991), 67; Clark(1986), 389-390.

187 그 같은 논리는 이미 1925년 한 변호사의 연설에서도 발견되고 있다. Seligman(1986), 696 n. 63.

는 주주의 경우보다 훨씬 더 절박한 것이라고 할 수도 있다. 투자자로서의 주주의 위험은 이른바 포트폴리오이론 등을 이용하여 어느 정도 분산이 가능하다.[188] 그에 비하여 경영자와 종업원은 위험의 분산을 위하여 여러 직장에 동시에 다닐 수도 없다. 한편 경영자와 종업원들이 새로운 직장을 찾거나 전직하는 것이 어려운 우리의 현실에서 회사의 도산시에 이들이 입는 타격은 엄청난 것이다. 물론 이론적으로 본다면 경영자나 종업원은 회사와 계약조건에 대하여 합의할 때 그러한 위험을 충분히 고려한 것으로 보아야 한다는 반론도 가능하다. 이러한 반론 역시 시장기구가 충분히 효율적인 것을 전제로 한다. 그러나 회사에 취직하는 경우와 같이 장기적인 관계를 맺는 계약의 경우에도 완전한 정보를 가지고 합리적인 결정을 내린다는 가정이 성립할 수 있는지는 의문이다. 따라서 경영자와 종업원도 어느 정도는 회사의 의사결정에 관여할 수 있는 권한을 가질 필요가 있다. 이러한 경영자와 종업원의 참여는 정도나 형식의 차이는 있지만 대부분의 나라에서 인정되고 있다.

주주의 의결권에 대한 이러한 위협은 다른 이해관계자의 참여를 요구할 뿐이므로 주주의 의결권의 가치를 부인하는 두 번째 위협보다는 덜 혁명적이다. 어느 사회에서도 주주가 의결권을 갖기는 하지만 모든 사항에 대하여 의결권을 갖는 것은 아니다. 적어도 일상적인 업무는 분업의 원칙에 따라 소수의 전문경영인에게 맡기지 않을 수 없다. 주주가 의결권을 행사할 수 있는 대상은 이사, 감사의 선임이나 해임, 합병, 정관갱신 등 중요한 사항에 한정되게 되었다. 이론상으로는 이처럼 주주의 의결권이 행사되는 범위에서는 경영자가 주주에 의하여 견제를 받는다고 할 수 있다. 그러나 실제로는 주주가 의결권행사에 전혀 관심을 갖지 않는 것이 보통이다. 주식소유가 집중된 회사에서는 어차피 지배주주의 의사에 따라 결정될 것이므로 다른 주주의

188 포트폴리오이론에 대한 간단한 설명으로는 Brealey & Myers(1988), 125-165.

무관심은 당연하다. 주식소유가 분산되어 지배주주가 존재하지 않는 대기업에서도 대부분의 주주는 경영자의 결정이나 제안을 맹목적으로 순종하는 것이 보통이다. 어떻게 의결권을 행사하는 것이 자기에게 유리한지를 파악하는 데 비용이 든다는 점, 그러한 판단에 따라 의결권을 행사한다고 해도 자기의 의사와 같이 결정이 이루어진다는 보장이 없다는 점, 자기에게 유리한 결정이 이루어진다고 해도 통상 그 이익은 자기가 들인 비용에 미달한다는 점 등을 고려하면 그러한 주주의 무관심은 법경제학자들이 말하는 것처럼 "합리적 무관심"(rational apathy)이라 할 수 있다.[189] 이러한 현실은 흔히 무의결권주의 활용을 지지하는 근거로 지적되고 있다. 어차피 행사하지 않을 의결권을 포기하는 대가로 우선배당을 약속하는 것은 투자자들에 오히려 이익이 아니냐는 논리이다. 그러나 주주들이 의결권행사에 무관하다고 해서 의결권이 무가치하다고 볼 것은 아니다. 그것은 의결권이 평상시에는 아무런 기능을 못하지만 비상시에는 중요한 의미를 가질 수 있기 때문이다. 예컨대 회사의 경영권을 둘러싸고 주식의 공개매수나 위임장쟁탈전이 진행되는 경우에는 의결권이 그야말로 결정적인 의미를 갖게 된다. 기존의 경영진을 쫓아내고 차지하는 데 의결권이 없는 주식은 아무런 가치를 가질 수 없다. 1주1의결권원칙은 이 같은 경영진의 교체를 쉽게 한다고, 바꾸어 말하면 경영자가 자신의 지위를 영속시키는 것을 어렵게 한다고 할 수 있다. 차등의결권주식에 대한 찬반논의는 이 점에 대한 인식에서 출발하여야 한다.

189 Clark(1986), 389-400은 주주들의 수동적인 태도를 이른바 집단행동(collective action)의 문제로 설명하고 그 문제의 심각성은 대표소송과 기업인수로써 완화시킬 수 있다는 점을 역설하고 있다.

4. 차등의결권주식에 대한 찬반론

(1) 찬성론의 근거

1) 경영진의 경영권안정

앞서 지적한 바와 같이 경영진의 교체가 어려워지는 경우에는 경영진에 대한 통제가 약화되는 것은 사실이다. 그러나 경영진의 경영권안정이 반드시 비효율적인 면만 있는 것은 아니다. 경영진의 교체가 경영진통제기능을 제대로 발휘하기 위해서는 한 가지 전제가 필요하다. 그것은 기업인수에 의한 경영진교체는 무능하거나 부정직한 경영진만을 대상으로 해야 한다는 것이다. 순이론상으로는 그러한 경영진의 지배하에 있는 회사의 주식은 그 잠재적 가치보다 낮게 평가되어 있을 것이다. 따라서 유능하고 양심적인 경영자가 그 같은 회사를 시가보다 약간 프리미엄을 붙여서라도 인수하여 기존의 경영진을 쫓아내고 제대로 경영하면 주가가 상승할 것이고 기업인수자는 주가상승으로 인한 차익을 차지할 수 있다는 입론도 가능하다. 그러나 기업인수의 대상은 그 같은 무능한 경영진의 지배하에 있는 기업에 한한다는 법적인 제한은 존재하지 않는다. 오히려 실제 많은 경우에 기업인수는 유능한 경영진이 경영 중인 회사를 대상으로 하고 있다.[190] 이 같은 현상은 특히 이른바 corporate raider라고 불리우는 전문적인 기업인수꾼들이 행하는 기업인수에서 두드러지고 있다. 이들은 실제로 기업을 인수할 생각도 없이 순전히 경영진에게 겁을 줘서 자기보유주식을 높은 가격에 매입하도록 만들거나(이른바 greenmail)[191] 또는 기업을 인수하더라도 그것을 잘 운영하는

190 Coffee(1984), 1206-1211. 이 점은 실제 기업인수를 행하는 경영자들도 수차례 밝힌 바 있다. 예컨대 한 경영자는 그가 인수대상으로 하는 회사는 수익이 자본의 12% 이상이고 시장규모가 매년 10% 이상 성장하는 회사라고 말한 바 있다. Id., 1200 n. 160.

191 greenmail은 기업인수꾼 이외의 다른 주주들에게는 불리하다. Clark(1986), 591.

것이 아니라 바로 회사재산을 개별적으로 처분하여 처분가격과 인수가격의 차액을 얻는 것을 목적으로 기업인수를 시도하는 경우가 많다. 이처럼 기업인수가 성행하게 되면 경영자들은 눈앞의 주가의 등락에 너무 집착한 나머지 주가를 당장 상승키기지 못하는 장기적인 프로젝트보다 단기적으로 영업성적을 높이는 프로젝트만을 수행할 가능성도 있다. 차등의결권주식을 발행함으로써 경영진의 경영권이 확보되는 경우에는 경영진은 그때그때의 영업성적에 너무 신경 쓰지 않고 기업의 장기적인 성장을 위하여 전력을 기울일 수도 있을 것이다. 또한 경영자들은 마음 놓고 경제학자들이 말하는 이른바 firm-specific(특정회사에서만 가치를 제대로 발휘할 수 있는)한 전문지식을 개발하게 될 것이므로 회사에도 이익이 된다. 현재와 같이 적대적인 기업인수가 빈번히 이루어지는 경우에는 경영자는 그가 습득한 firm-specific한 전문지식에 대하여 전혀 보상받지 못할 것이기 때문에 그러한 전문지식의 개발을 소홀히 한다는 것이다.[192]

2) 전면적인 금지의 부당성

차등의결권주식의 발행을 반대하는 견해의 밑바닥에는 그것이 허용되는 경우에는 대부분의 기업에서 경영자가 차등의결권주식을 이용하여 소규모의 자본을 가지고 경영권을 영속화할 것이라는 우려가 깔려 있다. 그러나 그 같은 우려는 현실적인 뒷받침을 결여하고 있다. 사실 이제껏 미국의 거의 모든 주에서 차등의결권주식의 발행이 허용되고 있고 아메리칸증권거래소와 NASDAQ에서의 거래가 허용되고 있음에도 불구하고 실제 그 같은 주식을 발행하고 있는 공개회사의 수는 그렇게 많지 않다.[193] 그 이유는 이미 지배권이 확보되어 있기 때문에 굳이 차등의결권주식을 발행할 필요를 느끼지 않는 회사가 많고 차등의결권주식을 발행하면 자금조달비용이 올라간다고

192 Dent(1986), 750.

193 Seligman(1986), 707.

경영진이 스스로 판단하여 그것을 자제하였기 때문일 것이다. 이처럼 차등의결권주식의 발행이 모든 회사의 경우에 다 바람직한 것으로 받아들여지고 있는 것은 아니다. 그러나 그것이 타당성을 가질 수 있는 경우가 전혀 없다고는 할 수 없다.

차등의결권주식을 발행하게 되면 경영자교체에 의한 경영자통제기능이 약화된다는 점에 대해서는 이미 언급한 바 있다. 그러나 이른바 회사지배시장에서의 경영자교체의 위협만이 경영자통제를 위한 유일한 수단은 아니다. 그 밖에도 대표소송, 이사회, 감사 등 회사법상의 전통적인 장치들이 존재한다. 어떤 제도가 얼마나 효과적인가는 각 회사에 따라 다를 것이다. 따라서 회사지배시장에 의한 경영자통제가 중요한 의미를 갖는 회사의 경우에는 차등의결권주식을 발행하게 되면 경영자에 대한 통제가 약화되기 때문에 그것을 제한할 필요가 있겠지만, 그렇지 않은 회사의 경우에는 차등의결권주식의 발행을 허용하더라도 무방할 것이다. 그렇다면 차등의결권주식을 발행하고 있는 회사와 그렇지 않은 회사 사이에는 실제로 차이가 존재하는가?

차등의결권주식을 발행하고 있는 회사들의 특성에 대해서는 많은 연구가 행해진 바 있다. 그 연구들이 들고 있는 특성 중 중요한 것은 다음과 같다.[194] 첫째, 경영진의 의결권지분이 약 55%로 높다. 그러나 경영진의 의결권지분은 차등의결권주식의 발행 전에도 약 48.6%로 상당히 높다. 그러므로 차등의결권주식은 주식을 별로 가지고 있지 않은 공개회사의 경영진이 안정된 지배권을 새로이 취득하기 위하여 발행하는 것이라기보다는 이미 지배권을 갖고 있는 경영진이 그것을 위협받지 않고서 자본을 조달하기 위하여 발행하는 것이라는 점을 알 수 있다.[195] 둘째, 차등의결권주식을 발행하고 있는 회사의 경영진의 의결권지분과 재산적 지분 사이에는 상당한 차이가 있지만 그래도 상당한 재산적 지분을 갖는다. 경영진의 재산적 지분의 중간치

194 Fischel(1987), 143.
195 Fischel(1987), 144.

(median)는 24%이다. 셋째, 의결권소유가 일부주주들에게 집중되고 있다. 보통의 경우 총 주주의 96%가 의결권의 면에서 열등한 주식을 보유하고 있다. 넷째, 가족지배가 두드러지다. 이 같은 특성들로 미루어 알 수 있는 것은 차등의결권주식을 발행하고 있는 회사들은 대체로 이른바 회사지배시장에 의한 경영진통제가 별로 중요성을 갖지 않는 회사들이라는 점이다. 그리고 이러한 회사에서는 경영진과 주주간의 이해의 대립은 그리 심각하지 않다. 경영진은 50%를 넘지 않는다 해도 상당한 재산적 지분을 갖고 있으므로 경영진과 주주간에 이익이 대체로 일치한다. 또한 회사를 지배하고 있는 가족들은 서로 강한 의무감을 느낄 것이기 때문에 자기이익만을 추구하는 행동은 어느 정도 억제될 것이다.

3) 투자자의 동의

차등의결권주식을 허용해야 한다는 가장 강력한 논거로는 투자자의 동의를 들 수 있다. 차등의결권주식은 경영진이 일방적인 의사에 의하여 기존 주주의 의결권지분을 희석시키는 방법으로 도입되는 것이 아니다. 현실의 예를 보면 차등의결권주식은 투자자 내지 기존 주주의 동의에 근거하여 발행되고 있다. 즉 투자자나 기존 주주는 의결권이 제한된다는 점을 알면서도 무의결권주식을 매입하거나 보유중인 의결권주식과 교환하는 것이다. 예컨대 특정주식이 의결권을 갖고 있지 않다는 점이 명시되어 있는 한 투자자나 주주는 매입이나 교환을 결정하는 시점에 그 점을 고려할 것이기 때문에 과연 그가 손해를 본다고 할 수 있는지 의문이 생길 수도 있다.[196] 미국이나 우리나라의 증권거래의 기본원칙은 투자판단에 필요한 정보가 완전히 공시되기만 하면 결국 그 판단의 책임은 투자자가 져야 한다는 것이다. 찬성론에 의하면 주식에 의결권이 붙어 있지 않다는 정보가 특별히 다른 정보에 비하여

196 Dent(1986), 741.

투자자가 이해하기 어려운 것이라고 할 수는 없다.

(2) 반대론

1) 경영진에 대한 통제약화

오늘날 특히 대규모주식회사의 경우에는 위험부담기능과 경영기능이 분리되어 각각 주주와 경영자에게 맡겨지고 있다. 따라서 회사법의 임무는 경영자의 행동이 주주 전체의 이익에 합치되도록 제도적으로 보장하는 것이라고 할 수 있다. 우리 회사법제도상 경영자의 행동을 통제하는 수단으로는 이사회제도, 감사제도, 외부감사, 대표소송, 유지청구권 등 여러 가지가 있다. 이러한 회사법상의 전통적인 제도들은 특히 경영자의 정직하지 못한 행위를 막는 데 적합하다고 할 수 있다. 이제까지 우리나라에서 회사법분야에서 경영진통제에 관한 논의는 으레 이러한 제도들만을 대상으로 해왔다. 그러나 이론적으로는 두 가지 견제장치를 더 찾아볼 수 있다. 주로 미국에서 강조되고 있는 이 두 가지 견제장치는 물론 부정직한 경영진도 대상으로 하지 않는 것은 아니지만 특히 무능한 경영진을 통제하는 데 효과적이라 할 수 있다.

첫째의 견제장치는 주주들이 협동하여 현재의 경영진을 주주총회에서 교체하는 것이다. 이 경우 경영진에 반대하는 주주들을 동원하기 위하여 위임장권유가 행해지는 것이 보통이다. 둘째의 견제장치는 외부의 기업이나 개인이 주주들로부터 주식을 매수함으로써 지배주식을 확보하여 기존 경영진을 교체하고 새로운 경영진을 들어앉히는 것이다. 이 경우 수많은 주주들에게 분산된 주식을 충분히 끌어모으기 위해서 이른바 공개매수가 행해지는 것이 보통이다. 경영진은 이러한 두 가지 가능성 때문에 항상 주주의 이익을 위하여 최선의 노력을 다하지 않을 수 없다는 것이 이들 견제장치의 중요성을 강조하는 자들의 논리이다. 그런데 이 두 가지 견제장치는 모두 일반주주들이 가진 주식에 과반수의 의결권이 있음을 전제로 하고 있다. 경영진 편에 속하지 않은 이들 일반주주가 보유한 주식이 무의결권주식이거나 경영진의 보유주식이 복수의결권주로서 무의결총수의 과반수를 차지하고 있는 경우에는 앞서 살펴본 두 가지 장치는 전혀 무력하다고 할 수밖에 없다. 차등의결권주식에 대한 반론의 가장 핵심을 이루고 있는 것은 바로 그것이 무능한 경영진의 교체를 불가능하게 하거나 적어도 어렵게 한다는 주장이라 할 것이다.

2) 투자자의 손해

앞서 지적한 바와 같이 차등의결권주식의 발행을 허용하는 경우에는 공개매수를 통한 경영진교체는 어려워진다. 공개매수의 경우에는 일반주주들을 유인하기 위하여 주식의 시가에 상당한 프리미엄을 붙인 가격을 제시하는 것이 상례이다. 따라서 공개매수가 일어날 가능성이 감소된다는 것은 주주가 그 같은 프리미엄을 차지할 기회가 줄어든다는 것을 의미한다. 수년 전 뉴욕증권거래소가 1주1의결권원칙의 포기의사를 밝혔을 때 연금기금 등 기관투자가들이 그것을 맹렬히 반대한 것은 바로 공개매수에 수반되는 프리미엄차익을 놓치기 싫어서였음은 앞서 언급한 바와 같다.

차등의결권주식이 발행이 허용되는 경우에는 공개매수에 따르는 프리미엄차익을 얻을 기회가 감소되는 것과 동시에 경영진에 대한 통제수단이 약화됨에 따라 주주의 투자에 대한 위험이 증가하게 된다. 경영진 측에서 충분한 수의 의결권을 확보하게 됨에 따라 경영진의 교체는 물론이고 독립적인 이사를 이사회에 진출시키는 것도 어려워질 것이기 때문이다.[197] 그렇다면 이제 경영진의 회사경영에 불만을 가지게 된 주주가 취할 수 있는 조치는 한 가지밖에 없다. 그것은 자기의 보유주식을 팔아 버림으로써 회사를 떠나는 것이다. 이른바 Wall Street Rule을 따르는 것인데 이 경우에는 주식매물의 증가로 인하여 그 회사주식의 시장가격은 더욱더 하락할 가능성이 높다.

197 Dent(1986). 745.

3) 동의의 비현실성

찬반론을 펴는 학자들 중에도 투자자의 동의를 무조건 중시해야 한다고 주장하는 것은 아니다. 미국에서 차등의결권주식의 발행은 두 가지 형태로 이루어지고 있다. 첫째는 새로이 차등의결권주식을 발행하면서 경영진 이외의 주주들에 대해서 그들이 보유하는 주식과 교환할 것을 권유하는 등의 방법으로 기존 주주의 의결권지분을 감소시키는 방법이다. 둘째는 새로이 차등의결권주식을 일반투자자들에게 공모하는 것이다. Gilson은 첫 번째 경우의 주주, 즉 새로 발행되는 차등의결권주식에 의하여 의결권지분을 제한하는 기존 주주의 동의는 존중할 수 없다고 주장한다. 예컨대 이익배당에서는 유리하지만 의결권이 없는 주식과의 교환을 제의받는 기존 주주의 처지를 생각해 보자. 그는 그러한 교환이 기존 주주에게 불리하다고 믿더라도 교환에 응할 수밖에 없을 것이다. 왜냐하면 자신은 주식교환에 반대하더라도 다른 주주들이 모두 찬성하는 경우에는 자신의 의결권은 무의미하게 되어버리고 결국 자신만이 손해를 보기 때문이다. Gilson에 의하면 이러한 이른바 집단행동(collective action)의 문제점은 두 번째 경우, 즉 제한의결권주식을 처음으로 매입하는 일반투자자의 경우에는 존재하지 않는다. 의결권이 제한되고 있다는 점이 명시되어 있는 한 투자자는 투자판단시에 그 점을 고려하여 인수 여부를 결정할 것이고 의결권의 부존재라는 정보가 특별히 다른 정보에 비하여 투자자가 이해하기 어려운 것이라고 할 수 없다는 것이다.

이러한 Gilson의 견해에 대해서는 강력한 비판이 제기되고 있다. 가장 대표적인 것이 Lowenstein이다. 무엇보다도 그는 미국의 발행시장, 특히 기업공개시의 발행시장의 불완전성을 강조하고 있다.[198] 발행시장에서는 특히 정보가 부족하고 시간에 쫓기기 때문에 투자자는 투기적인 결정을 내리게 된다. 주식은 곡물이나 구리 같은 상품과는 달리 가치의 평가가 어려운 복잡

198 Lowenstein(1989), 990-1000.

한 제품이다. 게다가 의결권의 제한이 주식의 가치에 궁극적으로 어떠한 영향을 줄 것인지는 더욱 판단하기 어렵다. 이러한 사정을 고려하면 투자자가 제한의결권주식을 매입하였다고 하여 그가 의결권의 제한에 동의하였고 따라서 그러한 결정이 존중되어야 한다고 보는 것은 사적 자치에 대한 과도한 신뢰라고 여겨진다. 제한의결권주식의 근거로 제시되는 투자자의 동의는 의제적이고 허구적인 것에 불과하다.[199]

5. 신종우선주의 적법성

(1) 서설

우리나라에서 널리 발행된 바 있는 신종우선주에 대해서는 상법학계에서는 그 적법성을 부정하는 견해가 강력히 제기되고 있다.[200] 위에서 살펴본 미국의 차등의결권주식에 관한 논의는 우리나라의 신종우선주에 관한 논의에서도 시사하는 바가 크다. 다만 우리나라에서는 상법이 이미 이익배당우선주에 한해서 무의결권주를 허용함으로써 무의결권보통주를 금지하고 있으므로 그러한 실정법규정을 중심으로 논의를 전개하여야 할 것이다. 일반적으로 무의결권주식을 인정할 수 있는 근거로는 크게 두 가지를 생각해 볼 수 있다. 양자는 무의결권주식을 정당화하는 범위에 차이가 있다. 이하에서는 그 두 가지 근거에 대해서 차례로 검토해 보기로 한다.

199 이에 관해서 Lowenstein의 다음과 같은 지적은 매우 시사적이다: "아무리 좋은 의도를 가지고 사업설명서에 완전히 공시하기 위하여 진정으로 노력한다 해도 무의결권주주가 맞이할 잠재적인 위험은 너무도 복잡, 다양하고 먼 장래의 일이고 법이 불명확하기 때문에 위험을 정확하고 합목적적으로 서술하기는 어렵다. 그 서술이 기계적이며 지루하고 흐리멍덩하게 이루어짐으로써 투자자의 이른바 동의라는 것이 허울에 지나지 않게 되기가 십상일 것이다" Lowenstein(1989), 1002.

200 박상용(1988), 22면; 이철송(1990). 32-35면; 정찬형(1992), 150면; 최기원(1991), 365면.

(2) 사채형 우선주설

이 견해는 무의결권주의 정당성을 그 주식의 성질에서 찾는다. 앞서 서술한 바와 같이 주주에게 의결권을 부여하는 이유는 그들만이 투자위험을 부담하는 잔여청구권자(residual claimant)이기 때문이다. 따라서 이러한 설명에 따르면 주주라도 잔여청구권자에 해당하지 않는다면 의결권을 박탈하여도 무방하다는 결론에 이르게 된다. 그렇다면 잔여청구권을 표창하지 않는 주식이 존재하는가? 우선주, 특히 사채형 우선주가 바로 그러한 주식이라고 할 수 있다. 앞서 살펴본 바와 같이 우선주는 다양한 내용으로 발행될 수 있다. 우선배당률이 시장금리에 접근하고, 비참가적 · 누적적이며, 상환주식으로 발행된 우선주는 실질적으로 사채와 별 차이가 없다. 이익배당우선주에 한하여 무의결권주로 할 수 있다는 상법 370조의 규정은 바로 이러한 견해에 입각한 것으로 볼 수 있다. 이러한 견해에 의한다면 우선주 중에도 상대적으로 투자위험을 많이 부담하는 보통주형 우선주는 무의결권으로 할 수 없을 것이다.

(3) 사적 자치설

이 견해는 무의결권주의 적법성을 발행회사와 투자자의 자유로운 합의에서 도출한다. 이 견해의 논리는 다음과 같이 전개된다. 주식이 널리 분산된 대규모주식회사에서 대부분의 주주들은 회사의 경영에는 관심이 없고 배당의 다과에만 관심이 있는 투자주주이다. 따라서 그들은 어차피 행사하지 않을 의결권을 스스로 포기하는 대신에 배당에 대해서 우선권을 부여받는 것에 기꺼이 동의할 것이다. 이처럼 투자자가 자유의사에 따라 거래조건을 결정하였다면 특별한 사정이 없는 한 그 의사를 존중하는 것이 사법의 기본원칙인 사적 자치의 원칙에 부합한다는 것이다.

이 견해에 의하면 의결권을 포기하는 대가로 얻는 우선배당률의 크기를 구태여 법으로 제한할 필요가 없을 것이다. 왜냐하면 결국 우선배당률은 시장에서 회사와 투자자들 사이의 자유로운 교섭에 의하여 결정될 것이기 때문이다. 이 견해에 의하면 나아가 우선배당률이 영(0)인 경우, 즉 보통주라도 무의결권으로 하는 것을 금지할 이유가 없다. 투자자가 의결권이 없음을 알고서도 무의결권보통주를 자발적으로 매입하기로 한 이상 그것을 막을 이유가 없기 때문이다. 사적 자치설의 관점에서 보면 무의결권보통주를 막는 상법 370조는 불합리한 규정으로 볼 수밖에 없다. 과거 재무부가 무의결권보통주의 도입을 시도한 밑바닥에는 바로 사적 자치설적 사고가 깔려 있었던 것으로 보인다. 상법 370조가 그대로 남아 있는 현실하에서는 사실상 보통주와 다름없는 명목상의 우선주를 의결권 없이 발행함으로써 법을 개정한 것과 다름없는 결과를 달성하게 되는 것이다. 신종우선주는 바로 그러한 법회피 노력의 가시적인 증거로 볼 수 있다.

(4) 결론

신종우선주의 적법성에 관해서는 이론적 측면과 법해석의 측면이라는 두 가지 관점에서 살펴볼 수 있다. 먼저 이론적 측면에 관해서는 미국에서의 논의가 참고가 될 수 있다. 결론적으로 우리나라의 현재 상황하에서는 사적 자치설을 따르는 것에는 난점이 적지 않다. 투자자들이 무의결권주를 매입하였다고 하여 의결권의 부존재가 갖는 의미를 충분히 이해하여 그에 동의하였다고 보기는 어렵다. 이 점은 특히 우리나라에서 무의결권주가 발행되는 실무관행에 비추어 두드러진다. 우리나라에서 기업을 공개하면서 무의결권주를 발행한 경우는 없다. 증권당국은 무의결권주발행을 통한 공개는 진정한 공개가 아니라고 하여 무의결권주의 발행을 허용하지 않았다. 따라서 무의결권주는 상장회사가 기존의 주주에 대한 배정의 방법으로 발행하는 것이 보통이었다. 우리나라에서 신주발행은 주주들의 인수를 유도하기 위하여 항상 시가보다는 훨씬 낮은 가액으로 발행되는 것이 관례이다. 무의결권주도 마찬가지였다.[201] 따라서 무의결권주의 경우에도 기존의 주주는 지분의 희석을 막기 위해서는 현실적으로 그에 응하지 않을 수 없었다. 따라서 주주가 무의결권주를 매입한 것을 가지고 의결권의 제한을 "동의"한 것으로 간주하는 것은 무리일 것이다.

또한 법해석론으로도 상법 370조에 의하면 사적 자치설을 따르기 어렵다. 사적 자치설을 일관한다면 상법 370조에서와 같이 굳이 무의결권주를 우선주의 경우에만 한정적으로 허용할 이유가 없을 것이다. 투자자가 의결권의 박탈에 동의하겠다는데 보통주라고 해서 그것을 막을 이유는 없기 때문이다. 따라서 만약 사적 자치설을 취한다면 결국 상법 370조는 마땅히 개정하여야 할 것이다. 상법 370조를 그대로 놓아 둔 채 신종우선주와 같은 명목만의 우선주를 발행하는 것을 묵인하는 것은 너무나도 어정쩡한 태도라고 아니할 수 없다. 사채형우선주설을 취하는 경우에도 상법 370조를 그대로 놓아 둘 것이 아니라 무의결권주로 할 수 있는 것이 모든 우선주가 아니라 사채형우선주라는 점을 보다 분명한 형태로 규정할 필요가 있다.

201 유상증자시에 시가발행제도가 도입된 후에도 항상 상당한 정도로 할인이 가능하였기 때문에 완전한 시가발행이 이루어진 일은 없다. 종전에 50%이던 할인율은 1988년 4월부터 점차 인하되기 시작하여 1989년에 이르러서는 10%까지 내려갔으나 1991년에는 다시 30%로 상향조정되었다. 현재는 자율결정의 형식을 취하고 있으나 실제로는 행정지도에 따라 일정한 할인율을 적용하고 있다. 더구나 무의결권주를 새로이 발행하는 경우에는 참고할 시가가 없으므로 보통주의 시가에서 양 주가의 평균격차를 다시 할인한 가격을 기준주가로 삼아 발행가액을 정하도록 되어 있다. 상장법인재무관리규정 16조의2 2항, 4항.

VI. 우선주제도의 발전방향: 결어에 갈음하여

1. 우선주의 용도

자본주의 사회라면 어디에나 자금부족주체인 기업과 자금잉여주체인 투자자를 연결하는 통로가 존재한다. 이러한 자금통로의 수준은 바로 그 사회의 경제발전의 수준을 좌우할 수도 있다. 이러한 자금통로는 기업 측에서 보면 자금조달수단이고 투자자 측에서 보면 투자수단이라고 할 수 있다. 은행차입(은행예금), 회사채, 주식은 모두 그러한 자금조달수단 내지 투자수단에 속한다. 자본주의사회에서는 자금조달 내지 투자의 규모나 대상을 결정하고 그 구체적인 수단을 선택하는 것은 원칙적으로 각 경제주체에 맡겨져 있고 법은 그에 관여하지 않는다. 법의 임무는 기업과 투자자의 수요에 따라 가능한 한 다양한 자금조달수단 내지 투자수단을 마련하고 그 안전성과 확실성을 확보하는 것이라고 할 수 있다. 이 연구의 대상인 무의결권우선주는 바로 상법이 그러한 관점에서 마련하고 있는 자금조달수단의 하나라고 할 수 있다.

주식과 사채는 모두 결국 회사기업의 수익에 대한 권리를 나타내는 증권이라는 점에서는 동일하고 단지 그 순위에 차이가 있을 뿐이다. 주식보다 앞선 순위의 사채가 경제계에서 널리 활용되고 있는 이유는 그것이 발행회사와 투자자 쌍방의 관점에서 주식으로는 감당할 수 없는 어떠한 수요를 충족시키기 때문이다. 우선주는 사채보다는 뒤에 서고 주식보다는 앞에 서는 중간적인 증권으로서 다양한 형태로 설계하는 것이 가능하다. 그렇다면 주식과 사채로는 충족시킬 수 없고 이러한 제3의 증권만이 충족시킬 수 있는 고유한 수요란 어떤 것이가? 만약 그러한 수요가 존재하지 않는다면 그것이 활성화를 위한 법적 장치를 마련하는 데 고심해야 할 까닭이 없다. 설사 정교한 법제도를 마련한다 해도 실제의 수요가 없다면 무용지물에 지나지 않을 것이다.

우선주의 용도는 책상머리에서 상상으로 짐작하기보다는 실제로 그것이 어떻게 이용되고 있는지를 통해서 파악하는 것이 타당할 것이다. 우리나라, 미국, 독일에서 그것이 어떻게 이용되고 있는지를 정리해 보면 다음과 같다.

(1) 우리나라: 보통주형

발행회사: 재무구조개선, 경영권안정
투자자: 보통주의 대용물

(2) 미국: 사채형

발행회사: 재무구조개선
투자자: 사채의 대용물(세법상 법인투자자에게는 사채보다 유리한 투자수단)

(3) 독일: 보통주형

발행회사: 재무구조개선, 경영권안정
투자자: 보통주의 대용물

이상 3개 나라에서의 우선주발행실태에서 분명해진 몇 가지 사항을 정리하면 다음과 같다.

첫째, 우선주발행의 동인은 주로 투자자 측보다는 발행회사 측의 수요라고 할 수 있다. 다만 미국에서는 법인투자자의 경우 배당수입은 70%가 소득공제가 되므로[202] 투자자 측에서 사채보다 우선주를 선호하는 수요가 존재

202 Internal Revenue Code §243.

한다.

둘째, 발행회사 측이 우선주를 발행하는 이유는 주로 재무구조개선과 경영권안정을 위해서이다.[203] 재무구조개선만을 고려한다면 보통주를 발행하면 된다. 그러나 보통주를 발행하면 의결권지분이 희석될 가능성이 있으므로 무의결권으로 하는 것이 가능한 우선주를 발행하기로 하는 것이다.

셋째, 무의결권보통주가 허용되지 않는 나라에서는 경영권을 보호하기 위해서 사채형 우선주보다는 보통주형 우선주가 발행될 가능성이 많다. 무의결권보통주가 허용되는 미국에서 무의결권을 노린다면 굳이 우선주를 발행할 것이 아니라 무의결권보통주를 발행하면 된다. 미국에서 우선주를 발행하는 이유는 보통주와 구별되는 우선주의 측면, 즉 고정된 배당을 하는 사채적인 측면을 활용하기 위해서라고 할 수 있다.

넷째, 위에서는 언급하지 않았지만 미국에서는 무의결권우선주가 벤처캐피털분야에서 많이 이용되고 있다. 벤처캐피털회사에게는 투자대상회사의 이익이 별로 없을 초기에는 고정적인 배당을 받고 투자대상회사가 성공을 하는 경우에는 그 성공의 과실분배에 참여할 수 있는 투자수단이 이상적이다. 보통주로의 전환권이 붙어 있는 사채형우선주가 바로 그러한 투자수단이라고 할 것이다.

2. 수요에 적합한 우선주의 형태: 사채형 우선주

이처럼 우선주, 특히 무의결권우선주는 발행회사 측에서는 의결권지분에 영향을 주지 않으면서 재무구조를 개선할 수 있는 자금조달수단이고 투자자 측에서는 전환권이 붙어 있는 경우에는 고정된 배당을 약속받음과 동시에 성장의 과실에 참여할 수 있는 가능성이 있는 투자수단이다. 우선주가 충

203 다만 미국에서는 경영권안정의 고려는 그다지 중요하지 않다.

족하는 이러한 경제계의 수요는 정당한 것일 뿐만 아니라 보통주나 사채만으로는 해결할 수 없다. 그러나 모든 형태의 우선주가 다 존재이유를 갖는 것이 아니다. 보통주형 우선주는 그 존재 이유가 의문시되는 대표적인 예라고 할 수 있다. 독일이나 우리나라에서 이용되는 보통주형 우선주는 법률상 우선주만이 의결권 없이 발행할 수 있기 때문에 명목상 우선주의 형태를 취한 것뿐이며 무의결권이라는 점을 제외하면 보통주와 별로 다를 바 없다. 우리나라에서 신종우선주는 투자자가 의결권을 포기하는 대가로 1%의 프리미엄을 준다는 점을 들어 정당화하는 견해가 특히 실무가들 사이에서 많은 것 같다. 그러나 그러한 의결권포기에 대한 대가는 반드시 우선배당의 형태로만 줄 수 있는 것은 아니다. 무의결권주의 발행가액을 할인함으로써도 얼마든지 가능하다. 따라서 현재와 같이 보통주형 우선주도 의결권 없이 발행하는 것을 허용할 현실적인 필요가 있다면 아예 무의결권보통주를 정면으로 허용하는 것이 정도일 것이다. 그 경우에는 주주들 사이의 이질성이 의결권 여부에만 국한되므로 우선주와 보통주 사이의 복잡한 이해조정문제는 훨씬 단순해질 것이다. 반대로 무의결권보통주를 금하는 정책을 고수하는 한 우선주는 사채형으로만 발행되도록 규제 내지 유도할 필요가 있다.

3. 사채형 우선주와 사채와의 비교

우선주를 사채형으로만 발행하도록 유도 내지 규제하는 경우에는 과연 그러한 우선주가 사채에 비하여 어떠한 장단점을 갖는가가 문제될 것이다. 우선주와 사채의 비교시에는 발행회사와 투자자, 양쪽을 모두 고려해야 할 것이다. 이하에서는 주로 현실적으로 영향력이 큰 세법상의 효과의 면에서 우선주와 사채를 비교하기로 한다.

(1) 발행회사

1) 발행의 효과

우선주를 발행하는 경우에는 자본금이 증가하므로 자본금에 연동하는 지정기부금한도(법인세법 18조 1항 2호)와 접대비한도(법인세법 18조의2 1항 2호)가 증가한다는 사소한 장점이 있다. 그러나 이 경우의 자본금은 50억 원을 한도로 하므로 이러한 사소한 장점도 자본금 규모가 큰 기업에는 해당되지 않는다. 사채발행의 경우에는 부채가 증가할 뿐이고 지정기부금이나 접대비한도에는 아무런 영향이 없다.

2) 배당 또는 이자지급

사채에 대한 이자와는 반대로 우선주에 대한 배당은 발행회사가 손금에 산입할 수 없다.

(2) 투자자

1) 보유단계

사채의 이자소득은 원칙적으로 종합소득으로 합산되며 25%가 원천징수된다(소득세법 17조 1항 1호, 144조 1호). 다만 금융기관이 매출하거나 모집을 주선한 사채는 발행액의 3% 이내 또는 1억 원 중 적은 금액의 사채를 보유한 자는 20%로 분리과세된다(소득세법 152조 3항 4조, 144조 1항 1호(마)목, 시행령 193조 5항). 우선주의 배당소득에 대한 과세는 개인과 법인 사이에 차이가 있다. 먼저 개인투자자인 경우를 본다. 그 개인이 상장회사의 소액주주인 경우에는 20% 세율로 분리과세된다(소득세법 15조 3항 5호, 144조 1항 2호(가)목). 그 이외의 경우에는 종합소득으로 합산되면 20%가 원천징수된다. 다만 이른바 imputation방식에 의한 22%의 배당세액공제가 인정된다(소득세법 18조

2항, 71조 1항 1호).

법인투자자가 투자신탁, 은행, 보험회사 등 일정한 기관투자자에 해당하는 경우 배당금액은 익금불산입되어 과세에서 제외된다(법인세법 15조 1항 10호). 그 밖의 법인의 경우에는 법인의 익금에 가산되어 법인세가 부과된다.

2) 이전단계

상장주식을 제외하고는 우선주의 양도소득은 과세대상이다(소득세법 23조 1항 4호, 시행령 44조 6항). 한편 상장 여부에 관계없이 우선주의 양도시에는 원칙적으로 0.5%의 증권거래세가 부과된다(증권거래세법 8조 1항). 사채의 경우에는 양도소득도 비과세되고 증권거래세도 부과되지 않는다.

(3) 평가

사채에 비하여 우선주의 최대 약점은 배당의 손금처리가 허용되지 않는다는 점이다. 실제로 배당의 손금처리는 우선주발행의 활성화를 위하여 필요한 조치로 빈번히 등장하고 있다. 우선주의 중간적인 성격을 감안한다면 배당 일부의 손금처리를 허용하는 것도 우선주발행의 활성화방안으로 고려할 수 있을 것이다.

이러한 손금처리면에서의 상대적인 불이익도 다른 면에서 그것을 상회하는 이익이 있다면 큰 문제가 아닐 것이다. 사채에 비하여 우선주의 가장 큰 장점은 자기자본에 속한다는 점이다. 회사가 자기자본비율을 높일 필요가 클수록 우선주를 발행하는 이익도 커지게 된다. 우리나라에서도 자기자본비율이 낮은 회사에 대해서는 여러 가지로 제약이 가해지고 있다.[204] 그러나 재벌그룹에 속하는 대기업은 자기자본비율이 낮다고 해서 차입을 할 수 없

204 가장 대표적인 것은 은행감독원의 여신규제이다.

거나 금리면에서 불리한 처우를 받지는 않는다. 앞으로는 이러한 사정도 점차 변화할 것으로 예상된다. 선진국에서와 같이 기업에 대한 신용평가에 따라 금리를 차등적용하는 관행이 확산되는 경우에는 기업이 유리한 금리를 적용받기 위하여 신용평가시의 중요고려사항인 자기자본비율을 자발적으로 제고할 유인이 존재한다. 우리나라는 바젤협약의 체약국이 아님에도 불구하고 한국은행비율을 1996년까지 8%로 유지하도록 하고 있다. 따라서 은행은 앞으로 재무구조개선압력을 더욱 강하게 받을 것으로 예상된다.

우리나라에서는 미국에서와 같은 법인납세자의 배당소득공제는 인정되고 있지 않다. 그러나 현행법상으로도 기관투자가의 배당소득은 익금에 산입되지 않는다. 따라서 우리나라에서도 기관투자가의 관점에서는 사채를 인수하거나 대출을 하는 것보다 사채형우선주를 인수하는 것이 유리할 수도 있다. 따라서 앞으로 기관투자가의 투자규모가 증가할수록 우선주에 대한 수요도 점차 늘어날 것으로 예상된다.

그러나 앞으로 우선주의 발행을 사채형으로 유도하는 경우에는 실제로 발행될 우선주의 규모는 현재의 신종우선주에 훨씬 못 미칠 것이다. 발행회사로서는 우선배당률이 높아질수록 배당압력을 크게 받을 것이며 배당을 손금처리할 수 없다는 점이 부담이 될 것이다. 배당을 못하게 되는 경우 의결권부활 가능성도 꺼림칙할 것임은 물론이다. 한편 투자자의 측면에서도 이제껏 배당보다는 단기시세차익을 노리던 투자자의 투자성향이 기본적으로 유지되는 한 우선배당률이 어지간히 높지 않고는 사채형 우선주에 대한 시장수요도 그리 크지 않을 것이다.

4. 법적 장치의 정비방향

이처럼 우선주에 대한 정당한 수요가 존재하는 경우에도 우선주에 대한 법적 장치가 합리적이지 않다면 우선주는 활발하게 발행될 수 없을 것이다.

우선주에 관한 합리적인 법적 규제를 모색하기 위해서는 발행회사와 투자자의 요구를 다 함께 고려하지 않으면 아니 된다. 먼저 그와 관련하여 발행회사에게 중요한 것은 다음 두 가지 점이다: ① 특별한 사유가 없는 한 회사는 가능한 한 우선주의 내용을 자유롭게 구성할 수 있어야 한다; ② 회사는 재무관리의 필요에 따라 우선주를 기동성 있게 발행하고 소멸시킬 수 있어야 한다. 이러한 발행회사의 이익은 투자자인 우선주주의 이익과 충돌될 가능성이 있다. 먼저 ①과 관련해서 투자자이익을 보호하는 방법으로는 우선주의 내용 자체를 규제하기보다는 우선주의 내용을 명확하게 확정시킴으로써 투자자가 스스로 판단할 수 있도록 하는 것이 좋을 것이다. 여기서 확정시킨다는 것의 의미는 예컨대 우선부당률 5%라는 식으로 반드시 구체적으로 특정되어야만 한다는 의미가 아니라, 예컨대 우선배당률이 은행대출금리의 1.2배라는 식으로 후일 객관적으로 확정이 가능한 경우도 포함한다. 위의 ②와 관련하여서는 우선주주의 의사에 반하여 우선주가 소멸되는 경우가 문제될 것이다. 그러나 그 소멸의 가능성과 조건이 미리 명시되었다면 우선주주가 그 점을 고려하여 투자를 하였을 것이므로 특별히 따로 보호할 필요는 없을 것이다.

아울러 고려하지 않으면 아니 되는 것은 회사의 다른 종류의 투자자(즉, 보통주주와 채권자)의 보호이다. 현재 우리 상법의 우선주규정은 특히 이 점을 중시한 것으로 보인다. 상법은 먼저 보통주주의 이익을 보호하기 위하여 미리 정관에 우선주의 내용을 정하도록 하고 있다. 또한 채권자의 이익을 보호하기 위하여 상환재원을 이익에 한정하고 있다. 이러한 상법규정으로 말미암아 희생되는 것은 회사가 시장상황에 따라 기동성 있게 자금을 조달하고 재무구조를 변경할 수 있는 능력이다. 문제는 결국 이러한 회사의 이익[205]과 보통주주 및 채권자의 이익 중 어느 것을 앞세울 것이냐 하는 것이다. 주의

205 이는 결국 보통주주의 이익과 일치하며 채권자의 이익과도 상당 부분 공통된다고 할 것이다.

할 것은 이러한 상법상의 요건을 완화한다고 해서 보통주주나 채권자의 이익을 보호하는 수단이 전혀 없는 것은 아니다. 이론상 보통주주는 이사회의 권한남용을 억제하는 회사법상의 일반적인 수단을 이용함으로써, 그리고 채권자들은 미리 계약에서 자위조치를 취하든가 파산법상의 부인권 등의 수단을 이용함으로써 불리한 우선주의 발행이나 상환에 대처할 수 있을 것이다. 현재 우리나라에서는 이러한 대표적인 수단이 대체적인 수단이 주주와 채권자보호에 현실적이지 못한 면이 있는 것은 사실이다. 그러나 우선주에 관하여 보다 이상적인 법적 장치는 현재와 같이 "이사회의 재량 자체"를 억제하는 것이 아니라 "이사화의 재량남용"을 억제하는 것이다.

끝으로 우선주의 무의결권적 측면과 관련해서는 회사지배(corporate governance)와의 연관을 잊어서는 아니 될 것이다. 이제껏 우리나라에서 무의결권주에 대한 평가가 극단적으로 엇갈려 왔던 기본적인 이유는 적대적 기업인수 내지는 위임장권유에 의한 경영진축출의 역할을 어떻게 평가할 것인가에 대한 견해의 차이 때문이었다고 할 수 있다. 우리나라에서도 무의결권주의 합리적인 규제의 문제는 항상 이른바 회사지배권시장에 의한 경영진통제를 어느 범위에서 인정할 것인가, 그리고 그것을 인정하는 경우 회사지배권을 둘러싼 공격과 방어의 수단으로 어떠한 것들을 어느 범위까지 인정할 것인가라는 보다 근본적인 문제의 일부로서 파악할 필요가 있다.

참고문헌

〈국내〉

김건식, "무의결권우선주식에 대한 소고," 증권 52호(1987. 6).

김건식, "주식과 의결권," 사회과학의 제문제(임원택회갑기념) (1988).

김웅한, "한국기업재무구조현황과 금융 및 세제개혁의 필요성," 경제학연구 34집 (1986).

대우경제연구소, "우리나라의 무의결권주활용방안," 대우증권조사월보 37호 (1988).

박병무, 무의결권우선주에 대한 상법상, 실무상, 문제점 (1989).
박상용, 경영권 보호와 무의결권주식 (1988)(상장협심포지엄자료).
서돈각, 상법강의(상)(제3전정판 1985).
이철송, 소위 1%무의결권우선주의 법적평가, 증권 65호 (1990. 9).
이태로 · 이철송, 회사법강의 (제2전정판 1991).
정경호, 무의결권주식에 대한 비교법적 고찰, 증권조사월보 (1988. 3).
정동윤, 회사법 (3정판 1991).
정준영, "현행 무의결권우선주 발행제도의 문제점 및 개선방안," 상장협 22호 (1990춘계호).
정찬형, "의결권없는 주식에 관한 연구," 고려대법학논집(1992).
최구원, 신회사법론 (제6증보판 1991).
최중경, "무의결권우선주의 합리적이용," 상장협 19호 (1989 춘계호).

〈일본〉

稻葉威雄, 優先株に關する諸問題(神崎克郎 外, 優先株制度(1992) 所收).
木下公明, 優先株式(1991).
北澤正啓, 會社法(3版 1991).
上柳克郎 外, 新版注釋會社法(3)(1986); (5)(1986); 通卷(1992): 본문에서는 주석(번호)(집필자)로 인용.
神崎克郎 外, 優先株制度(1992).
矢澤 惇 外, 優先株をめぐる法律問題(1-6), 商事法務 748~753號(1976).
窪內義正, 經團連の要望事項について, 商事法務 1034호(1985).
日本證券業協會, 歐美優先株制度調査團報告書(1998).
鳥本喜章, 優先株に關する實務的問題(1-4), 商事法務 1337, 1338, 1340, 1340, 1341號(1993).
鳥山恭一, "フランス株式會社法における資本多數決原則の形式と展開 ―一株一議決權原則の再檢討―," 早稻田法學 59券 1, 2, 3號(1984).
座談會1, 優先株發行の機動性確保と商法改正(神崎克郎 外, 優先株制度(1992) 所收).
座談會2, 優先株制度の立法的檢討(神崎克郎 外, 優先株制度(1992) 所收).
洲崎博史, 優先株 無議決權株に關する一考察(1, 2), 民商法雜誌 91券 3, 4號(1984, 1985).
洲崎博史, 優先株 無議決權株の法律上, 實務上の問題點, インベストメント 40券 2號(1987)

〈미국 · 영국〉

Bainbridge, The Short Life and Resurrection of SEC Rule 19c-4, 69 Wash. U. L. Q. 565 (1991)

Brealey, R. & Myers, S., Principles of Corporate Finance (3rd ed. 1988).

Brudney, Victor & Chirelstrin, Marvin, Corporate Finance (3rd ed. 1987).

Buxbaum, Richard M., Preferred Stock-Law and Draftsmanship, 42 Calif. L. Rev. (1954).

Clark, R., Corporate Law (1986).

Coffee, Regulating the Market for Corporate Control : A Critical Assessment of the Tender Offer's Role in Corporate Governance, 84 Column. L. Rev. 1145 (1984).

DeAngelo & DeAngelo, Managerial Ownership of Voting Rights : A Study of Public Corporate with Dual Classes of Common Stock, 14 J. Fin. Econ. 33 (1985).

Dent, Dual Class Capitalization : A Reply to Professor Seligman, 54 Geo. Wash. L. Rev. 725 (1986).

Easterbrook, F. & Fischel D., The Economic Structure of Corporate Law (1991).

Fischel, Organized Exchanges and the Regulation of Dual Class Common Stock, 54 U. Chi. L. Rev. 119 (1987).

Gilson, Effective Dual Class Common Stock : The Relevance of Substitutes, 73 Va. L. Rev. 807 (1987).

Gilson, R. & Black, B., 1992 Supplement to R. Gilson's The Law and Finance of Corporate Acquisitions (1992).

Grossman & Hart, One Share-One Vote and the Market for Corporate Control, 20 J. Fin. Econ. 175 (1988).

Hamilton, R., Money Management for Lawyers and Clients (1993).

Kapstein, E., Supervising International Banks : Origins and Implications of the Basle Accord, Princeton Essays in International Finance 185 (1991).

Kerbel, An Examination of Nonvoting and Limited Voting Common Shares—Their History, Legality, and Validity(Part I & II), 15 Sec. Reg. L. J. 37 and 165 (1987): 본문에서는 Part I과 II를 구별하지 않고 저자이름만으로 인용.

Lowenstein, Shareholder Voting Right : A Response to SEC Rule 19c-4 and to Professor Gilson, 89 Column. L. Rev. 979 (1989).

Model Business Corporation Act Annotated, Vol. 1 (3rd ed. 1985).

Pennington, Company Law (5th ed. 1985).

Pickering, Shareholder' s Voting Rights and Company Control, 81 Law Quarterly Review 248 (1965).

Ratner, The Government of Business Corporations : Critical Reflections on the Rule of One Share, One Vote, 56 Cornell L. Rev. 1 (1970).

Seligman, Stock Exchange Rules Affecting Takeovers and Control Transaction, in Knights, Raiders & Targets 45 (J. Coffee, L. Lowenstein & S. Rose-Ackerman eds. 1988).

Seligman, Equal Protection in Shareholder Voting Rights : The One Common Share, One Vote Controversy, 54 Geo. Wash. L. Rev. 687 (1986).

〈독일〉

Bezzenberger, Tilman, Vorzugsaktien ohne Stimmrecht (1991).

Klein, Gabriele, Vorzugsaktien in der Bundesrepublik Deutshchland und den Vereinigten Staaten von Amerika (1981).

Kölner Kommentar zum Aktiengesetz, 1 Aufl. 1970 : "KK－집필자명"으로 인용.

『상장협연구보고서』 94-2(1994).

* 추기: 이 글에서 언급한 신종우선주의 폐해를 방지하기 위하여 1995년 상법 개정시에 무의결권우선주에 대해서는 정관으로 최저배당률을 정해야 한다는 명문 규정을 신설하였다(344조 2항). 그러나 이 규정의 정확한 의미가 무엇인지, 그리고 이 규정이 과연 신종우선주를 봉쇄할 수 있는지는 의문이다.

05 자본제도와 유연한 회사법

I. 서설

회사법상 자본은 주식회사가 성립부터 해산시까지 회사 내에 유보할 추상적인 재산액을 가리킨다. 우리 상법은 자본을 원칙적으로 발행주식의 액면총액으로 하고 있다(제451조). 자본은 전통적인 회사법에서 중심적인 개념으로 주로 회사채권자의 보호를 위한 개념으로 이해되고 있다. 일반적으로 주주가 회사에 자본에 상응하는 재산을 납입하고 회사 내에 유지해야 하는 부담은 유한책임의 혜택을 누리는 대가로 이해하고 있다.[1]

자본제도는 19세기 후반에 이르러 영미를 비롯한 세계 각국에서 널리 수

1 Friedlich Kübler, The Rules on Capital Under the Pressure of the Securities Markets (Paper for the Siena Conference on "Company Law and Capital Market Law"), 1(미간행 2000). 그러나 자본제도는 역사적으로 유한책임원칙과 무관하게 발전한 것이라는 견해로는 Bayless Manning & James J. Hanks, Jr., Legal Capital, 26 (3d ed. 1990)(이하 Manning으로 인용).

용되었다.[2] 그러나 1970년대에 들어서면서부터 미국에서는 자본제도에 대한 회의가 일기 시작하여 마침내 1975년에는 캘리포니아주에서 자본개념을 포기하는 입법을 감행하였다. 이어서 1980년에는 여러 주회사법이 모델로 삼고 있는 모범사업회사법(Model Business Corporation Act)도 캘리포니아주의 뒤를 따랐다.[3] 자본제도를 둘러싼 이러한 변화는 대체로 학계와 실무계의 환영을 받았으며[4] 이제 미국의 학계에서 자본제도에 대한 향수는 거의 찾아보기 어렵다. 이러한 미국 회사법에서의 변화는 유럽회사법의 발전과 대조를 이룬다. EU(당시 EC)는 지역 내 법통일작업의 대상으로 먼저 자본제도를 선택하여 1976년 자본제도에 관한 엄격한 규율을 담은 제2지침을 공포하였다.[5]

그리하여 모든 회원국들은 제2지침에서 요구하는 바에 따라 자본제도를 유지할 의무를 부담하게 되었다. 자본제도가 수반하는 현실적인 불편은 이미 전부터 인식되고 있었지만 자본제도에 대한 비판은 별로 주목을 끌지 못하였다. 그러나 최근에는 유럽의 학계에서도 자본제도의 가치에 근본적인 의문을 표시하는 목소리가 높아지고 있으며 그에 대한 논의가 확산되고 있는 실정이다.[6] 자본제도를 비판하는 주된 논거는 자본제도가 실제로 채권자를 보호하는 기능이 미미한 데 비하여 현물출자나 부실기업에 대한 출자를 어렵게 하는 등 여러 면에서 회사의 원활한 운영을 저해한다는 것이다. 이처럼 갑자기 자본제도에 대한 회의론이 새삼스럽게 제기된 이유는 경직된 자

2 그러나 자본제도의 수용이 체계적인 이론에 근거한 것이 아니었다는 점에 대해서는 Manning, (주 1), 20면.

3 캐나다 회사법(CBCA)도 법정자본금개념을 포기하였다.

4 대표적인 문헌으로는 Manning, (주 1), 참조.

5 제2지침은 유한회사가 아닌 주식회사만을 적용대상으로 하고 있다. 그러나 영국을 제외한 회원국들은 대부분 유한회사의 경우에도 주식회사와 유사한 자본규정을 채택하고 있다.

6 대표적인 비판론으로 예컨대 Luca Enriques & Jonathan Macey, Creditors versus Capital Formation: The Case against the European Legal Capital Rules, 86 Cornell Law Review 1165 (2001); Kübler, (주 1) 참조. 자본제도를 옹호하는 견해로는 예컨대 Marcus Lutter, Gesetzliches Garantiekapital als Problem europäischer und deutscher Rechtspolitik, AG 1998, 375; Wolfgang Schon, Wer schützt den Kapitalschutz? ZHR 166, 1 (2002).

본제도가 자본시장의 발전에 저해요인으로 작용할 수도 있다는 인식 때문인 것으로 보인다.

한편 우리나라에서는 최근까지 자본제도에 대한 회의를 표시하는 견해는 거의 찾기 어려웠다. 그러나 자본제도가 초래하는 부작용은 우리나라에서도 관측된다. 자본제도의 문제점은 특히 1997년 경제위기를 거치면서 극명하게 부각된 바 있다. 이 글의 목적은 앞서 언급한 자본제도에 대한 국제적인 논의에 비추어 우리 자본제도의 편익과 비용을 확인하고 그에 기초하여 바람직한 개선책을 제시하는 것이다. 이 글의 결론은 회사의 기동성 있는 운영을 방해하지 않도록 우리도 자본에 관한 일련의 제도를 대폭 완화할 필요가 있다는 것이다. 이 글은 다음과 같이 구성된다. 먼저 II에서는 자본제도를 구성하는 주된 요소를 간단히 정리한다. III에서는 자본제도가 원래의 목적인 채권자보호를 얼마나 잘 수행하는지를 살펴보고 IV에서는 그것이 과연 어떠한 부작용을 낳는지를 검토하기로 한다. V에서는 자본제도의 개선과 관련된 문제점을 짚어보기로 한다.

II. 자본제도의 요소

기본적으로 자본제도는 회사에 일정한 규모의 재산이 확보될 수 있도록 담보하는 장치로서 대체로 다음과 같은 여러 요소들로 구성된다.

① 자본충실원칙
② 자본유지원칙
③ 자본감소의 억제
④ 최저자본금제도
⑤ 액면제도

먼저 자본충실원칙은 회사설립시에[7] 자본에 상당하는 재산이 확실히 회사에 출연되는 것을 확보하는 원칙이다. 이 원칙을 구성하는 요소들로는 액면미달발행금지(상법 제330조, 제417조), 주금납입면제 및 상계금지(상법 제334조), 주금전액납입주의(상법 제295조, 제305조, 제421조), 가장납입(상법 제318조, 제628조 제1항), 변태설립사항(상법 제290조), 사후설립(상법 제290조 제2호, 제3호, 제375조), 발기인 · 이사의 자본충실책임(상법 제321조, 제428조) 등을 들 수 있다.

둘째, 자본유지원칙은 회사설립 후 회사의 재산이 회사 밖으로 유출됨으로써 회사재산이 자본액에 미달되는 것을 엄격히 금지하는 원칙이다. 이 원칙을 구성하는 요소들로는 배당제한(상법 제462조), 자기주식취득제한(상법 제341조), 주식소각제한(상법 제343조, 제343조의2) 등을 들 수 있다.

셋째, 자본충실원칙이나 자본유지원칙이 지켜진다 해도 정작 자본액 자체가 자유로이 감소될 수 있다면 결국 자본제도가 실효성을 상실할 것이기 때문에 자본감소에는 제약이 가해진다(이른바 편면적 자본불변의 원칙). 즉 자본을 감소하려면 주주총회특별결의와 채권자보호절차를 요한다(상법 제438조 이하).

넷째, 자본액이 당초에 너무 낮으면 자본제도 자체가 무의미해질 것이기 때문에 자본금의 최저한도를 5천만 원으로 하고 있다(상법 제329조 제1항, 최저자본금제도).

다섯째, 주식의 액면은 자본제도에 불가결한 것은 아니지만 현행 상법상으로는 자본제도의 일부를 이루고 있다. 원래 자본이란 채권자보호를 위한 규범적인 수치에 불과하므로 그 금액은 임의로 정해도 무방할 것이다. 그러나 역사적으로 자본을 발행주식의 액면총액으로 파악하였기 때문에 우리 상법도 그에 따르고 있다. 그러므로 자본충실원칙을 관철하기 위해서 주식을 액면에 미달하는 가격으로 발행하는 것은 상법상 금지된다.[8]

7 증자시에도 마찬가지의 고려가 존재한다.

8 반면에 주식의 발행가액이 액면을 초과하는 경우에는 주주의 출자금과 상법상의 자본금이 달라지지

III. 자본의 목적—채권자보호

1. 서론

이미 지적한 바와 같이 자본제도는 주로 채권자를 보호하기 위한 것으로 이해되고 있다.[9] 그렇다면 과연 자본제도는 채권자를 보호하는 역할을 어느 만큼 수행하고 있는가? 이 물음에 제대로 답하기 위해서는 먼저 회사의 채권자가 어떠한 위험에 처하고 있는지를 파악할 필요가 있다. 이 문제는 채권자와 주주 사이의 이익충돌이라는 개념으로 설명되는 것이 보통이다.

2. 채권자와 주주 사이의 이익충돌

회사에서의 이익충돌은 주주와 경영자 사이에서뿐 아니라 주주와 회사채권자 사이에서도 존재한다. 주주와 회사채권자 사이의 이익충돌은 대체로 다음과 같은 네 가지 유형으로 나누어 볼 수 있다.[10]

① 재산유출형
② 부채증가형
③ 위험투자형
④ 과소투자형

만 그 경우 액면초과금액을 자본준비금으로 적립하도록 강제함으로써 사실상 자본금과 유사한 기능을 하도록 하고 있다.

9 현재와 같이 자본금이 발행주식의 액면총액으로 되어 있는 상황에서는 자본이 부수적으로 주주의 지주비율을 짐작할 수 있는 수단이 되기도 하지만 그러한 기능은 실제 별로 큰 의미가 없다.

10 Clifford W. Smith, Jr. & Jerold B. Warner, On Financial Contracting: An Analysis of Bond Covenants, 7 Journal of Financial Economics 117, 118-119 (1979).

이들 중 ① 재산유출형은 글자 그대로 주주가 회사재산을 유출할 위험을 가리킨다. 과도한 배당, 자기주식취득 등이 그 예이다. ② 부채증가형은 회사가 선순위채권을 발행하거나 채무를 과도하게 부담함으로써 부채비율을 높일 위험을 가리킨다. ③ 위험투자형은 채권자로부터 신용을 제공받은 후 회사가 기존의 투자보다 위험성이 더 높은 투자로 전환할 위험을 가리킨다.[11] 이러한 위험은 특히 자본이 잠식되어 주주가 잃을 것이 별로 없는 상태에서 더 커질 것이다. 끝으로 ④ 과소투자형은 ③ 위험투자형의 반대 형태로 새로운 투자가 채권자에게만 이익을 가져다주는 상태[12]에서는 회사가 그것을 포기할 위험을 가리킨다.

이처럼 이론상으로는 주주와 채권자 사이에 이익충돌이 분명히 존재한다. 그러나 실제로 이러한 이익충돌이 반드시 그렇게 심각한 것만은 아니다.[13] 회사가 신용을 제공받은 후에 채권자의 이익을 침해하는 기회주의적 행동에 나선다면 장차 금융시장에서 다시 차입을 하기 어려워질 것이다.[14] 만약 경영자들이 다른 직장에서의 재취업을 노리고 자신의 명성을 유지하고자 한다면 회사가 막판에 몰린 시기에도 채권자의 이익을 노골적으로 해치는 행동을 감행하지는 않을 것이다. 그러나 우리나라에서는 경영자들의 재취업이 현실적으로 원활하게 이루어지지 않기 때문에 경영자들이 그러한 기회주의적 행동을 감행할 우려가 존재한다.

11 이 점을 보여 주는 간단한 예로는 Enriques & Macey, (주 6), 1169면 참조.

12 회사의 자본이 전액잠식된 경우에 그러한 상태가 발생할 가능성이 높다.

13 Enriques & Macey, (주 6), 1170면 이하.

14 따라서 회사가 채권자의 이익을 희생할 가능성은 특히 회사가 재기가 어려운 막판에 몰렸을 때 높아질 것이다.

3. 자본의 채권자보호기능

자본제도는 채권자를 보호하는 기능을 수행한다고 일반적으로 설명되고 있다. 그러나 자본의 채권자보호기능은 위에서 살펴본 주주와 채권자의 다양한 이익충돌유형 중에서 극히 일부인 ① 재산유출형을 억제하는 데 불과하다. 물론 자본이 주주가 ③ 위험투자형에 나설 인센티브를 다소나마 감소하는 기능을 하는 측면이 있는 것도 사실이다.[15] 그러나 그러한 기능은 자본의 규모가 상당하고 아직 잠식이 되지 않은 경우에 한정될 것이다. 자본이 애당초 미미하거나 대부분 잠식되어 주주가 잃을 것이 별로 없을 때에는 위험투자의 인센티브를 갖게 될 것이다.[16] 특히 자본제도는 ② 부채증가형의 위험을 막는 데는 전혀 무력하다. 더구나 자본제도는 모든 형태의 재산유출을 막을 수 있는 것도 아니다. 자본제도가 이익배당이나 자기주식취득의 형태로 이루어지는 재산유출을 억제하는 기능을 하는 것은 사실이다. 그러나 예컨대 회사가 주주와 거래하는 형식을 빌려서 회사재산을 주주에게 유출하는 경우는 자본제도로 억제할 수 없다.[17] 이처럼 자본은 회사의 기회주의적 행동을 막는 데 제한적인 효용밖에 없다. 물론 주주가 자본금으로 거액을 출자하도록 한다면 도산 위험을 다소나마 줄일 수 있을지 모른다. 그러나 자본금의 최저한도를 높인다면 새로운 기업의 창업이 위축될 것이다. 어차피 주주가 아무리 거액을 출자한다 해도 회사가 경영의 잘못으로 망하는 것을 막을 수 없다면 무작정 고액의 자본금을 강요하는 것이 능사는 아니다.

이처럼 자본제도가 채권자의 이익을 보호하는 데 한계가 있다는 점은 비밀이 아니다. 특히 회사가 설립(또는 유상증자) 후 오랜 시일이 경과한 후에는

15 Kübler, (주 1), 5면.

16 반면에 법정자본은 소액에 불과하더라도 자기자본이 많이 축적된 경우에는 주주가 선뜻 위험투자에 나서기 어려울 것이다.

17 이른바 "숨은 이익처분법리" 같은 이론을 통해서 자본제도의 사정거리를 넓히는 것이 가능하지만 그러한 접근방식이 반드시 바람직한지는 의문이다.

자본은 회사의 재무상태에 대한 정보로서의 가치가 적다. 실제로 회사에 신용을 제공하는 채권자 쪽에서도 회사의 자본에 그다지 관심을 갖지 않는 것이 일반적이다.

4. 계약에 의한 채권자보호

한편 자본제도가 없다고 해서 채권자의 이익이 완전히 방치되는 것은 아니다. 무엇보다도 채권자들은 채무자인 회사의 행동을 견제하는 상세한 규정을 계약에 명시함으로써 자신의 이익을 보호할 수 있을 것이다. 예컨대 사채계약이나 대출계약에 으레 포함되는 이른바 재무제한조항들은 자본제도보다 훨씬 강력한 채권자보호장치를 제공하고 있다. 그러나 금융기관같이 교섭력을 갖춘 채권자가 아닌 하청업자와 같은 영세한 채권자는 그처럼 계약에 의한 보호를 강구하기 어려울 것이다. 또한 불법행위로 인한 손해배상청구권자와 같이 애초에 사전교섭의 여지가 없는 채권자들은 계약에 의한 보호가 애당초 불가능할 것이다. 자본제도의 옹호론자들은 자본제도가 이러한 소규모채권자와 불법행위채권자를 보호하는 기능을 한다고 주장한다. 그러나 앞서 지적한 바와 같이 자본제도가 채권자를 보호하는 데에는 한계가 있다. 또한 자본제도가 폐지되고 계약상의 보호도 받을 수 없다고 하더라도 채권자이익이 완전히 방치되는 것은 아니다. 자본제도가 폐지된다고 해도 배당이나 자기주식취득에 대한 규제는 당연히 존재할 수밖에 없기 때문이다.

IV. 자본제도의 비효율

자본제도가 채권자를 보호하는 데 한계가 있다고 해도 만약 특별히 부담이 되지 않는다면 자본제도를 유지할 수 있을 것이다. 그러나 자본제도는 여러 측면에서 회사의 유연하고 기동성 있는 운영을 저해하고 있다. 이곳에서는 특히 문제가 되는 몇 가지만을 지적하기로 한다.

1. 현물출자에 대한 제한

자본충실원칙에 의하면 회사설립시나 유상증자시에 자본에 상당하는 재산이 회사에 출연되도록 확보해야 한다. 금전이 아닌 현물에 의한 출자는 과대평가의 우려가 있으므로 주의할 필요가 있다. 상법은 현물출자에 대해서 설립시에는 물론이고 설립 후에도 여러 제한을 가하고 있다. 그 제한 중에서 가장 중요한 것은 현물출자시에 법원이 선임하는 검사인에 의한 조사나 감정인에 의한 감정을 받도록 하고 있는 것이다(상법 제299조, 제299조의2). 즉 전문가로 하여금 자본충실원칙의 준수 여부를 확인하도록 한 것이다. 전문가의 평가가 회사의 평가와 어긋나는 경우에는 법원이 회사의 평가를 수정할 수 있다. 그러나 아무리 전문가라고 하더라도 제3자에 의한 평가를 이해관계 있는 당사자들의 합의에 우선시키는 것이 과연 타당한지는 의문이다. 1인설립(또는 1인회사의 증자)시에 현물출자가 행해지는 경우에는 그 평가가 자의적으로 이루어질 가능성이 높다. 그러나 현물출자는 기업간의 합의로 새로이 합작투자기업을 설립하거나 제3자배정증자를 하는 경우에도 많이 행해진다. 이러한 현물출자의 경우에는 현물출자의 당사자인 제3자와 기존의 주주를 대표하는 경영진 사이에 그 평가를 둘러싸고 팽팽한 협상이 이루어지게 마련이다. 출자대상에 대한 과대평가는 바로 기존 주주의 손해로 이어지기 때문이다. 이처럼 대립되는 당사자 사이에 정상적인 협상을 통해서 결정된 가격에 대해서 다시 외부전문가의 평가를 받도록 하고 그 평가를 협상을 통한 평가에 우선시키는 것은 문제가 있다. 외부전문가가 당사자들의 평가와 다른 평가를 내놓고 당사자들이 그것을 수용할 수 없다고 한다면 결국 거래는 성사될 수 없을 것이다.

이들 평가가 엇갈릴 가능성은 현물출자의 모든 경우에 존재한다. 그러나 특히 현물출자의 대상이 객관적 평가가 어려운 무형의 기술인 경우에는 평가가 엇갈릴 가능성이 더욱 높을 것이다. 나아가 장차 노무나 서비스를 제공하기로 하는 약속은 "현물"에도 해당하지 않기 때문에 근로계약을 근거로 주식을 발행하는 것은 불가능하다.[18] 이처럼 무형의 기술이나 서비스를 출자하는 것에 수반되는 난점은 하이테크 벤처기업의 설립이나 증자과정에서 흔히 제기되고 있다.[19]

1998년 상법이 개정됨에 따라 이제 현물출자시에 법원이 선임한 검사인의 조사 대신 "공인된 감정인에 의한 감정"을 받는 것도 허용되고 있다. 실무상 이 경우 감정인으로는 회계법인이 선임되는 것이 보통이다. 감정인은 일반적으로 당사자 사이에 현물출자의 평가에 대한 합의가 이루어진 후에 비로소 선임된다. 감정인은 당사자 사이에 합의된 평가를 수용할 것이라는 기대하에 선임되기 때문에 감정인이 이와 다른 평가를 내놓는 것은 상상하기 어렵다. 만약 감정인이 될 회계법인이 회사의 평가를 수용할 수 없다면 감정인이 되기를 거절할 것이다. 감정인의 평가는 이론상 법원을 구속하지 않기 때문에 법원은 그것을 변경할 수 있는 권한이 있지만 현실적으로 그러한 변경권을 행사하는 경우란 거의 없다. 그러므로 실무상 당사자의 평가가 법원에 의하여 번복되는 경우는 드물 것이다. 그럼에도 불구하고 평가에는 적지 않은 비용과 시간이 소요된다.[20] 따라서 실무상으로는 이러한 평가에 수반되는 시간과 비용을 피하기 위하여 현물출자라도 금전출자의 형식을 빌리는 경우가 많다. 그러나 금전출자의 형식을 갖추기 위해서는 적지 않은 현금을 동원해야 하므로 상당한 이자비용이 수반된다. 물론 이처럼 검사인

18 제2지침도 마찬가지이다(7조). 반면에 개정모범사업회사법은 수행된 서비스 및 "장차 수행하기로 하는 서비스계약"을 모두 현물출자의 대상으로 허용하고 있다(§6.21(b)).

19 Kübler, (주 1), 12면.

20 일단 감정인의 평가가 내려지면 법원의 인가에는 거의 시간이 걸리지 않는다고 한다.

이나 감정인과 같은 전문가가 개입함으로써 어느 정도는 당사자들이 허황된 평가를 내리는 것을 억제할 수도 있을 것이다. 그러나 과연 그러한 개입이 주는 효용이 그것에 소요되는 시간, 비용을 초과하는 것인지는 의문이다.[21]

2. 액면미달발행의 제한

주식의 액면은 원래 설립시 출자자들 사이에 형평을 손쉽게 확보하기 위하여 도입된 제도이다.[22] 그러나 회사가 일단 영업을 개시한 후에는 신규투자자의 투자금액은 주식의 액면이 아니라 주식의 실제 가치에 따라서 결정될 것이다. 따라서 현행 상법이 액면미달의 주식발행을 제한하는 취지는 기존 주주의 보호보다는 자본충실원칙의 고려에 따른 것이라고 할 수 있다. 주식을 액면미달의 가격으로나마 발행할 필요가 생기는 것은 회사가 어려운 처지에 빠진 경우이다. 영업부진으로 부채가 누적되어 이자부담에 시달리는 회사는 추가의 차입이 어려울 것이다. 그렇다면 결국 주식을 발행하여 자금을 조달하는 길을 택할 수밖에 없을 것이다. 기존 주주들이 자금이 없다면 외부 투자자를 찾을 수밖에 없다. 그러나 이러한 기업은 주가가 액면에 미달하기 십상이다. 그 경우 투자자가 액면으로 신주를 인수하려 할 리는 없을 것이다. 결국 회사로서는 액면에 미달한 가격에라도 주식을 발행할 수밖에 없다.

실제로 1997년 경제위기를 겪으면서 많은 기업, 특히 금융기관들이 바로

21 "그러한 우려는 독일에서도 마찬가지로 존재한다. Kübler, (주 1), 6면. 미국의 개정모범사업회사법에서는 이러한 평가를 이사회에 맡기고 있다(§6.21(c)). 한편 일본에서는 최근 수 차례의 상법개정을 통해서 현물출자(재산인수도 마찬가지)에 대한 검사인의 검사를 다음과 같은 경우에 면제하고 있다.
(1) 현물출자액이 자본의 20퍼센트를 넘지 않고 5백만 엔을 넘지 않는 경우
(2) 대상재산이 거래소의 시세있는 유가증권으로 평가가격이 그 시세를 초과하지 않는 경우
(3) 현물출자가 상당하다는 변호사, 회계사 등의 증명이 있는 경우

22 Manning, (주 1), 22-23면.

이러한 연유로 액면미달발행을 감행하였다. 그러나 상법상 액면미달발행을 위해서는 "주주총회의 특별결의"와 "법원의 승인"이 필요하다(상법 제417조).[23] 법원의 승인을 요하는 취지는 앞서 살펴본 현물출자의 경우와 마찬가지라고 할 수 있다. 그러나 액면미달발행은 회사가 재정적인 위기시에 시도하는 것이므로 회사가 출자를 확보할 필요는 현물출자의 경우보다 한층 더 절실할 것이다. 반면에 법원의 승인을 요구함으로써 거둘 수 있는 효과는 현물출자의 경우보다 더 미미하다. 먼저 기존의 회사채권자로서는 주식의 발행가격에 상관없이 일단 신규자금이 유입되는 것은 반가운 일이다. 채권자의 권리는 어차피 후순위권리자인 주주의 권리에 앞서기 때문이다. 물론 기존 주주로서는 자신의 지분이 희석되는 것이 사실이다. 그러나 기존 주주로서도 회사가 망해서 지분의 가치가 0이 되는 것보다는 회사를 살리는 편이 나을 것이다. 주식의 시가가 액면을 상회함에도 불구하고 경영자가 불순한 의도로 액면미달발행을 시도하는 경우에는 법원의 승인이 효과를 거둘 수도 있다. 그러나 그러한 폐해는 액면미달발행의 경우에 한정된 것이 아니라 일반적인 저가발행의 경우에 공통되는 것이다. 만약 기존 주주의 이익을 위하여 법원의 승인이 필요하다면 모든 저가발행의 경우에 법원의 승인을 요하여야 할 것이다. 결국 법원의 승인을 요하는 근거는 장래의 채권자를 보호할 필요에서 찾을 수밖에 없을 것이다. 그러나 과연 장래의 채권자를 보호하기 위하여 액면미달발행을 제한해야 하는지는 의문이다. 그러한 제한은 결국 채권자들이 신용제공시에 명목적인 자본액에 가치를 부여한다는 가정에 바탕을 둔 것이다. 그러한 가정이 비현실적이라는 점은 이미 지적한 바 있다. 설사 장차 채권자의 오해를 예방할 필요가 있다 하더라도 과연 당장 자금의 수혈 없이는 버틸 수 없는 한계기업에 대해서까지 그러한 배려를 강

23 그렇지 않으면 독일에서와 같이 먼저 자본감소를 통해서 주식가치를 액면으로 인상한 후에 증자를 하는 방식을 취하여야 할 것이다.

요하는 것이 타당한 것인지는 의문이다.

1999년 정부는 증권거래법을 개정하여 공개법인의 액면미달발행시 일정한 요건하에 법원의 승인을 면제하였다(191조의15).[24] 그러나 증권거래법의 개정이 과연 얼마나 실효를 발휘할지는 의문이다. 왜냐하면 증권거래법 규정상으로도 주주총회의 특별결의는 여전히 필요한 요건으로 남아 있기 때문이다. 주주가 많은 공개법인이 주주총회를 개최하는 데 적지 않은 시간이 소요된다. 이러한 지체는 자금사정이 어려워 급히 자금을 요하는 기업에는 자칫 치명적일 수도 있다.

사실 이 문제는 반드시 자본제도 자체의 흠이라고는 할 수 없다. 액면을 예컨대 주당 1원과 같이 극도로 낮추고(이른바 저액면주식) 발행가격을 액면을 초과한 500원으로 정한다면 장차 액면미달로 발행할 필요는 크게 줄일 수 있을 것이다. 나아가 무액면주식의 발행을 허용한다면 액면미달발행의 문제는 아예 발생하지 않을 것이다.[25] 오늘날 액면제도를 채택하고 있는 국가 중 일부는 액면의 최저한도를 규정하지 않고 있다(예: 벨기에, 네덜란드). 또한 최근 각국의 입법례는 액면제도를 포기하는 방향으로 나아가고 있다. 일본은 2001년 상법개정에서 마침내 주식의 액면을 폐지하였다. 한편 영국에서도 액면의 폐지론이 우세하지만 액면을 요구하는 EU 제2지침 때문에 추진을 못하고 있다.[26]

24 사실 1997년 경제위기시에 이러한 문제가 부각되자 법원 쪽에서는 융통성 있게 승인제도를 운용하겠다는 의사를 표명한 일도 있다.

25 미국에서도 무액면주식의 발행이 처음 허용된 것은 1912년의 일이다. 그러나 무액면주식의 발행이 허용되는 미국에서도 실제로는 세부담 등의 문제 때문에 저액면주식이 더 많이 이용되고 있다. Manning, (주 1), 30면.

26 Modern Company Law: Company Formation and Capital Maintenance 23 (1999).

3. 회사재산의 반환에 대한 제한

회사가 재산을 주주에게 반환하는 행위는 자본유지원칙에 따라 여러 면에서 제약을 받는다. 회사재산을 채권자에 비하여 후순위권리자인 주주에게 분배하는 것에 대해서는 규제를 가하지 않는 법제는 거의 찾아보기 어렵다. 우리 경제가 고도성장을 거듭하며 만성적인 자금부족에 시달리던 시기에는 회사재산의 반환이란 문제가 그다지 부각될 수 없었다. 그러나 우리 경제가 성숙기에 접어들어 이른바 free cash-flow를 낳는 회사들이 늘어남에 따라 이 문제가 차츰 주목을 받기에 이르렀다. 회사가 잉여자금을 마땅히 투자할 만한 프로젝트가 없다면 그것을 주주에게 반환하는 것이 주주이익에 부합할 것이다. 따라서 자본시장을 발전시키려면 회사가 잉여자금을 주주에게 원활하게 반환할 수 있는 체제를 갖출 필요가 있다. 현행 상법상 회사가 여유자금을 주주에게 돌려주는 방법으로는 이익배당, 자기주식취득, 자본감소 등을 들 수 있다. 그러나 이들 절차는 모두 재원이 한정되거나 절차가 번거롭다는 등의 문제점이 있다. 먼저 재원과 관련해서 이익배당과 자기주식취득[27]의 경우에는 자본금은 물론이고 자본준비금과 이익준비금 같은 법정준비금도 공제하게 되어 있다(상법 제462조). 법정준비금, 특히 그중에서도 한도가 없는 자본준비금은 채권자보호의 필요성과 무관하게 과도하게 적립될 수가 있다. 이러한 재원에 관한 규제는 미국을 선두로 점차 완화되고 있다. 예컨대 앞서 언급한 바와 같이 캘리포니아주 회사법과 개정모범회사법은 자본개념을 포기하였다.[28] 한편 델라웨어주 회사법은 자본제도를 유지하면서도 자본금을 잉여금으로 볼 수 있는 가능성을 열어두고 있다(154조). 따라서 어느 경우에나 자본이 배당을 가로막는 장애로 작용하지 않는다. 한편 일

27 유럽국가에 비하여 우리 증권거래법은 자기주식취득을 훨씬 자유롭게 허용하고 있다.

28 개정모범사업회사법에 의하면 회사는 채무초과나 지급불능에 빠지지 않는 한 자유롭게 배당이 가능하다(§6.40).

본에서는 2001년의 상법개정에서 이익준비금의 적립의무를 대폭 완화하는 한편[29] 법정준비금을 배당의 재원으로 사용할 수 있는 길을 열어두었다(289조 2항).[30]

4. 최저자본금제도

자본충실원칙이나 자본유지원칙이 잘 지켜진다 해도 자본의 규모가 미미하다면 채권자보호의 실효를 거둘 수 없을 것이다. 그 점을 고려하여 상법은 자본의 최저한도를 5천만 원으로 규정하고 있다.[31] 이러한 최저자본금제도는 우리나라뿐 아니라 일본, 독일을 비롯한 선진국에서도 널리 채택되고 있다.[32] 반면에 미국에서는 그러한 최저자본금규정이 사라지고 있다.[33] 현행 상법상 요구되는 5천만 원은 회사의 업종과 규모에 관계없이 정해진 것이기 때문에 채권자보호에 별로 기여하는 것으로 보이지 않는다.[34] 반면에 현금이 부족한 소규모 개인기업이 법인으로 탈바꿈하는 데는 부담이 될 수 있다. 그리하여 현행법상으로도 최저자본금에 대한 예외가 광범하게 허용되고 있다. 예컨대 벤처기업육성에 관한 특별조치법은 벤처기업인 주식회사의 자본을 2천만 원 이상으로 하고 있으며(제10조의2), 소기업 및 소상공인지원을 위

29 이익준비금은 자본준비금과 합쳐서 자본의 4분의 1에 달할 때까지만 적립하면 된다(상법 288조).

30 또한 절차와 관련해서는 자기주식취득을 제외하고는 모두 주주총회가 간여하게 되어 있다. 특히 문제되는 것은 이익배당의 결정이다. 자금반환의 결정이 자금조달의 결정과 마찬가지로 기본적으로 재무상의 결정이란 점에 비추어 이사회에 맡기는 것이 합리적일 것이다.

31 최저자본금제도는 채권자보호목적 이외에 소규모회사로 하여금 복잡한 주식회사형태를 피하도록 유도하는 목적도 갖고 있다.

32 일부 유럽국가에서는 회사로 하여금 장차 영위할 사업에 적합한 규모의 자본을 갖추도록 요구하고 있다. Eddy Wymeersch, Current Company Law Reform Initiatives in the OECD Countries, 39 (Working Paper 2001).

33 Manning, (주 1), 21면.

34 Wymeersch 교수는 최저자본금제도가 대규모회사에서는 별 기능을 보이지 않지만 소규모회사에서는 도산을 막는 효과를 보이고 있다고 주장한다. Wymeersch, (주 32), 46면.

한 특별조치법은 소기업의 자본은 5천만 원 미만으로 해도 무방하다고 하고 있다(제8조의2 제1항).

V. 개선의 가능성과 방향

1. 개선의 가능성

위에서 살펴본 바와 같이 자본제도는 실제로 채권자보호기능은 미미한 반면에 여러 가지로 회사의 원활한 운영을 가로막는 불편을 낳고 있다. 최근에는 미국에 비하여 유럽에서 자본시장이 덜 발달한 것은 바로 이러한 경직된 자본제도의 탓도 있다는 주장이 제기되고 있다.[35] 이러한 단점에도 불구하고 자본제도가 미국을 제외한 여러 나라에서 확고한 지위를 누려 온 이유는 무엇일까? 일부 학자는 그 이유를 이른바 경로의존성(path dependence)에서 찾고 있다.[36] 사실 자본제도가 그토록 오랫동안 존속할 수 있었던 것은 순전히 그 장점 때문은 아니다. 우선 자본제도의 불편은 이제까지는 대대적인 법개정을 뒷받침할 만큼 크지 않았다. 자본제도에서 파생된 가장 큰 장애물이라고 할 수 있는 현물출자규제는 우리나라에서는 가장납입과 사후설립이라는 수단을 이용함으로써 쉽게 회피되었다. 또한 기술이나 서비스의 투자를 허용할 필요성도 최근 벤처붐이 일기 전에는 거의 인식되지 못했다. 액면미달발행도 경제위기가 오기 전까지는 특별히 주목을 끌지 못했다. 배당규제도 만성적인 자금부족현상이 지배한 고도성장기에는 거의 문제될 여지가 없었다. 그러나 지난 경제위기를 계기로 이제껏 한 점 의문 없이 수용해

35 Enriques & Macey, (주 6), 1166면.

36 Kübler, (주 1) 논문 참조.

왔던 자본제도의 이모저모에 대해서 근본적인 검토가 불가피하게 된 것 같다. 차입에 대한 기업의 의존도가 컸던 시대에는 다소 불편이 수반되더라도 채권자보호를 추구하는 것이 이해될 수도 있을 것이다. 그러나 이제는 우리도 차입에만 의존하는 경영에서 벗어나 자본시장의 육성을 도모할 수밖에 없는 단계에 이르렀다. 채권자보호를 강조하며 실효성도 없는 자본제도를 고수함으로써 결과적으로 회사의 운신의 폭을 좁히는 것은 자본시장의 발전에 도움이 되지 못한다. 또한 편법을 통한 회피가 용이하다는 이유로 불합리한 규제를 개선하는 노력을 게을리하는 것은 바람직하지 않다. 그러므로 앞으로는 원활한 기업의 설립과 운영을 저해하는 자본제도에 대한 맹신에서 벗어나 보다 실효성 있고 합리적인 채권자보호방안을 강구할 필요가 있을 것이다.

2. 개선의 방향

일부 학자는 자본제도가 없어지면 신설회사가 조기에 도산하는 사례가 늘어날 것으로 예측하고 있다.[37] 그러나 자본제도가 없다고 해서 과연 기업가들이 무모한 경영을 일삼을 것인가? 많은 주에서 자본제도를 폐지하거나 대폭 완화한 미국에서 특별히 신설기업의 도산비율이 다른 나라보다 높다는 조사결과는 아직 발표된 바 없다. 더구나 가장납입이 광범위하게 퍼져 있는 우리나라에서 과연 그러한 예측이 적중할 것인지는 상당히 의문이다.[38] 그러나 아직 자본제도를 포기하자는 견해는 그다지 폭넓은 지지를 받고 있

37 Marcus Lutter, Gesetzliches Garantiekapital als Problem europäischer und deutscher Rechtspolitik, AG 1998, 375, 376.

38 그렇지만 자본제도를 포기하는 경우에는 결국 채권자가 자신의 이익을 스스로 보호할 필요가 다소나마 높아질 것이라는 점은 부정하기 어렵다. 채권자는 명목상의 자본금을 믿을 것이 아니라 회사의 재무정보를 토대로 신용제공 여부를 판단해야 할 것이다. 따라서 회사재무정보의 신뢰성은 주주에게 뿐 아니라 채권자에게도 더욱 중요할 것이다.

는 것은 아니다. 자본제도를 유지하는 동안에는 예컨대 액면제도와 현물출자규제와 같이 적어도 자본제도에 수반되는 경직된 제도를 개선할 필요가 있을 것이다.[39]

앞서 지적한 바와 같이 자본제도는 주주와 채권자의 이익충돌유형 중 위험투자형에 대해서는 그다지 효과가 없다. 위험투자를 억제하는 방안으로는 영국 파산법상의 부당거래규제(1986년 파산법 214조)가 참고가 될 수 있을 것이다. 그에 의하면 회사가 도산을 면할 수 있는 가망성이 없다는 것을 알면서 또는 알았어야만 했음에도 불구하고 이사가 회사채권자의 잠재적 손실을 최소화하는 데 필요한 모든 조치를 취하지 않은 경우에는 청산인의 신청에 따라 법원이 이사에 대해서 일정액의 배상을 명할 수 있다. 이사가 도산을 목전에 둔 상태에서 위험한 투자를 하는 경우에 배상책임을 부과한다면 그러한 투자를 다소나마 억제할 수 있을 것이다.[40]

한편 부채증가형과 관련해서는 자본제도 대신 자산비율을 이용하여 배당을 제한하는 캘리포니아주 회사법을 참고할 필요가 있다. 캘리포니아주법에 의하면 회사는 이익잉여금을 재원으로 하거나 다음 두 가지 조건을 갖추는 경우에는 이익배당을 할 수 있다(500조): ① 배당 후 회사의 총 자산이 총 부채의 125% 이상일 것; ② 유동자산이 유동부채에 미달하지 않을 것. 흥미로운 것은 ①의 비율규제이다. 이러한 비율규제에 의하면 부채가 늘게 되면 갖춰야 할 자기자본의 크기도 증가하기 때문에 회사가 부채를 무한정 증가시키기 어렵게 된다. 단순히 자기자본을 부채의 25%라는 일정선 아래로 유지할 것을 요구하는 ①의 비율규제는 다소 거친 규제라고 할 수 있다. 그에 비하면 자산의 위험성에 상응하여 확보할 자기자본의 금액에 차등을 두는 BIS자기자본규제는 훨씬 더 세련되고 복잡한 규제라고 할 것이다. 금융

39 Wymeersch, (주 32), 45면.

40 그러한 규정이 없는 상황에서는 이사의 투자도 이른바 경영판단원칙의 테두리 내에 있는 것으로 보아 책임을 지울 수 없는 경우가 많을 것이다.

기관에 대해서 이처럼 복잡한 규제를 가하는 것은 금융기관이 도산하게 되면 경제 전반에 파급되는 이른바 외부효과가 크기 때문이다. 도산시 비교적 외부효과가 크지 않은 일반 회사에 대해서 모두 그러한 복잡한 규제를 가하는 것은 비현실적일 것이다.

VI. 결어

앞서 살펴본 바와 같이 자본제도는 실무상 여러 가지로 불편을 수반하고 있다. 그럼에도 불구하고 미국을 제외한 선진국의 회사법 내에서 아직 확고한 위치를 점하고 있다. 주주유한책임원칙에 그대로 노출되는 채권자의 보호를 위하여 사전적으로 일정한 한도에서 주주의 출자를 확보하고 그것을 반환하지 않는다는 자본원칙은 일반인들에게는 물론 회사법학자들에게도 상당히 어필하는 개념인 것 같다. 자금조달이 주로 차입의 형태를 취하고 자본시장이 덜 발달한 나라에서는 자본제도의 상대적 효용을 인정할 여지도 없지 않다. 그러나 자본제도는 채권자이익을 침해하는 거래뿐 아니라 액면미달발행과 같이 침해가능성이 높지 않은 거래까지 모두 억제한다는 점에서 이른바 과잉포섭(over-inclusive)의 단점이 있다. 또한 위험투자형이나 부채증가형에 속하는 채권자이익의 침해를 방지할 수 없다는 점에서 이른바 과소포섭(under-inclusive)의 단점도 있다.

회사법의 목표는 한편으로는 일반주주와 경영자(내지 지배주주) 사이의 이익충돌과 주주와 회사채권자 사이의 이익충돌을 최소화하는 것이라고 할 수 있다. 그러나 다른 한편으로는 회사의 원활한 운영을 가로막아서는 아니 된다. 현재 세계적으로 회사법분야의 입법동향을 보면 이사회의 행동을 사전적 · 포괄적으로 제약하기보다는 가급적 자유롭게 허용하면서 문제되는 행위만을 사후적으로 제재하는 미국식 접근방식이 점차 확산되고 있는 추세이다. 자기주식 취득에 대한 규제완화(독일 주식법 71조 8호, 일본 상법 210조) 라든지 주주의 신주인수권에 대한 제한적인 배제의 허용(독일 주식법 186조 3항) 등이 그 대표적인 예라고 할 수 있다. 이처럼 각국의 회사입법이 경영진의 기동성 있는 행동을 뒷받침하는 방향으로 전환되고 있는 이유는 과연 어디에 있는 것일까? 오늘날의 기업환경이 과거와는 달리 경영진의 기민한 대응을 요구하는 것도 부정할 수는 없을 것이다. 그러나 이처럼 선진 각국에서 경영진의 활동에 대한 사전적인 규제에서 사후적인 규제로 전환하게 하는 동인은 무엇보다도 자본시장의 압력이라고 할 수 있다. 자본제도는 채권자 보호에 치우친 나머지 창업이나 증자와 같은 재무활동의 장애요인으로 작용할 수 있다. 그러한 면에서는 자본시장에는 친근하지 않은 제도라고 할 수 있을 것이다.

또 한 가지 흥미로운 점은 유럽과 미국의 대조적인 회사법제도가 자본제도의 변화에 미친 영향이라고 할 것이다. 주지하는 바와 같이 유럽에서는 회사법분야에서도 다수의 지침을 통한 법의 통합이 진행되고 있다. 반면에 미국에서는 주회사법 사이에 경쟁체제가 유지되고 있다. 앞서 지적한 바와 같이 유럽에서 자본제도가 확고부동한 지위를 차지한 데에는 EU 제2지침의 영향이 크다. 만약 미국에서도 연방차원에서 단일한 회사법이 존재하였다면 자본제도를 폐지하는 것 같은 과감한 시도는 곤란했을 것이다. 주회사법 사이의 경쟁이 존재하는 미국에서는 시장환경의 변화에 따른 법의 변화가 비교적 용이하다. 그러나 법적 통일을 지향하는 유럽에서는 일단 하나의 제도가 오랜 협의과정을 거쳐 정착되면 그것을 돌이키는 것이 쉽지 않다.[41] 그러나 EU에서도 최근 변화의 조짐이 나타나고 있다. 예컨대 최근 EU위원회의 위임을 받아 조직된 작업팀에서는 현물출자에 대한 외부전문가의 검사요건을 폐지하는 등 제2지침의 내용을 수정하는 제안을 발표한 바 있다.[42] 또한

41 Kübler, (주 1), 15면.

42 Kübler, (주 1), 16면.

1999년 EU법원은 유명한 Centros판결[43]에서 아무런 사업도 수행하지 않는 명목상의 본점을 타회원국에 설치하는 방법으로 그 나라의 법을 선택하는 것을 허용함으로써 다소나마 경쟁의 여지를 살려 주었다.[44]

우리나라에서는 아직 회사법 사이의 경쟁은 생소한 관념에 불과하다.[45] 그러나 자본시장의 발전은 모두가 공감하는 국가적 과제라고 할 수 있다. 경제위기를 통해서 차입경영의 한계를 절실하게 경험한 우리로서는 자본시장을 키워 나가는 것은 이제 선택의 문제가 아니라 흥망을 가름하는 문제이다. 상법상의 자본제도는 여러 면에서 후견적인 간섭을 강제함으로써 회사의 원만한 재무활동을 가로막는다. 그러한 간섭은 과거에는 몰라도 자본시장육성이란 과제를 안고 있는 오늘날에는 득보다는 실이 큰 것으로 판단된다. 전통에 따라 무비판적으로 수용해온 기존 자본제도의 틀에서 벗어나 보다 유연한 회사운영이 가능한 법적 인프라를 구축하는 것이야말로 우리 회사법 학계가 당면한 과제라고 할 것이다.

『절차적 정의와 법의 지배』(이창희 · 장승화 편)(2003) 128-144면.

* 추기: 이 글에서 주장된 내용은 정부가 제출한 상법개정안에 상당 부분 반영되었다. 자세한 것은 김건식 외, 21세기 회사법개정의 논리 (2007년) 165면 이하 참조. 상법개정안은 아직 입법화되지 못하였으나 최저자본금은 2009년 폐지되었다.

43 Case C-212/97-Centros Ltd v. Erhvervs-og Selskabsstyrelsen, [1999] ECR I-1459; [1999] 2 C.M.L.R. 551. 이 판결에 대한 문헌은 실로 무수하다. 예컨대 Werner F. Ebke, Centros—Some Realities and Some Mysteries, 48 American Journal of Comparative Law 623 (2000).

44 물론 제2지침이 변화되지 않는 한 경쟁으로 인하여 회원국 회사법상의 자본제도가 변화할 가능성은 없다.

45 일부 기업들이 간혹 본사를 외국으로 옮길 수도 있다는 취지를 밝히고 있으나 외국의 회사법이 그러한 이전의 동기라고는 여겨지지 않는다.

06 주식배당과 과세*

I. 서설

상법, 그중에서도 회사법은 세법과 교착하는 부분이 많다. 동일한 회사법상의 거래나 사건이 회사법과 세법의 양쪽에서 주목을 받는 경우가 비일비재하다. 주식배당은 그 대표적인 예들 중 하나다. 주식배당이란 문자 그대로 주식회사가 주주에 대해서 현금 대신 주식을 배당하는 것을 말한다. 우리 상법은 주식배당을 이익배당총액의 50%의 한도 내에서 허용하고 있다(제462조의2 제1항). 증권거래법은 한 걸음 더 나아가 주권상장법인의 경우에는 이익배당을 전부 주식으로 하는 것도 허용하고 있다(제191조의3 제1항 본문).[1] 주식배당이 우리 상법에 도입된 것은 지난 1984년의 일이지만 이제는 경제계에

* 이 글은 서울대 이창희 교수와 공동집필한 것임.

1 다만 주식의 시가가 액면액에 미달하는 경우에는 그러하지 아니하다(증권거래법 제191조의 제1항 단서).

서 친숙한 존재로 자리 잡고 있다. 한 통계에 의하면 1985년에는 주식배당을 행한 기업이 1개사에 불과했으나 1991년부터는 100개사를 넘고 있다.[2] 배당이라는 이름이 붙어 있을 뿐 아니라 현금배당과 같은 시기에 같은 요건에 따라 행해지기 때문인지 경제계에서는 주식배당을 현금배당의 대체물 정도로 인식하고 있는 것이 보통이다.

그러나 이런 일반적인 통념과는 달리 법률의 세계에서는 주식배당은 여전히 수수께끼 같은 존재이다. 주식배당은 회사나 주주의 경제적 실질에 아무런 변화를 일으키지 않는다. 주주의 입장에서는 보유주식의 수가 늘 뿐이다. 예컨대 순자산이 1억 원이고 이 순자산이 자본금 5천만 원(1만 주×액면가 5천 원)과 이익잉여금 5천만 원으로 이루어진 甲회사가 있다고 하자. 甲회사가 신주 1만 주를 주주에게 주당 1주씩 주식배당으로 지급한다면 각 주주의 실제 재산에는 어떠한 변화가 있는가? 아무런 변화도 없다. 각 주주의 보유주식의 수가 2배로 증가한 것은 분명하지만 주식의 가치가 2분의 1로 줄어들기 때문이다.[3] 배당 전에는 1주에 1만 원(1억 원/1만 주)의 가치가 있었지만, 이제는 1주에 5천 원(1억 원/2만 주)의 가치가 있게 된다. 기업회계상으로도 주식배당은 자산의 증가로 보지 아니한다(기업회계기준 제61조). 이러한 측면에서는 주식배당은 주식분할과 아무런 차이가 없다. 甲회사가 위와 같이 주식배당을 하는 대신 주식을 1주당 2주로 분할하는 경우를 생각해 보자. 주주의 부에는 실질적으로 어떤 변화가 있는가? 분할 전의 1주당 가치는 1만 원(1억 원/1만 주)이었지만 분할 후에는 5천 원(1억 원/2만 주)으로 줄어들기 때문에 주식분할을 전후하여 주주의 부에는 아무 변화가 없다. 이처럼 주식배당과 주식분할은 실질적으로 유사하기 때문에 미국에서는 새로이 발행되는

2 김정자, 우리나라에서 주식배당을 하는 기업의 특성에 관한 연구, 경상연구(호남대학교) 제13집(1998), 24면.

3 상장주식의 경우라면 주식배당으로 인한 시가하락분이 반드시 발행신주의 수에 정확하게 비례하지는 않을 것이다.

주식이 신주발행 전 기발행주식의 25% 미만인 경우에는 주식배당으로, 그 이상인 경우에는 주식분할로 처리하고 있다.[4] 이러한 주식배당과 주식분할의 유사성에도 불구하고 우리 회사법학계에서는 여전히 이익배당설이 지배적인 견해의 지위를 누리고 있다.[5] 그러나 미국, 독일은 말할 것도 없이 일본에서도 이제는 주식분할설이 일반적으로 받아들여지고 있다. 이곳에서 이익배당설을 주장하는 학설의 근거와 그에 대한 비판을 되풀이할 생각은 없다.[6] 다만 주식배당과 현금배당 사이에는 실질적으로 분명한 차이가 있다는 점을 강조하고자 한다. 주식배당은 주주의 보유주식 수만을 증가시킬 뿐 주주의 재산에는 아무런 변화를 가져오지 않는다. 바로 이 점에서 주식배당은 현금배당과는 분명한 차이가 있다. 현금배당의 경우에도 주주의 재산이 늘어나는 것은 아니다. 그러나 재산의 구성은 달라진다. 즉 현금배당을 계기로 주식의 가치 가운데 일부가 현금으로 바뀌는 것이다. 뒤에 살펴보는 바와 같이 실현주의의 관점에서는 바로 이 점이 현금배당을 과세의 계기로 삼는 근거인 것이다. 한편 주식배당의 경우에는 주주의 재산의 구성에도 전혀 변화를 일으키지 않는다. 그러므로 주식배당은 비록 배당이라는 이름이 붙긴 했지만 현금배당과 주식분할 중에서는 후자에 가깝다.[7]

세법상으로도 주식배당에 대한 과세문제는 난제이다. 위에서 언급한 회사법상의 논의는 세법상의 처리와 어떤 관련이 있는가? 주식배당이 성질상 이익배당과 같은 것이라면 이익배당에 과세하는 한 주식배당에 대한 과세도 당연히 정당화될 수 있을 것이다. 그러나 주식배당이 이익배당보다 주식

4 김정자, (주 2), 11면.

5 주식배당의 성질에 관한 각 견해에 관해서는 최기원, 신회사법론(1999), 830면 이하 참조.

6 학설의 대립에 관하여 상세한 것은 竹内昭夫, 新版注釋會社法(9)(1988), 65-69면 참조.

7 이익배당설의 논거로 주식배당은 현금배당을 받은 주주가 바로 신주를 인수한 것과 같다는 주장이 있다. 그러나 주주유한책임의 원칙을 고려하면 주식배당을 이익배당과 신주발행이 동시에 행해진 것으로 보기는 어렵다. 그렇게 해석하면 주주가 신주인수를 하지 않을 수 있는 자유가 침해되며 이러한 결과는 주주유한책임에 반하기 때문이다.

분할에 가까운 것이라고 해서 주식배당에 대한 과세가 반드시 불가능한 것은 아니다. 주식배당과 현금배당의 공통점은 비단 "배당"이라는 명칭을 공유하는 점에 그치는 것은 아니다. 주식배당이나 현금배당이나 모두 회사의 이익잉여금을 재원으로 하며 상법상 배당가능이익을 감소시킨다는 점에서는 차이가 없다. 과연 이러한 공통점은 주식배당에 대한 과세를 정당화할 정도로 중요한 것인가? 실제로 입법례는 나라마다 차이를 보이고 있다. 우리나라나 일본과 같이 주식배당을 현금배당과 마찬가지로 과세하고 있는 국가가 있는가 하면 미국, 영국, 독일 등과 같이 원칙적으로 과세하지 않는 국가도 있다.[8] 이론적으로 주식배당에 대한 과세를 어떻게 볼 것인가에 대해서도 학자들 사이의 견해는 일치를 보지 못하고 있다.[9]

이 글의 직접적인 목적은 주식배당의 과세문제에 관하여 검토하는 것이다. 결론부터 밝히자면 이론상으로는 주식배당에 대한 과세는 적절치 않다. 이러한 결론을 밝히고 있는 논문은 이미 많이 존재한다.[10] 주식배당에 대한 과세를 정당화하는 주된 논거는 법인 내부에 이익을 유보함으로써 누진세를 피하면서 부를 축적하는 것을 막자는 것이다. 그러나 그런 목적을 위한다면 주식배당에 과세하기보다 직접 유보이익에 과세하는 것이 正道일 것이다. 오히려 주식배당에 대한 과세의 정당성은 우리나라의 현실에서 찾아야 할 것으로 보인다. 이 글의 직접적인 대상은 주식배당의 과세문제이다. 그러나 이 문제에 제대로 답하기 위해서는 현금배당에 대해서 과세하는 근거가

8 각국의 입법례에 관해서는 Hugh J. Ault, Comparative Income Taxation (1997), 314-317면 참조. 일본에서는 상법개정으로 주식배당이라는 개념 자체가 폐지되고 이익잉여금의 자본전입과 그에 따른 신주발행으로 이해되고 있다(일본 상법 제293조의2 참조).

9 그러나 최근에는 논의가 별로 눈에 띄지 않는다. 이는 아마도 미국 등 주요 선진국에서는 적어도 주식배당에 대해서 과세하지 않는다는 원칙이 정착되었기 때문이 아닌가 여겨진다. 비교적 최근의 논쟁으로는 金子 宏, 商法改正と税制, 商事法務 1223호(1990), 7면 이하와 竹内昭夫, 利益積立金の資本組入れとみなし配當課税の當否(上, 下), 商事法務 1258호(1991), 43면 이하, 1259호(1991) 30면 이하 참조.

10 예컨대 竹内昭夫, (주 9)의 논문도 그중 하나다. 우리나라의 논문으로는 예컨대 윤창술, 주식배당 · 무상교부에 대한 과세의 문제, 월간조세 134호(1999. 7) 146면 이하.

무엇인지부터 다시 음미할 필요가 있다. 주식배당에 대한 과세 여부는 주식배당이 과연 현금배당에 과세하는 근거를 얼마나 공유하고 있는가에 달려 있기 때문이다. 그리고 현금배당에 관한 과세근거를 찾는 작업은 법인과 주주에 대한 과세의 큰 그림을 살펴보는 것에서부터 출발해야 할 것이다.

II. 법인과 주주에 대한 과세

1. 법인세의 근거

우리 법인세법상 법인에게는 법인세가 부과된다(제2조). 상법상 회사는 모두 법인이므로(상법 제171조 제1항) 당연히 법인세의 납세의무를 진다. 따라서 주식회사형태를 취하는 기업에서는 소득이 법인과 주주라는 두 단계에 걸쳐서 이중으로 과세되기 때문에 결과적으로 회사형태를 취하지 않는 개인기업의 경우보다 세부담이라는 면에서 상대적으로 불리할 수 있다. 이러한 우려에 대해서는 다음과 같은 반론을 제기하는 자가 있을지도 모른다. 법인이란 주주와 다른 '실재'이기 때문에 법인이 주주와는 별도로 법인세를 낸다는 것은 너무나 당연한 일 아닌가? 이런 견해의 밑바닥에 깔려 있는 것은 법인의 본질에 관한 이른바 법인실재설이다. 아직 우리 사법학계의 지배적인 학설이라고 할 수 있는 법인실재설에 대해서 이 자리에서 본격적인 비판을 시도할 뜻은 없다. 다만 법인격이라는 것에 단체의 법률관계를 효율적으로 처리하기 위한 수단 이상의 의미를 부여하는 것은 적절치 않다는 점을 지적하고 싶다. 주식회사의 예를 들어 생각해 보자. 주식회사가 주주와 다른 별개의 실재라고 한다면 주식회사의 소득은 언제나 영(0) 원이 될 수밖에 없다. 주식회사의 잔여재산은 궁극적으로 모두 주주에게 속하는 것이라는 점을 받아들인다면 주식회사 자체의 소득이란 것을 인정할 수 없기 때문이다.

결국 법인세법상 주식회사의 소득이라 보고 있는 것은 주주의 소득이고 법인세는 주주의 소득에 대한 세금이다. 법인이 한낱 수단에 불과한 것이라는 점을 받아들인다면 궁극적으로 법인세를 부담하는 것은 누군가 자연인이라는 점은 당연한 귀결일 것이다.[11]

그렇다면 법인을 납세의무자로 삼는 것은 논리적으로 불가능한 것인가? 그렇지는 않다. 만약 효율과 공평이라는 세법의 지도이념에 비추어 법인에 대해서 과세하는 것이 합리적이라면 법인에 대해서 과세할 수도 있을 것이다. 그 경우 분명한 것은 법인세를 부과하는 이유가 법인이 실재하기 때문이 아니라 정책적으로 그것이 보다 합리적이기 때문이라는 점이다. 이하에서는 법인에 대한 과세와 관련하여 정책상 생각해 볼 수 있는 몇 가지 선택지들을 검토해 보기로 한다.

2. 정책선택지(1): 법인세의 폐지

가장 먼저 떠오르는 것은 법인세를 폐지하는 방안이다. 어차피 법인이 단체의 법률관계를 효율적으로 처리하기 위한 법적 기술에 불과한 것이라면 법인에 대해서는 과세를 하지 않는 편이 자연스러울 것이다. 그 경우에는 궁극적인 실체인 주주에 대해서만 과세하면 된다. 주주에 대한 과세방안도 두 가지로 나눌 수 있다. 하나는 법인단계에서 소득이 생기면 배당 여부와 관계없이 바로 주주의 소득으로 파악하여 각 주주별로 과세하는 방안이다. 이러한 방안은 궁극적으로 담세력의 주체가 자연인이라는 전제에 가장 충실한 방안이라고 할 수 있다. 그러나 대규모 공개법인에서는 이런 방안을 실행하는 것은 현실적으로 불가능하다. 그리하여 외국의 실정법에서도 회사의 단체

11 법인세가 누구에게 귀착되는가에 대해서는 주주라는 설, 주주와 채권자라는 설, 소비자라는 설 등 경제학자들 사이에서 여러 가지 주장이 있다. 너무나 당연한 이야기이지만, 궁극적 부담자가 누구인가는 법률에 따라 결정되는 것이 아니라, 시장 구조에 따라 결정된다.

성을 꿰뚫고 사원에 대해서 바로 과세하는 방안을 채택하는 경우는 대륙법계의 인적회사(독일 소득세법 제1조, 법인세법 제1조)나 미국법상의 S Corporation (연방내국세법 제1316조)과 같이 조합성이 강한 소규모회사에 한정되고 있다.

다음에 생각해 볼 수 있는 것은 주주에 대한 과세를 법인단계에 소득이 발생한 시점이 아니라 주주에게 배당하는 시점에 행하는 방안이다. 이 방안에 의하면 법인의 소득은 배당되지 않고 유보되는 경우에는 세금 부담을 벗어나게 된다. 그렇다면 법인은 이익을 내부에 유보함으로써 조세부담을 연기할 강력한 인센티브를 갖게 될 것이다. 물론 회사가 배당을 회피한다고 해서 주주에게 과세할 수 있는 길이 완전히 봉쇄되는 것은 아니다. 주주가 주식을 처분할 때 양도소득에 대해서 과세할 수 있다. 그러나 주주가 주식의 처분을 미룬다면 과세할 수 없을 것이다. 이처럼 법인이 이익을 내부에 유보함으로써 조세부담을 연기하는 것을 막기 위해서는 법인에게도 소득세를 부과할 필요가 있다.[12]

3. 정책선택지(2): 배당에 대한 과세폐지

회사에 법인세를 부과하고 다시 주주에 대한 배당시에 과세한다면 이중과세의 문제가 생길 수 있다. 따라서 이중과세를 피한다는 관점에서 배당에 대한 세금을 부과하지 않는 방안을 생각해 볼 수 있다. 그러나 조세의 수직적 공평성이란 이념을 포기하지 않는 한 이 방안을 수용하기는 곤란하다. 법인세에 대한 과세만으로는 배당 이외에도 여러 가지 소득이 많은 주주에 대한 누진적인 과세가 불가능하다. 이것의 결과는 근대세제의 역사를 통해서 형성된 소득세제(소득세와 법인세)의 기본이념과 충돌한다. 소득세제는 각 개

12 이것이 바로 칸다 교수와 레브모어 교수의 견해이다. Kanda & Levmore(1991), 414. 법인세를 이처럼 내부유보에 의하여 조세부담을 연기하는 가능성을 막기 위한 세금으로 파악한다면 그러한 위험을 수반하지 않는 회사의 경우에는 구태여 법인세를 부과할 필요가 없을 것이다.

인이 내야 할 세금은 그가 얼마나 부자가 되었는가를 따져서 정해야 공평하다는 생각에 터잡고 있다. 누구든지 남보다 형편이 나은 사람은 더 높은 비율로 세금을 내야 한다는, 본질적으로 인민주의적 공평의 이념이 소득세제의 밑바닥에 깔려 있는 것이다.[13]

4. 정책선택지(3): 법인세와 배당소득과세

이제 남은 것은 조세부담의 연기를 막기 위하여 법인세를 부과하면서 다른 한편으로 조세의 수직적 공평을 위하여 주주의 배당소득을 다른 소득과 합산하여 종합과세하는 방안이다. 이러한 타협적인 방안이 바로 현행 세제가 취하고 있는 방안이다. 이처럼 주식회사와 주주에게 이중으로 과세하는 것은 경제적 부작용을 낳을 우려가 있다. 그러한 부작용은 두 가지로 나누어 볼 수 있다.[14]

하나는 법인형태를 이용한 사업에서 얻는 소득이 그렇지 않은 소득에 비해 높게 과세된다면 법인부문과 법인 아닌 부문 사이에 자본의 배분이 왜곡되고 법인형태의 이용이 불필요하게 억제될 것이라는 점이다. 예를 들어 법인이 아닌 기업은 소득세 30%를 내는 데 비해 법인인 기업은 법인세와 주주의 소득세를 합하여 50%의 세부담을 진다고 하자. 만일 법인이라는 제도가 이해관계자에게 아무런 이익을 주지 않는다면, 이 세율 차이로 인하여 법인이라는 제도는 존립하기 어려울 것이다. 그러나 상법상 법인, 특히 주식회사

13 상세는 이창희, 법인세와 회계(2000), 18-32면.

14 본문에 언급한 두 가지 외에 전통적 세제가 이익배당을 저해한다는 생각을 하는 사람이 많으나 옳지 않다. 법인세율, 배당에 대한 소득세율 및 주식양도차익에 대한 소득세율 세 가지의 관계가 배당결정에 영향을 미치고, 이 점은 이중과세를 조정하든 않든 차이가 없다(III. 3. (1).참조). American Law Institute, Federal Income Tax Project: Integration of the Individual and Corporate Income Taxes-Reporter's Study of Corporate Tax Integration (Alvin C. Warren Reporter; 1993)(이하 ALI, Reporter's Study of Corporate Tax Integration으로 약칭), 18-37면.

에는 유한책임 등 여러 가지 편리한 점이 적지 않기 때문에 법인형태의 기업이 완전히 사라지지는 않을 것이다. 이제 법인 아닌 기업부문과 법인부문 사이에서 자본의 세후수익률이 5% 되는 점에서 경제가 균형에 있다고 하자.[15] 이 균형점에서 비법인(非法人) 부문의 세전생산물은 약 7%(7%×0.7=약 5%)이지만, 법인부문의 세전생산물은 10%이다(10%×0.5=5%). 경제 전체의 입장에서 본다면, 7%를 생산할 수 있는 비법인부문의 투자기회가 9.99%를 생산할 수 있는 법인부문의 투자기회를 앞서게 되어 상대적으로 비법인부문에 너무 많은 자본이 투입된다. 그 과정에서 2.99%(9.99%−7%)만큼이 그냥 없어진 셈이다.[16] 만일 두 부문이 똑같이 과세된다면, 경제가 새로운 균형을 찾을 때까지 자본이 비법인부문에서 법인부문으로 이동하고 이동하는 만큼 사회의 입장에서는 추가적 생산물이 생기게 된다.[17]

또 하나의 부작용은 주식형태의 투자에 이중과세를 하는 경우에는 차입경영을 조장하여 기업의 파산위험을 높일 우려가 있다는 점이다.[18] 이자가 손금에 산입되고 배당은 손금에 산입되지 않는 세제하에서는 자산가치 중 투자위험을 지는 부분(자본)이 줄어들고 지지 않는 부분(부채)이 늘어나게 된다. 그 결과 채무불이행 내지는 파산의 위험이 그만큼 늘어나게 된다.[19]

15 각 부문에 투자된 자본에 수확체감의 법칙이 작용한다고 전제한다.

16 경제학에서는 이것을 deadweight loss라고 부른다.

17 이는 법인세의 전가 귀착에 관한 Harberger 모델을 풀어 쓴 것이다. Harberger 모델에 대한 설명은 재정학 교과서 수준에서 쉽게 찾을 수 있다.

18 ALI, Reporters' Study of Corporate Tax Integration (주 14), 41-42면.

19 사실 파산은 문제의 원인이 아니라 결과일 뿐이다. 파산은 채권자 및 주주가 자산의 가치 중 제 몫이 얼마인지를 다시 정리하는 것일 뿐이므로, 파산절차에 별다른 비용이 들지 않고 그 절차가 순식간에 이루어진다면 파산 때문에 사람들이 더 가난해지지는 않는다. 그러나 현실적으로는 파산절차에는 오랜 시간과 거래비용이 들어가므로, 이상적 파산법제가 없는 이상 파산은 사회악이 된다.

5. 배당세액공제

이중과세의 폐해를 시정하기 위한 해결책으로 가장 널리 쓰이는 제도가 이른바 배당세액공제(imputation)이다. 배당세액공제의 핵심은 법인의 소득이 결국 주주의 소득임을 인정하는 데에 있다. 법인의 소득이 주주의 소득이라면 법인세는 주주가 낼 세금을 선납한 것으로 볼 수밖에 없다(방론으로 법인세율이 누진율을 따를 필요가 전혀 없음을 알 수 있을 것이다).

간단한 예를 들어보자. 법인의 소득이 100원, 법인세율이 16%, 배당소득 외에 다른 소득을 합쳤을 때 주주에게 적용되는 세율이 40%(소득세법상 최고세율)이고, 법인의 소득은 전액이 주주에게 바로 배당된다고 가정하자. 법형식을 무시한다면 주주의 실질적인 소득은 100원이므로 세금을 40원(100원×40%) 부담하면 된다. 이 결과는 다음과 같은 두 단계의 과세를 거쳐서 확보할 수 있다. 먼저 법인단계에서 법인은 16원의 법인세를 납부하고 남은 84원을 주주에게 배당한다. 주주단계의 과세는 조금 복잡하다. 주주가 실제로 받는 돈은 84원이지만, 거기에 16원(=84원×16/84)을 가산한 100원을 주주의 소득에 포함시킨다.[20] 100원이라는 소득에 주주의 세율 40%를 곱한 소득세액은 40원이 된다. 그러나 주주는 이미 법인단계에서 법인세로 16원(=84원×16/84)을 납부하였으므로 그것을 공제한 24원을 납부하게 된다. 이러한 배당세액공제방식에 의하면 주식회사형태의 이용에 따르는 불이익은 사라지게 된다.

20 결국 주주의 배당소득= 배당액×{1+법인세율/(1－법인세율)}이 된다. 이같이 번거로운 계산을 하는 이유는 주주가 한 사람이 아니라 다수이고, 배당가능이익이 언제나 모두 바로 배당되지는 않기 때문이다.

6. 현행법

현행법은 법인단계에서 낸 법인세의 일부만을 주주단계에서 배당세액공제로 빼 주고 있다. 이에 대해서는 배당세액공제의 본질에 맞지 않는다는 비판을 가하는 사람이 있지만, 그러한 비판은 타당하지 않다. 우리 세법상 종합과세가 모든 납세의무자에 적용되지 않고 공개법인의 소수주주가 받는 배당소득이 분리과세되고 있기 때문이다. 한때 구법은 이 차이를 잊은 채 법인세를 전액 주주단계에서 공제해 주었다(구조세감면규제법 제93조의2). 그 결과 공개법인의 대주주에게 적용되는 실효세율은 40%가 되는 반면 오히려 소수주주는 42.4%라는 한결 높은 실효세율로 과세되는 결과가 생겼다.[21] 이런 문제점이 드러남에 따라 현행법은 분리과세되는 배당소득(소수주주)에 대한 원천징수세율을 15%로 낮추고(소득세법 제14조 제3항 제4호, 제129조 제1항 제2호), 종합과세되는 대주주에게 적용되는 배당세액공제율을 19%로 낮추었다(소득세법 제17조 제3항, 제56조 제1항 참조).

III. 주식배당에 대한 과세

1. 현금배당에 대한 과세의 근거

앞서 살펴본 바와 같이 법인에 추가하여 주주에 대하여 과세하는 것은 누진세를 통한 수직적 공평을 달성하기 위한 것이다. 그러나 주주에 대한 과세는 회사에 소득이 발생한 단계가 아니라 주주에게 현금이 배당되는 시점에

21 이창희, 배당세액공제와 금융소득분리과세 간의 모순이 기업의 재무구조 및 지배구조에 미치는 영향, 인권과 정의 제261호(1998. 5), 118면 참조.

비로소 이루어진다는 점은 이미 언급한 바 있다. 그 이유는 무엇인가? 먼저 상식적으로 생각해 볼 수 있는 것은 현금배당으로 주주의 재산이 증가한 것이 아니냐는 견해이다. 그러나 이론상으로는 주주가 배당을 받는다고 해서 주주에게 이익이 발생한 것으로 보기는 어렵다. 회사의 이익이 증가하면 주식의 가치도 회사이익과 정확히 비례하지는 않더라도 상승할 것이다. 주주는 주식가치의 상승으로 인하여 이익을 얻는다. 회사가 이익을 주주에게 배당하면 주주는 추가로 금전을 취득하는 것은 사실이지만 주주가 반드시 금전에 해당하는 금액의 이익을 얻는 것은 아니다. 이론상 보유주식의 가치가 배당액만큼 하락할 것이기 때문이다.[22] 요컨대 주주가 이익을 얻는 것은 회사의 이익증가 때문이지 회사의 배당행위 때문이 아니다.[23]

그럼에도 불구하고 현금이 배당되는 시점에 주주에 대해서 과세하는 근거로 제시되는 것은 바로 실현주의이다. 주주가 보유하는 주식의 가치가 상승하였다고 해서 바로 과세하기는 어렵지만 일단 배당이 되면 그 한도에서 주주의 이익이 실현되었다고 보아 세금을 부과할 수 있다는 것이다. 실현이 되어야만 소득이 있는 것은 아니고, 이런 뜻에서는 실현주의는 소득개념과 일치되지 않는다.[24] 그러나 미실현이득에 대해서 과세하는 것은 가치의 객관적 평가가 곤란하며 납세자가 현금을 받지 않은 상황에서 과세하는 것은 조세저항을 야기하기 쉽다.[25] 이러한 현실적인 문제점 때문에 조세정책상 실현주의가 널리 받아들여지고 있는 것이다.

현금배당에 대한 이러한 과세근거는 주식배당에 대해서는 어느 만큼 타당한 것인가? 이하에서는 주식배당에 대한 과세의 근거에 대해서 논하기로 한다.

22 물론 실제로 주가는 반드시 이익배당액에 비례하여 하락하지는 않는다.

23 Howard E. Abrams & Richard L. Doernberg, Federal Corporate Taxation (3rd ed. 1995), 148면.

24 상세는 이창희, (주 13), 125면 이하 참조.

25 물론 주주가 주식을 처분한 경우에는 과세하는데 이러한 문제점은 없다.

2. 주식배당과세에 반대하는 주장

(1) 무배당과의 유사성

무배당의 경우에 주주에게 과세되지 않는 것은 물론이다. 주식배당은 무배당과 실질적으로 유사하다. 먼저 주주의 관점에서는 주식배당을 받더라도 단순히 주식수가 늘어났을 뿐 현금이 생기는 것은 아니다. 현금배당의 경우에는 배당액만큼의 재산이 회사의 위험에서 벗어나서 주주에게 이전된다. 그러므로 그 한도 내에서 이익이 실현된 것으로 보아 과세할 근거를 인정할 수 있다. 그러나 주식배당의 경우에는 그러한 재산의 이전은 일어나지 않는다. 또한 회사의 관점에서도 주식배당은 회사 내에 현금이 유보된다는 점에서 무배당과 유사하다.

물론 주식배당은 무배당의 경우와는 달리 나름의 이점이 있기 때문에 주주들은 그것을 반긴다. 기업이 동일한 수준의 배당을 계속 유지하고자 하는 경우에는 주주들이 장차 받게 될 현금배당이 늘어날 것이고 또 늘어난 주식수로 말미암아 주식의 유동성이 증대될 수도 있다. 투자자는 주식배당을 받으면 무엇인가 벌었다는 느낌을 더 확실히 갖게 된다는 심리적인 효과도 부정할 수는 없다. 그러나 이러한 이점은 주식분할의 경우에도 마찬가지로 발생하지만 그럼에도 불구하고 주식분할은 과세의 계기가 되지 못한다.

(2) 주식배당 직전에 양수한 양수인

주식배당에 과세하는 경우의 문제로 주식배당을 하기 직전에 시가로 주식을 양수한 양수인이 겪는 문제가 지적되고 있다.[26] 회사의 이익잉여금이

26 金子 宏, (주 9), 30면.

증가하면 그것은 주가에 반영될 것이다. 따라서 양수인은 이미 증가한 이익잉여금을 반영한 가격으로 주식을 양수하게 된다.[27] 양수가 이루어진 후 회사가 주식배당을 하고 주식배당에 대해서 과세한다면 양수인은 아무런 이익을 거두지 못한 상태에서 세금만 부담하는 셈이 된다. 金子 교수는 이 점을 주식배당에 대한 과세를 인정하는 경우의 약점으로 지적하고 있다. 그러나 이 문제는 주식배당의 경우에만 발생하는 문제는 아니다. 회사가 주식배당 대신 현금배당을 하는 경우에도 마찬가지의 문제가 발생한다.

3. 주식배당에 대한 과세의 논거

(1) 이익의 내부유보와 누진세의 회피

1) 이익의 내부유보

회사는 가급적 이익을 주주에게 배당하지 않고 내부에 유보하려는 경향이 있다.[28] 이러한 경향은 소유와 경영이 분리된 회사에서는 물론이고 지배주주가 존재하는 회사에서도 존재한다. 특히 소규모 폐쇄법인의 경우에는 법인이란 지배주주가 누진율을 피하며 재산을 축적할 수 있는 도구라는 의미에서 "법인격 있는 지갑"(incorporated pocket book)이라고 할 수 있다. 무슨 말인가? 예를 들어 법인세율은 30%이지만, 지배주주에 대해서는 누진율이 적용되어 최고 소득세율 40%가 적용된다고 하고, 논의의 편의를 위해 법인세 이중과세를 완전히 배제한다고 가정하자. 회사가 법인세 30원을 납부한 뒤의 소득 70원을 배당한다면, 주주는 100원의 소득에 대한 세금 40원에서 이미 납부한 법인세 30원을 뺀 10원을 납부함으로써 결국 60원의 소득을 얻

27 양도인의 양도소득이 과세되는 경우에는 이미 가격상승부분에 대한 과세가 이루어졌다.

28 내부유보경향은 주주와 경영자 사이의 대리문제(agency problem) 때문에 발생할 수도 있으나 이곳에서는 세법상 발생하는 경우만을 다루기로 한다.

게 된다. 투자수익률이 10%라 할 때 1년 뒤 이 돈의 투자원리금은 세후 기준으로 63.6원{60×(1+0.1×0.6)}이 된다. 반면에 회사가 애초에 70원을 배당하지 않고 유보한다면 1년 뒤 회사의 투자원리금은 74.9원{70원×(1+0.1×0.7)}이 된다. 회사가 이를 주주에게 배당하는 경우 주주의 소득세는 다음과 같이 계산된다. 즉 주주는 107원(74.9×1/0.7)을 배당받은 것으로 전제하여 그에 대한 산출세액은 42.8원(107×40%)이 되지만 배당세액(=법인세)공제 32.1원(세금 30원+70원×수익률10%×세율 30%)을 빼면 납부할 세금은 10.7원이 된다. 결국 1년 뒤 주주가 차지하는 돈은 64.2원(74.9−10.7)으로 1년 전에 미리 주주에게 배당한 경우보다 많게 된다.

소득을 회사에 유보하려는 경향을 법인세 이중과세의 문제점으로 생각하는 것을 흔히 볼 수 있다. 그러나 이는 근거가 없는 견해이다. 이중과세 여부는 기업의 배당의사결정에 영향을 주지 않는다. 다만 법인세와 주주소득세의 세율 차이만이 영향을 줄 뿐이다. 예를 들어 이중과세의 부담이 전혀 제거되지 않지만 법인세율과 주주의 세율이 똑같이 30%라고 가정하자. 100원의 소득을 얻은 회사가 법인세를 납부하고 남은 70원을 주주에게 전액 배당한다면, 주주는 그에 대해 21원(70원×30%)의 세금을 내고, 결국 49원을 차지하게 된다. 수익율을 10%라고 가정하면 1년 뒤 이 돈의 투자원리금은 52.43원(49원×1.07)이 된다. 반면에 회사가 70원의 이익을 전부 내부에 유보한다면 1년 뒤 회사의 투자원리금은 74.9원(70원×1.07)원이 되고, 회사가 이를 전부 배당한다면 주주는 그에 대해 30%의 세금 22.47원을 내고, 52.43원을 차지하게 된다. 결국 이중과세가 유지되는 경우에도 법인세율과 주주의 세율이 같다면, 배당 여부는 주주의 부를 변경시키지 않는다.[29]

결국 이중과세를 하든 하지 않든, 법인세율이 주주단계의 소득세율보다 낮다면 이익을 회사에 유보하는 것이 유리하고, 그 역도 성립한다. 그런데

29 물론 개인과 법인의 수익률이 동일하다는 전제가 유지되는 경우에만 그러하다.

법인세의 세율을 각 주주의 소득세율과 일치시키는 것은 구조적으로 불가능하다. 누진세를 전제로 한다면, 주주는 각자 소득이 얼마인가에 따라 서로 다른 세율 구간에 속하게 되는 까닭이다.

적절한 투자대상이 없는 상태에서 과도한 내부유보가 이루어지는 것은 재무관리의 관점에서도 바람직하지 않은 것은 물론이다. 법인세가 부과되면 이러한 경향은 다소 완화되지만 앞서 살펴본 바와 같이 법인세율이 소득세율보다 낮은 경우에는 내부유보의 인센티브는 여전히 존재한다. 세법상 내부유보가 문제되는 것은 주주에게 배당이 행해지지 않는 한 누진과세를 통해서 수직적 공평을 도모할 수 없다는 점 때문이다.

2) 주식배당과 누진세의 회피

주식배당은 배당가능이익을 자본에 전입하는 방법으로 이루어지는 내부유보방법이다. 따라서 주식배당은 현금배당과 마찬가지로 배당가능이익을 감소시키며 결국 장차 현금배당을 할 수 있는 여지를 감소시킨다.[30] 현금배당이 행해지면 주주에게 누진율로 과세함으로써 수직적 공평을 도모할 수 있다. 그러나 배당가능이익이 자본에 전입되면 이제 그것은 유상감자라는 예외적인 조치를 통하지 않고는 주주에게 반환될 수 없게 된다. 이 경우 주식의 양도에 의하여 양도소득이 발생하는 시점까지는 과세가 연기된다.[31] 이러한 점을 근거로 주식배당은 장래의 배당가능성을 감소시키기 때문에 배당가능이익이 자본에 전입되는 시점에 과세하지 않으면 불공평하다고 주장하는 견해가 있다.[32] 이 견해에 의하면 주식배당이란 주주단계의 누진세를 피한 채 소득을 법인에 누적하겠다는 확정적 의사가 표시된 것이라 말할

30 미국의 다수주에서는 자본금개념을 없애고 있기 때문에 주식배당을 한다고 해서 현금배당의 가능성이 줄어드는 것은 아니다.

31 양도소득이 과세대상이 아닌 경우에는 아예 과세는 불가능하게 된다.

32 金子 宏, (주 9), 29면.

수 있다. 배당가능이익이 아직 남아 있다면 언젠가는 주주에게 배당할 것이고 그때 가서 누진율을 적용하면 되지만, 주식배당을 통해 줄어든 배당가능이익에 대해서는 누진율의 적용이 불가능하게 된다는 것이다.

그러나 이 견해는 따르기 어렵다. 배당가능이익이 가까운 장래에 주주에게 배당될 것이라면 이러한 견해가 보다 설득력을 가질 것이다. 그러나 배당가능이익이 있다고 해서 회사가 반드시 배당을 해야만 하는 것은 아니다. 우리 상법상 이익배당은 주주총회의 결정사항이므로 배당 여부의 결정은 지배주주에 맡겨져 있다. 이들이 현금배당을 할 의사가 없는 한 일반주주에게는 배당가능이익이 아무리 많이 있어도 그림의 떡일 뿐이다.[33] 배당가능이익의 지위를 그대로 유지하며 법인에 쌓는 부는 누진율의 적용을 벗어난다. 따라서 주식배당에 대해서 과세하는 것은 수직적 공평을 위한 좋은 대책이 될 수 없다. 물론 이처럼 축적된 이익이 언젠가 주주에게 배당된다면 그때 누진과세를 할 수 있을 것이다. 그러나 지배주주에 적용되는 소득세율이 법인세율을 상회하는 경우에는 나중에 내는 세금이 당장 내는 세금보다는 훨씬 더 유리할 것이다. 결국 소득의 법인 내 유보를 이용한 누진세회피라는 문제를 근본적으로 해결하기 위해서는 주식배당에 과세하는 소극적인 방법이 아니라 법인에 유보한 소득 전부에 대해서 세금을 물려야 한다. 그것이 정답이다.

여러 나라의 실정법은 실제로 그런 세금을 두고 있다. 미국법에서는 유보이익세라는 것이 있고 또 personal holding company tax라는 세금이 있어서, 회사에 유보한 이익에 대해 일반법인세와는 별도의 세금을 추가로 물린다. 우리 법인세법도 적정유보초과소득에 대한 법인세라는 제도를 두고 있다. 상장법인이나 협회시장등록법인 아닌 내국법인으로 대규모기업집단에 속하는 회사나 그렇지 않더라도 법에 정한 규모를 넘는 회사의 경우, 각 사업

33 현행법상 일반주주들이 주주총회의 무배당결의에 대해서 공격할 수 있는 여지는 크지 않다.

연도의 소득 가운데 회사가 이를 배당하지 않고 임의로 유보한 금액이 법에 정한 적정한 수준("適正留保所得")을 넘는다면, 그런 초과유보액에 15%의 세율을 곱한 금액이 각 사업 연도의 법인세로 가산된다.[34] 구법인세법[35]은 적정유보소득을 ① 각 사업 연도의 소득에서 법인세 등 세액[36]과 법령상 적립하도록 되어 있는 금액[37]을 뺀 나머지 금액의 50%와 ② 자기자본의 10%, 이 두 가지 중 큰 금액으로 정하고 있었다.[38]

그러나 이 세제는 처음 도입될 때부터 기업 측의 강력한 반발에 부딪쳤다. 그리하여 얼마 뒤에 법을 개정할 수밖에 없었다. 이리하여 현행법은 회사가 "기업발전적립금"으로 임의적립한 금액에 대해 법령에 따라 적립한 금액과 같은 효과를 주고 있다.[39] 즉 기업발전적립금이라는 이름을 붙여 유보한 소득은 15%의 세금을 피할 수 있도록 한 것이다. 결국 적정유보초과소득세는 있으나마나 한 제도가 되고 말았다.

(2) 양도소득에 대한 과세제도의 미비

유보소득에 대한 과세가 이루어지지 않는다 하더라도, 주식의 양도단계에 가서 양도소득의 형식으로 주주단계의 누진과세를 달성할 수 있지 않을까? 그러나 현행 세법상 주식의 양도소득은 비상장주식의 양도소득과 상장주식의 대량거래에 따른 양도소득에 대해서만 제한적으로 과세되고 있다.[40] 주식양도소득에 대한 과세가 면제되거나 세부담이 가벼운 경우에는 회사가

34 법인세법 제56조 제1항.

35 1994. 12. 22. 이전의 법.

36 법인세액, 법인세의 감면액이나 과세표준에 부과되는 농어촌특별세액 및 所得割住民稅額(구법인세법 제22조의2 제2항 제1호).

37 이익준비금, 법령상 적립금(구법인세법 제22조의2 제2항).

38 구법인세법 제22조의2 제2항.

39 법인세법 제56조 제2항 제4호.

40 소득세법 제94조 제3호 · 제4호, 같은 법 시행령 제157조 제4항 · 제5항.

이익을 유보함으로써 배당소득을 양도소득으로 전환시키려 할 가능성이 있다. 金子 교수는 이러한 양도소득으로의 전환을 통한 세부담의 회피를 막는 것도 주식배당에 대한 과세의 근거로 들고 있다.[41] 그러나 양도소득으로의 전환은 주식배당이 없이 단순히 이익을 내부에 유보한 경우에도 일어날 수 있으므로, 주식배당의 과세논거로 삼기는 어렵다. 이에 대해서 金子 교수는 이익잉여금은 항상 배당에 충당될 수 있기 때문에 그것이 자본으로 전입된 시점에야 비로소 capital gain으로의 전환이 완료된 것으로 볼 수 있다고 주장한다. 그러나 회사가 현금을 유출시키지 않으려는 방침을 유지하는 한 이익이 자본으로 전입되는지 여부에 그렇게 중요한 의미를 부여하는 것에는 동조하기 어렵다.

4. 현실적인 고려

세제의 중립성이라는 관점에서는 세제가 경제주체의 경제적 의사결정에 영향을 주는 것은 바람직하지 않다. 현재의 법인세와 주주에 대한 이중과세체제는 법인형태의 사용을 억제할 수 있다. 배당세액공제제도는 그러한 문제를 다소나마 완화하는 기능을 한다. 그러나 배당에 대한 현행세제는 회사로 하여금 가급적 배당을 유보할 유인을 제공한다. 이는 자금의 내부유보 여부라는 재무의사결정에 세법이 영향을 주는 것으로 바람직하지 않다.

만약 주식배당에 대한 과세가 폐지되면 기업이 현금배당은 포기하고 주식배당만 하게 될 것인가? 주식양도소득에 대한 과세가 극히 제한적으로만 이루어지는 현행의 세제하에서는 만약 현금배당 대신 주식배당만 행해짐으로써 세수가 감소되는 것은 과세당국으로서는 묵과하기 어려울 것이다. 배당에 대한 과세 여부가 회사의 재무의사결정에 어느 정도 영향을 미칠 것은

41 金子 宏, 앞의 논문 (주 9), 30면.

분명하다. 만약 현금배당과 주식배당이 회사나 주주에게 차이가 없는 것이라면 그러한 과세상의 차이는 거의 결정적인 영향을 미칠 것이다. 그러나 회사나 주주의 관점에서 현금배당과 주식배당은 커다란 차이가 있다. 실제로 주식배당에 대해서 원칙적으로 과세하지 않는 미국에서 주식배당 대신 현금배당이 계속 행해지고 있는 것도 양자가 차이가 있다는 점을 보여 준다.

이처럼 세법상의 불이익에도 불구하고 현금배당이 꾸준히 행해지는 이유는 무엇일까? 기업이 왜 배당을 하는가는 현대재무관리분야에서 근본적인 수수께끼에 속하는 문제이다. 이곳에서 새삼 그 문제에 대해서 논할 필요는 없을 것이다.[42] 이론상으로는 어떻든 현실적으로는 배당을 할 필요가 존재한다는 사실은 부정하기 어렵다.[43] 특히 우리나라에서는 투자자들이 대체로 투기적인 성향이 강하여 배당보다는 시세차익을 노린 투자를 행하고 있음에도 불구하고 배당에 대한 요구가 강하다. 따라서 회사는 세부담이 발생함에도 불구하고 배당을 행하고 있다. 그러나 다행스럽게도 주주들은 현금배당과 주식배당을 비슷한 것으로 받아들이고 있는 분위기이다. 심지어 주가가 높은 기업의 주주들은 주식배당을 더 선호하는 경향마저 있다. 주식배당이 액면을 기준으로 정해지기 때문에 예컨대 같은 10%의 배당이라고 해도 현금배당보다 주식배당 쪽이 더 유리하다고 보는 것이다.[44] 한편 회사로서는 이익을 사외로 유출하지 않는 주식배당을 선호할 것은 당연하다.[45] 이것이 우리나라에서 주식배당이 많이 일어나고 있는 이유가 아닌가 여겨진다.

42 기본적인 논의에 대해서는 박정식, 현대재무관리(제5판 1993), 439-453면.

43 최근 연구에 의하면 미국의 상장회사들이 점차 배당을 하지 않는 경향이 있다고 한다. 1978년에는 66.5%의 회사가 배당을 하였으나 1999년에는 그 비율이 20.8%까지 하락하였다고 한다. Eugene F. Fama & Kenneth French, Disappearing Dividends : Changing Firm Characteristics or Lower Propensity to Pay? (University of Chicago Business School Working Paper No.509 June 2000).

44 만약 배당에 비례하여 기존 주식의 주가가 하락한다면 주식배당이 현금배당보다 주주에게 유리한 점은 없을 것이다.

45 주식배당의 결과 주식 수가 늘어나면 장차 배당압력이 가중될 수 있다. 그러나 배당주식 수가 그렇게 많지 않은 경우에는 그러한 배당압력은 그렇게 심각하지 않을 것이다.

이러한 사정에 비추어 보면 만약 우리나라에서 주식배당에 대한 과세가 폐지되는 경우에는 기업들은 현금배당 대신 주식배당을 한층 더 선호하게 될 것이다. 그렇게 되면 이익의 내부유보는 한층 더 촉진되고 주주에 대한 누진과세는 더 어려워질 것이다. 주식양도소득에 대한 과세가 제대로 이루어지지 않는 상황에서 수직적 공평은 더욱 요원할 수밖에 없다.

IV. 결론

앞서 살펴본 바와 같이 이론적으로 보면 주식배당은 무배당과 실질적인 차이가 없다. 따라서 과세를 하지 않는 편이 보다 합리적이다. 그럼에도 불구하고 과세하지 않으면 법인형태를 이용한 부의 축적이 촉진된다는 점을 들어 주식배당에 대한 과세를 지지하는 견해가 유력하다. 그러나 주식배당에 과세한다고 해서 회사의 과도한 내부유보를 막을 수는 없다. 과도한 내부유보에 대한 바른 해결책은 유보이익에 대해 세금을 매기는 정공법이라고 할 것이다. 그러나 이러한 정공법은 현재 불가능하다. 오히려 주식배당에 대한 과세는 이론적인 측면에서보다는 우리나라에 특유한 현실적인 측면에서 정당화될 수 있을지 모른다. 우리나라에서는 주식배당이 현금배당과 유사한 것으로 받아들여지고 있다. 이러한 상황에서 만약 주식배당에 대해서 과세하지 않는다면 기업들은 더욱더 주식배당을 선호할 것이고 그만큼 조세의 수직적 공평은 도모할 수 없게 될 것이다. 그렇다면 주식배당에 대한 과세는 주식배당과 현금배당의 차이가 뚜렷하게 인식되기 전까지의 일종의 과도기적 현상으로 평가할 수도 있을 것이다.

『서울대학교 법학』 제41권 4호(2001.2) 147-163면.

07 미국법상 주주의 회계장부열람권

I. 서설

우리 상법상 발행주식총수의 3% 이상을 보유하는 주주는 회계의 장부와 서류를 열람하거나 등사할 수 있는 권리를 갖는다(제466조 제1항). 이 권리는 등사할 수 있는 권리도 포함되고 있지만 주주의 회계장부열람권이라고 부른다. 상법상 주주는 이사해임청구권(제385조 제2항), 이사의 위법행위유지청구권(제402조), 대표소송제기권(제403조 내지 제406조)과 같이 이사의 행동을 통제할 수 있는 각종 권한을 보유하고 있다. 최근 기업지배구조에 관한 논의에서 이러한 주주의 경영통제권은 크게 부각되고 있다. 그러나 회사경영에 관한 충분한 정보가 없다면 경영통제의 실효를 거두기 어렵다. 경영진과 주주의 관계가 원만한 경우에는 경영진이 관련정보를 자발적으로 주주에 제공할 수도 있다. 그러나 주주가 경영진의 책임을 묻고자 하는 단계에 이른 때에는 경영진이 관련자료를 순순히 제공할 것을 기대할 수는 없을 것이다.

주주의 회계장부열람권은 바로 주주가 회사정보를 수집할 수 있는 주요한 수단이라고 할 수 있다.[1]

이러한 주주의 회계장부열람권은 기밀을 유지하고자 하는 회사의 이익과 충돌할 수밖에 없다. 또한 주주가 회사의 장부와 서류를 마음껏 뒤지고 다닌다면 정상적인 회사운영이 방해받을 수도 있다. 상법은 회계장부열람권의 남용을 막기 위하여 주주에게 3%의 주식보유와 목적의 정당성을 요구하고 있다. 주주의 회계장부열람권의 입법과 해석에 있어 핵심적인 과제는 바로 이러한 주주와 회사(보다 정확하게는 기존경영진)의 상반된 이해를 합리적으로 조정하는 것이라고 할 수 있다. 이러한 문제상황은 회계장부열람권의 발상지라고 할 수 있는 미국에서도 역시 마찬가지로 전개되고 있다. 이 글의 목적은 미국법상 회계장부열람권이 어떻게 운용되고 있는지를 살펴봄으로써 우리 상법상의 회계장부열람권의 입법과 해석에 시사를 얻고자 하는 것이다.

II. 총론적 고찰

1. 회계장부열람권의 위상

주지하다시피 연방국가인 미국에서 회사법은 주법의 규율대상으로 되어 있다. 각 주의 회사법전은 대부분 우리 상법의 회계장부열람권과 유사한 권한을 주주에게 부여하고 있다.[2] 즉 주주는 회사의 장부와 기록(books and

1 상법상 주주는 회사의 정보는 회사에 비치된 재무제표의 열람(제448조)을 통해서도 얻을 수 있다. 그러나 재무제표에 포함된 정보는 극히 제한될 뿐 아니라 최신의 회사실정을 반영하고 있지 못하다.

2 주회사법은 일반적으로 이사에게도 장부열람권을 명시하고 있다. 이사는 경영에 참여하고 경영진을 감독할 권리가 있기 때문에 이사는 주주보다 훨씬 더 폭넓은 권리를 지니고 있다.

records)에 대하여 열람권(inspection right)을 갖는다. 이곳에서는 이 권한을 편의상 장부열람권이라고 부르기로 한다. 주주의 장부열람권은 현재 대부분의 주에서 제정법으로 명시하고 있지만, 원래는 회사법전이 제정되기 전부터 보통법상 인정되어 왔다. 아직도 많은 주에서 주주에게 제정법상의 열람권뿐 아니라 보통법상의 열람권도 인정하고 있다.[3] 일부 주 회사법은 제정법상의 열람권이 보통법상의 열람권을 대체한다는 점을 명시하고 있다.[4] 그러나 어느 주에서도 장부열람권은 주로 주회사법의 규정에 의하여 규율되고 있다.[5]

주주의 장부열람권은 주주명부열람권과 동시에 규정되고 있는 것이 보통이다. 그러나 일반적으로 장부의 경우보다 주주명부의 경우가 열람권에 대한 제한이 덜 엄격하다. 또한 최근에는 주주뿐 아니라 개별 이사에게도 장부열람권을 명시적으로 부여하는 입법례가 생겨나고 있다.[6] 이사의 열람권에 대한 제한은 훨씬 덜 엄격하다.

2. 장부열람권의 역사적 발전[7]

(1) 장부열람권의 근거

역사적으로 장부열람권은 서로 연관된 두 가지 사고에 근거하고 있다. 하

3 주주가 주 회사법상의 열람권 외에 보통법상의 열람권도 갖는다고 판시한 판례로는 예컨대 Parson v. Jefferson-Pilot Corp., 33 N.C. 420 (1993) 참조.

4 예컨대 노스캐롤라이나주법 N.C.G.S. §55-16-20(i).

5 미국에서는 이른바 개시(discovery)제도가 잘 발달되고 있기 때문에 주주는 그것을 통해서도 회사정보를 확보할 수 있다. 또한 회사가 1934년의 증권거래소법상 등록회사에 해당하는 경우에는 상당한 회사정보를 공시하여야 한다. 그럼에도 불구하고 주주의 열람권은 주주에게는 귀중한 정보원이 되고 있다.

6 예컨대 델라웨어주 회사법 220(d)조.

7 이하의 서술은 주로 Randall S. Thomas, "Improving Shareholder Monitoring and Corporate Management by Expanding Statutory Access to Information," 38 Arizona Law Review 331, 336-41 (1996)에 의존하였다.

나는 주주가 회사를 소유한다는 관념이고 다른 하나는 주주와 회사경영진 사이에 대리관계가 존재한다는 관념이다. 회사재산을 법적으로 소유하는 주체는 물론 회사지만 실질적인 소유자는 주주라고 할 수 있다. 따라서 주주의 열람권은 주주가 자신의 경제적 이익을 보호하기 위하여 갖는 권한으로 정당화할 수 있다. 한편 열람권은 주주와 경영진 사이의 대리관계에 의하여도 근거지을 수 있다. 그에 의하면 주주는 자신들의 대리인인 경영자들이 제대로 업무를 수행하고 있는지를 확인하기 위하여 경영진의 지배하에 있는 장부와 기록을 열람할 권한을 갖는 것이다.

(2) 보통법상의 장부열람권

17세기 전에는 회사는 주주들을 위하여 재산을 보유하는 수탁자(trustee)로 간주되었다. 산업혁명과정에서 회사제도가 발전함에 따라 영국의 보통법은 자신의 재산적 이익을 보호하기 위하여 회사의 장부를 열람할 권리를 주주에게 인정하게 되었다. 영국의 법원은 이미 1700년대 초부터 주주에게 회사의 장부를 열람할 수 있는 권한을 인정하였다.

오늘날 보통법상의 일반원칙에 의하면 주주들은 회사의 장부와 기록을 열람할 권리가 있다. 그러나 이러한 보통법상의 권리는 절대적인 권리가 아니고 제한적인 권리이다. 주주는 정당한 목적을 입증해야만, 그리고 한정된 시간과 장소에서만 열람이 가능하다. 보통법상 정당한 목적은 "주주가 열람을 통해서 보호하고자 하는 이익에 관련된 목적"으로 정의되고 있다.[8] 여기서 이익은 주주가 주주의 지위에서 갖는 이익에 한정된다. 이러한 보통법상의 열람권은 당연한 것이지만 제정법의 근거가 없이도 인정되는 권리였다.

8 Agri-Mark, Inc., 663 A.2d 464, 467 (Del. 1995).

(3) 제정법상의 장부열람권의 출현

1800년대에는 기업의 규모도 커지고 주주 수도 점차 늘어 갔다. 기업경영이 복잡해짐에 따라 회사경영에 참여하지 않는 주주들의 회사정보에 대한 수요도 커졌다. 1800년대 초 주 회사법은 주주의 열람권을 명시적으로 채택하였다. 주 회사법은 보통법에서와 마찬가지로 열람권의 행사가 선의이고 정당한 목적을 위한 것임을 요구하였다. 정당한 목적은 보통법에서와 마찬가지로 회사에 대한 주주의 이익으로 정의되었다. 그러나 정당한 목적요건은 회사와 주주 사이에 흔히 분쟁의 대상이 되었다. 경영자에게는 주주의 정보요구가 성가신 일로 받아들여졌다. 그리하여 주주의 열람청구에 대해서 경영진은 목적이 정당하지 않다는 핑계로 무조건 거부하는 일이 많았다. 그러한 경우 주주는 비용과 시간을 들여 재판을 청구할 각오가 없으면 열람을 포기할 수밖에 없었다. 19세기 후반에는 이러한 사정을 반영하여 주 회사법이 바뀌게 되었다. 정당한 목적요건이 너무 엄격한 제한이라고 하여 배제되고 주주의 열람권은 무제한적인 권리로 규정되었다.

이처럼 주주가 무제한적인 열람권을 갖게 되자 자연히 남용되는 사례도 생겨나게 되었다. 그리하여 기업이 경쟁회사의 주식을 매입하여 정보를 요구하거나 협박을 하는 예도 발생하였다. 이러한 폐해로 인하여 1930년대에 이르러서는 거꾸로 열람권에 대한 보통법상의 제한을 부활하는 움직임이 일게 되었다. 일부 주에서는 보통법상의 제한에서 한 걸음 더 나아가 열람권을 갖는 주주의 범위를 제한하기도 하였다. 예컨대 열람권을 갖는 주주를 일정비율 이상 또는 일정기간 이상 보유한 주주에 한정하는 주도 생겨났다.

3. 모범사업회사법상의 장부열람권

현재 미국의 주 회사법은 모두 주주의 장부열람권을 채택하고 있다. 주 회사법의 규정은 대체로 유사하면서도 다소 편차를 보이고 있다. 가장 널리 채택되고 있는 것은 개정모범사업회사법(the Revised Model Business Corporation Act: RMBCA. 이하 "모범법")의 모델이라고 할 수 있다. 그러나 실제로 미국의 주 회사법에서 가장 중요한 것은 역시 델라웨어주법이다. 따라서 이곳에서는 모범법의 장부열람권규정을 간단히 살펴보고 델라웨어주법에 대해서는 절을 바꾸어 상세히 검토하기로 한다.

모범사업회사법의 장부열람권규정은 다음의 세 가지 부분으로 구성되어 있다: ① 열람대상인 회사의 기록(제16.01조), ② 주주의 열람권(제16.02조, 제16.03조), ③ 법원의 명령에 의한 열람(제16.04조). 모범사업회사법은 먼저 회사가 유지해야 할 기록(records)에 대해서 상세히 규정하고 있다(제16.01조). 기록을 본점에 보관할 것과 그렇지 않은 것으로 나누고 양자의 열람요건을 달리 규정하고 있다. 상세한 것에 대해서는 후에 델라웨어주법과 대비하여 설명하기로 한다.

열람(inspection)[9]을 원하는 주주는 5일 전에 회사에 서면으로 청구를 하여야 한다(제16.02(a), (b)조). 본점에 보관할 의무가 있는 기록 이외의 기록에 대한 열람은 다음의 요건을 충족한 경우에 한하여 인정된다(제16.02(c)조).

① 청구가 선의(in good faith)이고 정당한 목적(proper purpose)을 위한 것일 것;

② 열람목적과 열람을 원하는 기록을 상당히 구체적으로(with reasonable particularity) 기재할 것;

③ 기록이 목적과 직접 관련된 것일 것;

정당한 목적은 "당해 주주가 주주로서 갖는 이익을 합리적인 관련이 있는" 목적이라고 정의되어 있다.[10] 만약 회사가 주주의 청구를 거절한 경우에

9 복사까지도 포함한다.

10 RMBCA §16.02(c), Official Commentary, at 1721.

는 주주는 법원에 열람명령을 신청할 수 있다(제16.04(b)조). 법원은 신청을 신속한 절차에 의하여 처리한다. 법원이 열람명령을 발하는 경우 법원은 주주에게 기록의 사용이나 배포에 대해서 합리적인 제한을 가할 수 있다(제16.04(d)조). 또한 법원은 회사로 하여금 주주가 명령을 얻기 위하여 들인 비용(합리적인 변호사 비용을 포함)을 주주에게 지급할 것을 명하여야 한다(제16.04(c)조). 다만 회사가 주주가 당해 기록을 열람할 권리가 있는지에 대해서 합리적인 근거에 기한 의문이 있었기 때문에 선의로(in good faith) 열람을 거부하였다는 점을 입증하는 경우에는 그러하지 아니하다.[11]

III. 델라웨어주법상의 장부열람권[12]

1. 규정의 연혁

현재 델라웨어주 회사법은 미국의 여러 주 회사법 중에서 압도적으로 중요한 지위를 차지하고 있다. 전국적으로 대기업의 반수 이상이 델라웨어주법을 설립준거법으로 삼고 있기 때문이다. 그러나 델라웨어주법이 당초부터 그처럼 인기가 있었던 것은 아니다. 19세기 말까지만 해도 주 회사법 중 가장 중요한 것은 뉴저지주법이었다. 1899년 델라웨어주는 뉴저지주법을 거의 그대로 모방한 델라웨어일반회사법을 채택하였다. 당시 채택한 법전에는 열람권에 대한 규정도 포함되어 있었다. 이 규정은 1967년 새로이 법전이 제정될 때까지 거의 변화가 없었다. 당시 주주는 보통법이나 제정법상 장부열람

11 이러한 제정법상의 열람권은 주주가 회사와 소송시에 갖는 열람권이나 보통법상의 열람권에 영향을 주지 아니한다(16.02(e)조).

12 이하의 서술은 Randall S. Thomas, "Improving Shareholder Monitoring and Corporate Management by Expanding Statutory Access to Information," 38 Arizona Law Review 331, 340-49 (1996)에 크게 의존하였다.

권을 갖고 있었다. 회사가 주주의 열람청구를 거부하는 경우에는 주주는 보통법법원(Superior Court)에 직무집행영장(writ of mandamus)을 청구할 수 있었다. 청구시 주주는 열람의 구체적이고 정당한 목적을 주장하여야 했다. 단순히 목적이 정당하다는 주장만으로는 부족하고 정당성을 뒷받침하는 구체적인 사실을 기재해야 했다. 정당성의 입증책임은 주주가 부담하였다.[13]

델라웨어주회사법상의 장부열람권조항이 오늘날의 모습을 갖춘 것은 1967년 개정시의 일이다. 주주의 장부열람권에 대해서는 입법과정에서 열띤 논의가 벌어졌다. 당시 법개정위원회는 법안의 기초를 포크(Ernest Folk) 교수에 위촉하였다. 포크 교수는 주로 모범사업회사법과 뉴욕주사업회사법을 참고하여 조문을 작성하였다. 포크 교수가 기초한 안에는 열람권의 조건으로 다음과 같은 사항이 포함되어 있었다.

① 6개월 이상의 주식보유;

② 5% 이상의 주식보유;

③ 부당한 목적으로 청구하는 것이 아니라는 증언조서를 제출할 것.

입증책임에 관해서는 회사에게 주주의 목적이 정당하지 않다는 점을 입증하도록 하였다. 그러나 포크 교수의 초안에 대해서는 법개정위원회의 위원인 모리스(Irving Morris)가 이의를 제기하였다. 그는 ①과 ②는 불필요할 뿐 아니라 기존의 법에도 어긋난다는 이유로 삭제할 것을 주장하였다. 반면에 그는 입증책임을 회사가 아니라 주주에게 부담시키고 열람권에 관한 사건을 형평법원의 전속관할사항으로 할 것을 주장하였다. 모리스는 다른 위원들의 의견도 수렴하여 개정안을 제출하였다. 마침내 1967년 델라웨어주 의회는 주주의 열람권에 관한 220조를 통과시켰다. 220조는 그후 1981년 이사에게도 열람권의 행사를 허용한 것을 제외하고는 별다른 변화 없이 오늘에

13 한편 소송의 당사자는 상대방이 보유한 문서 중에서 자신의 주장을 뒷받침하는 중요한 문서에 대해서는 형평법원(Chancery Court)에 열람명령을 신청할 수 있었다.

이르고 있다. 이하 220조의 내용을 차례로 살펴본다.[14]

2. 장부열람권의 보유자: 명부상의 주주

장부열람권을 보유하는 자는 주주명부상의 주주(stockholder of record)로 되어 있다. 따라서 주주명부에 기재되지 않은 실질상의 주주(beneficial owner of stock)는 열람권이 없다. 주주명부가 없는 경우에는 법원은 다른 증거에 의하여 주주의 지위를 인정할 수 있다. 주주는 직접 또는 대리인을 통해서 열람권을 행사할 수 있다.

장부열람권을 행사하기 위한 주식보유기간요건은 없다.[15] 대부분의 주법과 마찬가지로 델라웨어주법도 장부열람권을 단독주주권으로 하고 있다.[16] 그러므로 열람권의 남용을 방지하기 위한 장치는 정당한 목적요건에 맡겨져 있는 셈이다.

3. 열람권의 대상

(1) 장부 및 기록

우리 상법과는 달리 미국의 주 회사법에서는 열람권의 대상에 주주명부까지 포함하고 있다. 델라웨어주법도 마찬가지이다. 이곳에서는 장부의 열람권만을 검토하기로 한다. 앞서 언급한 바와 같이 법문에는 주로 '장부 및

14 이하의 서술에는 (주 12)의 Thomas 논문 외에 R. Franklin Balotti & Jesse A. Finkelstein, The Delaware Law of Corporations and Business Organization(second ed. 1997) Vol. 1 7-67 이하도 참조하였다.

15 판례는 정관에 주식보유요건을 정한 경우에도 무효라고 하고 있다. In Loew's Theatres Inc.(주주명부에 관한 사건).

16 모범사업회사법도 열람보유자에 대한 제한은 효과적이지 못하다는 판단하에 채택하지 않았다. 예외로는 예컨대 노스캐롤라이나주법 N.C.S.G §55-16-02(g) 참조.

기록'(books and records)이라는 용어가 사용되고 있다. 그러나 법이나 문헌에서는 '기록'이라는 용어만 사용되는 경우가 없지 않다.

(2) 모범법상의 기록

회사의 '장부 및 기록'에 어떠한 서류가 포함하는가는 반드시 분명한 것은 아니다. 델라웨어주법은 이에 대해서 특별한 규정을 두고 있지 않다. 이에 관해서 가장 상세한 규정을 두고 있는 것은 모범법이라고 할 수 있다. 모범법은 먼저 회사가 유지해야 할 기록에 대해서 상세히 규정하고 있다(제16.01조). 기록을 본점에 보관할 것과 그렇지 않은 것으로 나누고 양자의 열람요건을 달리 규정하고 있다. 후자에는 주주명부를 포함하여 다음과 같은 서류들이 포함된다.[17]

① 이사회와 주주총회의 의사록

② 회의를 개최하지 않고 행한 이사회와 주주의 조치에 대한 기록

③ 이사회의 위원회가 회사를 위하여 행한 조치에 대한 기록

④ 적절한 회계기록(appropriate accounting records)

한편 다음 서류들은 사본을 본점에 보관하도록 하고 있다(제16.10(e)조).

⑤ 기본정관과 부속정관

⑥ 종류주식에 대한 이사회의 결의

⑦ 지난 3년간 주주총회의 의사록, 주주가 총회를 개최함이 없이 행한 조치의 기록

⑧ 지난 3년간 주주에 대한 서면통지

⑨ 이사와 임원의 명단과 주소

⑩ 주법무장관에게 제출한 최근의 연차보고서

17 ①과 ②는 영구보존대상이다.

이상에서 열거한 서류들이 '기록'의 전부를 의미하는 것은 물론 아니다. 모범법은 다만 최소한 이 정도는 회사가 유지 또는 보관할 것을 요구하고 있다. 주의할 것은 모범법이 열람권의 대상을 이처럼 기록유지의무의 대상인 기록에 한정하고 있다는 점이다. 먼저 본점에 보관하는 ⑤내지 ⑩의 서류는 5일 전에 서면통지만 하면 영업시간 중에 본점에서 열람할 수 있다(제16.02(a)조). 그러나 ① 내지 ④의 서류의 열람을 위해서는 목적의 정당성을 입증해야 한다. 나아가 ①, ②, ③의 경우에는 전부가 아니라 발췌만을 열람할 수 있을 뿐이다. 이처럼 모범법에서는 주주의 열람을 허용하는 서류의 범위가 상당히 제한되고 있다.

(3) 일반적인 주 회사법

그러나 모범법과는 달리 대부분의 주 회사법은 이처럼 한정된 기록만이 아니라 일반적인 회사의 기록을 대상으로 삼고 있다.[18] 주 회사법상의 '장부 및 기록'은 우리 상법상의 "회계의 장부와 서류"와 유사하지만 반드시 "회계"에 관한 것에 한정되지 않는다는 점에서 보다 광범위하다고 하겠다.[19] 일반

18 Hamilton, The Law of Corporation in a Nutshell 527 (4th ed. 1996).

19 "회계의 장부와 서류"의 내용에 대해서는 학설이 대립하고 있다. 보다 상세한 것은 竹內昭夫 編, 「新版注釋會社法(9)」, 209-210면 참조. 협의로 해석하는 견해에 의하면 "회계의 장부"는 상법 제29조상의 회계장부만을 의미한다. 회계장부는 "거래와 기타 영업상의 재산에 영향이 있는 사항"을 기재하는 장부(제30조 제1항)로서 원장 · 금전출납부 · 일기장 · 전표 등이 그에 포함된다. 한편 "회계의 서류"는 회계장부의 작성재료가 된 서류, 예를 들면 전표, 영수증, 계약서, 납품서 등을 의미한다. 반면에 광의로 해석하는 견해에 의하면 "회계의 장부"는 반드시 상법상의 회계장부뿐 아니라 임의로 작성하는 모든 경리관련장부를 포함한다. 또한 "회계의 서류"에는 회사의 경리상황을 나타내는 일체의 서류가 포함된다. 회계장부열람권은 주주의 경영감독의 실효를 위해서 인정되는 권리이므로 가급적 폭넓게 해석하는 것이 타당할 것이다. 따라서 그 용어가 상법상의 회계장부와 유사하다고 해서 그것에 한정할 이유는 없을 것이다. 광의설에 의하면 회사의 영업비밀정보가 공개될 위험이 있는 것은 사실이나 그것은 다른 방법에 의하여 막을 수 있는 것으로 보인다. 결론적으로 광의설이 타당하다고 본다. 동지: 송민호, "장부 · 서류의 열람청구권에 관한 일고찰," 「상사법총론(상)」(강위두 박사 화갑기념 1996), 363-364면.

적으로 회사가 작성한 모든 기록이 열람권의 대상이 된다고 할 수 있지만 실제로 법원이 접근을 허용하는 것은 회사의 의사록이나 회계자료인 경우가 보통이다. 열람권의 대상은 자회사의 기록에도 미칠 수 있다. 델라웨어주 법원은 완전소유자회사의 장부에 대해서도 주주가 사기나 자회사가 모회사의 분신(alter ego)에 불과한 것임을 입증하는 경우에는 열람을 인정하고 있다.[20]

(4) 필요하고도 충분한 기록

그러나 회사가 작성한 '장부 및 기록'이라고 해서 무제한 열람의 대상이 되는 것은 아니다. 열람의 대상이 되는 것은 주주가 열람의 목적으로 제시한 목적을 달성하는 데 '필요하고도 충분한'(essential and sufficient) 자료에 한정할 것이다.[21] 따라서 주주는 열람대상인 장부와 기록이 자신이 기재한 열람의 목적을 달성하기 위하여 필요하다는 점을 입증해야 한다.

4. 열람청구의 방법

열람을 원하는 주주는 선서하에 작성한 청구서를 제출하여야 한다(제220(b)조). 선서가 없으면 적법한 청구로 보지 않는다. 청구서에는 열람의 목적을 기재해야 한다. 청구서는 회사의 본점이나 델라웨어주 내의 등록사무소에 제출해야 한다.

20 Skouras v. Admiralty Enters., Inc., 386 A 2d 674 (Del. Ch. 1978).

21 Everett v. Hollywood Park Inc., C.A. No. 14556 (Del. Ch. Jan. 19, 1996), slip op. at 13. 모범회사법은 당해기록이 주주의 목적과 직접 관련이 있을 것을 요구하고 있다(16.02(c)(3)).

5. 정당한 목적

(1) 정당성의 내용

델라웨어주도 다른 주와 마찬가지로 보통법상의 "정당한 목적" 요건을 그대로 이어받고 있다. 정당한 목적은 일반적으로 주주가 주주 지위에서 누리는 이익과 합리적인 관련이 있는 목적을 의미한다(제220(b)조). 판례도 목적의 정당성을 당해 주주의 주주로서의 이익에 관한 것인지 여부에 따라 결정하고 있다. 즉 열람의 정당한 목적은 주주로서의 이익이나 지위에 밀접한 목적으로 판시하고 있다.[22]

(2) 정당한 목적으로 판단된 예

① 경영진의 부실경영에 대한 조사

법원은 경영진의 위법행위에 대한 조사를 돕기 위하여 열람을 허용하기도 하였다. 그러나 이러한 조사목적의 열람은 막연한 추측에 근거한 것만으로는 부족하다. 주주는 경영진의 경영 잘못이나 낭비에 대해서 신뢰할 만한 가능성을 보여 주는 증거를 첨부해야 한다.

② 재무제표의 정확성 확인

③ 주주의 주식가치의 결정

보유주식을 매각하고자 하는 주주가 주식의 평가를 위하여 열람을 청구하는 것도 정당한 목적이 있는 것으로 인정될 수 있다. 그러나 반드시 주식매각을 위한 구체적인 절차를 밟아야만 정당성이 인정되는 것은 아니다.[23]

22 Agri-Mark, Inc., 663 A. 2d 467 (1995).

23 Macklowe v. Planet Hollywood, Inc., C.A. No. 13450 (Del. Ch. Sept. 29, 1994), slip op. at 8.

④ 제소 전의 증거조사

델라웨어주 대법원은 주주가 대표소송을 제기하기 전에 경영진의 위법행위의 가능성을 조사하기 위한 목적으로 열람청구권을 행사하는 것도 허용하고 있다.[24]

(3) 정당한 목적이 부정되는 예

법원은 기재된 목적이 청구자의 주주로서의 이익을 위한 것이 아닌 경우에는 청구를 거부하고 있다.

① 주주가 규제당국에 대한 신청을 뒷받침하기 위하여 회사의 연금관련 자료의 열람을 청구하는 것은 정당성이 없다고 보았다.[25]

② 단순한 호기심의 충족을 위해서나 회사를 귀찮게 하거나 그린메일(greenmail)[26]을 하기 위해서 청구하는 것은 정당성이 인정될 수 없다.

③ 경영권을 인수하고자 하는 주주가 경영진에 압력을 가하기 위하여 열람을 청구하는 경우에는 정당성이 인정될 수 없다. 또한 공개매수를 행하는 주주가 매수가액의 인상 여부를 결정하는 데 참고하기 위하여 미공개 정보의 열람을 구하는 것도 정당한 목적으로 볼 수 없다.[27]

24 Rales v. Blasband, 634 A. 2d 927, 934 n.10 (Del. 1993). 1995년 제정된 증권소송개혁법은 소송의 남용을 막기 위하여 원고에게 소장에 상당히 상세한 사항을 기재하도록 하고 있다. 따라서 주주는 집단소송을 제기하기 전에 상당한 증거를 수집해둘 필요가 있다. 열람권은 이러한 증거수집의 목적으로도 행사할 수 있는 것으로 여겨지고 있다.

25 Lynn v. Enviro Source, Inc., C.A. No. 11770(Del. Ch. May. 10, 1991). aff'd, 608 A. 2d 728 (Del. 1991).

26 적대적 기업인수를 감행하겠다고 경영진을 위협하여 자신의 보유주식을 비싼 가격에 매수시키는 행위를 말한다.

27 BBC Acquisition Corp. v. Durr-Fillauer Medical Inc., 623 A. 2d 85 (Del. Ch. 1992)

(4) 부수적인 목적

주주들의 열람권행사는 여러 가지 목적이 있는 경우가 많다. 문제는 주된 목적이다. 주된 목적이 정당한 것인 한 부수적인 목적이 부당하더라도 열람권행사는 허용된다.[28]

(5) 입증책임

우리 상법과는 달리 델라웨어주법상으로는 주주 측에서 목적의 정당성을 입증하도록 되어 있다.[29] 그렇다면 주주는 어느 정도로 구체적인 증거를 제시해야 할 것인가? 예컨대 경영자의 낭비나 부실경영을 이유로 열람을 청구하는 경우에는 주주는 그러한 낭비가 발생했다고 법원이 추론할 수 있는 믿을 만한 다소의 근거(some credible basis)를 제시해야 한다.[30] 그러므로 단순히 경영진의 부실경영을 조사할 필요가 있다는 정도만으로는 기재가 불충분하다. 주주는 다소의 증거를 제시하여야 하지만 그렇다고 해서 낭비가 실제로 발생했다는 것을 우월한 증거에 의하여(by a preponderance of the evidence) 입증할 것이 요구되는 것은 아니다.[31]

(6) 법률문제인가 사실문제인가

주주가 가진 목적이 어떠한 것인가를 결정하는 것은 사실문제이다. 그러나 주주의 목적이 정당한 것인지 여부는 법률문제로서 법원이 결정한다.

28 CM & M Group, Inc. v. Carroll, 453 A. 2d 788, 792 (Del. Sup. 1982).

29 주주명부의 열람인 경우에는 거꾸로 회사가 입증책임을 부담한다.

30 Skouras v. Admiralty Enters., Inc., 386 A 2d 674, 678 (Del. Ch. 1978).

31 Thomas & Betts Corporation v. Leviton Manufacturing Co., Inc., 681 A. 2d 1026 (Del. Sup. 1996).

6. 법원에서의 절차

주주의 열람청구에 대해서 회사 측이 거절하거나 서면청구일로부터 5영업일 이내에 열람을 허용하지 않는 경우 주주는 법원에 대해서 재판을 청구할 수 있다(제220(c)조). 재판에 대해서는 형평법원이 전속관할권을 갖는다. 법원은 회사에 열람을 허용하라는 약식명령을 발할 수 있다. 주주는 열람청구(아울러 회사의 거절사실)[32]와 목적의 정당성을 입증해야 한다.

법원이 주주의 청구를 인용하는 경우에는 보통 즉각적인 열람허용을 명하는 것이 보통이다. 법원은 열람허용을 명함에 있어 재량에 따라 제한이나 조건을 부과할 수 있다(제220(c)조).[33] 실제로 법원은 주주의 열람을 한정된 범위에서 허용하는 경우가 많다. 이러한 제한은 열람의 시간이나 장소에 관한 것인 경우도 있으나 중요한 것은 열람대상인 기록의 범위를 한정하는 것이다. 법원은 열람대상을 원고의 목적을 달성하는 데 "필수적이고도 충분한"(essential and sufficient) 자료에 한정하고 있다. 이러한 제한은 회사의 기밀을 지키고 열람권의 남용에 대처하기 위한 수단이라고 할 수 있다.[34] 법원은 열람대상자료의 범위를 결정함에 있어 회사가 그때까지 주주에게 제공한 정보를 고려할 수 있다. 그리하여 만약 이미 주주에게 제공된 정보가 충분하다고 판단하는 경우에는 주주의 열람청구를 기각할 수 있다.

7. 장부열람권의 실효성

이상에서는 주로 델라웨어주법상의 주주의 장부열람권에 대해서 법문과 판례를 중심으로 검토하였다. 이곳에서는 그 권한이 실제로 얼마나 실효성

32 회사의 거절 전에 법원에 재판을 청구한 경우에는 열람이 허용되지 않는다.

33 이는 사실심법원의 재량사항이다.

34 법원은 열람을 허용하기에 앞서 주주에게 비밀유지약정을 체결할 것을 명할 수도 있다.

이 있는지에 대해서 살펴본다. 예컨대 주주가 경영자의 부정행위에 관해서 의심을 품게 되었다고 하자. 주주가 경영자의 책임을 묻기 위해서는 정보가 필요하다. 이러한 경우 주주의 장부열람청구에 대해서 회사가 응하기를 기대하기는 어려울 것이다. 경영자는 주주의 목적이 정당하지 않다든가 다른 요건을 충족하지 못했다는 등의 이유를 들어 거절할 가능성이 높다. 그러한 경우 물론 주주는 법원의 도움을 얻을 수 있다. 문제는 재판에 얼마만큼 시간과 비용이 드는가 하는 것이다.

이와 관련해서는 장부열람권에 관한 매우 흥미로운 실증조사의 결과를 소개하고자 한다.[35] 조사의 대상은 1982년에서 1994년 사이의 델라웨어 형평법법원에 제기된 제220조상의 장부열람청구사건 53건이다. 원고는 53건 중 36건(약 68%)에서 열람에 성공하였다. 그중 법원의 명령을 얻은 것은 13건에 불과하고 나머지 23건에서는 당사자간의 합의가 성립하였다. 실패한 17건 중에서 법원의 재판이 내려진 것은 3건에 불과하고 나머지는 당사자가 취하하였다. 열람에 성공한 경우 주주가 열람권의 행사시점에서부터 궁극적으로 장부를 열람하기까지 소요된 시간은 평균 210일이었다. 열람청구사건의 비용도 만만찮게 소요되는 것으로 밝혀졌다. 단순한 청구라면 2만 5천 달러에서 5만 달러 정도가 소요되지만 경영진이 본격적으로 저항하는 경우에는 훨씬 더 많은 비용이 소요되었다.

IV. 제도의 개선론

주주가 경영진을 제대로 통제하기 위하여는 정보가 필요하다. 장부열람

35 Randall S. Thomas & Kenneth J. Martin Using State Inspection Statutes for Discovery in Federal Securities Fraud Class Action(Thomas, (주 12), 654(n.113)에서 재인용).

권은 바로 그러한 정보를 얻을 수 있는 중요한 수단이라고 할 수 있다. 그러나 그것이 남용되면 회사의 기밀이 유출되고 정상적인 운영이 방해받을 수도 있다. 따라서 주주의 장부열람권에 관한 논의에서도 그 남용으로 인한 폐해를 최소화하면서 실효성을 높이는 방안을 강구할 필요가 있다. 이하에서는 미국에서 제기되는 몇 가지 개선안에 대해서 간단히 언급하기로 한다.[36]

1. 재판절차의 신속성

경영진은 주주의 장부열람청구가 귀찮게 마련이다. 특히 자신의 비리를 확인하기 위한 권한행사에 대해서는 응할 수가 없을 것이다. 그 경우 주주는 결국 법원의 힘을 빌릴 수밖에 없다. 만약 법원에서의 절차에 시간과 비용이 많이 소요된다면 주주는 의심스런 경우에도 권리행사를 포기할 수밖에 없을 것이다. 그 결과 역으로 경영진은 주주의 열람청구를 거절할 인센티브가 더 커지게 된다.

미국의 주회사법은 거의 대부분이 열람청구에 대해서는 약식절차를 규정하고 있다. 그러나 실제로는 이러한 약식절차에도 상당한 시간이 걸리는 경우가 많다고 한다. 따라서 열람권의 실현을 위한 소송절차를 보다 단순화할 필요가 있다. 또한 법원의 열람명령에 대한 불복도 가급적 제한할 필요가 있다.

2. 부당한 거절의 억제

경영진은 주주의 열람청구가 달갑지 않다. 만약 열람청구의 거절이 부당한 것으로 밝혀지더라도 경영진이 아무런 불이익을 입지 않는다면 거절할

36 보다 상세한 것은 Thomas, (주 12), 364 이하 참조.

인센티브는 더 커지게 된다. 일부 주법은 악의의 거절로 밝혀진 경우에는 회사에 주주의 변호사 비용을 부담시키고 있다.[37] 델라웨어주법원은 법에 명시적인 규정이 없음에도 불구하고 같은 방향으로 나아가고 있다.[38]

한편 다른 일부 주에서는 주주에게 절대적인 열람청구권을 인정하고 그것을 거절한 회사임원에 대해서 벌금을 부과하고 있다. 그러나 법원은 아무리 법문에서는 주주의 열람권이 무조건적인 것으로 규정되었더라도 주주가 제시한 목적이 부적절한 경우나 경영진이 악의로 거절한 것이 아닌 경우에는 벌금을 부과하기를 꺼리고 있다.

회사나 경영진에 경제적인 부담을 지운다고 해도 악의적인 거절을 효과적으로 억제하기는 어렵다. 열람청구에 불응함으로써 얻는 이익이 큰 경우에는 다소의 부담쯤은 기꺼이 감수할 것이기 때문이다.

3. 정당한 목적요건의 폐지

회사 측의 부당한 거절을 보다 효과적으로 막기 위하여는 정당한 목적요건을 아예 폐지하는 것도 고려해 볼 수 있을 것이다. 주주의 열람청구를 피하고자 하는 회사는 으레 목적의 부당성을 들고 나오게 마련이다. 정당한 목적요건이 사라지게 되면 그것을 둘러싼 다툼의 여지도 없어질 것이다. 남용가능성 때문에 정당한 목적요건을 없애는 것이 어렵다면 적어도 회사 측에 열람청구의 부당성을 입증할 책임을 지울 필요가 있을 것이다.

이 경우에도 경영진이 절차의 지연을 도모할 우려가 없지 않다. 따라서 회사가 열람청구의 부당성을 주장하는 경우에는 바로 근거를 제시하도록 하고 그 근거가 불충분한 때에는 법원이 더 이상 기다리지 않고 바로 열람을

37 Thomas, (주 12), 365. 모범법에 의하면 회사가 거절의 합리성을 입증하지 못하면 법원이 회사에 원고의 소송비용(변호사비용 포함)을 부담시킬 수 있다(16.04(c)조).

38 Thomas, (주 12), 366.

명할 수 있다면 지연을 최소화할 수 있을 것이다.

이처럼 주주의 열람권행사를 간소화하면 남용의 우려가 커지는 것이 사실이다. 회사의 기밀이 노출되는 것이 문제라면 주주에게 기밀유지약정을 체결시키는 것도 생각해 볼 수 있을 것이다.[39] 회사의 기밀에 대해서는 주주에게 목적의 정당성을 입증하도록 하는 방안도 고려할 수 있다.[40]

4. 기관투자자에 대한 자동적인 열람허용

일부 학자는 기관투자자와 같은 일부 주주에게는 회사장부를 무조건적으로 열람할 수 있도록 하자고 주장하고 있다.[41] 일반적으로 기관투자자의 경우에는 남용의 가능성이 낮다는 점을 고려하면 이러한 주장은 상당히 설득력을 갖는다. 특히 열람청구시에는 담보를 제공하도록 하는 경우에는 남용의 우려는 더욱 줄어들 것이다.

V. 우리 법에 대한 시사: 결어에 갈음하여

주주의 장부열람권을 어느 범위에서 허용할 것인가는 주주에 의한 경영통제와 회사의 기밀유지라는 두 가지 상충하는 목표를 적절히 조정하는 문제라고 할 수 있다. 미국법과 우리 상법은 장부열람권의 구체적인 내용에서는 다른 점이 없지 않지만 기본적으로 위와 같은 두 가지 목표를 절충하고 있다는 점에서는 기본적으로 다르지 않다. 이상에서 소개한 미국의 논의는 특히 장부열람권의 실현절차에 대하여 우리의 관심을 촉구한다. 어떻게 하

39 주주에게 기밀유지의무를 부과하고 위반시에 형사처벌하는 방안도 검토할 수 있을 것이다.
40 그러나 그 경우에는 기밀인 정보와 기밀이 아닌 정보의 구분이라는 어려운 문제가 발생할 것이다.
41 Thomas, (주 12), 369 이하.

면 회사 측의 부당한 거절을 보다 더 효과적으로 억지할 수 있을 것인가? 또한 어떻게 하면 장부열람이 보다 신속하게 실현될 수 있을 것인가? 앞으로 우리 학자들은 이러한 문제에 대해서 더 관심을 기울여야 할 것이다.

끝으로 주주의 장부열람권을 바라보는 기본적인 시각에 대해서 간단히 언급하고자 한다. 거듭 지적한 바와 같이 이 문제에는 주주의 정보요구와 회사의 기밀유지라는 두 가지 상충되는 고려가 관련되어 있다. 양자의 비중을 계량적으로 표시하기는 불가능하다. 그러나 느낌을 말하자면 이제까지 제도의 운영은 미국에서도 후자에 치우쳐 온 것이 아닌가 여겨진다. 앞서 소개한 개선안은 바로 그러한 편향을 돌이키기 위한 노력의 소산으로 평가할 수 있을 것이다. 그러나 그러한 제도의 편향은 우리나라에서 더 강한 것으로 판단된다.[42] 우리나라에서는 미국에서보다 주주가 회사의 정보를 얻을 수 있는 길이 훨씬 좁다. 따라서 장부열람권의 가치는 우리나라에서 훨씬 더 크다고 할 수 있다. 이러한 상황에서 주주의 남용으로 인한 비용은 주주에 의한 경영진견제가 불가능하기 때문에 발생하는 엄청난 비용에 비하면 오히려 사소한 것이 아닐까?

『판례실무연구 IV』(비교법실무연구회, 2000), 343면 이하.

42 회계장부열람권이 소수주주권으로 되어 있고 그 요건이 아직 상당히 높다는 것이 그 활용을 막는 주된 장애요인이라고 할 수 있다.

제2편

판례 평석

01 회사의 정치헌금: 야하다 제철 정치헌금사건 판결을 중심으로

I. 머리말

현대자본주의 사회에서 회사(특히 주식회사)는 핵심적인 지위를 차지하고 있다. 부의 대부분이 회사에 의하여 지배되고 있으며 주요 경제활동의 대부분이 회사를 통해서 수행되고 있다. 회사의 활동이나 흥망성쇠에는 주주뿐만 아니라 채권자, 종업원, 소비자, 지역주민 등 다수의 사회구성원이 이해관계를 가진다. 회사가 이윤극대화만을 추구할 것이 아니라 이른바 사회적 책임도 지지 않으면 안 된다는 주장의 밑바닥에 이 같은 사회적 현실의 인식이 깔려 있음은 물론이다.

1970년 일본의 최고재판소가 내린 이른바 야하다 제철 정치헌금사건판결[1]은 회사의 사회적 역할을 재판 이유에 정면으로 도입하여 회사의 정치헌

1 最高裁 1970년 6월 24일 대법정판결 최고재판소 민사판례집 24권 6호 625면 이하에 1심 및 항소심판결 그리고 상고이유까지 함께 수록되어 있다. 이하에서 인용함에 있어서는 민집이라 약칭하고 면수만

금을 정당화하였다는 점에서 크게 주목을 끌었던 판결이다.[2] 이 글의 목적은 현대사회에서 회사의 역할은 무엇이며 그에 대한 법률적 구성을 어떻게 할 것인가 하는 관점에서 야하다판결의 논리를 비판하는 데 있다.

이 글의 순서는 먼저 최고재판결에 이르기까지의 경과와 그 판결요지를 소개하는 것으로부터 시작하여(II와 III) 그 다음에는 판결이유의 전개순서에 따라 첫째, 회사의 정치헌금과 Ultra Vires 원칙(IV), 둘째, 회사의 기본권과 정치헌금(V), 셋째, 이사의 충실의무와 법원의 역할(VI)을 차례로 논한 후에 마지막으로 이상의 판례비평의 바닥에 깔린 개인주의적 회사관을 제시함으로써 끝맺기로 한다.

II. 최고재판결에 이르기까지의 경과

1. 사실의 개요

1960년 3월 14일 야하다(八幡) 제철주식회사의 2인의 대표이사들은 회사를 대표하여 자민당에 정치자금으로서 350만 엔을 기부하였다.[3] 이에 대하여 회사 주주 한 사람이 대표이사들의 정치헌금은 일본 상법 266조 1항 5호

을 표시한다. 동 판결의 국역은 이태로, 판례교재 회사법(개정 제2증보판 1982년) 416면 이하에 실려 있다.

2 이 판결에 대한 평석은 일일이 열거하기 힘들 정도로 많다. 그중 중요한 것으로는 鈴木竹雄,「政治獻金事件の 最高裁判決について」商法硏究 III(1971년) 323면; 富山康吉「最高裁の政治獻金論」法學セミナ 1970년 8월호 2면; 座談會,「會社の政治獻金」ヅュリスト 460號(1970년 9월 1일) 16면 등을 들 수 있다. 昭和 45年度 最高裁判所判例解說(1971년) 894-896면에는 최고재판결에 대한 평석뿐 아니라 일심 및 항소심판결에 대한 평석도 망라적으로 소개되어 있다.

3 이 금액은 야하다 제철이 자민당에 기부한 정치자금의 일부에 불과하다. 상고이유에 제시된 바에 의하면 동 회사는 1959년 후반 및 1960년 전반에 걸쳐 자민당에 총 1,950만 엔을 기부하였다. 같은 기간 동안 자민당을 포함한 여러 단체 및 파벌 등에 기부한 금액은 -억 2,860만 엔에 이른다. 민집 669면.

(우리상법 399조 1항)소정의 "법령 또는 정관에 위반하는 행위"에 해당한다고 주장하여 대표이사들을 상대로 회사가 입은 손해(기부금 및 소정의 이자)의 배상을 구하는 대표소송을 제기하였다. 원고 주주의 주장에 따르면 정치헌금은 회사 정관에 기재된 목적의 범위 외의 행위이기 때문에 정관에 위반하며[4] 일본 상법 254조의3(1981년 개정 이전에는 254조의2)이 정하는 이사의 충실의무에 위반하기 때문에 법령의 위반이라는 것이다.[5]

2. 제1심판결

1963년 제1심인 동경지방재판소는 대체로 다음과 같은 이유로 원고 주주에 승소판결을 선고하였다.[6]

① 무릇 모든 행위는 영리행위인 거래행위와 비영리행위인 비거래행위로 구별된다. 이 구별은 이사의 특정행위가 정관소정의 사업목적범위 내에 속하는지 여부를 판단함에 있어서 차이를 가져온다. 즉 거래행위의 경우에는 그것이 객관적 추상적으로 목적수행상 필요하다고 인정할 수 있는지 여부를 기준으로 삼는 판례의 견해가 타당하다. 그러나 비거래행위의 경우에는 일본 상법 52조(우리 상법 169조)에 규정된 회사의 영리성에 반하기 때문에 정관에 기재된 사업목적이 무엇인가를 물을 것도 없이 당연히 사업목적범위 외의 행위라고 할 수밖에 없다.

② 다만 예외적으로 비거래행위라도 일반사회인으로서의 합리적 의사에 따르면 당연히 모든 주주가 동의할 것으로 기대할 수 있는 행위, 천재의연금의 기부와 같은 사회적 의무행위의 경우에는 그것이 합리적인 한도에서 이

4 회사정관 2조는 "본회사는 철강의 제조, 판매 및 이에 부대하는 사업을 운영함을 목적으로 한다"고 규정하고 있다. 민집 658면.

5 Ibid.

6 Ibid. 659-665면.

루어지는 한 이사의 책임은 발생하지 않는다. 특정 정당에 대한 정치자금은 명백히 비거래행위에 해당하지만 복수정당을 전제로 하는 민주정치에 있어서 모든 사람이 특정 정당에 대한 정치헌금을 사회적 의무라고 생각할 리는 없으므로 헌금액의 다소를 불문하고 정관위반의 행위라고 볼 수밖에 없다.

③ 이 같은 정관위반의 행위만으로도 바로 충실의무위반에 해당한다고 볼 수 있겠지만 회사재산을 회사의 목적 외의 행위에 사용함으로써 충실의무의 구체적 내용 중의 하나인 자본유지의무에 반하였다는 점에서도 충실의무위반이라 할 수 있다.

이 판결에 대하여 정계와 재계에서는 일제히 상식과 관행에 반한다고 반발하고 나섰다.[7] 흥미로운 것은 사건에 직접 관련된 보수당인 자민당뿐 아니라 민사당, 사회당까지도 비판의 대열에 참여하였다는 사실이다.[8] 학자들의 반응도 비판적이었다.[9]

3. 항소심판결

1966년 항소심인 동경고등재판소는 다음과 같은 이유로 원판결을 취소하고 원고 주주의 청구를 기각하였다.[10]

① 응분의 정치자금의 기부가 정관소정의 목적범위 외의 행위라고 할 수는 없다. 회사도 독립의 사회적 존재로서 개인과 마찬가지로 사회의 구성단위를 이루는 것이므로 사회에 대하여 유용한 행위는 정관에 기재된 사업목적의 여하 및 그 목적위반을 위하여 필요 또는 유익한지 여부를 묻지 않고 당연히 그 목적의 범위에 속하는 행위로서 그것을 행할 능력을 갖는다. 정치

7 中村一彦, 企業の社會的責任(1977) 126면.

8 Ibid.

9 昭和 45年度 最高裁判所判例解說(1971) 899면.

10 (주 1)의 민집 706-712면.

자금의 기부는 대의민주제에서 불가결의 존재인 정당의 공적인 정치활동을 조성하는 것으로서 사회에 대하여 유용한 행위에 해당하므로 정관위반이라고 할 수 없다.

② 회사가 정당에 정치자금을 기부함으로 인하여 국민의 참정권이 침해된다고 볼 수는 없다. 그 같은 기부행위는 국민의 자유로운 의사에 기한 투표권의 행사에 전혀 영향을 주지 않으며, 회사가 기부한 정치자금이 정당의 득표수에 영향을 미친다 하더라도 그 점은 개인이 정치자금을 기부한 경우에도 마찬가지이다. 또한 본건의 기부나 정치자금의 기부 일반이 불법의 목적으로 행해진 것이라는 데 대하여 원고 주주의 주장, 입증은 없다. 따라서 본건의 기부는 일본 민법 90조(우리 민법 103조)에 위반한다고 할 수 없다.

③ 주식회사의 기부는 자연인의 기부와는 달리 영리법인으로서 회사의 주주의 이해와의 균형상 기부의 목적, 회사의 규모, 경영실적, 사회적 지위 등으로 보아 응분의 한도를 넘어서는 아니 되며, 그러한 합리적인 한도를 초과하는 기부는 충실의무에 위반하는 것이다. 그러나 원고 주주는 정치헌금은 금액의 다소에 불구하고 항상 충실의무에 위반하는 것이라고 주장할 뿐 그 응분의 한도를 초과했다는 주장, 입증이 없으므로 충실의무위반의 책임을 인정할 수 없다.

III. 최고재판결

1970년 최고재판소는 원고 주주의 패소를 선언한 항소심판결을 전원일치의 대법정판결로 지지함으로써 사회각계의 비상한 관심 속에 진행되었던 이 사건을 매듭지었다. 이 판결에 관여한 판사들 중에서 상법학자로서도 저명한 松田二郎 판사와 大隅健一郎 판사는 각각 보족의견을 발표하여 이채를 띠었다. 최고재판결은 항소심판결과 마찬가지로 다음 세 가지의 논점을 중심으로 하고 있다. 첫째, 정당에 대한 기부행위가 회사의 권리능력의 범위에 속하는 행위인지 여부; 둘째, 이 같은 기부행위가 자연인에만 참정권을 인정하는 헌법에 반하며 따라서 공서양속에 위반하는 것인지 여부; 셋째, 피고 대표이사의 기부행위가 이사의 충실의무에 위반하는 것인지 여부; 이하에서는 각 논점에 대한 판결의 요지와 브족의견을 차례로 소개하기로 한다.

1. 정당에 대한 기부가 회사의 권리능력의 범위에 속하는지 여부에 대하여

회사는 일정한 사업을 경영하는 것이 본래의 목적이기 때문에 그 목적수행을 위하여 직접 필요한 행위에 중점이 있는 것이지만 동시에 회사는 사회를 구성하는 사회적 존재이기 때문에 그러한 존재로서의 사회적 작용을 부담하지 않을 수 없다. 그러므로 일견 정관소정의 목적과 관계가 없는 것 같은 행위라고 하더라도 회사에 사회통념상 기대 내지 요청되는 것인 한 그에 응하는 것은 회사가 당연히 할 수 있는 것이다. 그리고 그 같은 사회적 작용에 속하는 활동을 하는 것은 사회의 기업체로서의 원활한 발전을 도모함에 있어 상당한 가치와 효과를 인정할 수도 있는 것이기 때문에 그러한 행위도 간접적으로나마 목적수행상 필요한 행위라고 해도 무방하다. 회사가 그 사회적 역할을 다하기 위하여 상당한 정도의 기부를 하는 것은 사회 통념상 당연한 것이고 주주도 당연히 이를 예상하였을 것이기 때문에 이 같은 해석에 따른다 하더라도 주주의 이익을 해칠 우려는 없다. 이상의 이치는 정당에 대한 정치자금의 기부에 있어서도 마찬가지이다. 정당은 의회제민주주의를 뒷받침하는 불가결한 것이기 때문에 국민은 당연히 정당의 존재방식 여하에 대하여 중대한 관심을 갖지 않을 수 없다. 따라서 사회의 구성단위인 회사에 대해서도 정당의 발전에 협력하는 것이 당연히 기대되는 것이며 그 협력의

한 양태로서 정치자금의 기부도 회사에 대하여 기대 내지 요청되는 한에 있어서는 회사에 그 능력이 없다고 할 수 없다.

2. 회사의 정치헌금이 자연인에만 참정권을 인정하는 헌법에 반하는지 여부에 대하여

참정권은 본래 자연인인 국민에게만 인정되는 것이지만 회사도 납세자인 까닭에 국가나 지방공공단체의 시책에 대하여 의견을 표명할 수 있다. 또한 헌법에 정해진 국민의 권리의무는 성질상 가능한 한 내국법인에도 적용되는 것으로 해석해야 한다. 따라서 회사도 자연인인 국민과 마찬가지로 국가나 정당의 특정정책을 지지, 추진 또는 반대하는 등의 정치적 행위를 할 자유를 갖는다. 정치자금의 기부도 그 자유의 일환이며 그것이 정치의 동향에 영향을 주는 일이 있다 하더라도 이를 자연인인 국민에 의한 기부와 달리 취급할 헌법상의 요청이 있는 것은 아니다.

3. 피고 대표이사의 정치헌금이 이사의 충실의무에 위반하는 것인지 여부에 대하여

이사는 회사를 대표하여 정치헌금을 함에 있어서 회사의 규모, 경영실적, 기타 사회적 지위 및 기부의 상대방 등 제반의 사정을 고려하여 합리적인 범위 내에서 그 금액을 결정하여야 한다. 따라서 이 범위를 넘어서 기부하는 것은 이사의 충실의무에 위반하는 것이 되지만 원심이 확정한 사실에 따라 판단할 때 본건의 기부가 이 같은 합리적인 범위를 초과하였다고는 할 수 없다.

4. 보족의견

위와 같이 다수의견이 회사의 정치헌금이 권리능력의 범위 내에 있는 것이지만 응분의 한도를 넘는 경우에는 충실의무위반이라고 하고 있는 데 비하여 松田, 大隅 양 판사의 보족의견은 응분의 한도를 넘는 기부는 기부를 받는 상대방의 주관적 사정 여하를 묻지 않고 당연히 무효라고 보는 점에서 일치하고 있다. 먼저 松田 판사는 다음과 같은 이론을 펴고 있다.

"회사의 권리능력은 기업으로서의 영리적 활동의 면에 있어서는 객관적 · 추상적으로 결정되며 그 범위도 넓은 데 비하여 그렇지 않은 면, 특히 기부를 행하는 면에 있어서는 회사의 권리능력은 개별적 · 구체적으로 결정되며 그 범위도 좁다고 할 것이다. 그리고 이 후자에 대하여 회사는 각개의 구체적 경우에 따라 응분의 기부가 인정되는 것에 불과한 것이다."[11]

한편 大隅 판사는 정관소정의 목적에 의한 권리능력의 제한을 부인하고 그 대신 회사의 본질인 영리의 목적에 의한 제한만을 인정한다. 그는 이처럼 회사의 영리성을 전면에 내세우고 있으면서도 회사가 사회적 존재라는 사실에 기하여 별개의 권리능력을 가지고 있으므로 재해구원자금의 기부나 정치자금의 기부 등을 할 수 있다고 하고 있다. 그의 이론에 따르면 그러한 정치자금의 기부는 무제한적으로 인정되는 것이 아니라 "사회통념상 상당하다고 인정되는 범위 내에 한정"되며 그 범위를 넘는 기부는 권리능력의 범위를 넘는 것으로서 상대방의 선의, 악의 여부를 불문하고 무효로 취급된다.

11 Ibid. 639면.

IV. 회사의 정치헌금과 Ultra Vires원칙

1. 목적에 의한 권리능력 제한

일본 민법 43조(우리 민법 34조)는 법인은 정관에 정한 목적의 범위 내에서 권리를 가지며 의무를 부담한다고 규정함으로써 영미법상의 Ultra Vires원칙을 채택하고 있다.[12] 그러나 상법회사편에는 민법 43조에 상응하는 규정이나 그것을 회사에 준용한다는 규정이 존재하지 않는 까닭에 공익법인에 관한 규정인 민법 43조를 영리법인인 회사에도 유추적용할 것인가에 대하여는 학설상 다툼이 있다.[13] 종래의 다수설 및 판례는 회사도 목적에 의한 제한을 받는다고 하면서도 목적의 범위를 넓게 해석해 왔다.[14] 야하다 판결에서 최고재판소는 다음과 같이 목적에 의한 제한을 인정하는 종래의 태도를 재확인하고 있다.[15]

"회사는 정관에 정하여진 목적의 범위 내에서 권리능력을 갖는 것이지만, 목적의 범위 내의 행위란 정관에 명시된 목적 자체에 국한되는 것이 아니고, 그 목적의 수행상 직접 또는 간접으로 필요한 행위라면 모두 이에 포함되는 것으로 새기는 것이 마땅하다. 그리고 필요한가 아닌가는 당해행위가 목적 수행상 현실로 필요했는가 어떠했는가를 가지고 이를 결정할 것이 아니라 행위의 객관적 성질에 따라 추상적으로 판단하여야 한다."[16]

12 Ultra Vires원칙에 대한 비판에 관해서는 권기범, 「회사의 권리능력」 상법논총(인산 정희철 선생 정년기념)(1985) 79면 이하; 竹内昭夫, 「會社法における Ultra Viresの原則は どのようにして廢棄すべきか」 會社法の理論 I (1984) 135면 이하; Schaftler, Ultra Vires-Ultra Useless: The Myth of State Interest in Ultra Vires Acts of Business Corporation, 9 J. CORP. L. 81(1983)을 참조.

13 주석회사법 1권(증보판 1980) 170-173면 참조.
우리나라에서도 사정은 마찬가지이다. 우리나라의 학설, 판례에 대하여는 권기범, (주 12), 참조.

14 (주 13), 주석회사법 170면.

15 앞서 살펴본 바와 같이 大隅 판사는 보족의견에서 목적에 의한 능력제한을 부정하고 있다.

16 (주 1), 민집 628면.

이와 같이 목적에 의한 권리능력제한을 긍정하는 최고재판소는 정당에 대한 정치자금의 기부도 정관소정의 목적범위 내에 속한다고 판시하였다.

그 같은 최고재판소의 결론을 뒷받침하는 근거는 다음 두 가지 명제로서 구성되어 있다. 첫째, 회사도 자연인과 마찬가지로 사회의 구성단위인 "사회적 존재"인 까닭에 일견 정관소정의 목적과 관련이 없는 것으로 보이는 행위라도 회사에 사회통념상 기대 내지 요청되는 것인 한 할 수 있다. 둘째, 정당의 건전한 발전에 협력하는 것은 회사에 당연히 기대되는 것이므로 그 협력의 한 형태라 할 수 있는 정당에 대한 정치헌금도 회사의 능력범위 내에 속한다. 그러나 위의 두 명제는 모두 중대한 문제점을 지니고 있다. 이에 관하여는 다음의 두 항(Ⅳ. 2와 3)에서 다룬다.

2. 주주의 이익과 사회의 이익

① 정관소정의 목적에 의하여 회사의 권리능력이 제한된다고 보는 견해의 밑바닥에는 주주의 이익에 대한 배려가 깔려 있다.[17] 최고재판소는 이 같은 제한긍정설을 취하고 있으면서도 회사의 기부행위를 정당화함에 있어서는 "사회적인 기대 내지 요청"을 강조함으로써 회사(주주)의 이익이 사회의 이익의 뒤로 밀리는 경우를 인정하고 있다. 최고재판소도 그러한 사회적 요청에 응하는 행위는 결국 회사의 도움이 될 수 있으므로 "간접적으로는" 목적수행상 필요한 행위로 볼 수 있다고 하며 주주의 이익을 아울러 고려하고 있으나 그것은 부차적인 이유에 그치고 있다. 이처럼 사회적 실재로서의 회사의 사회적 역할을 강조하는 최고재판소의 논리는 결국 이른바 회사의 사회적 책임을 주장하는 논리와 일맥상통한다고 볼 수 있다. 회사도 사회의 구성원이므로 사회적으로 요청되는 행위를 할 수 있다는 논리와 그러한 행위

17 권기범, (주 12), 95면, 103면은 채권자의 이익도 고려되고 있음을 밝히고 있다.

를 해야 한다는 논리의 사이에 실질적인 차이는 없다. 이 같은 회사의 사회적 책임과 주주의 이익을 어떻게 조화시킬 수 있는가?

② 오늘날 자본주의사회에서 회사가 실제로 광범위하게 활동하며 존재하고 있는 것은 부인할 수 없다. 그러한 의미에서라면 회사도 자연인과 마찬가지로 "사회적 실재"라는 명제를 쉽게 긍정할 수 있다. 그러나 회사도 자연인과 마찬가지로 사회적 실재라고 해서 반드시 자연인과 마찬가지로 활동할 수 있어야만 하는 것은 아니다. 물론 회사도 법인으로서[18] 권리의무의 주체가 된다는 점에 있어서는 자연인과 차이가 없다.

그러나 회사의 법인격을 부여한 것은 자연인과 마찬가지의 인격적 존재를 창조하기 위해서가 아니라 다수의 자연인이 공동으로 기업을 운영함에 따라 발생하는 복잡한 권리의무관계의 처리를 법적 구성상 단순화하기 위해서이다.[19] 그러므로 회사는 그 구성원인 주주[20]를 떠나서 독자적으로 존재하는 것이 아니라 주주의 이익을 추구하기 위한 도구로서 존재하는 것이다. 여기에서의 "주주의 이익"이 "경제적 이익"을 의미함은 물론이다.[21] 상법이 회사의 영리성을 규정하고 있는 것은[22] 바로 이러한 사실을 반영한 것에 불과하다. 따라서 이론상 회사가 주주의 이익 이외의 것을 추구하는 것을 허용할 수 없다.

18 일본 상법 54조 1항; 우리 상법 171조 1항.

19 川島武宜, 「法的構成としての法人」, 現代商法學の課題(下) (鈴木竹雄先生 古稀記念) (1975) 1335면; Brudney, Business Corporations and Stockholders Rights Under the First Amendment, 91 YALE L. J. 235, 240(1981).

20 회사의 구성원에 주주뿐만 아니라 종업원, 소비자, 지역주민 등도 포함되는 것으로 보는 견해도 있으나 이론상으로뿐만 아니라 현행법의 해석론상으로도 취하기 어렵다. Eisenberg, Corporate Legitimacy, Conduct, and Governance—Two Models of the Corporation, 17 CREIGHTON L. REV. 1(1983).

21 사회활동이나 정치활동을 목적으로 단체를 구성하는 것이라면 민법상의 비영리법인이나 정당을 설립하여야 할 것이다. 회사가 경제활동과 아울러 사회활동이나 정치활동을 수행하는 것은 나중에 보는 바와 같이 이론상으로도 받아들이기 어렵다.

22 일본 상법 52조, 우리 상법 169조.

최고재판소가 말하는 "사회적으로 요청되는 행위"라는 것이 주주의 이익보다는 사회의 이익—그것이 무엇을 의미는 것이든—을 앞세운 것임에 분명하다. 물론 주주의 이익과 사회의 이익이 항상 모순되는 것만은 아니다. 예컨대 회사가 지역사회의 환경보존사업에 기부하는 것은 사회의 이익을 증진시키는 행위임에 틀림없지만 그로 인하여 회사의 이미지가 개선되고 회사부동산의 가치가 증가될 수도 있다는 면에서는 주주의 이익과도 조화되는 행위인 것이다. 그렇다고 사회의 이익이 되는 행위는 모두 주주에도 이익이 된다고 함으로써 양자를 동일시하는 것은 언어와 사고에 있어서의 기본원칙에 어긋난다.[23] 실제에 있어서 양자를 구별하는 것이 어려운 경우가 없지 않더라도[24] 적어도 관념상으로는 명확히 구별되는 것인 만큼 영리법인 회사의 무상행위를 사회의 이익을 내세워 정당화하려는 최고재판소의 태도는 부당하다.

③ 회사가 주주의 이익 이외의 것을 추구하는 것이 회사의 영리성을 규정하고 있는 현대사업의 해석상 곤란하다는 점은 이미 위에서 본 바와 같다. 그렇다면 입법론상으로는 어떤 평가를 할 수 있을까? 영리법인인 회사의 사회이익추구에 대해서는 정면으로 상반된 평가가 내려지고 있다. 우리나라에서는 일반인들뿐만 아니라 법학자들 사이에서도 이른바 회사의 사회적 책임을 적극적으로 받아들이자는 견해가 압도적인 것 같다.[25] 하지만 이웃인 일본에서는 그에 대한 반론이 강력하게 제기되고 있으며[26] 미국에서는 시장

23 White, How Should We Talk About Corporations? The Language of Economics and Citizenship, 94 YALE L. J. 1416, 1420(1985).

24 American Law Institute, Principles of Croporate Governance: Analysus and Recommendations 41(Tent. Draft No. 2, April 13, 1984).

25 가장 최근의 문헌으로는 서규석, 「상법 제401조와 기업의 사회적 책임」, 상법상의 현대적과제(춘강손주찬 박사 화갑기념)(1984) 127면 이하.

26 가장 설득력 있는 것으로는 竹内昭夫,「企業の社會的責任に關する商法の一般規定の是非」, 會社法の理論 I (1984), 사회적 책임의 긍정론으로는 中村, (주 7), 참조.

경제원칙을 신봉하는 시카고학파계열의 학자들은 물론이고 그 밖의 학자들 중에도 다수가 사회적 책임의 부정론 내지 신중론을 펴고 있다.[27] 이들의 주장은 대체로 다음과 같이 정리해 볼 수 있다.[28]

첫째, 완전경쟁시장에서라면 주주의 이익 이외의 것을 지속적으로 추구하는 회사는 결국 경쟁에서 탈락해서 사라질 수밖에 없다. 하지만 사회적 책임이 주로 문제될 대규모회사는 많은 경우 과점 내지는 독점적 시장에서 활동할 것이므로 회사의 사회활동이 곧 회사의 몰락으로 귀결되는 것은 아니다. 그 경우 사회활동비용의 상당 부분은 제품가격인상의 형태로 결국 소비자에게 전가된다. 저소득의 소비자가 고소득의 소비자보다 소득의 소비율이 높을 것이므로 그 같은 제품인상은 역진세의 효과를 가져오므로 불공평하다.

둘째, 회사의 사회활동 비용 중에서 소비자에 전가되지 않는 부분은 결국 주주가 부담하게 될 것이므로 그 결과 주주개인이 스스로 사회적 활동을 수행하는 데 쓸 수 있는 금액은 감소될 수밖에 없다. 만일 경영자가 회사경영에 있어서뿐만이 아니라 비영리적인 사회활동에 있어서도 일반주주보다 전문적인 능력을 가지고 있는 것이라면 경영자가 회사재산으로 수행하는 사회활동을 조금이나마 정당화할 수 있을지도 모른다. 그러나 경영자는 통상의 경우 사회활동의 전문가는 아니다.

셋째, 회사가 이익을 추구하는 것이 정면으로 인정되는 경우에는 회사의 영향력은 경제적 영역을 넘어서 사회, 문화적 영역에까지 미치게 된다. 경제적 영역에서 경영자의 재량은 외부적으로는 독점금지법 등의 경제규제 법률에 의한 제한을 받고 대내적으로는 주주의 이익에 의하여 어느 정도 제한되는 것이지만 사회, 문화적 영역에서의 경영자의 재량은 거의 아무런 제한

27 예컨대 Engel, An Approach to Corporate Social Responsibility, 32 STAN. L. REV. 1 (1979); Mangrum, In Search of Paradigm of Corporate Social Responsibility, 17 CREIGHTON L. REV 21(1983); American Law Institute, (주 24), 52면에 최근의 문헌이 소개되어 있다.

28 이하는 R. Posner, Economic Analysis of Law(2d ed. 1977) 309-313을 주로 참조.

을 받지 않는다. 그러나 사회구성원의 정치적 신임 여부와는 무관하게 임면되는 경영자에 회사구성원 일반에 직접 영향을 미칠 수 있는 권한을 부여한다면 그 권한의 정당성(legitimacy)을 확보하기 어렵다.[29]

④ 회사가 주주의 이익 이외의 것을 추구하는 것은 해석론상으로는 물론 입법론상으로도 앞서 본 바와 같은 문제점이 있어 선뜻 긍정하기 어렵다. 그러나 실제로 회사의 기부행위가 가능한 것이라는 데 대하여는 거의 이론이 없다.[30] 현재 미국의 거의 모든 주회사법은 회사가 사회, 문화적 목적의 기부행위를 할 수 있음을 아예 명문으로 규정하고 있다.[31] 이와 관련하여 특히 주목할 만한 것은 현재 미국에서 미국법률가협회(American Law Institute)가 학계, 실무계, 재계의 비상한 관심 속에 진행하고 있는 회사지배(corporate governance)에 관한 일종의 모범법안의 준비작업이다.[32] 1984년 4월에 나온 제2초안의 §2.01은 바로 회사의 목적에 관하여 다음과 같은 규정을 두고 있다.

"회사(business corporation)는 회사와 주주의 수익(corporate profit and shareholder gain)을 증대하기 위한 사업활동의 수행을 그 목적으로 삼아야 한다. 단, 회사와 주주의 수익의 증대 여부와 관계없이 회사는 사업을 수행함에 있어서 (a) 자연인과 마찬가지로 법이 정한 한계 내에서 활동하여야 하며 (b) 책임있는 사업수행에 적합하다고 합리적으로 판단되는 윤리적인 문제점들을 참작할 수 있고, (c) 공공복지사업, 인도적 사업, 교육사업, 자선사업을 위하여 합리적인 범위 내의 재산을 사용할 수 있다.[33]

29 앞서 본 바와 같이 대규모회사의 경우에는 경제적 영역에서의 활동만으로도 사회전반에 영향을 미치고 있으므로 의연 회사권력의 정당성은 문제가 될 수 있다. Eisenberg, (주 20), 2면.

30 (주 13), 주석회사법 173면.

31 American Law Institute, (주 24), 50면.

32 이에 관하여는 그야말로 무수한 논문이 쏟아져 나오고 있다. 그중에서도 Scott, Corporation Law and the American Law Institute Corporate Governance Project, 35 STAN. L. REV. 927(1983); Symposium: Current Issues in Corporate Governance, 45 OHIO ST. L. J. 513(1984)를 참조.

33 American Law Institute, (주 24), 25면.

이 조항을 기초한 아이젠버그(Eisenberg) 교수는 (c)항의 제안이유로서 실질상의 것과 운영상의 것, 두 가지를 들고 있다. “실질적인 면에서 볼 때 회사가 그 활동이 수반하는 사회적 비용(social costs)을 파악할 수 있도록 그 활동이 사회에 미치는 영향을 적어도 고려에 넣지 않으면 안 된다는 점은 이제 널리 받아들여지고 있다. 그렇다면 회사가 그러한 비용을 합리적 범위 내에서 고려에 넣는 것을 허용하지 않으면 안 된다. 더욱이 회사는 경제구조상 중심적 지위를 점하고 있기 때문에, 이미 결정된 정부정책을 추진함에 있어서 회사의 협조는 흔히 그 정책의 성공에 결정적인 역할을 한다. 사회정책상으로도 (회사와 같은) 주요사회기관에 의한 인도적인 활동은 바람직한 것이다. 끝으로 교육 및 자선사업에 있어서 다양성을 유지하고 집중을 막는 것도 사회정책상 바람직하다. 하지만 국가의 부의 큰 부분을 지배하고 있는 회사가 그 부의 일부를 그 같은 목적에 사용하는 것이 허용되지 않는다면 그 목적의 달성은 보다 어려울 것이다.

운영상의 면에서 볼 때, 공공복지사업, 인도적 사업, 교육사업, 자선사업을 돕는 활동은 흔히 경제적인 고려에서 시작되지만 그러한 활동으로부터 회사가 얻는 경제적 이익은 구체적으로 측정하기 어려운 경우가 자주 있다. 그러므로 가능성 있는 경제적 이익을 명백히 제시할 것을 요구할 것이 아니라 회사가 그러한 활동에 회사재산을 합리적 범위 내에서 사용할 수 있도록 융통성을 부여함이 바람직한 것 같다.[34]

그러나 이상의 두 가지 이유는 입법 이유로서의 설득력은 있을지 모르겠으나 회사의 비영리적 사회활동을 허용하는 명시적인 규정이 없는 우리나라나 일본에서 그 같은 이유를 근거로 마치 그러한 규정이 존재하는 것과 마찬가지로 해석할 수 있을지는 의문이다.

⑤ 그러한 규정이 일반화되기 이전의 미국판례의 발전을 살펴보자.

34 Ibid. 40-41면.

1900년 전후의 판례들은 회사의 목적이 영리추구에 있는 것임을 강조하였다. 이 시기의 대표적 판례로는 1919년의 미시간(Michigan)주 대법원판결인 Dodge v. Ford Motor Co.판결[35]을 들 수 있다. 이 사건에서 포드 자동차회사의 과반수주주인 헨리 포드(Henry Ford)는 지난 수년간의 배당으로 주주에 대한 의무는 충분히 이행하였다고 결론짓고 이익을 모두 주주에 배당하는 대신 회사를 확장하여 보다 많은 종업원을 고용하고 차가격을 인하하여 보다 많은 소비자들에게 차를 공급하겠다는 자신의 꿈을 실현하겠다고 선언하였다. 이에 불만을 품은 10% 주주인 닷지(Dodge) 형제는 소정의 배당을 구하는 소송을 제기하였다. 법원은 그 같은 포드의 결정이 이른바 경영상의 결정(business judgment)이라는 포드사의 반론을 배척하고 다음과 같이 판시하였다.

"회사는 주로 주주의 이익을 위하여 조직, 운영되는 것이다. 이사의 권한은 바로 그 같은 목적을 위하여 행사되는 것이다. 이사의 재량은 그 같은 목적의 실현을 위한 방법을 선택함에 있어서 행사되는 것이며 그 재량이 그 목적 자체의 변경이나 이익의 감축, 또는 타목적에의 사용을 위한 이익배당불이행에까지 미치는 것은 아니다."[36]

이처럼 원칙적으로 회사의 비영리적 활동이 부인되었지만 예외적으로 그러한 활동이 회사의 "직접적 이익"(direct benefit)을 가져온다고 인정되는 경우에는 허용되는 것으로 보았다.[37] 그러나 시일이 흐름에 따라 법원은 마침내 사실상 "직접적 이익"의 입증이 없이도 그 같은 활동을 정당화하기에 이르렀다. 법원이 그 같은 결과를 달성하기 위하여 택한 방법은 두 가지로 구분할 수 있다.[38] 첫째는 증거에 의하여 드러난 사실은 그렇지 않은 경우에도

35 170 N. W. 668(1919).

36 Ibid. 684면.

37 American Law Institute, (주 24), 48면.

38 Ibid. 48-49면.

회사의 자선활동 등이 회사이익을 위하여 행해진 것으로 보는 방법이다. 둘째는 그러한 활동이 그 자체로서 정당하다는 것을 정면으로 인정하는 방법이다. 후자의 방법을 취한 판례로 대표적인 것은 1953년 뉴저지(New Jersey)주 대법원인 A. P. Smith mfg. Co.v. Barlow판결이다.[39]

이 사건에서 원고인 스미스사는 수도 및 가스산업에서 사용되는 소화전 등의 제품의 제조판매를 목적으로 1896년 뉴저지주에 설립된 회사로서 1951년 이사회에서 같은 주에 소재하는 프린스턴(Princeton)대학에 1,500달러를 기부하기로 결의하였다. 일부 주주들이 그 결의에 이의를 제기하자 동사는 그 같은 기부행위가 이사회의 권한 내에 속한다는 것을 선언하는 판결을 구하는 소송을 제기하였다. 주대법원은 정관에 그 같은 기부행위를 허용하는 규정이 없음에도 불구하고 회사의 능력 내(intra vires)의 행위라고 선언하며 그 근거로서 다음의 세 가지를 들었다. 첫째, 사회의 부가 회사에 집중되고 높은 세율 때문에 개인의 부의 축적이 어려워지고 있는 현대적 상황하에서 개인은 이미 기부의 원천으로서 적당치 못하므로 회사도 사회의 구성원으로서 사회적 책임을 다하지 않으면 안 된다. 둘째, 보통법상의 원칙의 면에서 보더라도 본건의 기부는 회사에 이익을 가져오므로 정당화될 수 있다. 셋째, 1950년에 개정된 주회사법은 회사에 본건에서와 같은 기부를 행할 수 있는 권한을 부여하고 있는바, 이는 1950년 이전에 설립된 원고회사에도 소급하여 적용된다.

위의 Barlow판결은 회사의 사회적 책임을 정면으로 인정한 획기적 판결로 널리 인용되고 있다. 하지만 법원은 회사의 사회적 책임론에 의거하지 않고 둘째와 셋째 근거만으로도 충분히 그 결론에 이를 수 있었다는 점에서 과연 Barlow판결이 기부를 허용하는 법규정도 없고 회사의 이익의 면에서 정당화할 수도 없는 경우에도 사회적 책임만을 이유로 기부를 할 수 있다는 명

39 98 A. 2d 581(1953)

제를 뒷받침할 수 있는가에 대하여는 의문이 있다. 실제로 사회적 책임론에 입각한 판결들에서도 기부행위가 사회이익과 어느 정도 관련이 있을 것을 요구하고 있다.[40] 또한 오늘날 대부분의 주회사법에 존재하는 기부허용규정에 아무런 제한이 명시되어 있지 않은 경우에도 그러한 "관련"이 요구된다고 보는 견해가 일반적이다.[41]

⑥ 회사의 기부행위에 관한 규정이 없는 일본과 우리나라의 회사법의 해석상 회사의 사회적 책임론에 입각하여 주주의 이익과 무관한 기부행위를 정당화하기는 어렵다. 하지만 회사의 사회이익추구활동이 그 자체로서 허용된다고 보더라도 회사의 정치헌금까지 그 범주에 속한다고 보기는 어렵다. 이에 대하여는 다음 항에서 논한다.

3. 정치헌금과 사회의 이익

최고재판소는 "정당은 의회제민주주의를 지탱하는 불가결의 요소"인 까닭에 그 "건전한 발전에 협력하는 것은 회사에 대해서도 사회적 책임으로서의 당연한 행위로서 기대되는 바이며 협력의 한 양태로서 정치자금의 기부에 대해서도 예외는 아닌 것"이라고 함으로써 정치헌금과 자선헌금을 동일한 차원에서 다루고 있다.[42] 과연 정치자금의 기부행위가 정당의 건전한 발전을 돕는 것인가? 여기서 말하는 "정당"이 "특정의 일 정당"이 아니라 "제도로서의 정당"을 가리킴은 물론이다. 그렇다면 자민당이라는 특정 정당에 대한 헌금이 어떻게 정당제도의 발전에 기여할 수 있는가 하는 문제가 생긴다. 물론 회사의 정치헌금이 일반적으로 허용됨에 따라 다른 회사들이 자민당 이외의 정당들에 헌금하는 것도 가능해지기 때문에 전체로서의 정당제

40 American Law Institute, (주 24), 49면.

41 Ibid. 50-51면.

42 (주 1), 민집 629면.

도에 도움이 된다는 논리를 펼 수도 있다. 그러나 그러한 논리는 현실적으로 설득력을 결하고 있다. 회사의 정치헌금이 일반적으로 허용된다고 하여도 그러한 헌금이 여러 정당에 균형 있게 제공되리라는 보장은 없고 오히려 한두 개의 정당, 특히 집권당에 집중될 공산이 크다. 그렇다면 결국 회사의 정치헌금은 정당제도의 발전이 아니라 극소수의 특정 정당만의 발전을 초래하는 셈이 된다. 이 점에서 정치헌금과 사회복지헌금은 뚜렷이 구별된다. 즉 예컨대 회사의 기부가 특정의 사회복지사업에 편중된다고 하더라도 여타의 사업이 상대적으로 불이익을 입는다고 보기는 어렵다. 하지만 이와 달리 정치의 세계에서 한 정당의 발전은 곧 다른 정당의 상대적 후퇴를 의미한다. 따라서 특정 정당에 대한 회사의 헌금을 "사회의 이익"으로 정당화하는 최고재판소의 이론에는 견강부회의 감이 없지 않다.

4. 정치헌금과 회사의 이익

① 앞서 본 바와 같이 최고재판소의 정치헌금허용론은 정당의 발전이라는 사회의 이익에 근거하였다. 이에 대하여 일본의 원로상법학자인 鈴木竹雄 교수는 야하다판결의 평석에서 회사의 이익에 입각한 정치헌금허용론을 전개하였다.[43] 먼저 鈴木 교수는 회사의 권리능력이 정관소정의 목적에 의하여 제한된다는 이론은 사회구성원인 주주의 이익을 보호하자는 데서 출발한 것이므로 "회사의 사회적 역할"을 "기업체로서의 원활한 발전"보다 앞세운 최고재판결의 논리구성은 주종이 역전된 것이라 비판하였다.[44] 鈴木 교수는 나아가 정치자금의 기부도 사회의 이익이 아닌 회사의 이익에 입각하여 정당화할 것을 역설하여 다음과 같이 주장하였다.

43 鈴木 교수는 각 심급에서 판결이 선고될 때마다 그에 대한 평석을 발표해 왔던바 이들 평석은 동교수의 논문집 商法硏究 Ⅲ(1971) 291-336면에 수록되어 있다.

44 Ibid. 325면.

"요컨대 회사의 이익에 입각하여 고찰하자면 정당에 대한 정치자금의 기부가 기업체의 존속, 발전에 적극적으로 이바지하는 것이기 때문에 자진하여 기부하는 것이라고 보기보다는 기부를 하지 않는 것에 의해서 기업의 존속, 발전이 저해되는 것을 회피하기 위하여 기부하고 있는 데 불과한 것이 오히려 실태가 아닐까?"[45]

② 회사의 이익에 입각한 정치헌금허용론으로는 대체로 다음의 세 가지를 상정해 볼 수 있다. 먼저 집권당의 특혜적 조치와 대가관계가 있는 뇌물성헌금은 비록 그것이 회사의 이익을 목적으로 한 것이라고 해도 공서양속에 반하는 행위로서 무효라고 하지 않을 수 없다.[46] 두 번째의 경우는 바로 鈴木 교수가 제시한 바와 같이 만약 기부를 거부한다면 혹시 당할지 모르는 보복적 조치를 피하기 위하여 마지못해 하는 헌금의 경우이다. 현실적으로 이러한 헌금의 요구에 직면한 회사의 고충은 충분히 이해가 되는 바이지만 그렇다고 해서 부당한 헌금요구에 대한 굴복을 유효한 회사의 행위로서 정당화한다면 정당의 부당한 헌금요구는 더욱 증가할 것이고 경영진은 그 같은 요구에 보다 쉽게 응하게 될 것이다. 또한 정치헌금이 "마지못해" 하는 것인지 자발적으로 하는 것인지는 사실상 구별이 불가능하므로 결국 정치헌금이 전면적으로 허용되는 것과 마찬가지의 결과를 가져올 우려가 있다. 마지막의 경우는 회사사업에 유익한 정책을 표방하고 있는 정당에 대하여 회사가 하는 정치헌금이다. 이러한 헌금은 앞의 경우와는 달리 가장 순수한 의미에서 회사의 이익을 위한 정치헌금이라 할 수 있다. 이러한 헌금은 회사의 이익을 위한 것임과 동시에 정치적 행위로서의 성격을 갖는다. 이 문제는 회사가 정치적 활동을 어느 범위까지 할 수 있는가의 문제와 관련하여 다음 장에서 다루기로 한다.

45 Ibid. 357면.
46 일본 민법 90조; 우리 민법 103조.

V. 회사의 기본권과 정치헌금

① 원고주주는 상고이유에서 회사의 정치헌금은 자연인인 국민에게만 참정권을 인정한 헌법에 반하며 따라서 일본 민법 90조(우리 민법 103조)의 공서양속에 반하는 행위로서 무효라고 주장하였다. 이에 대하여 최고재판소는 회사는 자연인인 국민과 마찬가지로 국가나 정당의 특정정책을 지지, 추진하거나 반대하는 등의 정치적 행위를 할 자유를 가지며 정치자금의 기부는 바로 그 자유의 일환이라고 함으로써 원고의 주장을 배척하였다. 최고재판소는 회사의 정치적 자유의 근거로 두 가지를 들고 있다. 첫째 근거는 회사도 자연인인 국민과 마찬가지로 납세자라는 점이다. 그러나 헌법적 권리의 보장을 납세 여부와 결부시키는 사고는 과거에는 적용되었을지 모르나 현대민주사회에서는 그대로 받아들이기 어렵다.[47] 두 번째 근거는 국민의 권리의무에 관한 헌법규정은 "성질상 가능한 한" 내국법인에도 적용된다는 점이다.[48] 최고재판소는 회사가 선거권과 기타의 이른바 참정권을 갖지 않는다는 점은 인정하면서도 특정 정당을 지지, 추진 또는 반대하는 정치적 활동의 자유를 누리는 것은 "성질상 가능한" 것으로 전제하고 있다. 과연 회사가 정치적 활동을 하는 것이 성질상 가능한 것인가?

② 법인은 자연인과 마찬가지로 법률상 독립된 인격을 가진다. 하지만 전술한 바와 같이 회사의 법인격은 다수의 자연인이 공동으로 기업을 운영함에 따라 발생하는 복잡한 권리의무관계를 법적으로 단순하게 처리하기 위한 도구개념에 불과하다.[49] 그렇다면 법인인 회사의 기본권은 그 구성원인 주주 개인의 기본권에 기초할 수밖에 없다.[50] 각 주주가 자연인으로서 정치

47 座談會, 「會社の政治獻金」 ジュリスト 1970년 9월호 25면(久保田發言).

48 서독 기본법은 이 점을 명문화하고 있고 우리나라나 일본의 통설도 이를 지지하고 있다. 권영성, 헌법학원론(1983) 240-241면; 芦部信喜, 憲法 II (人權 I)(1978) 27면.

49 (주 9), 참조.

50 芦部, (주 48), 28-29면은 법인도 현대회사에서 자연인과 동등하게 활동하는 실체라는 점을 기본권향

적 활동의 자유를 누리는 것은 두말할 나위도 없다.[51] 그렇다면 주주가 자신을 위하여 정치적 활동을 수행할 근거까지 회사에 위임한 것으로 볼 수 있을까? 이 물음에 대한 답은 어떠한 종류의 정치적 활동이 대상인가에 따라 달라질 것이다.

먼저 회사의 이익과는 직접 관계가 없는 정책에 대한 찬반을 위하여 회사재산을 사용하는 것은 정당화하기 어렵다.[52] 경영자가 주주총회의 결의를 거치지 않고 자신의 개인적인 정치적 견해에 따라 행동한 경우에는 더 말할 것도 없지만 결의를 거쳐 다수결에 따라 행동한 경우에도 그 같은 정치적 견해에 반대하거나 그 견해에 동조하지만 회사재산까지 사용하는 것은 원치 않는 주주들의 이익을 침해하게 된다. 물론 회사를 운영함에 있어서 다수주주의 의사를 좇게 됨에 따라 소수주주의 의사가 무시되는 경우가 생기는 것은 불가피하다. 그러나 회사 본연의 목적인 영리추구와 직접 관계없는 정치활동을 위해서까지 소수주주의 이익을 희생시키는 것은 받아들일 수 없다. 그러한 정치활동이 허용되지 않는다고 해도 다수파주주들이 회사조직의 외부에서 정치활동을 금하는 것은 아니므로 그들의 정치적 활동의 자유가 침해되는 것은 아니다. 경제학적 관점에서 본다면 그 같은 회사의 정치활동을 허용하는 경우 회사의 자본조달비용이 증가할 가능성이 있다. 즉 투자자에 따라서 경제적으로는 좋은 투자기회라고 하더라도 자기와 정치적 견해를 달리하는 회사에 투자하는 것을 포기할 수도 있기 때문이다.[53]

회사의 이익에 직접 관련이 있는 정책에 대한 활동의 경우에는 문제는 더 복잡하다. 회사의 이익에 직결된 특정정책을 회사에 유익한 방향으로 이끌

유의 이유로 들고 있다.

51 오늘날 법인주주가 늘고 있는 것은 사실이지만 그 법인주주들도 궁극적으로는 자연인으로 구성된 것으로 볼 수 있다.

52 이에 대한 반대 견해로는 후술의 Bellotti판결 참조.

53 Brudney, (주 19), 264-265면.

기 위하여 회사가 직접 홍보 등의 로비활동을 하는 것은 정치적 활동이라기보다 오히려 회사의 사업활동의 일부로서 정당화할 수 있을지도 모른다. 하지만 회사의 유익한 정책을 추진하고 있는 정당에 기부함으로써 그 정당의 추진을 꾀하는 것에는 문제가 있다. 우선 이 같은 헌금과 뇌물성헌금이나 경영자의 개인적 이익을 위한 헌금과의 구별은 극히 곤란하다.[54] 정당에 대한 헌금이 그 정당이 추진하고 있는 회사에 유익한 특정정책을 보고서 행해진 것이 분명한 경우에도 문제는 있다. 한 정당이 내걸고 있는 정책은 여러 분야에 걸쳐 다양할 수밖에 없다. 따라서 회사가 헌금의 용도를 구체적으로 지정하지 않는 경우에는 정당이 반드시 회사가 원하는 특정정책을 추진하는 데에만 그 자금을 사용하리라는 보장은 전혀 없는 것이다. 이 점과 관련하여 최근 영국에서 나온 한 판례를 소개한다.

③ 문제의 판결은 1983년 5월 24일 선고된 Simmonds v. Heffer판결이다.[55] 이 사건에서 무자본의 보증회사(guarantee company without a share capital)[56]의 형태를 취하고 있는 비영리회사인 "잔인한 스포츠 반대연맹"(The League Against Cruel Sports)이 1979년 노동당의 총선거운동기금에 5만 파운드와 3만 파운드를 각각 기부하였다. 동 연맹이 그 같은 헌금을 한 것은 노동당이 1979년 선거에서 집권하면 토끼사냥과 사슴사냥을 금지하겠다는 공약을 한 후의 일이었다. 그런데 5만 파운드의 기부금에는 아무런 조건도 붙어 있지 않았지만 3만파운드의 기부금에는 동물의 복지에 대한 공약을 여러 가

54 Cox, Constitution Issues in the Regulation of the Financing of Election Campaigns, 31 CLEVELAND ST. L. REV. 395, 396-400(1982).

55 이 판결은 판례집에 수록되지 않았으나 1984 Journal of Business Law 485-486면에 소개되어 있다.

56 보증회사는 주식자본(Share capital)의 존재 유무에 따라 무자본의 것과 유자본의 것으로 나눌 수 있다. 전자의 회사구성원은 회사가 존속하는 동안은 아무런 납입의무가 없지만 회사의 해산시에는 필요에 따라 각자 보증한 금액을 납입하여야 한다. 이 회사형태는 주로 자선단체에 의해 널리 이용되고 있다. 후자는 회사구성원이 주금납입의무도 있다는 점에서 전자와 구별된다. Gower. Gower's Principles of Modern Company Law (4th ed. 1979) 11-12면 참조.

지 방법으로 홍보하는 목적으로 사용해야 한다는 조건이 붙어 있었다. 법원(Mervyn Davies 판사)은 연맹의 정관의 해석에 따라 첫 번째 것은 연맹의 능력외의 행위이고 두 번째 것은 능력 내의 행위라고 판단하였다. 연맹의 사업목적 중 하나는 "동물에 대한 학대행위를 방지하는 것"이었다. 노동당이 추구하는 목적은 연맹의 목적보다 훨씬 광범위한 것이므로 첫 번째의 무조건의 기부는 반드시 연맹의 목적을 추진하기 위한 것으로 볼 수 없지만, 두 번째의 조건부기부는 그 목적의 추진을 위한 것으로—즉 학대행위를 방지하는 수많은 방법들 중의 하나로—볼 수 있다는 것이 법원의 논리이다. 이 판결은 비영리회사가 행한 헌금을 문제삼은 것이기는 하지만 영리회사가 행한 헌금에 대해서도 같은 논리를 적용할 수 있을 것이다.

④ 미국에서는 연방법에서 회사의 정치적인 헌금(contribution)이나 비용지출(expenditure)을 금지하거나 제한하고 있고 많은 주가 비슷한 규정을 두고 있다.[57] 하지만 이들 규정의 적용범위는 1978년의 연방대법원판결인 First National Bank v. Bellotti판결[58]에 의하여 크게 축소되었다. Bellotti판결의 사실의 개요는 다음과 같다. 1976년 매사추세츠(Massachusetts)주에는 개인소득세를 누진세로 하기 위한 헌법개정에 대하여 주민투표가 있었다. 이에 즈음하여 First National Bank of Boston 외에 몇몇 회사(이하 FNB로 총칭함)들은 그 헌법개정반대운동을 위하여 비용을 지출하고자 하였다. 그러나 주법은 회사의 사업이나 재산의 중대한 영향을 주지 않는 문제에 대한 주민투표에 영향을 주기 위하여 헌금을 하거나 비용을 지출하는 것을 금지하였다.[59] 주

57 연방법은 2 US. C. A. §441(b) (1982)인 바 연방부패행위방지법(Federal Corrupt Practices Act)이라고 불리우고 있다. 주법으로는 뉴욕(New York)주의 N. Y. ELEC. LAW §14-116(Mekinney 1978 Supp. 1983), 오하이오(Ohio)주의 OHIO REV CODE ANN. §3599, 03(A)(Supp. 1983) 등이 있다. 회사의 정치활동을 규제하는 주법의 목록으로는 Note, Corporate Speech on Political Issues: The First Amendment in Conflict With Democratic Ideals? 1985 U. ILL. L. REV. 445, 470-472(1985) 참조.

58 435 U. S. 765, reh'g denied, 438 U. S. 907(1978).

59 MASS. GEN. LAWS ANN. ch.ss, §8(West supp. 1977).

법무장관으로부터 FNB가 비용을 지출하면 그 법규정을 적용하겠다는 통고를 받고서 FNB는 그 규정이 위헌이라는 선언을 구하는 소를 제기하였다. 매사추세츠주 대법원은 회사의 정치적 의사표현은 회사의 사업이나 재산에 영향을 주는 문제에 대한 것만이 헌법상의 보호를 받는다고 판시하여 그 규정이 합헌임을 확인하였으나[60] 연방대법원은 5대 4의 판결로 그 규정이 위헌임을 선언하였다. 이 판결의 쟁점은 다음의 두 가지이다.[61] 첫째, FNB가 의도한 정치적 의사의 표현이 헌법상 보호를 받는가? 둘째, 주정부가 정치영역이 회사에 의하여 지배되는 것을 방지하고 주주의 이익을 보호하기 위하여 그 규정과 같은 제한을 둘 수 있는가? 다수의견을 대표한 파월(Powell) 판사는 FNB가 계획한 정치적 의사의 표현은 공익상의 문제에 관한 것이기 때문에 "민주사회에서의 의사결정에 필수적"이라고 전제하고 일반공중에 정보를 제공함에 있어 고유한 가치를 갖는 것이므로 그 출처가 개인인가 회사인가에 관계없이 헌법상의 보호를 받는다고 판시하였다. 따라서 회사의 정치적 의사표현을 위한 비용지출을 금지하는 문제의 규정은 그 규정이 "절대적인 주의 이익"(compelling state interest)을 위하여 필요한 것임을 주가 입증하지 못하는 한 위헌이라는 것이다. 매사추세츠주는 그 규정을 뒷받침하는 주의 이익으로 두 가지를 주장하였다. 첫째, 정치적 영역이 회사에 의해 지배됨으로써 정부에 대한 주민의 신뢰가 감소되는 것을 막기 위해서 그 같은 규정이 필요하다는 것이다. 화이트(White) 판사는 소수의견에서 회사는 주가 부여한 특권에 의하여 축적한 막대한 부를 사용하여 정치적 영역에서 부당한 이익을 얻으려 할 가능성이 있다고 주장하였다. 그러나 다수의견은 매사추세츠주의 민주투표에 있어서 회사의 상대적 발언권이 압도적이라는 증거나 정부에 대한 주민의 신뢰에 위협이 된다는 증거는 없으며 정부가 회

60 First Natil Bank v. Attorney Gen., 359 N. E. 2d 1262(1977).

61 Comment, Corporate Political Expression, 92 HARV. L. REV. 163, 164(1978).

사의 다른 구성원의 상대적 발언권을 키우기 위하여 회사의 표현의 자유를 제약할 수는 없다고 판시하였다.

매사추세츠주는 두 번째의 주의·이익으로서 회사의 정치적 의사표현에 반대하는 주주의 이익을 보호할 필요성을 들었다. 회사의 비용지출로 말미암아 반대주주들은 그들이 반대하는 정책을 지지하는 것과 마찬가지의 결과가 된다는 것이다. 다수의견은 실제로 그 같은 주주의 이익을 보호하기 위해서 주의회가 그 규정을 제정한 것은 아니라고 하며 매사추세츠주의 주장을 배척하였다. 다수의견에 따르면 그 규정은 주민투표의 대상이 아닌 문제에 대한 회사의 로비활동에 반대하는 주주의 이익을 보호하지 않고 있다는 점에서 과소포괄적(underinclusive)이며 주주의 반대가 없는 경우에까지도 회사의 비용지출을 금하고 있다는 점에서 과잉포괄적(overinclusive)이라는 것이다.

Bellotti판결에는 여러 가지 문제점이 있으나 이 글과 관련하여 중요한 것은 다음에 보는 바와 같이 다수의견의 시각 그 자체라고 할 수 있다. 다수의견은 회사도 자연인과 마찬가지로 표현의 자유를 누리는가의 문제가 아니라 과연 문제의 규정이 헌법상 보호되는 정치적 의사표현을 제약하는 것인가의 문제에 초점을 맞춰야 한다고 하며 정보를 받을 권리, 정보 및 의견의 자유로운 교환이 사회에 주는 이익을 강조하고 있다. 하지만 자유로운 의견교환이 아무리 중요한 것이라고 하더라도 의견교환에 드는 비용을 남의 재산을 훔쳐서 조달하는 것까지 용납할 수는 없는 것이다.[62] 다수의견은 회사가 그러한 정치활동을 하는 것은 그 규정이 없더라도 회사법상 허용되지 않는다는 점을 몰각하고 있다. 하지만 Bellotti판결에서의 다수의견의 논리를 그대로 적용하더라도 야하다 사건에서와 같은 정치헌금을 정당화하기 어렵다. 후자의 경우에는 회사가 특정정책의 추진을 위하여 독자적으로

62 Brudney, (주 19), 244-249면.

비용을 지출한 것도 아닐 뿐 아니라 정당에 기부함에 있어서도 아무런 조건도 붙이지 않았기 때문에 헌법상 보호되는 정치적 의사표명의 성격은 거의 없기 때문이다. 미연방대법원도 1976년의 Buckley v. Valeo판결[63]에서 헌금(contribution)과 비용지출(expenditure)을 구별하여 전자의 경우 정치적 의사표현의 성격은 미미하므로 제한될 수 있으나 후자의 제한은 표현의 자유를 보호하는 헌법에 위배된다고 판시한 바 있다.[64]

⑤ 이상에서 본 바와 같이 회사도 헌법상 자연인과 마찬가지로 정치활동의 자유를 누린다는 최고재판소의 이론에는 무리가 있다. 그렇다고 해서 상고이유에서의 주장과 같이 회사의 정치헌금이 모두 공서양속 위반이라고 할 수는 없다. 주주전원의 찬성을 얻은 회사의 정치헌금은 뇌물성이 없는 한 봉쇄할 이유가 없다.[65] 특히 회사법 이외의 실정법에서 회사가 정치헌금을 하는 경우를 합법적인 것으로 전제하고 있다는 점에서 볼 때 이를 공서양속 위반이라고 하기는 어렵다.[66]

VI. 이사의 충실의무와 법원의 역할

일본 상법 254조의3(1981년 이전에는 254조의2)은 "이사는 법령 및 정관 그리고 총회의 결의를 준수하고 회사를 위하여 충실하게 그 직무를 수행할 의무를 진다"고 이사의 충실의무를 규정하고 있다.[67] 원고주주는 피고 대표이

63 424 U. S. I. (1976).

64 이에 대하여는 Birnbaum, The Constitutionality of the Federal Corrupt Practices Act After First National Bank of Boston v. Bellotti, 28 AMER U. L. REV. 149(1979) 참조.

65 주(47)의 座談會 26면(星野發言).

66 일본의 경우, 공직선거법 199조 이하; 정치자금규정법 22조 이하. 우리나라의 경우, 정치자금에 관한 법률 12조 8호와 5조 2항.

67 이사의 선관주의의무와 충실의무의 관계에 관하여는 近藤光男, 「取締役の經營責任」現代企業法講座 3(1985년) 293면 이하 참조.

사들의 정치헌금행위가 이사의 충실의무에 위반한다고 주장하였다.

그러나 최고재판소는 회사도 정치헌금을 할 수 있다고 함으로써 정치헌금은 국민 개개인만이 할 수 있다는 전제에 입각한 원고주주의 주장을 배척하였다.

하지만 최고재판소도 이사가 정치헌금을 함에 있어서 사익을 추구하거나 합리적인 범위를 넘는 경우에는 충실의무위반에 해당할 수 있음을 인정하고 있다. 즉 최고재판소는 기부액이 합리적인 범위 내인지 여부는 "회사의 규모, 경영실적, 기타 사회적 경제적 지위 및 기부의 상대방 등 제반의 사정을 고려하여" 결정해야 한다고 하고는 야하다 제철의 자본금 기타 당시의 순이익, 주주배당금액 등을 고려에 넣더라도 기부액이 합리적인 범위를 넘는 것으로 볼 수는 없다고 판단하였다. 그러므로 최고재판소의 논리에 따르더라도 이사의 정치헌금행위가 상당한 제약을 받는 것은 사실이다. 그러나 이사가 제반의 사정을 고려하여 합리적인 금액이라고 선의로 판단하였음에도 불구하고 후에 법원이 합리적 범위 내인지 여부를 새로이 판단할 수 있다는 이론구성에는 의문이 있다.

VII. 맺음말—개인주의적 회사관

이상의 야하다판결 비평에서 드러난 회사관을 정리하면 다음과 같은 것이 될 것이다.

자본주의의 기본적 틀을 고수하고 있는 우리나라와 일본의 상법상 회사의 소유자는 주주라고 할 수밖에 없다. 그러므로 소유와 경영의 분리현상에 따라 회사가 현실적으로 경영자에 의하여 지배되고 있는 경우에도 경영자는 주주 전체의 이익을 추구함을 유일한 목적으로 하지 않으면 안 된다. 회사의 사회, 문화적 활동도 주주의 이익을 위한 것인 경우에만 정당화될 수 있다. 그러나 주주의 이익을 위한 회사의 활동도 실정법의 테두리 내에서만 가능하다. 헌법상 공공복리에 의한 재산권의 제한가능성이 명시되어 있으므로[68] 주주의 이익을 법률로 제한하는 것은 가능하다. 실제로도 독점금지법등 회사의 영리추구활동을 제약하는 법률은 많이 있고 앞으로도 정치적인 컨센서스(consensus)가 이루어지는 경우에는 새로운 법률이 등장할 수 있다. 그리고 법률을 제정하고 집행하는 정치적인 과정(political process)이 국민의 다수의 의사를 제대로 반영하는 한 회사의 영리추구행위에서 사회적으로 바람직하지 못한 결과가 발생하는 것을 어느 정도 방지할 수 있다. 따라서 그러한 정치적인 과정에서 회사의 영향력을 배제하는 것이 바람직하다.[69] 최고재판소의 논리는 회사가 사회적 이익을 위한 활동과 정치적인 활동도 할 수 있으며 그로 인한 폐해의 가능성은 입법으로 해결하면 된다는 것이다. 그러나 입법과정 자체에 회사가 개입하는 것이 허용된다면 어떻게 회사의 반사회적활동을 막을 법적 장치를 마련할 수 있을 것인가?

자본주의사회에서 회사의 성패는 사회 전체에 큰 영향을 미친다. 따라서 회사의 경제적 가치창조행위는 가능한 한 조장해야 하며 경영자에게 충분한 재량을 허용해야 한다. 하지만 동시에 이러한 회사의 영리활동과 사회 전체의 이익과의 조화를 추구하지 않으면 안 된다. 회사의 사회적 책임론은 이 같은 조화를 추구함에 있어서 회사의 자발적인 노력을 허용하고 촉구하는 견해이다. 그러나 사회의 이익이란 일반적 개념의 해석을 정치적 과정에 맡기지 않고 경영자에 맡기는 것이 타당치 못한 것임은 특정 정당에 대한 정치헌금마저도 사회의 이익으로 정당화하는 야하다판결을 볼 때 더욱 분명해

68 우리 헌법 22조 2항; 일본 헌법 29조 2항.

69 정치적 과정에서 부가 다수의 의사를 왜곡할 우려가 있다는 점에 있어서는 회사의 부와 개인의 부 사이에 차이가 없다. (주 1), 민집 63면. 하지만 양자 간에 중요한 차이점은 개인은 법이 금지하지 않는 한 자기의 재산을 마음대로 사용할 수 있는 데 반하여 회사는 주주의 이익을 위해서만 사용할 수 있다는 점이다.

진다. 따라서 회사의 영리활동과 회사의 이익의 조화는 회사의 자발적인 노력에 의존함으로써가 아니라 민의가 올바로 그리고 효과적으로 반영될 수 있는 정치적 과정을 확보함으로써 구하여야 한다.

『법조』 1986년 2월호, 1면 이하.

* 추기: 352면의 서술과 관련하여 우리 정치자금법은 회사를 포함한 법인의 모든 정치헌금을 금지하고 있다(31조). 348면 이하의 미국법에 관한 서술과 관련하여 미국에서는 그간 특정 후보자의 당락을 위한 회사의 비용지출도 제한하는 입법이 행해졌고 연방대법원은 그것이 합헌임을 선언하였다. 그러나 2010년 1월 연방대법원은 Citizens United v. Federal Election Com'n판결(130 S.Ct. 876)에서 종래의 태도를 바꾸어 그러한 제한도 위헌임을 선언하였다.

02 명의개서의 해태와 무상발행신주의 귀속

대상판결: 대법원 88. 6. 14선고, 87다카2599, 2600호 판결(반소) 제3자 이의

〔사실〕

1978년 11월 30일 대전주정공업주식회사("대전주정")는 대한주정판매주식회사("대한주정")의 주식에 대한 명의개서를 마치고 소유자가 되었다. 대전주정은 대전세무서로부터 주세징수유예를 받기 위한 담보를 목적으로 피고 대한보증보험주식회사와 1979년 10월 6일 납세보증보험계약을 체결하였다. 당해 계약을 체결시 대전주정은 유예받은 세금을 납부하지 못하여 피고가 대신 보험금을 지급하는 경우에 피고에 대하여 부담할 구상채무에 대한 양도담보로 자기소유의 대한주정주식을 양수인란을 백지로 하여 배서양도함과 동시에 그 주권을 교부하였고, 피고가 현실로 보험금을 지급하면 그 구상채무액에 해당하는 그 주식을 피고의 소유로 귀속시키기로 약정하였다.

그후 대전주정은 유예받은 세금을 납부하지 아니하여 피고가 1980년 4월

25일 보험금을 대전 세무서에 지급함으로써 위 주식은 확정적으로 피고소유로 귀속되었으나 피고는 자기앞으로 명의개서를 하지 않았기 때문에 대한주정의 주주명부상에는 대전주정이 여전히 주주로 기재되어 있었다. 이윽고 1984년 12월 3일 대한주정의 이사회는 자산재평가적립금을 자본으로 전입하여 무상신주를 발행하되 같은 해 12월 20일 현재 주주명부상의 주주에게 1주당 1주씩 배당하기로 결의하였다. 대한주정은 주주명부상 그 주식의 주주가 대전주정으로 되어 있었기 때문에 대전주정에 배당된 신주를 찾아갈 것을 통지하였으나 그 통지가 송달불능으로 그 신주를 계속 보관하였다.

한편, 원고는 1985년 5월 8일 대전주정에 대한 승소판결에 기하여 대한주정이 보관 중인 대전주정명의의 신주를 압류하여 한국상업은행에 보관하였다. 이어서 원고는 서울민사지방법원에 추심에 갈음할 양도명령을 신청하였는바 법원은 1985년 7월 16일 압류 중인 신주를 원고에게 양도한다는 양도명령을 하고 채무자인 대전주정과 제3채무자인 대한주정에게 송달을 마쳤다. 피고는 대전지방법원으로부터 같은 신주에 대한 주식압류 명령을 얻어 상업은행으로부터 신주를 인도받아 압류한 후 다시 상업은행에 보관시켰다. 원고는 그 신주가 자기의 소유임을 확인한다는 판결과 피고가 1985년 7월 26일 그 신주에 대하여 행한 강제집행은 이를 불허한다는 판결을 구하며 소를 제기하였고 피고는 이와 반대의 취지의 반소를 제기하였다.

〔제1심판결과 원심판결〕

제1심인 서울지방법원 남부지원은 원고의 승소를 선언하며 다음과 같이 판시하였다.

"상법 제461조에는 주식회사가 이사회의 결의에 의하여 준비금을 자본에 전입함으로써 신주를 발행할 경우에 이사회의 결의에 의하여 정한 일정한 날에 주주명부에 주주로 기재된 주주가 그 신주의 주주가 된다고 규정되어 있으므로, 피고가 비록 별지 제2목록 기재의 주식에 관하여 위에서 본 바와 같이 1984. 4. 25.자로 확정적으로 소유권을 취득하였다 하더라도, 위 신주발행시 이사회가 결의한 1984. 12. 20. 당시 아직 앞으로 명의개서를 하지 아니하고 있었고 소외 대전주정이 그 주주로 기재되어 있었던 이상 위 별지 제2목록기재주식에 대하여 발행된 이 사건 주식의 주주는 소외 대전주정이라 할 것이고(피고가 별지 제2목록 기재의 주식의 소유자라 하더라도, 이 사건 주식의 발행에 의하여 당연히 그 소유권을 취득한다고는 할 수 없다) 또한 동산압류집행의 경우 집행법원이 특별한 환가방법으로서 압류목적물을 감정인의 평가액에 따라 채권자의 채무변제에 갈음하여 채권자에게 양도한다는 양도명령을 한 경우, 위 양도명령이 채무자와 제3채무자에게 송달되었다면 그때에 강제집행절차는 종료되고 압류목적물의 소유권은 확정적으로 채권자에게 이전된다고 할 것이니 위 인정한 사실과 같이 원고가 대전주정소유의 이 사건 주식을 압류한 후 1985. 7. 16. 위에서 본 바와 같은 집행법원의 환가에 갈음할 양도명령을 받아 그 양도명령이 그 달 18. 채무자와 제3채무자에게 송달되었다면 그때에 이 사건 주식의 소유권은 확정적으로 원고에게 이전되었다 할 것이다."

이 밖에도 이 판결은 주식에 대한 강제집행의 문제에 대해서도 판시를 하고 있으나 이 글에서는 다루지 않기로 하여 생략하였다.

원심인 서울고등법원의 판결은 제1심판결의 결론과 논리를 거의 그대로 받아들였다.

〔대법원판결〕

대법원은 원고의 승소를 선언한 원심판결을 그대로 유지하였다. 명의개서의 해태와 신주의 귀속에 관한 대법원의 판시내용은 다음과 같다.

"상법 제461조에 의하여 주식회사가 이사회의 결의로 준비금을 자본에 전입하여 주식을 발행할 경우에는 회사에 대한 관계에서는 이사회의 결의로 정한 일정한 날에 주주명부에 주주로 기재된 자만이 신주의 주주가 된다고 할 것이다. 원심이 확정한 바와 같이 피고가 소외 대한주정판매주식회사(이하 대한주정이라고만 한다)의 기명주식을 실질적으로 취득하였으나 소외 대한주정의 이사회가 이 사건 신주를 발행하면서 정한 1984. 12. 20. 현재 피고(반소원고, 이하 피고라고만 한다)가 기명식주식의 명의개서를 하지 아니하고 있었고 소외 대전주정공업주식회사(이하 대전주정이라고만 한다)가 그 주주로 기재되어 있었다면 소외 대한주정에 대한 관계에서는 이 사건 신주의 주주는 소외 대전주정이라 할 것이고, 따라서 원고(반소피고, 이하 원고라고만 한다)가 이 사건 신주에 대하여 소외 대전주정을 채무자, 소외 대한주정을 제3채무자로 하여 한 주식압류는 무효라고 할 수 없다 할 것이므로 같은 견해에서 원고의 이 사건 주식압류가 무효라는 피고의 주장을 배척한 원심의 조처는 정당하고 명의개서를 하지 않은 주식의 양수인과 양도인 사이에서 신주인수권은 양수인에게 귀속하여야 한다는 견해를 내세워 원심에 신주인수권과 소위 실념주 내지 실기주에 관한 법리오해의 위법이 있다는 주장은 받아들일 수 없다."

I. 본 판결의 의의

본 판결은 우리나라에서 이른바 실기주(혹은 실념주)에 관한 최초의 대법원판결이다.

실기주는 법률상 정의됨이 없이 실무상 사용되고 있는 개념이므로 그 의미하는 바가 항상 일정한 것은 아니지만, 대체로 협의와 광의, 두 가지로 나

누어 볼 수 있다.[1]

먼저 협의로는 주주에게 신주를 발행하는 경우에 주식의 양수인이 신주의 배정기준일까지 명의개서를 하지 않아서 주주명부상의 주주인 주식의 양도인에게 배정된 신주를 말한다. 광의로는 신주발행에 한하지 않고, 배당금, 교부금, 청산금 등에 대하여 소정의 기일까지 명의개서를 해태한 주주 자체를 말한다. 실기주의 문제는 실기한 실질상의 주주가 어떠한 권리를 갖는가 하는 것이다. 이 경우 실기주주가 회사에 대하여 직접 주주권의 행사를 주장할 수는 없으므로(상법 §337 I), 문제는 명의상의 주주에 대하여 어떠한 권리를 갖는가 하는 것이다. 이제까지의 논의는 주로 협의의 실기주가 실기주주와 명의주주 사이에서 누구에게 귀속하는 문제와 실기주주에게 귀속된다고 하는 경우의 이론구성을 중심으로 전개되어 왔다. 이 판결에서 문제된 주식은 보통 논의되고 있는 실기주와는 차이가 있다. 즉 이제까지의 논의는 통상의 신주발행절차에 따라 유상으로 발행된 신주를 중심으로 이루어져 왔는 데 비하여 본 판결에서 문제된 신주는 준비금의 자본전입절차에 따라 발행된 신주이다.[2] 하지만 주식의 양수인이 신주의 배정기준일까지 명의개서를 하지 않아서 주주명부상의 주주인 주식의 양도인에게 배정된 신주라는 점에서 본 판결의 신주도 실기주인 것은 물론이다. 그러나 아쉽게도 대법원은 실기주의 법리를 정면으로 다루지 않고 상법 제461조의 평면적 해석에 의하여 양도인이 그 신주의 소유자라는 결론을 도출하고 있다. 결론부터 밝히자면 상법 제461조를 그렇게 새기는 것은 실기주의 법리를 오해한 것으로서 재고를 요한다.

1 최기원, 신회사법론(제3전정판 1987) p.589; 新版注釋會社法 (3) (1986) p.174.

2 이 판결에서 자본에 전입된 것은 준비금이 아니라 재평가적립금이었다. 자산재평가법은 재평가적립금의 자본수입을 규정하면서 그 절차에 대해서는 규정하지 않고 있다(제28조 제2항 제2호). 이 판결은 재평가적립금의 자본수입은 당연히 상법의 규정에 따르는 것으로 전제하고 있다. 동지, 정희철, 상법학(상)(1989) p.534.

II. 판결의 논리

제 1심과 원심은 모두 "상법 제461조에는 주식회사가 이사회의 결의에 의하여 준비금을 자본에 전입함으로써 신주를 발행할 경우에 이사회의 결의에 의하여 정한 일정한 날에 주주명부에 주주로 기재된 주주가 그 신주의 주주가 된다고 규정하고 있으므로"라고 하여 상법 제461조 제3항을 자본전입으로 인하여 발행된 실기주의 소유권은 모든 관계에서 당연히 명의주주에 속하는 것을 규정한 것으로 해석하고 있다.

대법원은 제1심이나 원심과는 약간 다른 표현을 사용하고 있다. 즉 "상법 제461조에 의하여 주식회사가 이사회의 결의로 준비금을 자본에 전입하여 주식을 발행한 경우에는 회사에 대한 관계에서는 이사회의 결의로 정한 일정한 날에 주주명부에 주주로 기재된 자만이 신주의 주주가 된다고 할 것이다"(밑줄은 필자에 의한 것)라고 하여 마치 발행회사 이외의 자에 대한 관계에서는 다른 결론이 나올 수도 있는 것 같은 표현을 쓰고 있다. 그러나 결국 양도인인 대전주정의 채권자가 신주를 압류한 것이 유효라는 결론에 도달함으로써 실제로는 신주가 발행회사에 대한 관계에서뿐만이 아니라 제3자에 대한 관계에서도 명의주주인 양도인에게 속한다고 보는 제1심 및 원심의 이론구성과 차이가 없다.

판결에서 들고 있는 것은 상법 제461조이지만 특히 그중 제3항을 근거로 하고 있는 것으로 짐작된다. 제3항은 준비금을 자본에 전입하는 "이사회의 결의가 있는 때에는 회사는 일정한 날을 정하여 그날에 주주명부에 기재된 주주가 신주의 주주가 된다는 뜻을 그날의 2주 전에 공고하여야 한다"고 하고 있다. 결국 법원은 이 조항이 회사의 공고의무를 규정한 절차규정에 불과한 것이 아니라 자본전입으로 인하여 발행되는 신주의 소유권자를 정하는 실체규정을 겸한다고 보고 있는 셈이다. 이하에서는 그 같은 해석의 당부를 몇 가지 측면에서 살펴보기로 한다.

III. 주주명부제도의 의의—실질과 형식의 대립

현행상법상 주식은 주권의 교부라는 간편한 방법에 의하여 자유로이 양도할 수 있다(제335조 제1항, 제336조 제1항). 이에 따라 주주의 변동은 끊임없이 이루어지고 있다. 이 같은 상황하에서 회사가 의결권이나 배당금청구권 등의 주주권을 실질상의 주주만이 행사하도록 하여야 한다면 집단적 · 획일적인 사무처리는 불가능하고 회사의 업무부담은 크게 증대될 것이다. 한편 주주의 관점에서도 주주권의 행사시마다 주권을 제시하여 자신이 주주임을 입증하는 것은 극히 불편한 일이다. 주주명부제도는 이 같은 불합리를 제거하기 위하여 고안된 기술적 제도라고 할 수 있다. 즉, 누가 주주인지의 여부를 주주명부라는 하나의 장부에의 기재 여부를 기준으로 판가름함으로써 집단적 · 획일적인 사무처리를 기술적으로 가능하게 한 것이다. 이러한 주주명부제도의 취지가 잘 드러나고 있는 것이 상법 제337조 제1항이라고 할 수 있다. 동 조항은 "기명주식의 이전은 취득자의 성명과 주소를 주주명부에 기재하지 아니하면 회사에 대항하지 못한다"고 하고 있다. 일본 상법은 한때 "기명주식의 이전은 취득자의 성명, 주소를 주주명부에 기재하고 그 성명을 주권에 기재하지 아니하면 회사 기타의 제3자에 대항할 수 없다"고 하여 마치 명의개서가 민법 제450조의 지명채권양도시의 대항요건과 같은 것으로 본 시기도 있었다. 그러나 1950년의 상법개정에서 "제3자"라는 문언과 주권상의 명의개서에 대한 부분이 삭제되어 우리 상법 제337조 제1항과 같은 내용을 갖게 되었다.[3] 따라서 이제 이 명의개서조항은 회사에 대한 관계에서 주주의 자격을 인정받기 위한 요건을 정한 것이고 제3자에 대한 관계에서의 주주의 자격 유무에는 아무런 영향도 미치지 아니한다고 보는 것이 일반적인 견해이다.

3 新版注釋會社法 (3)(1986) pp.155-156.

이 명의개서조항에 의하여 회사는 주주명부에 기재된 명의상의 주주에게 권리를 행사하게 하면 그 자가 진정한 주주가 아니라도 면책된다는 점에는 이론이 없다.[4] 다만 회사 쪽에서 자기의 위험부담으로 명의개서를 마치지 아니한 실질적인 주주에게 주주권의 행사를 시키는 것이 허용되는가에 대하여는 견해가 나뉘고 있다.[5] 법문이 "회사에 대항하지 못한다"고 하고 있으므로 "대항"의 의미를 통상의 경우와 같이 새긴다면 회사에 대하여 주장할 수 없을 뿐 회사가 스스로 인정하는 것은 가능할 것이다.[6] 그러나 이를 부정하는 견해는 그것을 허용한다면 회사가 실질적인 주주들 중에서 마음에 맞는 자들만을 선택하거나 그 같은 자의적인 선택을 하지 않더라도 실질적인 주주들 중에서 결국 주주권의 행사를 시도하는 자들에게만 권리행사를 허용할 수밖에 없기 때문에 주주평등의 원칙에 반한다고 하고 있다.[7]

법은 실질적인 권리자만을 보호하는 것이 원칙이다. 그러나 예외적으로 구체적인 필요가 있는 경우에는 형식을 마련하여 실질보다 우선시키기도 한다. 주주명부 내지 명의개서제도는 바로 그러한 형식의 한 예라고 할 수 있다. 그러한 형식이 필요한 이유는 바로 회사의 주주관계사무처리를 획일적으로 간명하게 할 수 있도록 하기 위한 것이라는 점은 이미 살펴본 바 있다. 형식을 실질보다 앞세우는 것은 어디까지나 예외적인 것이므로 반드시 그것을 정당화하는 구체적인 필요가 존재하는 경우에만 제한적으로 인정하여야 한다. 따라서 명의개서의 여부가 회사 이외의 자에 대한 관계에서의 주식양수인의 권리에 아무런 영향을 주지 않는 것은 너무도 당연한 일이다. 예외적인 처리를 정당화할 만한 구체적인 사유가 없기 때문이다. 또한 회사가 명의개서를 마치지 않은 주식양수인의 주주권행사를 허용하는 것은 가능하

4 최기원, (주 1), p.412.

5 Id. pp.412-413.

6 정희철, (주 2), p.439 일본의 판례도 같은 입장을 취하고 있다. 최고재 1955년 10월 20일 판결.

7 河本一郎, 現代會社法(新訂 第3版 1986) pp.165-167.

다고 보는 긍정설도 가급적 형식보다 실질을 존중하고자 하는 노력의 일환으로 이해할 수 있을 것이다. 다만 이 경우에는 주주평등의 원칙이 손상될 우려가 있기 때문에 부정설이 주장되고 있음은 이미 살펴본 바와 같다.

본 판결에서의 실기주의 귀속에 대한 문제도 바로 주주명부상의 명의라는 형식과 적법한 양수인이라는 실질 사이의 선택의 문제라고 할 수 있다. 법원은 실질 대신에 형식을 선택하였다. 그렇다면 그 같은 예외적인 길을 택함으로써 법원이 충족하고자 한 실질적인 필요는 무엇인가? 아무리 생각해 보아도 선뜻 떠오르지 않는다. 결국 내세울 수 있는 것은 여하튼 상법 제461조가 명문으로 그렇게 규정하고 있으니 따를 수밖에 없지 않은가 하는 주장밖에 없을 것이다. 사실 법원도 결론을 합리화하기 위하여 그 조문만을 끌어대고 있을 뿐 아무런 실질적인 필요도 제시하고 있지 않다. 상법 제461조는 과연 그렇게밖에 해석될 수 없는 것인가? 결코 그렇지는 않다. 이 점은 신주인수권의 배정일의 공고에 관한 규정인 상법 제418조와 비교해 보면 더욱 분명해진다.

IV. 신주인수권 귀속과의 비교

상법 제461조 제3항에 따르면 회사는 일정한 날 현재의 명의주주가 준비금의 자본전입으로 인하여 발행된 신주의 주주가 된다는 뜻을 공고하여야 할 의무가 있다. 법원은 바로 이 조문에서 명의주주가 실질주주에 대한 관계에서도 그 신주의 주주가 된다는 결론을 도출하고 있다. 즉 법원은 이 규정을 회사의 공고의무를 규정한 절차규정에 불과한 것이 아니라 동시에 실체규정으로 보고 있는 것이다.

상법 제461조 제3항과 비슷한 형태로 회사의 공고의무를 규정한 것으로는 제418조 제2항을 들 수 있다. 그에 의하면 회사는 일정한 날 현재의 명의

주주가 신주인수권을 가진다는 뜻을 공고하여야 할 의무가 있다. 법원의 논리를 이 경우에도 그대로 따른다면 명의주주는 당연히 실질주주에 대한 관계에서도 신주인수권을 갖는다고 하여야 할 것이다. 그러나 우리나라에서 그와 같은 태도를 취하는 견해는 전혀 찾아볼 수 없다. 일본의 최고재판소판결은 신주인수권은 명의주주에게 속한다는 결론을 내고 있다.[8] 그러나 이 판결도 우리 상법 제418조 제2항과 실질적으로 동일한 상법 제280조의4 제2항을 근거로 삼고 있지 않다. 최고재판결은 다음의 두 가지를 논거로 하고 있다. 첫째, 신주인수권은 주주의 고유권이 아니라 회사의 결정에 의하여 발생하는 구체적 권리에 불과하므로 이 구체적 권리를 어떠한 방법으로 주주에게 줄 것인가는 회사가 임의로 결정할 수 있고 따라서 그 권리의 귀속자를 명의주주로 한정하는 회사의 행위는 적법하며 주주권의 양도에 구체적 신주인수권까지 수반하는 것으로 해석할 것은 아니다. 둘째, 신주인수권이 실기주주에게 속한다고 한다면 실기주주는 주가가 상승한 경우에만 신주의 인도를 구하고 반대로 명의주주는 주가가 하락한 경우에만 실기주주에게 주식의 인수를 구하는 등 신의칙에 어긋나고 거래의 안전을 해칠 우려가 있다.

일본의 하급심판결과 거의 모든 학설은 이 최고재판결에 반대하고 있다.[9] 대체로 반대의 근거로는 특별한 합의가 없는 한 구체적 주주권도 주식의 양도에 수반하여 실질적으로는 양수인에게 귀속한다고 보는 것이 합리적이라는 것, 그리고 명의주주는 증자의 기대가치가 포함된 고가로 주식을 양도하는 것이 통례이기 때문에 양수인이 기일 내에 명의개서를 하지 않은 과실이 있더라도 명의주주에게 다시 신주의 시장가액과 납입금액의 차액만큼의 이익을 누리게 하는 것은 공평에 어긋난다는 점 등을 들고 있다.[10]

8 1960년 9월 15일 판결.

9 신판 주석회사법 (3) (1986) p.175.

10 Id. pp.174-175; 서상홍, "주식의 명의개서" 「회사법상의 제문제 (상)」(재판자료 제37집 1987) pp.166-167.

이처럼 신주인수권이 명의주주와 실기주주 사이에서 누구에게 속하는가에 대해서는 대체로 별단의 합의가 없는 한 실기주주에게 속한다고 보는 것이 일반적인 견해이다. 그러나 일단 명의주주가 신주인수권을 행사하여 주금을 납입하고 주식을 인수한 경우에 실기주주에 어떠한 구제수단을 인정할 것인가에 대해서는 의견이 분분하다.[11] 명의주주가 신주를 취득하는 것은 주금을 납입하고 신주를 인수하는 명의주주의 의식적인 행위가 개재되었기 때문이다. 실기주주의 권리의 근거나 내용에 대하여 학설이 나뉘는 주된 이유는 아마도 명의주주의 유상취득행위에 대한 평가가 일치되지 못하기 때문일 것이다.[12] 그러나 본 판결에서 문제되는 신주에 대해서는 그 같은 학설의 대립은 아무런 관련이 없다. 대한주정의 신주발행은 재평가적립금의 자본전입결의에 의하여 자동적으로 이루어진 것이고 명의주주인 대전주정은 어떠한 행위도 부담도 한 바 없기 때문이다. 그렇다면 이 판결에서의 실기주의 문제는 명의주주가 신주인수권을 행사하여 인수한 신주의 귀속문제보다는 오히려 명의주주가 수령한 배당금이나 명의주주가 배정받아 아직 행사하지 않은 신주인수권의 귀속문제에 가까운 것이라고 할 수 있다. 명의주주가 수령한 배당금, 주식배당 등이 별단의 합의가 없는 한 실기주주에 속한다는 데 대해서는 이론이 없다.[13] 신주인수권 자체의 귀속에 대해서도 원칙적으로 실기주주에 속한다는 데 학설이 거의 일치하고 있다. 다만 전술한 바와 같이 일본의 최고재판소는 반대의 입장을 취하고 있으나 그 논거는 본 판결의 결론에 전혀 도움을 줄 수 없다. 먼저 주주의 신주인수권은 주주의 고유권이 아니라 회사에 의하여 임의로 부여되는 권리이기 때문에 주식의 양도시에 수반된다고 볼 것은 아니라는 논거는 우리 상법상 주주의 신주인수권은 일본의 경우와는 달리 고유권성을 가지고 있으므로(제418조 제1항) 더 더

11 서상홍, (주 10), pp.168-170.

12 Id. pp.165-166.

13 Id. p.165; 新版注釋會社法 (3) (1986) p.175.

욱 설득력이 없다. 또한 실기주주나 명의주주가 시장주가의 변동에 따라 기회주의적 행동을 할 가능성은 본 판결의 사안에서와 같이 명의주주가 신주를 무상취득하는 경우에는 생각할 수 없다.[14]

결론적으로 회사 이외의 자에 대해서도 명의주주가 신주의 주주가 된다고 보는 근거로서 상법 제461조 제1항의 문언을 드는 것은 잘못이고 달리 마땅한 근거를 찾기 어렵다고 할 것이다.

V. 결론

상법 제461조 제3항은 우리나라에 특유한 규정이고 일본 상법에는 그 같은 배정일에 대한 규정은 없다. 그러나 실무상은 우리 상법하에서와 마찬가지로 배정일을 정하여 공고하는 것이 보통이라고 한다.[15] 그와 같이 하는 이유는 그러한 무상발행사실을 모르고 명의개서를 해두지 않은 주주는 신주를 취득할 수 없게 되어 불측의 손해를 입게 되기 때문에 실질주주의 명의개서를 촉구하기 위해서라고 한다.[16] 그러나 이처럼 무상발행되는 신주가 회사 이외의 자에 대해서도 당연히 명의주주에게 귀속한다고 전제하는 것은 이미 살펴본 바와 같이 옳지 않다. 실질주주가 명의개서 없이도 무상으로 발행되는 신주를 차지할 수 있다면 배정공고는 불필요한 것이 아닌가? 그렇지는 않다. 실질주주가 명의주주의 명의로 발행된 신주를 그로부터 넘겨받아 다시 자기 명의로 개서해야 하는 불편을 피하기 위해서는 역시 배정일 전에 명의개서를 해둘 필요가 있기 때문이다.

14 본 판결에서의 대한주정의 주식은 비상장주식으로서 현실적으로 시장가격이라는 것이 형성될 수도 없었다.

15 신판 주석회사법 (9) (1988) p.116.

16 Ibid. 우리나라에서도 배정일공고제도의 취지를 이와 같이 보는 견해가 있다. 정희철, (주 2), p.537.

앞서 지적한 바와 같이 실질상의 권리자를 형식상의 권리자보다 우선시키는 것이 원칙이고 예외적으로 후자를 앞세우는 경우에는 그것을 합리화하는 필요가 있어야 할 것이다. 실질과 형식이 충돌하는 경우로서 실기주의 문제와 가장 유사한 것으로는 명의차용에 의한 주식인수의 문제를 들 수 있다. 상법 제332조 제2항은 타인의 승낙을 얻어 그 명의로 주식을 인수한 자는 그 타인과 연대하여 주금액을 납입할 책임이 있음을 규정하고 있다. 이때 명의차용자가 명의대여자의 이름으로 주금을 납입한 경우 누가 주주로 되느냐에 대하여 학설이 대립하고 있다.[17] 대법원은 타인의 이름을 빌려 주식을 인수한 경우에는 명의차용자가 주주가 된다는 실질설을 따르고 있다.[18] 특히 일부의 판결들에서는 대법원은 회사에 대한 관계에서도 명의차용자를 주주로 보고 있을 정도로 실질성을 관철하고 있다.[19] 대법원은 주식에 대한 법률관계의 획일적 처리의 필요라는 형식설의 논거를 받아들이지 않았던 것이다. 그러나 대법원은 본 판결에 이르러서는 회사와 주주 사이의 관계가 문제된 것이 아니기 때문에 획일적 처리의 필요도 별로 크지 않은데도 불구하고 갑자기 형식설로 선회하고 있는 것은 납득하기 어렵다.

한편 증권금융회사가 마련한 "실념주에 관한 배당금 및 신주식 등의 처리요령"은 증권금융회사명의주식의 취득자가 명의개서를 하지 않아 수령하게 된 신주식에 대하여 실기주주의 반환청구가 있으면 약간의 수수료를 징수하고 반환할 것임을 규정하고 있다(제5조, 제6조). 물론 증권금융회사의 업무에 대해서만 적용이 있을 뿐인 이 규정을 과대평가할 수는 없겠지만 상관습의 일 단면을 보여 주고 있음을 부인할 수 없다.[20]

17 양승규, "명의차용에 의한 주식인수와 주주자격," 서울대학교 법학 23권 3호(1982) pp.69-70.

18 대판, 1980년 9월 19일 자 80마396 결정; 대판 1975년 9월 23일 선고 74다804 판결; 대판 1975년 7월 8일 선고 75다410 판결.

19 (주 18), 앞의 두 판결.

20 일본 증권업협회는 증권회사 간의 거래에서 발생하는 실념주의 처리에 대하여 이보다 더 상세하지만 대체로 유사한 "株式の名義書換失念の場合における權利の處理に關する規則"을 두고 있다.

이상에서 논한 바와 같이 본 판결이 무상발행되는 신주가 회사에 대한 관계에서뿐만 아니라 제3자에 대한 관계에서도 명의주주에게 속한다고 보는 것은 법이론상으로 보거나 주주명부상의 명의에 대한 이제까지의 법원의 태도에 비추어 보거나 잘못이라고 하지 않을 수 없다.

『판례월보』 223호(1989년 4월호), 66-74면.

* 추기: 대법원은 유상증자시 신주인수권은 주주명부상의 주주에게 귀속되므로 주주명부상의 주주가 신주대금을 납입하였다면 명의개서를 해태한 실질주주가 아니라 주주명부상의 주주가 신주를 취득한다고 선언하였다. 대법원 1995. 7. 28. 94다25735 판결.

03 감사의 제3자에 대한 책임

대상판결: 대법원 1988년 10월 25일 선고 87다카1370 판결

〔사실〕

원심판결과 대법원판결로부터 사실관계를 추출하여 정리하여 보면 다음과 같다.

피고 정판영은 1979년 7월 동유산업주식회사를 인수하여 대표이사로 취임하고, 1980년 2월 상호를 신안제지공업주식회사로 변경하여 사실상 1인 회사로 경영해 오던 중, 1981년 1월 그 회사를 매제인 조득룡에게 양도하였다. 그 양도일로부터 조득룡이 회사의 대표이사로서 경영을 전담하고 정판영은 1981년 2월 회사의 감사직에 취임하였다.

그 회사는 설립 이래 중소기업은행 마산지점과 당좌거래를 하여 왔는데, 피고 정판영이 대표이사로 취임한 때부터는 어음거래약정시 "동유산업주식회사 대표이사 정판영"이라는 명판과 "동유산업주식회사 대표이사"라는 직인을 신고하여 사용하였다. 그후 상호변경에 따라 명판을 "신안제지공업주

식회사 대표이사 정판영"(이하 "종전명판"이라고 함)으로 변경하였고, 다시 대표이사의 변경에 따라 명판을 "신안제지공업주식회사 대표이사 조득룡"(이하 "현재명판"이라고 함)으로 변경하였지만, 직인은 변경하지 않고 그대로 사용하였다.

피고 정판영이 회사를 인수하기 전부터 회사의 경리업무를 담당하면서 사실상 자금조달 책임을 맡고 있던 정판식은 1980년 가을부터 명판은 맞지만 직인은 신고되지 않은 직인(이하 "미신고직인"이라고 함)을 찍어 회사명의의 약속어음들을 발행한 바 있다. 정판식은 대표이사가 교체된 후에도 종전명판을 폐기하지 않고 그것을 이용하거나, 현재명판을 도용하여 거기에 미신고직인을 찍은 후 어음의 신용도를 높이기 위하여 정판영과 조득룡이 회사에 맡겨 둔 실인을 다시 도용하여 그들이 개인명의의 배서를 한 것처럼 꾸미는 등, 변칙적인 방법으로 회사명의의 약속어음들을 발행하였다. 정판식은 이들 어음을 사채시장에서 월 4푼으로 2 내지 3개월분 선이자를 떼고 할인하여 일부는 회사운영자금으로 사용하고 일부는 개인적인 용도에 소비하였다.

한편 대표이사 조득룡은 이 같은 어음발행 등에 의한 자금조달업무와 자금관리업무 등 실질적인 회사관리를 정판식에게 전담시켜 오면서 그에 대한 감독이나 은행에 대한 확인 등 조치를 전혀 한 일이 없었다. 뿐만 아니라 조득룡 자신도 은행으로부터 운전자금이나 시설자금 등의 명목으로 약 2억 원을 대출받아 그중 약 1억 원을 자신의 대여금, 가수금변제명목으로 빼내가 회사의 경영을 파산상태에 이르게 하였다. 조득룡은 1981년 7월 초경부터 정판식의 경리처리에 의심을 품고 다른 사람을 경리과장으로 채용하여 정판식으로부터 경리업무를 인계받도록 지시하였으나 정판식이 그것을 거부하자, 그에 대하여 아무런 조치도 취하지 않은 채 방임하였다. 또한 1981년 8월 중순에는 회사상무 등으로부터 변칙어음이 시중에 나돌고 있다는 말을 듣고 조사한 결과 정판식이 위조어음의 남발사실을 시인하였음에도 불구하고 아무런 조치를 취하지 않았다.

원고들은 정판식이 발행한 변칙어음들 중 일부를 대체로 1981년 6월 하순부터 10월 5일까지 사이에 취득하여 그것들을 지급기일에 지급제시하였으나 모두 지급이 거절되었고, 회사는 1981년 10월 5일에 부도로 도산하였다. 원고들은 소를 제기하여 정판영과 조득룡에 대해서 주위적 청구로서 공동불법행위로 인한 손해배상책임의 이행을 구하고, 예비적 청구로서 각각 감사와 이사의 제3자에 대한 책임의 이행을 구하였으며, 중소기업은행에 대해서는 직원들의 불법행위를 원인으로 한 사용자 책임을 주장하였다.

〔원심판결〕

원심인 대구고등법원은 중소기업은행에 대한 사용자책임 청구와 정판영 및 조득룡에 대한 주위적 청구를 배척하는 대신 정판영과 조득룡에 대한 예비적 청구를 받아들였다. 다만 그러한 변칙어음들을 아무런 조사 없이 할인해준 원고들의 과실을 인정하여 손해배상청구액을 감액하였다. 대표이사 조득룡에 대한 부분은 상고되지 않았으므로 이 연구와 직접 관계는 없지만, 우리 법원이 이사의 제3자에 대한 책임을 인정하는 희귀한 예이므로 인용해보기로 한다.

"살피건대, 주식회사의 대표이사는 대내적으로는 이사회의 결의에 따른 업무 및 일상업무 전반의 집행을 담당하고 대외적으로는 회사를 대표하는 기관으로서 선량한 관리자의 주의로서 회사를 위하여 충실히 그 직무를 집행해야 할 책무가 있고, 더욱이 위 회사와 같이 사실상 대표이사 1인이 업무집행에 관한 의사결정권과 집행권을 전담행사하는 경우에는 그 주의의무는 그만큼 더 가중된다고 할 것인바, 위 인정사실에 의하면 대표이사인 피고 조득룡은 재무상태도 제대로 파악하지 아니하고 경리담당 정판식에게 어음의 작성, 할인, 자금관리 등의 주요업무를 전담시키고 회사직인을 함부로 맡기면서 회사에 제대로 출근하지 아니하고 그에 대한 감독을 게을리 한 데다가 위 정판식의 경리처리에 의심을 품고도 회계감사나 은행결제관계를 따져보지 아니하고 회사명의의 어음을 위조 유통시키고 있는 사실을 알고도 이를 방임하는 등 중대한 과실로 그 임무를 해태하여 회사를 파탄에 이르게 하고 원고들이 취득한 위 어음이 지급되지 아니하게 하였으므로 피고 조득룡은 위 회사의 대표이사로서 상법 제401조 제1항에 의하여 원고들이 입은 손해를 배상할 책임이 있다 할 것이다."

감사 정판영에 대한 원심의 판시는 대법원의 판시와 실질적으로 동일하므로 생략한다.

〔대법원판결〕

대법원은 원심이 인정한 사실을 그대로 반복한 후 다음과 같이 피고 정판영의 상고를 기각하였다.

"피고 정판영은 위 회사의 종전 대표이사로서 그가 조득룡에게 대표이사를 양도하고 감사로 취임할 때 앞서 본 바와 같이 위 회사의 재무상태가 좋지 않은 상태였다는 점, 대표이사로 취임한 피고 조득룡은 대부분 회사운영자금을 회사나 그 개인명의의 어음을 발행하는 방법으로 조달하여 오고 있는 점, 그리고 대표이사인 피고 조득룡이 부산에 거주하면서 회사의 자금조달 및 관리를 경리 담당인 위 정판식에게 거의 전담시켜 두고 있고 그 스스로는 실상을 잘 파악하지 못하고 있다는 점, 따라서 위 정판식이 부정행위를 저지를 소지가 있는데도 위 회사가 사실상의 1인회사로서 다른 이사들이 경영에 참여하지 아니하므로 감사 외에는 달리 이를 감독할 기관이 없다는 점 등의 회사사정을 잘 알고 있었던 사실, 위 정판식의 앞서 본 바와 같은 부정행위는 거액인 데다가 장기간에 걸처 저질러져 온 사실, 피고 정판영은 1981.

2. 5. 위 회사의 감사로 취임한 이래 회사가 도산할 때까지 8개월 동안 단 한 번의 회계조사도 없이 수수방관한 채 오로지 그 자신의 채권회수에만 관심을 두었던 사실을 인정할 수 있다고 판시하고 피고 정판영은 위 회사의 사정에 비추어 회계감사 등의 필요성이 있음을 충분히 인식하고 있었고 또 위 부정행위의 수법이 교묘하게 저질러진 것이 아닌 이 사건에 있어서 어음용지의 수량과 발행매수를 조사하거나 은행의 어음결제량을 확인하는 정도의 조사만이라도 했다면 위 정판식의 부정행위를 쉽게 발견할 수 있었을 것인데도 아무런 조사도 하지 아니한 것은 감사로서의 중대한 과실로 인하여 임무를 해태한 것이 된다고 판시하여 원고의 동 피고에 대한 예비적 청구를 인용하였음을 알 수 있는바, 기록에 의하여 원심판결 적시의 증거자료를 살펴보면 그 사실인정을 수긍할 수 있고 거기에 채증법칙위반의 허물이 있다고 할 수는 없으며 피고가 위 회사의 감사로 선임된 일이 없다는 주장은 원심이 인정하지 아니하는 사실들을 전제로 하는 주장으로서 받아들일 수 없으며 원심이 위와 같은 사실관계에서 피고 정판영에게 상법 제414조 제2항, 제3항에 의한 책임을 인정한 것은 정당하다고 할 것이다."

〔연구〕

1. 서설

이 판결은 감사의 제3자에 대한 책임을 인정한 최초의 대법원 판결이다. 지난 1985년 대법원은 이사의 제3자에 대한 책임을 정면으로 다룬 최초의 판결을 내놓은 바 있다.[1] 1985년 판결의 사안은 대표이사가 회사채무의 이행

1 대판 1985. 11. 12 선고 84다카2490판결(법원공부 제767호, 18면). 이 판결에 대한 평석으로는 이병태,

을 지체하여 회사채권자에게 손해를 입힌 경우였는데 대법원은 단순한 이행지체만으로는 임무해태라고 할 수 없다고 하여 대표이사의 책임을 부정하였다. 그러나 이 판결에서는 회사채권자에 대한 감사의 책임을 정면으로 인정하고 있다. 뿐만 아니라 원심판결에서는 이사의 책임도 인정하였다. 이제 바야흐로 우리나라에서도 이사와 감사의 제3자에 대한 책임이 현실적으로 활용될 시기에 이른 것 같은 느낌이다.

이사와 감사의 제3자에 대한 책임을 규정한 상법 제401조와 제414조 제2항은 우리나라와 일본의 특유한 규정이다.[2] 원래 이사 및 감사와 회사 사이에는 위임관계가 존재하므로(상법 제382조 제2항, 제415조) 이사나 감사가 수임자로서의 임무를 해태한 경우 회사에 대하여 책임을 지는 것은 당연하다. 그러나 제3자에 대하여는 따로 불법행위가 성립되지 않는 한 아무런 책임을 지지 않는 것이 원칙이다. 이사 및 감사의 제3자 책임규정은 바로 이 원칙에 대한 예외를 규정한 것이다. 이 규정의 입법취지에 대해서는 다툼이 있으나[3] 통설과 판례는 제3자를 두텁게 보호하기 위한 규정으로 보고 있다.[4] 통설과 판례에 따르면 회사의 도산으로 인하여 채권의 만족을 얻지 못한 회사채권자는 그 규정을 근거로 회사 대신 회사의 이사나 감사로부터 채무의 이행을 구할 수가 있다. 그리하여 이사와 감사의 제3자책임은 회사주주에 대하여 회사채무의 이행을 구하는 것을 가능케 하는 법인격부인이론과 더불어 주

"이사의 제3자에 대한 책임," '법률신문' 1985년 12월 23일, 6면; 김건식, "이사의 제3자에 대한 책임," '민사판례연구(X)' (1988) 24면 참조.

2 일본 상법 제266조의3 제1항은 "이사가 그 직무를 행함에 있어서 악의 또는 중대한 과실이 있을 때에는 그 이사는 제3자에 대하여도 역시 연대하여 손해배상의 책임을 진다"고 하여 이사의 제3자책임을 규정하고 있으며, 제280조 제1항은 이 규정을 감사에 대하여 준용하고 있다. 미국에서도 각 주의 제정법상 회사채권자에 대해서 이사의 책임이 인정되는 경우가 있으나, 그 구체적 내용은 각양각색이다. 자세한 것은 畠田公明. "アヌリカにおける取締役の會社債務に關する制定法上の責任," 岡山商大論叢 23巻 3號 (1988) 15면 참조.

3 松田二郎, "取締役の第三者に對する責任," '商事法務' 제1016호(1984), 158-162면.

4 (주 1) 판결과 최기원, 신회사법론(제3전정판, 1987) 550-551면 참조.

주유한책임원칙이 수반하는 현실적인 불합리로부터 회사채권자를 보호할 수 있는 유용한 수단으로 파악되고 있다. 법인격부인이론은 실정법에 명시적인 근거가 있는 것도 아니고 법인격부인의 전제가 되는 법인격의 남용이나 형해상태는 극적인 경우에 한하여 인정될 것이므로 채권자가 법인격부인을 통하여 목적을 달성하기는 쉽지 않다.[5] 반면에 회사가 도산에 이르게 된 경우에는 십중팔구 이사나 감사의 임무해태를 찾아낼 수 있을 것이므로 이사나 감사의 제3자책임규정은 법인격부인이론보다는 훨씬 더 간편한 무기라고 할 수 있다. 일본에서 이 규정에 대한 판례가 회사법판례 중 가장 많은 것도 바로 그런 이유에서일 것이다.[6] 그러나 이 규정이 회사채권자에게 유용하면 할수록 거꾸로 이사나 감사에게는 중대한 위협이 된다고 하지 않을 수 없다. 따라서 이 규정을 해석, 적용함에 있어서는 바로 이 양자의 대립되는 이익을 어떻게 조화시킬 것인가 하는 관점에서 출발하지 않으면 안 된다. 그러나 결론부터 밝히자면 이 판결은 채권자보호에 치우친 나머지 감사의 책임을 너무 쉽게 인정하고 그에 앞서 검토하였어야 할 몇 가지 문제들을 간과하였다는 점에서 비판을 면하기 어렵다고 할 것이다. 이하에서는 감사의 책임발생요건과 관련하여 판결의 문제들을 살펴보기로 한다.

2. 책임발생의 요건

일본 상법은 "그 직무를 행함에 있어서 악의, 또는 중대한 과실이 있는 때"라고 하고 있을 뿐이므로(제266조의3 제1항), 그 조항이 이사나 감사가 회

5 법인격부인이론을 적용하여 주주인 동시에 대표이사인 피고에게 회사채무에 대한 책임을 인정한 서울 고등법원의 판결을 파기한 1977년 대법원판결(대판 1977. 9. 13. 선고 74다954 판결)에서 보는 바와 같이 대법원은 법인격부인이론을 부인하는 것은 아니지만 적어도 그 적용에는 신중을 기하고 있다.

6 龍田節, '新版注釋會社法(6)' (1987), 301면. 1965년 이후에 공간된 것만 해도 약 200건을 헤아린다고 한다. 野村 弘의, '判例便覽取締役の第三者責任' (1986), 1면.

사에 대한 임무를 해태한 경우의 책임에 대한 것인지(임무해태설) 제3자에 대하여 가해행위를 한 경우의 책임에 대한 것인지(가해행위설)가 다투어지고 있다. 하지만 1969년 최고재판소가 다수의견으로 임무해태설을 명시적으로 채택한 이래 학설도 대부분 임무해태설을 따르고 있다.[7] 우리 상법은 "악의 또는 중대한 과실로 그 임무를 해태한 때"라고 하고 있으므로(제401조 제2항, 제414조 제2항) 문언상 임무해태설을 취한 것으로 볼 수 있다.

1985년의 판결에서 대법원은 이사의 제3자에 대한 책임이 성립되기 위한 요건으로서 ① 악의 또는 중과실로 인한 임무해태행위, ② 제3자의 손해, ③ 임무해태와 손해 사이의 상당인과관계를 들고 있다. 상법상 이사와 감사의 제3자책임을 규정한 조문의 표현은 완전히 등일하므로 감사의 책임이 성립되기 위한 요건도 위의 세 가지라고 할 수 있을 것이다. 이 판결에서 대법원은 위 요건 중 ①과 ②, 특히 ①에 대하여 주로 논하고 있을 뿐 ③에 대해서는 전혀 언급하지 않고 있다. 보통의 경우에는 ①이 문제가 될 것이나 이 판결의 사안에서는 정판영이 회사의 어려운 사정을 잘 알면서도 사실상 아무런 행위도 한 바가 없으므로 중과실에 의한 임무해태를 쉽게 인정할 수 있는 것처럼 보인다. 그러나 이 판결의 구체적 사안에서 감사의 임무가 어떠한 것이었는가를 냉정히 생각해 보면 문제가 그리 간단치 않음을 알 수 있다. 또한 대법원은 이 사안에서 임무해태와 손해 사이에 상당인과관계가 당연히 존재하는 것으로 보고 이 점에 대하여 전혀 논하지 않고 있다. 그러나 설사 이 판결에서 감사의 임무해태가 인정된다고 하여도 그것이 바로 손해발생의 원인이 되었다고 단정하기에는 어려움이 없지 않다.

7 吉川義春, '取締役の第3者に對する責任'(1986), 5면.

3. 임무의 해태

1985년 판결에서 대법원은 "임무해태행위라 함은 이사의 직무상 충실 및 선관의무위반의 행위로서…위법한 사정이 있어야" 한다고 판시한 바 있다. "위법한 사정"이라는 부분만 무시한다면 대법원도 일본의 다수설, 판례와 마찬가지로 이사의 임무의 내용을 위임계약상의 선량한 관리자의 주의의무로 파악하고 있다고 할 수 있다.[8] 감사도 이사와 마찬가지로 회사의 수임인이므로(상법 제415조, 제382조 제2항) 선량한 관리자의 주의의무를 진다(민법 제618조). 따라서 감사의 임무는 선관주의의무라고 할 수 있다. 그렇다면 감사의 경우에 선량한 관리자의 주의로서 처리하여야 할 "위임사무"는 무엇인가? 주지하는 바와 같이 지난 1984년의 상법개정을 계기로 감사의 직무권한은 크게 확대되었다. 종전에는 감사의 권한이 회계감사에 한정되었으나 이제는 업무감사에까지 미치게 된 것이다(상법 제412조). 이 판결에서의 사실은 모두 1984년보다 이전에 발생하였으므로 의당 감사의 임무에 대한 논의는 개정 전의 규정에 따라야 할 것이다. 개정 전의 상법하에서 감사의 권한이 회계감사에 한정된다는 점에 대하여는 거의 이설이 없었다.[9] 그러나 감사가 회계감사의 권한을 갖는다는 점을 상법이 명문으로 규정하였던 것은 아니고 회계감사권의 내용에 대해서 상세한 규정을 두었던 것도 아니다. 개정 전의 상법은 감사의 회계감사권한의 근거가 될 규정들을 몇 가지 두고 있을 뿐이었다. 그러한 규정들 중 가장 중요한 것은 제413조로서 "감사는 이사가 주주총회에 제출할 회계에 관한 서류를 조사하여 주주총회에 그 의견을 진술하여야 한다"고 하고 있었다. 이것은 바로 회계감사의 핵심을 이루는 결산

8 김건식, (주 1), 248-249면.

9 다만 일본에는 1984년 개정 전인 우리 상법규정과 유사한 1974년 개정전의 상법규정하에서 감사의 기능은 이사의 업무집행을 회계감사를 통하여 감독하는 것으로 파악하는 소수설이 존재하였다. 山村忠平, 注釋會社法(4)(1968), 564면.

감사에 대한 규정으로 볼 수 있다. 그러나 개정 전의 상법하에서 결산감사에 주어진 기간은 겨우 1주일에 불과하였으므로(제447조 제1항, 제448조 제2항), 단기간 내에 감사를 효과적으로 수행하기 위해서는 영업 연도 중에도 수시로 조사를 해둘 필요가 있었다.[10] 이러한 상시감사에 대하여 규정한 것이 바로 개정 전 상법 제412조라고 할 수 있다. 제412조의 제1항은 "감사는 언제든지 회계의 장부와 서류를 열람 또는 등사할 수 있고 이사에 대하여 회계에 관한 보고를 요구할 수 있다"고 규정하였으며 제2항은 "감사는 그 직무의 수행을 위하여 특히 필요한 때에는 회사의 업무와 재산상태를 조사할 수 있다"고 규정하였다. 현행상법도 그 요건이 완화되기는 하였지만 이와 비슷한 규정을 두고 있다. 이 같은 상시감사는 결산감사의 효과적인 수행을 위하여 요구되는 것이므로 비록 "수 있다"라는 표현으로 되어 있었지만 권한이 동시에 의무로서의 성격을 지니고 있었다.[11] 그러나 상시감사는 결산감사의 기초작업으로서 행해지는 것이므로 결산감사에 비해서는 의무성이 약하고 그 시행 여부 및 범위가 상당 부분 감사의 재량에 맡겨질 수밖에 없다. 상시감사의 대상에 대해서 상법은 아무런 규정도 두고 있지 않으나, 이 판결에서 문제된 회사의 약속어음발행이 중요한 감사항목에 속한다는 점에 대해서는 의문이 없다.[12] 따라서 개정 전의 상법하에서도 감사는 필요하다고 인정하는 경우에는 "어음용지의 수량과 발행매수를 조사하거나 은행의 어음결제량을 확인하는 정도의 조사"를 할 권한을 가졌을 뿐 아니라 의무도 부담하였다고 할 것이다. 이 경우 감사의 조사는 회계감사의 성격뿐 아니라 업무감사의 성격도 함께 지닌 것이라고 할 수 있다.

이제 중요한 문제는 이 판결의 사안에서 과연 그러한 조사가 필요하였는가 하는 것이다. 이 물음에 올바로 답하기 위해서는 먼저 그러한 조사의 목

10 Id. 576-577면.

11 Id. 577면.

12 이범찬, 주식회사의 감사제도(1989), 93-94, 104면.

적을 정확히 인식하여야 한다. 여기서 주의할 것은 업무감사를 위해서 필요하다 하더라도 회계감사(결산감사)를 위해서 필요한 경우가 아니면 종전의 상법상 그러한 조사는 감사의 임무에 속하지 않는다는 점이다. 즉 "이사가 주주총회에 제출할 회계에 관한 서류를 조사하여 주주총회에 그 의견을 진술하(기 위해서)" 필요한 경우에만 감사의 임무가 인정되는 것이다. 대법원은 이 점을 분명히 인식하지 못하였던 것이 아닌가 여겨진다. 특히 "정판식이 부정행위를 저지를 소지가 있는데도 위 회사가 사실상의 1인회사로서 다른 이사들이 경영에 참여하지 아니하므로 감사 외에는 달리 이를 감독할 기관이 없다"는 표현 등에 비추어 대법원은 감사의 직무권한을 순수한 회계감사를 넘어서 업무감사에까지 미치는 것으로 전제하였던 것이 아닌가 하는 의문이 생겨난다.

감사의 직무권한이 회계감사에 한정되었던 종전의 상법하에서 감사가 위와 같은 조사를 할 필요는 현행상법하에서보다 훨씬 작을 것은 물론이다. 그러나 그러한 조사의 빈도나 범위에 대하여 구체적인 기준을 제시하기가 쉽지 않다. 결산감사에 대비한 상시감사의 요청은 개별적인 회사의 형편에 따라 상이할 것이다. 이 판결의 신안제지와 같은 1인회사의 경우에는 오히려 회계감사의 중요성이 별로 크지 않다고 할 수 있다. 감사의 회계감사가 주주뿐 아니라 회사채권자의 이익을 보호하는 결과를 가져오는 것은 물론이지만 감사의 임무의 핵심은 어디까지나 주주의 이익을 보호하는 것이라고 할 수 있다. 이 점은 감사가 회사의 기관으로서 회사에 대해서 수임인의 지위에 선다는 점에서도 드러난다(상법 제415조, 제382조 제2항). 이 판결의 사안에서 신안제지는 조득룡 1인이 주식전부를 소유하고 있는 1인회사이므로 보호하여야 할 주주는 조득룡밖에 없었다. 그 1인주주인 조득룡은 대표이사로서 경영에 참여하고 있었다. 그러므로 감사인 정판영의 임무는 적어도 복수의 주주가 존재하는 통상의 주식회사의 경우보다는 훨씬 가벼운 것이라고 하지 않을 수 없을 것이다. 대법원은 조득룡이 경영에 적극적으로 간여하지 않았다는 점을 정판영이 대신 감독의무를 부담한다는 근거로 내세우고 있다. 그러나 실제 경영의 최고 책임자인 1인주주가 경영을 소홀히 하고 있다는 것을 이유로 감사가 회계감사뿐 아니라 직원의 감독까지 맡아야 한다고 보는 것은 설득력을 갖기 어렵다.

이 판결의 사안에서 문제의 기간 동안에 회사의 결산이 있었는지 여부는 분명치 않다. 결산이 있었다면 결산주주총회가 실제로 개최되지 않은 경우에도 감사의 결산감사의무가 발생할 것이기 때문에 감사의 임무해태를 쉽게 인정할 수 있을 것이다. 그러나 판결문에 결산에 대한 언급이 전혀 없는 것으로 보아 결산기가 도래하기 전에 회사가 도산한 것이 아닌가 여겨진다. 물론 위에서 본 바와 같이 회사의 어음 발행에 대한 조사는 결산감사에서뿐 아니라 결산감사에 대비한 상시감사에서도 수행될 수 있다. 그러나 감사가 업무감사권을 갖지 못한 종전의 상법하에서 1인회사의 감사가 상시감사까지 해가면서 결산감사에 대비할 필요가 있었다고는 하기 어려울 것이다. 이 사안에서 감사에 의한 상시감사의 필요성을 부인한다면 감사가 8개월 동안 아무런 회계조사도 행하지 않은 것만으로 임무해태라고 하기는 어려울 것이다.

그러나 감사인 정판영이 회계조사를 하였어야 했다고 하더라도 곧바로 정판영에게 책임을 지울 수 있는 것은 아니다. 왜냐하면 정판영의 책임을 인정하기 위해서는 먼저 두 가지 문제를 해결하여야 하기 때문이다. 첫 번째 문제는 감사 정판영이 회계조사를 통하여 정관식의 부정사실을 쉽게 발견한 경우 법률상 어떠한 조치를 취하여야 할 의무를 부담하는가 하는 것이다. 원래 개정 전 상법상 감사의 회계감사의 핵심은 계산서류를 조사하여 주주총회에 그 의견을 진술하는 것이다. 그렇다면 감사가 상시감사를 통하여 우연히 직원의 비위 사실을 발견한 경우에도 주주총회가 개최될 때까지 그 사실의 공개를 미룰 수 있을 것인가? 이 물음에 긍정적인 답을 내야 한다면 정판영의 책임은 인정할 수 없을 것이다. 왜냐하면 그 같은 경우에는 정판영의 임무해태와 원고들의 손해 사이에는 인과관계가 없을 것이기 때문이다. 감사의 직무권한이 업무감사에까지 미치게 된 현행상법하에서는 그 같은 경우 감사가 대표이사나 이사회에 그러한 불법적인 사무집행의 시정을 촉구하여야 하는 것은 당연하다. 그러나 종전 상법하에서 감사가 그러한 의무가 있는지에 대해서는 학설은 명백히 하고 있지 않았다. 그러나 아무리 감사의 직무권한이 회계감사에 국한된다 하더라도 회계조사의 결과 알게 된 직원의 부정행위에 대하여 주주총회가 열릴 때까지 침묵을 지킬 수 있다고 보는 것은 감사가 회사에 대하여 선관주의의무를 부담하는 데 비추어 자연스럽지 못하다. 일본의 상법특례법(주식회사의 감사 등에 관한 상법의 특례에 관한 법률)도 회계감사인이 회계감사를 주된 직무로 하고 이사의 업무집행을 감사할 의무는 없음에도 불구하고 회계감사의 결과 이사의 부정한 업무집행행위를 발견한 경우에는 감사에게 보고하도록 하고 있다(제8조 제1항).[13]

두 번째 문제는 보다 어렵다. 위에서 감사 정판영이 결산 전에도 회계조사를 할 의무가 있었고 또한 회계조사결과 직원의 부정사실을 발견한 경우에는 그것을 즉시 대표이사인 조득룡에게 보고할 의무가 있었다고 하자. 그렇다면 이제 문제는 정판영이 그와 같은 임무를 해태한 것과 원고의 손해발생 사이에 인과관계가 있는가 하는 것이다.

4. 인과관계 — 저지 가능성

여기서 인과관계의 문제는 감사인 정판영이 임무를 이행하였더라면 원고의 손해발생을 저지할 수 있었을까 하는 이른바 저지 가능성의 문제로 제기된다. 만약 저지 가능성이 없다면 손해가 감사의 임무해태로 인하여 발생하

13 우리나라의 주식회사의 외부감사에 관한 법률은 감사인이 직무수행 중 이사의 부정행위 내지 법령 또는 정관위반행위를 발견한 때에는 "주주총회"에 보고하도록 하고 있다(10조).

였다고 할 수 없을 것이고, 따라서 감사에게 그 손해에 대한 배상책임을 지울 수도 없을 것이다.

저지 가능성의 문제는 판결에서 뚜렷이 인식되고 있는 것은 아니지만 두 가지 모습으로 나타나고 있다. 첫 번째는 감사가 회계조사의무를 이행하였다면 그 같은 부정사실을 발견할 수 있었겠는가 하는 차원에서 문제될 수 있다. 이 점에 대해서는 원심과 대법원도 분명히 언급하고 있다. "위 부정행위의 수법이 교묘하게 저질러진 것이 아닌 이 사건에 있어서…조사만이라도 했다면 위 정판식의 부정행위를 쉽게 발견할 수 있었을 것"이라는 표현이 바로 그것이다. 그러나 저지 가능성의 두 번째 측면, 즉 감사가 조사결과 알아낸 부정사실을 대표이사에 보고하였다면 정판식의 계속되는 부정행위를 막고 따라서 원고들에게 손해가 발생되는 것을 막을 수 있었겠는가 하는 측면은 판결에서 완전히 도외시되고 있다. 일본의 판결에서는 바로 이 측면만을 저지 가능성의 문제로 다루고 있다. 일본의 판결에서 저지 가능성이 주로 문제되는 경우는 감시의무 있는 이사와 부정행위를 하는 대표이사 사이의 관계에서이다. 즉 평이사나 명목상의 이사가 감시의무를 해태한 경우라고 하더라도 그가 대표이사의 직무집행을 저지할 수 있는 지위에 있지 못하면 책임을 부정하는 것이 보통이다. 이처럼 평이사나 명목상의 이사의 책임의 성립요건으로 저지 가능성을 들고 있는 것은 이들의 역할이나 영향력이 대표이사에 비하여 극히 미미한 현실을 고려하여 이들과 대표이사의 임무해태가 경합한 경우에 그들을 보호하기 위한 것이다. 감사와 대표이사의 임무해태가 경합하는 경우에도 직원의 부정행위를 방지할 1차적인 책임을 지는 것은 대표이사라는 점에서 저지 가능성의 문제를 검토할 여지가 있다.

이 판결의 사안에서 이사 정판영이 정판식의 부정행위를 발견했을 때 취하여야 할 최대한도의 조치는 즉시 대표이사인 조득룡에게 그 사실을 보고하는 것이었다. 과연 그 같은 보고가 정판식의 부정행위를 저지하는 데 도움이 될 수 있었을까? 만약 정판영의 보고가 부정행위의 저지에 조금이라도 도움이 될 수 있었다면 정판영의 책임을 인정하여야 할 것이다. 그러나 정판영이 정판식의 부정행위를 발견하여 조득룡에게 보고하였다 하더라도 사정이 별로 달라졌을 것 같지는 않다.

감사인 정판영의 보고가 의미를 갖기 위하여는 첫째, 대표이사인 조득룡이 정판식의 부정행위를 모르고 있었어야 하고, 둘째, 알기만 하였다면 그것을 저지할 수 있는 권한 및 의사가 있었어야 할 것이다. 그러나 원심판결에서 채택하고 있는 사실에 의하면 조득룡은 1981년 8월 중순경 정판식 본인의 자백을 통해서 그의 부정행위에 대하여 확실히 알게 되었다. 그리고 이미 7월 초에 정판식의 경리처리에 의심을 품고 다른 이에게 정판식이 처리하던 경리업무를 인수시키려고 하였던 것으로 보아 그 당시 이미 정판식의 부정행위에 대하여 어느 정도 의심을 품게 된 것이 아닌가 생각된다. 이 사건에서 원고들이 문제의 어음들을 취득한 날은 두 장을 제외하고는 모두 7월 5일 이후이다. 따라서 대표이사가 신속하게 정판식을 파면하는 등의 조치를 취하였으면 정판식이 그 어음들을 발행하는 것을 막을 수 있었을 가능성이 크다. 한편 나머지 두 장의 취득일은 각각 6월 23일과 24일이다. 일응 이 당시에는 조득룡이 정판식의 경리부정에 대하여 모르고 있었다고 할 수도 있다. 그렇다면 이제 문제는 미리 정판영의 보고가 있었다면 조득룡이 그러한 경리부정을 저지할 수 있었겠는가 하는 것이다. 저지의 가능성이 있었다면 적어도 그 두 장의 어음에 대해서는 정판영의 책임을 쉽게 긍정할 수 있을 것이다. 그러나 정판식 본인의 말을 통하여 경리부정을 확인하고 난 후에도 권한을 단호하게 행사하지 못하고 정판식의 계속되는 부정행위를 방치한 조득룡의 태도에 비추어 과연 조금 일찍 정판영의 보고가 있었더라면 조득룡의 행동이 달라졌을지에 대해서는 의문이 없지 않다.

이와 같은 관점에서 보면 설사 정판영의 회계조사의무를 긍정한다고 하더라도 원심과 대법원이 부정행위의 저지 가능성 여부를 검토함이 없이 바로 정판영의 책임을 인정한 것은 조금 성급하였던 것이 아닌가 여겨진다. 적어도 조득룡이 경리부정사실을 알고 나서도 적절한 조치를 취하지 않았기 때문에 정판식이 발행할 수 있었던 어음에 대해서는 정판영의 책임을 인정하기가 어려울 것이다.

저지 가능성이 없다는 이유로 인과관계를 부정하는 것은 바꾸어 말하면 위법행위가 없었더라도 손해는 발생했을 것이라는 위법행위와 손해 사이의 조건관계를 부정하는 것이다. 물론 조건관계는 인과관계를 인정하는 데 불가결한 것은 아니다. 그것이 없더라도 인과관계를 인정해야 하는 경우가 있다. 손해발생의 결과를 야기할 수 있는 원인이 복수 경합하는 경우가 바로 그런 경우이다.[14] 그러한 원인이 복수 경합하는 경우는 현실적 원인이 경합하는 경우와 현실적 원인과 가정적 원인이 경합하는 경우의 두 가지로 나눌 수 있다. 전자는 예컨대 A와 B가 잠자고 있는 C에게 각각 치사량의 독물을 동시에 주입시켜 사망케 한 경우이고 후자는 예컨대 B가 C에게 치사량의 독물을 주입하여 독이 퍼져 나가기 전에 A가 C를 사살하는 경우이다. 이 두 가지 경우는 모두 A의 행위가 없었더라도 C는 사망하였을 것이라는 점에서 공통된다. 그러나 두 가지 경우에 모두 A는 C의 사망에 대해서 책임을 진다. C의 사망이라는 결과에 대하여 A의 행위가 전자의 경우에는 정확한 것은 알 수 없지만 어느 정도 기여한 것이 사실이고 후자의 경우에는 현실적인 원인이기 때문이다. 저지 가능성의 문제는 이러한 복수원인의 경합의 문제와는 구별하여야 할 것이다.

이 판결의 사안에서와 같이 저지 가능성이 문제되는 감사의 임무해태와 대표이사의 임무해태라는 두 가지의 원인이 공존하는 것처럼 보인다. 그러나 이 두 가지 원인의 비중은 같지 않다. 어디까지나 주된 것은 대표이사의 임무해태이고 감사의 임무해태는 종속적인 것에 불과하다.

이처럼 감사의 감사의무나 평이사의 감시의무와 같이 부수적인 의무의

14 자세한 것은 서광민, 불법행위의 귀속구조연구(1988) 130면 이하 참조.

위반이 있는 경우에 제3자의 손해발생을 저지할 수 있는 가능성을 엄격히 요구한다면 감사나 평이사의 책임이 인정되는 경우는 크게 줄어들 것이다. 감사나 평이사의 의무이행을 촉진한다는 관점에서 보면 그러한 결과는 바람직하지 않은 것으로 비칠 수도 있다. 그러나 감사나 평이사의 의무위반이 있다고 해서 그들이 의무를 이행했다 하더라도 전혀 막을 수 없었던 제3자의 손해에 대해서까지 책임을 지우는 것은 부당하다. 저지 가능성을 요건으로 함으로써 의무위반과 손해발생 사이에 구체적 인과관계를 요구한다 하더라도 감사나 평이사가 늘 책임을 피할 수 있는 것은 아니므로 감사나 평이사에게 의무이행에 대한 심리적 압력은 여전히 존재할 것이다.

5. 결어

이사와 감사의 제3자에 대한 책임은 특이한 제도이다. 비교적 이 제도가 오랜 기간에 걸쳐 널리 활용되고 있는 일본에서조차도 이 제도를 체계적으로 이해하려는 시도가 아직 끝난 것이 아니다. 이사나 감사의 임무해태와 제3자의 손해 사이에 심한 불균형이 존재하는 경우에도 이사, 감사의 대(對) 제3자 책임을 인정할 것인가? 그것을 제한한다면 어떠한 경우에 어떠한 이론구성으로 제한할 것인가? 이러한 근본적인 문제에 대해서 일본의 법원은 일관성 있는 해답을 내놓지 못하고 있다.

이제 이 판결은 우리 법원이 감사 및 이사의 대 제3자 책임이라는 엄청난 미지의 세계로 내딛는 첫걸음이라고 할 수 있다. 그러나 그에 대한 기대에 비해서 대법원이 내어놓은 작품은 너무도 조야하다는 느낌이다. 특히 대법원이 1984년 개정 전 상법하에서의 감사의 직무권한에 대한 신중한 검토가 없이 쉽사리 임무해태를 인정한 점과 부정행위의 저지 가능성에 대한 충분한 언급이 없이 만연히 감사의 책임을 인정하는 것은 이사, 감사의 제3자 책임의 이론적 체계화를 기대하는 이들에게는 상당히 실망스러운 일이다.

끝으로 판결에서 분명히 밝히고 있지 않은 사실관계에 대해서 첨언하고자 한다. 정판영과 정판식은 그 이름의 유사성 및 정판영의 매제인 조득룡이 정판식을 교체할 수 없었던 점 등에 비추어 형제관계가 아닌가 추측된다. 그렇다고 한다면 동생(형)의 잘못을 막지 못한 형(동생)에게 동생(형)의 잘못으로 인하여 제3자가 입은 손해에 대하여 책임을 지운 법원의 결론은 일반인의 정의관념에 비추어 전혀 이해할 수 없는 것은 아니다. 법원이 간단히 감사의 책임을 인정한 저변에는 바로 그 같은 고려가 깔려 있었던 것이 아닌가도 추측된다. 그 밖에도 판결문에는 명시되지 않았지만 판결의 결론을 정당화할 수 있는 사실관계가 더 있었을지도 모르겠다. 그러나 법원이 판결의 결론에 영향을 준 사실임에도 불구하고 판결문에 그것을 충분히 반영하지 않는 일이 있다면 그러한 태도는 반드시 그리고 시급히 시정되지 않으면 안 된다. 진정한 이유는 감추고 명목적인 이유만을 내세우는 것이야말로 판결에 대한 생산적인 비판을 가로막고 판결의 선례적 기능을 결정적으로 손상시키는 행위이기 때문이다.

『민사판례연구』 12권(1990), 257-268면.

* 추기: 감사의 제3자에 대한 책임에 관한 최근 판례로 대법원 2008. 9. 11. 선고 2006다68636 판결이 있다.

04 현물출자와 신주인수권

대법원 1983년 3월 14일 선고 88누889 판결

〔사실의 개요〕

X는 A주식회사의 주주겸 대표이사로서 A회사를 운영함과 동시에 A회사와 같은 장소에서 자신의 개인기업체인 B를 운영하여 왔다. A회사는 자본금이 7천만 원(발행주식총수 7만 주, 1주당 액면가액 1천 원)이고 주주는 X와 상속세법시행령 제41조 제2항 소정의 특수관계에 있는 12명 등 13명으로 구성되어 있었다. 1983년 10월 15일 X는 B를 현물출자에 의하여 A회사에 통합하기로 하고 한편으로는 B의 소유자로서 그리고 다른 한편으로는 A회사 대표이사로서 X와 A회사 사이에 사업양도계약을 체결하였다. 같은 날 X는 A회사의 임시주주총회를 열어 위 거래를 승인하였으며 수권주식수의 증가를 위하여 정관을 변경하였다. X는 또한 같은 날 이사회를 개최하여 신주 17만 주를 발행하고 X가 현물출자하는 B의 영업재산을 1억 7천만 원으로 평가하여 그 주식 전부를 X에게 배정하기로 결의하였다. 법원이 선임한 검사인은 현

물출자에 대한 조사결과 현물출자액은 약 8억 4천만 원으로 평가되는 데 비하여 그에 대하여는 액면 1천 원짜리 주식 17만 주가 발행되므로 그 이사회 결의는 상당하다고 보고하였다.

이에 X의 주소지 세무서장 Y는 X가 신주 17만 주를 모두 배정받게 된 것은 X를 제외한 12명의 주주가 신주인수권을 포기하였기 때문이라는 이유로 상속세법 제34조의4와 같은 법시행령 제41조의3에 의하여 X가 12명의 주주들이 포기한 신주인수권 부분을 증여받은 것으로 간주하여 X에게 증여세 및 방위세를 부과하였다. 신주인수권의 가치, 즉 증여가액의 계산에 있어 Y는 상속세법시행령 제5조의 산식에 의하여 현물출자 후의 A회사의 1주당 가치를 구하여 그로부터 액면가액인 1천 원을 제공하였다.

이러한 Y의 과세처분에 대하여 X는 다음과 같이 주장하여 그 취소를 구하였다. 첫째, 현물출자자에게 그 출자가액에 상응하는 신주를 발행하는 경우에는 다른 기존주주에게 신주인수권이 발생할 여지가 없다. 둘째, 재산을 특수관계자에게 양도한 것이 증여가 되기 위해서는 양도의 대가가 현저히 저렴해야 하는데(상속세법 제342조의2 제1항, 동법시행령 제41조 제1항), X는 신주 17만 주에 대한 대가로 액면가 1억 7천만 원이 아니라 액면가의 5배에 가까운 약 8억 4천만 원으로 평가되는 현물출자를 하였으므로 현저히 저렴한 대가라고 할 수 없다.

〔소송의 경과〕

1. 원심(서울고등법원 1987. 12. 8. 선고, 86구501 판결)

원심인 서울고등법원은 다음과 같이 판시하여 X에 대한 과세처분의 취소를 설명하였다.

“따라서 위에서 본 현물출자제도의 존재이유와 신주발행의 경우 현물출자의 자격에 아무런 제한이 없는, 즉 주주 아닌 자도 현물출자를 할 수 있다는 점(현물출자에 의한 신주발행의 경우에 구주주에게 신주인수권을 인정하게 되면 주주 아닌 자는 결국 현물출자를 할 수 없게 된다) 그리고 현물출자자의 성명과 그 목적인 재산의 종류, 수량, 가액 및 이에 대하여 부여할 주식의 종류와 수를 정관에 다른 정함이 없으면 이사회에서 결정하도록 규정하여 있는 점 등에 비추어 볼 때 현물출자의 경우 구주주는 신주인수권을 가지지 아니하고, 구주주의 이익의 침해는 검사인 조사와 법원의 심사에 의하여 방지할 수 있다고 풀이된다. …그렇다면 원고를 제외한 나머지 주주들에게 신주인수구권이 있음을 전제로 하는 피고의 이 사건 각 과세처분은 원고의 나머지 주장에 관하여 더 나아가 살펴볼 필요 없이 위법하여 그 취소를 면할 수 없다.”

2. 상고이유

Y는 이 같은 원심판결에 대하여 대법원에 상고하였다. Y의 상고이유 중 중요부분만을 인용한다.

“즉, 위 사업 제416조 제4호의 규정은 주주가 회사의 신주를 취득하기 위하여 신주인수권에 따라서 배정받은 주식에 대한 주금을 현금으로 납부하지 않고, 현물(부동산, 동산 등)로서 그 출자를 이행할 의사가 있는 경우에 있어서 단순히 그 출자되는 현물이 불공정한 가액으로 평가되는 경우를 방지하기 위한 규정으로 해석하여야 하고, 원심의 판단과 같이 어떤 회사가 자본의 증자를 위하여 신주를 발행할 경우에 1인의 주주(또는 제3자)가 현물출자를 원한다 하여 기존 주주에 대한 신주인수권을 무시하고 모든 신주를 1인에게 인수시킬 수 있다는 취지로는 해석되지 않는다(즉, 회사의 증자결의가 있은 후에 신주를 배정받은 자가 현금출자를 할 것인가, 아니면 현물출자를 할 것인가의 문제이지, 어떤 1인의 현물출자를 위하여 회사가 자본금의 증자결의를 하지는 않기 때문이다) 할 것이어서, 본 건 원고가 자기 소유 주식지분을 초과하여 특수관계에 있는 다른 주주에게 배정된 신주까지 인수하였다 함은 분명 상속세법시행령 제41조의3에서 규정하는 증여세 과세 대상인 것이다."

〔판결요지〕

대법원은 "주주의 신주인수권은 주주가 종래 가지고 있던 주식의 수에 비례하여 우선적으로 신주의 배정을 받을 수 있는 권리로서 주주의 자격에 기하여 법률상 당연히 주주에게 배정을 받을 수 있는 권리로서 주주의 자격에 기하여 법률상 당연히 주주에게 인정되는 것이긴 하나, 다만 현물출자자에 대하여 발행하는 신주에 대하여는 일반주주의 신주인수권은 미치지 않는다"고 판시하며 구주주들에게 현물출자에 의하여 발행되는 주주에 대한 신주인수권이 있음을 전제로 한 Y의 과세처분을 취소하는 원심판결을 그대로 유지하였다.

〔평석〕

1. 서설

대상판결은 비록 과세처분의 위법 여부를 판단하기 위한 전제로서이기는 하지만 현물출자자에 대하여 발행하는 신주에는 기존 주주의 신주인수권이 미치지 않는다는 점을 분명히 한 최초의 대법원판결이라는 점에 의의가 있다. 그러나 그러한 대법원의 견해에 대해서는 선뜻 찬동하기가 어렵다. 대법원은 단순히 "현물출자자에 대하여 발행하는 신주에 대하여는 일반주주의 신주인수권은 미치지 않는다"는 결론만을 밝힐 뿐 그 근거에 대해서는 일언반구 제시하고 있지 않다.

다행히 원심은 그러한 결론을 뒷받침하는 근거를 비교적 상세히 제시하고 있다. 대법원은 그러한 원심의 논리를 그대로 받아들인 것으로 짐작된다. 이 글의 진행순서는 다음과 같다. 먼저 이 글의 논의의 배경을 이루는 신주발행시의 이해관계와 신주인수권에 대하여 간단히 살피고(2), 본론으로 들어가 현물출자와 주식인수권의 문제를 검토한 다음(3), 불공정한 신주발행에 대한 구제수단으로서의 신주발행유지청구권과 신주발행무효의 소가 지니는 문제점을 지적하고서(4) 끝맺기로 한다.

2. 신주발행시의 이해관계와 신주인수권

주식회사가 통상 신주를 발행하는 목적은 자금을 조달하는 것이다. 그러므로 신주발행은 자금조달을 목적으로 한다는 점에서는 사채발행 금융기관으로부터의 차입과 같은 타인자본의 조달방법과 차이가 없다. 그러나 사채발행 등과 같은 외부차입의 경우와는 달리 신주발행은 기업의 공동소유자로서의 지위라고 할 수 있는 주식의 수를 증가시키는 결과를 가져오기 때문에 기존 주주의 이익에 커다란 영향을 줄 수 있다.

신주발행이 주주의 이익에 어떠한 영향을 미치는가를 따지기에 앞서 주주가 누리는 이익의 내용에 대해서 살펴보자. 주식회사의 주주가 누리는 이익은 두 가지로 나누어 볼 수 있다. 먼저 주주는 기업의 공동소유자로서 소유주식수에 비례하여 이익배당을 받으며 해산시 잔여재산을 분배받을 수 있는 재산적 이익을 가진다. 또한 주주는 자본다수결원칙에 따른 회사의 의사결정에 참여할 수 있는 권한(의결권)을 갖는바, 이 권한 역시 소유주식수에 비례한다. 주주가 회사지배에 참여할 수 있는 지위는 궁극적으로 앞서 말한 재산적 이익을 보호하기 위한 수단에 불과한 것으로 보아야 할 것이나 일응 재산적 이익과 구별하여 지배적 이익이라고 부르기로 한다.[1] 이 지배적 이익은 소유주식수가 커짐에 따라 증가하기는 하나 반드시 그에 비례하는 것은 아니고 그 평가는 회사의 주식소유분포에 따라 크게 달라질 수 있다.

주주의 발행이 있다고 하여 기존 주주의 이익이 항상 영향을 받는 것은 아니다. 주주를 기존 주주가 소유주식수에 비례하여 인수한다면 기존 주주의 지위에는 아무런 영향이 없을 것이다. 기존 주주가 소유주식수에 비례하여 주주를 인수한다면 그 지주비율은 그대로 유지될 것이므로 지배적 이익에 변동이 없을 것은 당연하다. 또한 주주의 발행가액이 시가에 크게 못 미치는 경우에도 주식가치의 희석으로 인한 기존 주주의 불이익은 유리한 조건의 주식인수로 인한 이익과 상쇄될 것이므로 전체적으로 보면 재산적 이익에도 영향은 없다. 기존 주주의 이익보호가 절실하게 문제되는 것은 주주 이외의 자에게(또는 주주라 하더라도 지주비율을 초과하여) 주주가 배정되는 경우이다. 우선 주주의 발행가액이 기존 주식의 시가 내지는 평가액을 초과하느냐 미달하느냐에 따라 기존 주주가 새로운 주주 사이에 어느 쪽으로든 재산적 가치가 이동하게 된다. 이러한 재산적 가치의 이동은 회사법상으로 문제될 뿐 아니라 세법상으로도 소득세나 증여세의 문제를 야기할 수 있다. 대상판결에서는 바로 증여세의 문제만이 제기되었으나 회사법의 측면에서도 문제가 제기될 소지가 크다. 뿐만 아니라 제3자에게 신주가 배정되는 경우에는 그 발행가액이 어떻게 정하여지건 간에 기존 주주의 지배적 이익이 다소간 침해되는 것은 피할 수 없다.

신주인수권은 기존 주주에게 부여한다면 위와 같은 주주의 이익은 거의 완전히 보호될 것이다.[2] 그러나 신주발행의 직접적인 목적은 주주이익의 보

1 '지배적 이익'이라는 용어와 함께 '지배관계상의 이익'이라는 용어가 쓰여지는 경우도 있다. 森本 滋 "第三者割當と支配權の變動" 商事法務 1191호(1989), 116면 전자보다는 후자가 더 정확한 용어라고 할 수 있지만 이곳에서는 편의상 전자를 사용하기로 한다.

2 다만 지배주주가 계속해서 저가로 신주발행을 계속하는 경우에는 다른 주주는 사실상 추가 출자를 강요당하게 될 것이다.

호에 있는 것이 아니라 자금조달에 있다. 기존 주주를 보호한다는 이유로 출자자를 기존의 주주에만 한정하여서는 자금조달에 한계가 있을 수밖에 없다. 따라서 자금조달의 편의를 강조한다면 주주의 신주인수권에 제한을 가할 필요가 있다.

우리 상법은 "주주는 정관에 다른 정함이 없으면 그가 가진 주식의 수에 따라서 신주의 배정을 받을 권리가 있다"(제418조 제1항)고 함으로써 기존 주주의 이익을 보호하는 데 중점을 두고 있다. 이와는 대조적으로 자금조달의 편의를 강조하는 입법의 대표적인 예로는 일본 상법을 들 수 있다. 현행 일본 상법에 의하면 정관에 특별한 정함이 없는 한 이사회가 신주발행결의시에 주주에게 신주인수권을 부여할 것인지의 여부를 결정하도록 되어 있다(제280조의2 제1항 제5호).[3] 일본 상법은 이제껏 신주인수권을 주주의 당연한 권리로 인정한 일이 없다는 점에서 비교법상 특이한 예로 지적되고 있다.[4]

주주의 신주인수권을 원칙적으로 인정하지 않는 일본 상법과 같은 입법하에서 기존 주주의 이익은 어떻게 보호될 수 있는가? 신주인수권이 부여되지 않는다고 해서 반드시 주주이익의 보호가 불가능하게 되는 것은 아니다. 신주인수권의 중요성은 모든 종류의 회사에서 같은 것은 아니다. 일반론을 펴자면 신주인수권의 주주보호기능은 공개회사에서보다는 폐쇄회사에서 훨씬 중요하다고 할 수 있다. 먼저 주주의 재산적 이익의 측면에서부터 살펴보자. 주주가 제3자에게 배정되는 경우 기존 주주는 신주의 발행가액이 높으냐 낮으냐에 따라 이익을 볼 수도 있고 손해를 볼 수도 있다. 만약 신주의 발행가액이 기존 주식의 가치와 합치되는 것에서 결정된다면 기존 주주는

3 다만 1990년 상법개정으로 정관에 주식의 양도제한을 규정한 회사의 경우에는 주주가 신주인수권을 갖는 것으로 되어 있다(280-5-2조 1항). 주식의 양도제한을 정한 회사는 주주의 개성과 신주비율을 중시하는 폐쇄회사일 터이므로 그런 회사의 경우 원칙적으로 주주에게 신주인수권을 부여하는 것은 합리적인 것으로 판단된다.

4 新版 注釋會社法(7), 1987, 166면.

적어도 재산적으로는 손해를 입지 않을 것이다. 그렇다면 기존 주식의 가치는 어떻게 파악할 수 있는가? 공개회사의 주식은 시장에서 거래가 되고 있는 것이 보통이므로 시가를 구할 수 있다. 공개회사의 경우 기존 주식의 가치는 원칙적으로 그 시가에 반영되고 있다고 본다. 따라서 시가를 기준으로 결정된 발행가격은 일응 공정한 것으로, 바꾸어 말하면 기존 주주의 이익을 해치지 않는 것으로 본다.[5] 그러나 폐쇄회사의 경우에는 사정이 다르다. 폐쇄회사의 주식은 좀처럼 거래의 대상이 되는 일이 없으므로 기준이 될 수 있는 시가라는 것이 존재하지 않는다. 따라서 폐쇄회사의 경우에는 주식의 평가가 훨씬 더 어렵다. 주식평가의 문제는 회사법에서뿐 아니라 세법에서도 중시되고 있으며 특히 미국이나 일본에서 논의가 활발하다.[6] 그러나 폐쇄회사의 주식평가에 대해서는 객관적인 기준이 아직 정립되어 있다고 할 수 없는 상태이므로 이사회의 재량에 의한 평가가 그대로 존중될 가능성이 크다.[7] 그러므로 폐쇄회사에서는 이사의 자의적인 발행가액결정으로부터 주주의 이익을 보호하기 위해서는 주주의 신주인수권이 한층 더 중요성을 지니게 된다.

이제 지배적 이익의 측면을 살펴보자. 주주 이외의 자에게 주식을 발행하는 경우 기존 주주의 지주비율은 감소할 수밖에 없다. 그러나 주주의 지배적 이익은 항상 중요한 것은 아니다. 공개회사에서는 극히 일부의 대주주를 제외하고는 어차피 회사의 지배에는 영향을 줄 수도 없고 관심도 없다. 또한 공개회사에서는 신주발행에 의하여 지분비율이 낮아질 것을 우려하는 주주는 증권시장에서 주식을 매수함으로써 주주비율을 유지할 수 있을 것이다.[8]

5 神崎克郎, "第三者割當と公正な發行價格" 商事法務 1191호, 1989, 7면.

6 예컨대 Comment, Valuing Closely Held Stock: Control Premiums And Minority Discounts. 31 EMORY L. J. 139, 1982; 竹中正明 외, 新訂版 非公開株式評價と稅務, 1987 참조.

7 浜田道代, "閉鎖會社における第三者割當增資" 商事法務 1191호(1989), 19면.

8 물론 예외적으로 대량의 주식의 특정의 주주나 제3자에게 배정되는 경우에는 그것이 어려울 것이다.

그러므로 공개 회사의 경우에는 예외적인 상황을 제외하고는 신주발행시에 기존 주주의 지배적 이익을 고려할 필요는 크지 않다. 그러나 공개회사의 경우에는 사정이 전혀 다르다. 우선 폐쇄회사에서는 지주비율이 훨씬 더 중요한 의미를 가진다. 예컨대 2인의 동업자가 각각 전 주식의 50%를 소유하는 주식회사에서는 지주비율의 변화는 바로 지배권의 변동을 가져온다. 또한 폐쇄회사의 주식은 시장에서 거래되는 것도 아니므로 일단 지분비율이 낮아진 주주는 공개회사의 경우에서와 같이 시장에서 주식을 매입하여 지주비율을 다시 높이는 것도 불가능하다. 한편 폐쇄회사의 경우에는 주주가 신주인수권을 갖는다고 해서 특별히 자금조달에 지장을 받는 것도 아니다. 폐쇄회사의 주식은 시장성이 거의 없어서 어차피 기존 주주 이외의 자에게는 인수시키기가 어렵기 때문이다.

3. 현물출자와 신주인수권

현물출자시에는 금전출자시와는 달리 출자목적물로서의 적격, 그 평가 등 여러 가지 특유한 문제가 따른다. 그러나 앞서 설명한 신주발행에 관한 기존 주주의 이해관계는 금전출자의 경우뿐 아니라 현물출자의 경우에도 그대로 타당하다. 이제까지 우리나라에서 현물출자에 대한 관심은 위와 같은 현물출자의 고유한 문제에 집중되었고 현물출자와 신주인수권과의 관계에 대해서는 별반 논의가 없었다.[9] 원심판결과 상고이유는 후자의 문제에 관하여 비교적 상세한 논의를 담고 있다.

원심의 현물출자의 경우에 기존 주주의 신주인수권이 미치지 않는다는 근거로 내세운 것은 ① 현물출자제도의 존재이유, ② 상법이 회사설립시에

9 다만 이 판결 이후에 논의가 개시된 형편이다. 예컨대 이준섭, "주주의 신주인수권배제" 상사법연구 13집 (1994), 237면 이하.

는 현물출자자의 자격을 발기인에 한정하고 있는 데 반하여 주주발행시에는 그러한 제한을 두고 있지 않은 점, ③ 현물출자에 관한 사항에 대해서 정관에 규정이 없으면 이사회에서 결정하도록 한 상법 제416조 제4호의 규정 등 세 가지이다. 먼저 원심은 현물출자제도의 존재이유를 "당해 기업에 필요한 특정한 재산을 미리 확보할 수 있다는 이점과 현물을 보유하고 있는 주식인수인에게 직접 현물로 출자할 수 있는 기회를 주는 것이 대중자본을 용이하게 흡수할 수 있는 계기가 될 수 있다"는 데서 찾고 있다. 즉 회사의 편의와 투자자의 편의라는 두 가지 측면에서 그 제도의 의의를 찾고 있다. 그 중에서도 기존 주주의 신주인수권을 후퇴시키는 방향으로 작용할 가능성이 있는 것은 현물출자제도를 기업에 필요한 특정재산을 확보하는 수단으로서 파악하는 시각이라고 할 것이다. 그러나 현물출자제도의 그러한 수단적 가치는 그리 크지 않다. 회사가 필요로 하는 특정재산은 현물출자에 의하지 아니하더라도 확보하는 것이 불가능한 것은 아니다. 회사가 먼저 금전출자의 방법으로 증자를 마친 후에 그 자금으로 그 재산을 취득하는 방법에 의해서도 같은 목적을 이룰 수 있을 것이다. 물론 회사가 먼저 증자절차를 밟고 다시 재산취득절차를 거치는 것이 번거로운 것은 사실이다. 그러나 그 같은 불편은 기존 주주의 이익보호라는 중대한 요청에 비해서 상대적으로 그리 대수롭지 않은 것으로 볼 수 있을 것이다. 또한 신주발행시에는 현물출자자의 자격을 제한하고 있지 않다는 점에서 바로 이사회가 기존 주주의 신주인수권을 무시하고 현물출자자를 정할 수 있다는 결론을 도출하는 것에는 의문이 있다.

결국 원심이 제시한 세 가지 근거 중 가장 중요한 것은 역시 상법 제416조의 규정이라고 할 것이다. 바로 이 규정의 해석에서 원심판결과 상고이유는 정면으로 충돌하고 있다.

Y는 상고이유에서 신주인수권이 주주의 재산적 이익과 지배적 이익을 유지하는 데 없어서는 아니 될 중요한 권리로서 이사회의 결의로 이를 박탈할

수는 없다는 취지를 밝힌 후 다음과 같이 주장하였다. "즉 위 상법 제416조 제4호의 규정은 주주가 회사의 신주를 취득하기 위하여 신주인수권에 따라서 배정받은 주식에 대한 주금을 현금으로 납부하지 않고 현물(부동산, 동산 등)로서 그 출자를 이행할 의사가 있는 경우에 있어서 단순히 그 출자되는 현물이 불공정한 가액으로 평가되는 경우를 방지하기 위한 규정으로 해석하여야" 한다는 것이다. Y의 주장에 따르면 현물출자는 먼저 회사의 증자결의가 있고 나서 신주를 배정받은 자가 금전 대신 현물로 출자하기를 원하는 경우만을 예상한 제도가 된다. 그러나 이처럼 현물출자를 신주를 배정받은 주주의 납입상의 편의만을 위한 제도로서 파악하는 데는 동의할 수 없다. 물론 현물출자제도가 출자자의 납입상의 편의를 위하여 이용되는 경우도 없지 않을 것이다. 그러나 그 경우에도 항상 전제로서 요구되는 것은 출자대상인 재산이 회사에 유용한 것이어야 한다는 점이다.

원심은 현물출자에 관한 사항 중 정관에 규정이 없는 것은 이사회가 결정한다는 상법 제416조를 기존 주주의 신주인수권과 관계없이 이사회가 자유로이 현물출자자를 결정할 수 있다는 취지로 해석하고 있다. 국내의 학설은 대체로 원심과 같은 태도를 취하고 있다.[10] 한편 우리나라에서와는 달리 일본에서는 학설이 첨예한 대립을 보이고 있다. 다수설은 현물출자의 목적인 특정재산을 필요로 하는 회사의 이익을 우선시켜야 한다는 관점에서 현물출자로 인하여 발행하는 신주는 신주인수권의 대상에 포함되지 않는다고 한다.[11] 한편 이에 반대하는 소수설은 일본 상법의 법문에서 그 근거를 찾고 있다. 일본의 상법은 우리 상법과는 달리 정관에서 주주의 신주인수권을 인정하지 않는 한 신주발행시에 이사회가 재량에 따라 주주에게 신주인수권을 부여할 것인지를 정할 수 있도록 되어 있다(제280조의2 제1항 제5호). 그러

10 예컨대 최기원, 제7전정판 신회사법론, 1996, 801면; 정동윤, 회사법, 1986, 488면. 반대설 이태로 · 이철송, 제5판 회사법강의, 1996, 747-748면.

11 注釋會社法, (주 4), 174면.

나 현물출자에 관해서는 일본 상법도 우리 상법과 마찬가지로 '정관에 정함이 없는' 것은 원칙적으로 이사회가 결정하도록 되어 있다(제280조의2 제1항 제3호). 소수설은 정관에 주주의 신주인수권을 인정하는 규정이 존재하는 경우는 '정관에 정함이 있는' 셈이 되기 때문에 이사회는 그러한 주주의 신주인수권과 저촉되지 않는 범위 내에서만 현물출자에 관한 사항을 정할 수 있는 것으로 본다.[12]

우리 상법과 일본 상법은 앞서 설명한 바와 같이 그 규정형식에 차이가 있으므로 우리나라에서는 일본에서의 소수설과 똑같은 논리를 펼 수가 없다. 그러나 우리 상법은 일본 상법보다 주주의 신주인수권을 보호하는 데 적극적이므로 그것이 무력화되지 않는 방향으로 상법 제416조를 해석해야 할 필요성은 오히려 일본에서보다 더 크다고 할 것이다. 우리 상법은 정관에 다른 정함이 없는 한 주주가 신주인수권을 가짐을 명정하고 있다(제418조 1항). 그렇다면 상법 제416조의 법문에는 명시되어 있지 않으나 이사회가 현물출자에 관한 사항을 결정하는 권한은 주주의 신주인수권에 관한 제418조 규정에 의하여 제한된다고 볼 수도 있지 않을까? 이러한 해석은 반드시 유별난 것이라고는 할 수 없다. 상법 제416조에 의하면 현물출자에 관한 사항뿐 아니라 신주의 인수방법에 대해서도 이사회가 결정하도록 되어 있다. 그러나 이사회가 신주의 인수방법을 정할 수 있다고 하여 이사회가 그것을 정함에 있어 주주의 신주인수권을 무시할 수 있는 것으로 보는 견해는 찾을 수 없다. 즉 법문은 명시하고 있지 않지만 이사회의 결정은 주주의 신주인수권의 테두리 내에서 이루어져야 한다는 데 의견이 일치되고 있는 것이다.

미국의 주 회사법은 기존 주주의 신주인수권에 대해서 정관에서 달리 정함이 없는 한 원칙적으로 긍정하는 경우와 원칙적으로 부정하는 경우의 두 가지 부류로 나뉜다. 다수의 주법이 주주의 신주인수권이 배제되는 여러 가

12 注釋會社法, (주 4).

지 경우를 명시하고 있는바, 바로 현물출자에 의한 신주발행은 그 전형적인 예에 속한다고 할 수 있다.[13] 또한 판례도 일반적으로 현물출자의 경우에는 주주의 신주인수권의 적용은 없다고 하고 있다.[14] 그러나 O'Neal 교수 같은 폐쇄회사법의 대가는 주주의 신주인수권은 폐쇄회사의 경우에는 현물출자 시에도 적용이 있도록 강화 · 확대하지 않으면 안 된다고 하고 있다.[15] 주주의 신주인수권에 대한 배려가 다소 미흡하다고 할 수 있는 미국법과는 달리 독일법에서는 그에 대한 배려가 보다 철저하다. 독일주식법은 신주인수권의 배제는 기초자본의 증가결의시에 특별결의로만 가능하다고 하고 있다(제186조 3항). 그러나 독일의 학설판례는 신주인수권의 배제에는 특별결의라는 절차적 요건 이외에 필요성 · 적합성 · 비례성 등의 별도로 정당화 요건이 충족되어야 한다고 보고 있다.[16] 독일에서는 현물출자는 이러한 정당한 요건을 갖춘 경우에만 허용된다고 보고 있다.[17]

4. 신주발행유지청구권과 신주발행무효의 소

현물출자에 의한 신주발행의 경우에는 기존 주주의 신주인수권이 미치지 않는다는 대법원의 견해를 따른다면 기존 주주의 이익은 경영진의 자의 앞에서 무방비상태가 되고 마는 것인가? 그렇지는 않다. 이사에 대하여 손해배상을 청구하는 것과 같은 일반적 구제수단 말고도 신주발행유지청구와 신주발행무효의 소와 같은 특히 신주발행에 관한 구제수단이 존재한다. 이들 구제수단으로 경영진의 자의적인 신주발행을 막는 데 실효를 거둘 수 있

13 Model Business Corporation Act Annotated Vol. 1, pp.458-459(3rd ed., 1985).

14 Ibid. pp. 459-460; W. Cary & M. Eisenberg, Corporations, 1453(6th ed. unabridged, 1988).

15 F. O'Neal & R. Thompson, O'Neal's Close Corporations 3.39(3rd ed. 1987).

16 보다 상세한 것은 이준섭, (주 9), 218-221면 참조.

17 이준섭, (주 9), 238~239면.

다면 굳이 현물출자의 경우에도 회사의 특정재산확보의 편의보다 주주이익 보호를 앞세워 주주에게 신주인수권을 인정할 필요는 한결 줄어들 것이다. 그러나 다음에서 보는 바와 같이 주주의 신주인수권이 없이 이들 구제수단만으로는 주주의 이익을 충분히 보호하기 어렵다.

먼저 상법 제424조의 신주발행유지청구권부터 살펴보자. 이는 "회사가 법령 또는 정관에 위반하거나 현저하게 불공정한 방법에 의하여 주식을 발행함으로써 주주가 불이익을 받을 염려가 있는 경우"에 회사에 대하여 그 발행을 유지할 것을 청구할 수 있는 권리이다. 별로 자금조달의 필요가 없음에도 불구하고 반대파주주의 의결권 비율을 저하시킬 목적만으로 신주를 발행하는 것은 '현저하게 불공정한 방법'에 의한 신주발행의 전형으로 제시되고 있다. 그러나 경영진 쪽에서 자금조달의 필요와 같이 신주발행을 달리 합리화할 수 있는 사정이 동시에 존재함을 주장하는 경우에는 불공정발행에 해당하는지 여부의 판단이 쉽지 않다. 최근 일본의 하급심판결은 반대파의 지주비율저하의 목적과 자금조달의 목적이 함께 존재하는 경우에는 전자가 주요한 목적인 경우에 한하여 불공정발행에 해당한다고 하고 있다.[18] 그런데 전자가 주요한 목적임이 입증되어 불공정발행이 인정된 예는 극히 드물다.[19] 따라서 경영진이 현물출자에 의한 신주발행을 결정하면서 그것을 정당화하는 그럴듯한 이유를 제시할 수 있다면 지배적 이익을 위협받는 주주가 불공정발행임을 이유로 그것을 저지하기는 어려울 것이다. 신주발행유지청구권은 주주가 회사에 대한 의사표시로 재판 외에서 행해질 수도 있다. 그러나 재판 외의 유지청구는 무시하여도 단지 이사의 책임을 발생시킬 뿐이며 신주발행의 효력에는 영향이 없다고 보는 것이 일반적인 견해이다.[20]

18 森本 滋, (주 1), 16면.

19 森本 滋, 제2판 會社法, 1995, 334면, 주 3) 참조.

20 최기원, (주 10), 833면; 임채균 "회사법상의 유지청구권" 회사법상의 제 문제(하), 재판자료 제38집(1987), 331면.

보다 철저를 기하기 위해서는 법원에 회사를 피고로 하여 신주발행유지의 소를 제기하여야 한다. 그러나 소송계속 중에 신주가 발행되어 버리면 소의 이익이 상실되어 소는 부적법각하를 면치 못하게 된다. 따라서 그러한 결과를 피하기 위해서 그 소를 본안으로 하여 가처분을 신청하는 것이 보통이다. 그러나 법원으로부터 유지의 가처분명령을 얻어 낸 경우에도 문제는 남는다. 회사가 가처분을 무시하고 신주발행을 강행하는 경우의 효력에 대해서 다툼이 있기 때문이다. 유지의 판결이나 가처분에 위반한 신주발행을 무효라고 보는 견해도 있지만 신주발행에 따른 법률관계의 안정을 강조하는 학자들은 유효설을 취하고 있다.[21] 우리나라의 하급심판결 중에는 "상법 제424조의 규정에 의하여 주주가 회사에 대하여 신주의 발행을 유지할 것을 청구하였음에도 신주가 발행된 경우에 관하여는 그 유지청구가 단순한 재판 외의 청구가 아니라 적어도 유지를 구하는 가처분신청 또는 제소에 의하여 법원으로부터 그 유지청구를 인용하는 가처분 또는 판결이 선고됨으로써 유지이유에 관한 공권적 판단이 내려졌음에도 불구하고 이에 반하여 신주가 발행되었을 때 한하여 그 발행을 무효로 볼 수 있는 것으로 해석함이 상당하다"고 하여[22] 방론으로나마 무효설을 취한 예가 있다.

신주발행유지의 소에 기하여 가처분까지 얻어 낸 주주는 일응 유리한 고지에 서 있다고 할 수 있다. 그러나 신주발행이 비밀리에 이루어졌기 때문에 주주가 신주발행사실을 알지 못하여 미리 유지청구권을 행사하지 못하였다면 아무리 불공정한 방법에 의하여 발행되었더라도 신주발행의 무효원인이 되지는 않는다는 것이 일반적인 견해이다.[23] 일본 상법은 신주발행사항의 공시를 요구하고 있으며(제280-3-2조) 법원은 그러한 공시가 없이 이루어진

21 보다 상세한 것은 임채균, (주 20), 334-335면; 주석회사법, (주 5), 300-301면.

22 서울고등법원 1977. 4. 7. 선고, 76나2887 판결, 고등법원판례집 1977, 민사편 제1권 213면(임채균, (주 20), 335면에서 재인용)

23 注釋會社法, (주 4), 346면; 浜田, (주 7), 22면.

신주발행은 무효로 보고 있다.[24] 그러나 우리 상법에 의하면 주주가 신주인수권을 갖지 않는 경우에는 주주에게 대하여 신주발행을 공시하여야 할 의무는 없다. 그러므로 대법원의 견해를 따른다면 경영진은 반대파 주주가 유지청구권을 행사할 수 없도록 그들 몰래 자기편에게 현물출자의 방법에 의하여 주식을 발행할 수 있고 일단 그렇게 발행된 주식은 유효한 것으로 보게 된다.

이상에서 본 바와 같이 현물출자시에는 주주의 신주인수권이 미치지 않는다고 보는 경우 신주발행유지청구권이나 신주발행무효의 소에 대한 종래의 해석에 의하면 기존 주주의 이익을 충분히 보호하기 어렵다. 그렇다면 기존 주주의 이익과 회사의 특정재산취득의 편의라는 두 가지 요청을 조화시킨다는 면에서는 현물출자시에도 주주의 신주인수권이 미친다고 보는 것보다는 신주발행유지청구와 신주발행무효의 소의 실효성을 높이는 편이 더 이상적인 해결책이 아닌가 하는 생각도 든다. 어느 쪽이든 일장일단이 있을 것이다. 그러나 현물출자가 행해지는 것은 신주발행의 기동성보다는 기존 주주의 이익이 앞서야 할 경우가 보통일 것이므로 주주의 이익을 보다 확실히 보호한다는 면에서는 현물출자시에도 주주의 신주인수권이 미친다고 보는 편이 낫지 않을까? 현물출자시에도 주주의 신주인수권이 미친다고 한다면 특정의 주주나 제3자에게만 현물출자에 의하여 신주를 발행하는 것은 정관에서 주주의 신주인수권을 배제해 둔 경우가 아닌 한 불가능할 것이다. 그 경우 현물출자는 일반적인 유상증자에서 주주가 자신이 배정받은 한도 내에서 미리 이사회의 승인을 얻어 행하는 것과 같이 극히 한정된 경우에만 가능할 것이다.

24 浜田, (주 7), 23면.

5. 결어

대법원은 문제의 과세처분이 현물출자의 경우에도 주주의 신주인수권이 미친다는 전제에 근거하고 있으나 그 전제가 유지될 수 없으므로 그 과세처분이 위법하다는 결론을 내리고 있다. 그러나 현물출자의 경우에 주주의 신주인수권이 미치는가의 여부는 상법규정이 명백하게 해답을 제시하고 있는 문제가 아니다. 따라서 그 문제는 어떻게 해석하는 것이 보다 더 합리적인 결과를 가져오는가에 따라 결정하여야 하는 법해석의 문제이다. 현물출자시에는 주주의 신주인수권이 적용되지 않는다는 대법원의 견해는 특히 폐쇄회사의 주주가 가지는 지배적 이익을 충분히 보호하지 못한다는 점에서 결함을 지니고 있다. 이제 폐쇄회사의 주주들이 자신의 지배적 이익을 보다 확실히 보호하기 위해서는 정관 작성시에 현물출자에 대하여 특별히 규정을 두지 않으면 아니 될 것이다.

끝으로 부언할 것은 대법원이 주주의 신주인수권을 긍정하는 경우에도 반드시 문제의 과세처분이 적법하다는 결론이 나오는 것은 아니라는 점이다. 그 경우에도 현물출자된 재산의 가액이 그 대가로 주어진 신주의 가액 이상이라고 평가된다면 과세처분은 위법하게 될 것이다.

『서울대학교 법학』 제31권 1 · 2호(1990. 8), 198면 이하.

05 주주의 직접손해와 간접손해: 이사의 제3자에 대한 책임을 중심으로

대법원 1993년 1월 26일 선고 91다36093 판결(법원공보 940호 845면)

〔사실관계〕

이른바 벤처캐피털회사인 한라창업주식회사는 1989년 4월 20일 대일정공주식회사의 신주 1만 5천 주(액면총액 1억 5천만 원: 발행주식총수의 30%에 해당)와 아울러 1억 5천만 원 상당의 전환사채를 인수하였다. 대일정공의 41.2% 주주이자 대표이사인 사공국과 19.2%의 주주 사공철호는 회사의 사채관련채무를 연대 보증하였다. 한라창업은 이러한 투자를 행함에 있어 대일정공과 사공국 등을 당사자로 하는 합작투자계약을 체결하였다. 합작투자계약에 의하면 대일정공과 사공국 등은 한라창업이 출자한 자금의 목적외 사용을 위해서는 사전승인을 받아야 하는 등 각종의 의무를 부담하고 그러한 의무를 이행하지 않는 경우에는 손해배상의무를 부담하도록 되어 있었다.

대일정공은 사공국이 1989년 6월까지 가지급금형식으로 금 8억 6천 3백만 원을 인출하여 횡령함에 따라 1990년 1월 3일 당좌수표가 부도되고 마침내 도산하기에 이르렀다. 한라창업은 대일정공과 사공국 및 사공철호를 상대로 전환사채금의 지급을 구하고 다시 대일정공과 사공국에 대해서는 한라창업의 주식인수액 1억 5천만 원 상당의 손해를 연대하여 배상할 것을 청구하였다. 이 두 가지 청구 중 전환사채금청구에 대해서는 한라창업의 승소를 선언한 제1심판결이 일찌감치 확정되었다. 이 글에서 살펴볼 나머지 손해배상청구 중 사공국에 대한 청구는 이사의 제3자에 대한 책임(401조)에 근거하였고 대일정공에 대한 창구는 이사의 업무집행상 불법행위로 인한 회사의 손해배상책임(상법 389조 3항, 210조)에 근거하였다.

〔하급심판결〕

제1심인 대구지방법원은 대체로 다음과 같은 이유에서 원고 한라창업의 청구를 기각하였다.

"주식회사의 이사는 회사에 대하여 위임관계에 있으므로 선량한 관리자의 주의의무를 부담하고 따라서 이 의무에 위반하여 회사에 대하여 손해를 생기게 한 때에는 채무불이행의 일반원칙에 따라 회사에 대하여 이를 배상할 책임을 지게 되는 것은 당연하다 할 것이어서 피고 사공국이 피고회사의 대표이사로 재직 중 피고회사의 금원을 횡령함으로써 회사재산을 감소시켰다면 회사에 대하여 이를 배상할 책임이 있고 따라서 피고회사가 피고 사공국에 대하여 그 횡령한 금원의 반환을 청구할 수 있음은 명백하다 하겠으나 그러나 위 손해는 어디까지나 법률상 피고회사가 입은 손해이므로 앞서와 같이 피고회사가 피해자로서 불법행위자인 피고 사공국에 대하여 그 반환을 구함은 몰라도 주주인 원고가 그 손해가 경제적으로 자기에게 귀속된다는 사유만으로 직접 피고회사와 피고 사공국에 대하여 바로 자기의 주식인수액 상당을 손해라고 하여 그 배상을 청구할 수는 없다고 보아야 할 것이(다)."

원심인 대구고등법원은 제1심의 판결이유를 그대로 인용하면서 원고의 항소를 기각하였다. 한라창업은 다시 상고하였는바 상고이유에서 사공국의 손해배상책임의 근거로 민법 750조의 불법행위와 합작투자계약상의 채무불이행을 추가하였다.

〔대법원판결〕

대법원은 대체로 다음과 같은 이유에서 원고의 상고를 다시 기각하였다.

"주식회사의 주주가 그 회사의 대표이사의 악의 또는 중대한 과실로 인한 임무해태행위로 직접 손해를 입은 경우에는 이사와 회사에 대하여 상법 제401조, 제389조 제3항, 제210조에 의하여 손해배상을 청구할 수 있다 하겠으나, 대표이사가 회사 재산을 횡령하여 회사재산이 감소함으로써 회사가 손해를 입고 결과적으로 주주의 경제적 이익이 침해되는 손해와 같은 간접적인 손해는 같은 법 제401조 제1항에서 말하는 손해의 개념에 포함되지 아니하므로 이에 대하여는 위 법조항에 의한 손해배상을 청구할 수 없는 것으로 봄이 상당하다고 할 것이(다)"

또한 민법상의 불법행위와 합작투자계약위반주장에 대해서는 다음과 같이 판시하였다.

"… 피고 사공국의 위 금원횡령이 바로 피고회사의 주주인 원고에 대하여 일반불법행위로 된다거나 피고회사의 불법행위로 되는 것은 아니라 할 것이(다). … 원고와 피고회사 및 피고 사공국 등 개인주주 사이에 체결된 합작투자계약의 내용 중에서 이 사건과 같은 사태가 발생할 경우에 피고들이 원고에게 손해를 배상하기로 특약하였다는 근거도 찾아보기 어(렵다)."

〔연구〕

1. 서설

대법원이 한라창업의 청구를 기각한 원심의 결론을 지지하며 판시한 사항은 대체로 세 가지로 정리할 수 있다.

① 회사의 재산이 감소함으로써 주주의 경제적 이익이 침해되는 손해와 같은 주주의 간접손해는 상법 401조에 의해서는 회복할 수 없다.

② 대표이사가 회사의 자금을 횡령한 행위로 말미암아 대표이사나 회사가 주주에 대해서 불법행위책임을 지는 것은 아니다.

③ 합작투자계약 중에서 대표이사와 회사가 회사자금의 횡령행위와 같은 사태가 발생한 경우에 한라창업에 손해배상을 하기로 특약하였다는 근거가 없다.

위에서 판시 ③은 한라창업이 상고이유서에서 비로소 주장한 합작투자계약상의 채무불이행에 대한 판단부분이다. 이처럼 새로운 주장을 상고심에서 제출하는 것은 허용되지 않는다. 그럼에도 불구하고 대법원은 그러한 주장을 바로 배척하지 않고 합작투자계약에 한라창업에 대한 손해배상책임을 정당화할 만한 규정이 없다는 판단을 내리고 있다. 그러나 후에 보는 바와 같이 대법원의 그러한 판단에는 의문이 있다. 소송전략상으로는 한라창업이 제1심에서부터 위의 세 가지 중 판시 ③의 합작투자계약상의 책임에 초점을 맞추었더라면 보다 유리하지 않았을까 여겨진다. 그러나 이론적인 관점에서 흥미를 끄는 것은 판시 ①이다. 이 글에서는 판시 ①을 중심으로 논의를 전개하고 판시 ②와 판시 ③은 간단히 언급하는 데 그치기로 한다.

한라창업이 대표이사 사공국의 횡령행위로 인해서 주주로서의 경제적 이익이 침해된 것과 같은 간접손해는 401조에서 말하는 손해의 개념에 포함되지 않는다는 대법원의 판시 ①은 일견 단순하면서도 자연스럽게 보인다. 그러나 ①이 다루고 있는 주주의 직접손해와 간접손해라는 문제는 아주 근본적이면서도 아직 충분히 정리되고 있지 않은 난문 중의 하나라고 할 수 있다. 본격적인 논의에 들어가기 앞서 결론부터 밝히자면 합작투자계약상의 채무불이행 여부는 접어 두더라도 대상판결은 한라창업에 대한 대표이사 사공국의 배상책임을 부정한 결론에 있어서나 한라창업의 손해가 간접손해로서 401조의 손해에 포함되지 않는다는 이론구성에 있어서나 찬성하기 어렵다.

이 글은 주로 주주의 직접손해와 간접손해의 문제를 대상으로 한다. 그러나 그 논의는 주로 이사의 제3자에 대한 책임의 문맥에서 이루어지고 있으므로 이해의 편의를 위한 한도 내에서 우선 401조에 대한 몇 가지 논의의 현상을 간단히 소개한 후 대법원의 판시에 대한 구체적인 검토에 들어가기로 한다.

2. 상법 401조의 개관

(1) 서설

우리 상법 401조 1항은 "이사가 악의 또는 중대한 과실로 인하여 그 임무를 해태한 때에 그 이사는 제3자에 대하여 연대하여 손해를 배상할 책임이 있다"고 하여 이사의 제3자에 대한 책임을 인정하고 있다.[1] 이 401조 1항은 일본 상법 266조의3을 이어받은 것으로 다른 나라에서는 적어도 이사의 제3자에 대한 책임을 제정법에서 그처럼 포괄적으로 인정하는 예는 찾기 어렵다. 일본에서는 특히 회사의 도산으로 말미암아 채권의 만족을 얻지 못하게 된 채권자가 대신 이사의 책임을 추급하는 수단으로 이 규정이 아주 널리 활

1 주식회사의 감사(414조 2항), 발기인(322조 2항), 검사인(325조)의 경우에는 401조와 비슷한 규정이 마련되어 있고, 주식회사와 유한회사의 청산인(542조 2항, 613조 2항)과 유한회사의 이사(567조)의 경우에는 401조가 준용되고 있다.

용되고 있다.[2] 그러나 우리나라에서는 본격적인 대법원 판결로는 대상판결이 지난 1985년의 판결[3]에 이어 두 번째 판결에 불과하다.[4]

401조는 그 잠재적 적용범위가 넓은 것에 못지않게 그에 대한 견해와 대립도 아주 심하다. 심지어는 그 입법취지에 대해서부터 서로 정반대의 견해가 주장되고 있는 지경이다.[5] 통설이나 판례는 제3자를 두텁게 보호하기 위한 규정으로 보고 있는 데 반하여 소수설은 오히려 이사의 경과실에 대해서 면책함으로써 이사의 과감한 직무수행을 보장하기 위한 규정으로 보고 있다.[6] 이처럼 401조에 관해서는 우리나라에서도 일본에서보다는 덜하지만 역시 광범위한 학설대립이 존재할 뿐 아니라 판례도 별로 없어 아직 그 적용범위는 분명치 않다. 이러한 상황에 비추어 대상판결은 401조의 사정거리를 보다 명확히 해주었다는 점에서 먼저 그 의의를 평가할 수 있을 것이다.

(2) 법적 성질

이사의 제3자에 대한 책임에 관해서는 먼저 그 기본적인 법적 성질에서부터 학설이 대립하고 있다.[7]

2 龍田 교수는 이 조문이 회사법에서 아마도 판례가 가장 많은 조문일 것으로 추정하고 있다. 新版 注釋會社法(6), 301면(龍田)

3 대판 1985. 11. 12. 84다카2490(법원공보 767호, 18면). 이 판결에 대한 평석으로는 김건식, 이사의 제3자에 대한 책임, 민사판례연구 X, 240면(1988). 이 글에서 401조에 대한 일반적인 서술은 상당 부분이 이 평석에 의존하였다.

4 그러나 이들 두 판결에서는 결국 이사의 책임이 모두 부정되었다.

5 이 규정의 원형은 일본의 1899년 상법 제177조에서 찾을 수 있는데 애당초 이 규정의 입법취지가 무엇이었는지에 대해서는 아무런 단서도 찾을 수 없다고 한다. 佐藤鐵男, 會社の倒産處理と取締役の責任(1), 法學協會雜誌 104권 5호 777면(1987).

6 이러한 소수설은 松田 판사에 의해 주장되고 있다. 그의 주장에 의하면 이사의 제3자 책임규정은 1950년의 회사법개정시에 현재의 형태를 갖추게 되었는바 그 본래의 의도는 이사의 제3자에 대한 책임을 경감하려는 것이었다. 松田二郎, 取締役の第三者に對する責任, 商事法務 1016호, 162면(1984).

7 학설의 다툼에 대해서 보다 자세한 것은 久保欣哉, 取締役の第三者に對する責任の性質と範圍, 商法の争點(北澤編, 제2판 1983) 138면 이하.

1) 법정책임설

일본에서는 물론이고 우리나라에서도 거의 통설적 지위를 차지하고 있는 이 견해는 이사의 제3자에 대한 책임을 제3자보호를 위해서 상법이 특별히 인정한 법정책임으로 파악한다. 회사에 대한 위임해태로 인하여 회사에 대해서 책임을 지는 것은 당연하지만 제3자에 대해서 책임을 지는 것은 상법이 특별히 제3자를 보호하기 위해서 인정한 것이라는 견해이다. 불법행위책임과는 무관하므로 제3자에 대한 관계에서 위법성이 인정될 필요는 없으며 불법행위책임과 경합이 인정된다.

2) 불법행위특칙설

이 견해는 이사의 책임을 경과실에 대한 책임이 면제된 것만을 제외하고는 일반 불법행위책임과 동일한 것으로 파악한다. 경과실에 대한 책임을 면제한 것은 이사를 보호하기 위해서라고 본다. 그러나 지난 1985년의 판결에서 대법원은 401조가 제3자의 보호를 위한 것임을 명시함으로써 이 견해를 배척하였다.

3) 특수불법행위설

이사의 제3자에 대한 책임을 상법이 특별히 인정한 불법행위책임으로 파악하는 이 견해는 주장하는 학자에 따라 그 내용이 다소 차이가 있다. 일반적인 견해는 일반적인 불법행위책임과의 차이를 위법성의 징표가 제3자에 대한 가해행위에 있지 않고 악의 또는 중대한 과실로 인한 임무해태에 있다는 점에서 찾고 있다.[8] 따라서 책임의 성질을 불법행위라고 보는 점 이외에는 법정책임설과 별로 다를 바 없다.[9]

8 서돈각, 상법강의 상권(제3전정판 1985) 396면; 吉川義春, 取締役の第三者に對する責任(1986) 5면.

9 법정책임설에 의하면 시효기간이 10년인 데 비해서 특수불법행위설에 의하면 3년이라는 점이 차이라고 할 수 있다.

특수불법행위설 중에는 위와 같은 일반적인 견해와는 달리 위법성을 제3자에 대한 관계에서도 요구하는 견해가 있다.[10] 이 견해에 의하면 이사의 임무해태는 회사의 대해서뿐만 아니라 제3자에 대한 관계에서도 위법한 것으로 평가되어야만 한다. 이처럼 제3자에 대한 관계에서도 위법성을 요구함으로써 이사의 책임이 부당하게 확대될 가능성을 막을 수 있다는 점이 이 견해의 장점으로 주장되고 있다.

4) 판례

1985년 대법원은 법정책임설을 취한 것으로 해석되는 1969년의 일본최고재판소판결[11]의 판시를 거의 그대로 인용하면서도 다음과 같이 임무해태와는 별도로 (또는 임무해태의 일 요소로) 위법성을 요구한 바 있다.

"… 임무해태행위라 함은 이사의 직무상 충실 및 선관의무위반의 행위로서 (예를 들면, 회사의 경영상태로 보아 계약상의 채무의 이행기에 이행이 불가능하거나 불가능할 것을 예견할 수 있었음에도 이를 감추고 상대방과 계약을 체결하고 일정한 급부를 미리 받았으나 그 이행불능이 된 경우와 같이) 위법한 사정이 있어야 하고 통상의 거래행위로 인하여 부담하는 회사의 채무를 이행할 능력이 있었음에도 단순히 그 이행을 지체하고 있는 사실로 인하여 상대방에게 손해를 끼치는 사실만으로는 이를 임무를 해태한 위법한 경우라고는 할 수 없다…."

이 판결문에서 위법성이 회사에 대한 관계에서 인정되는 것인가 아니면 제3자에 대한 관계에서 인정되는 것인가는 반드시 분명치 않다. 위의 판결문 중 괄호 속의 부분은 어느 쪽인가 하면 제3자에 대한 관계에서의 위법성 쪽에 가까운 것이 아닌가 여겨진다. 1985년 판결에서 나타난 이 같은 특수불

10 上柳克郎, 兩損害包含說, 會社法 · 手形法論集(1980) 116면 이하.

11 日最判 1969. 11. 26, 民集 23권 11호, 215면.

법행위론적 요소는 이번 대상판결에서는 한층 더 강화된 감이 있다. 대법원은 방론으로 주주가 대표이사의 악의 또는 중과실의 임무해태로 직접 손해를 입은 경우에는 이사와 회사를 상대로 손해배상책임을 물을 수 있다고 판시하며 그 근거조문으로 상법 제401조, 제389조 제3항, 제210조를 들고 있다. 뒤의 두 조문은 대표이사의 업무집행상 "불법행위"로 인한 회사의 책임을 인정하기 위한 규정이다. 따라서 제401조에 해당하는 이사의 행위가 동시에 210조에도 해당할 수 있다는 사고의 밑바닥에는 제401조 해당행위는 불법행위라는 사고가 깔려 있는 것이 아닌가 여겨진다.

(3) 책임발생의 요건

1) 이사의 악의 또는 중대한 과실로 인한 임무해태

대상판결에서 사공국이 대표이사이고 그의 횡령행위가 적어도 중대한 과실로 인한 임무해태에 해당한다는 것에는 의문이 없다.

2) 제3자에 주주가 포함되는지 여부

적어도 우리나라에서는 제3자에 직접손해를 입은 주주가 포함된다는 것에는 이론이 없다.[12] 그러나 대상판결에서 문제된 것과 같은 주주의 간접손해에 대해서도 이사가 책임을 지는지 여부에 대해서는 견해가 대립하고 있다. 이에 대해서는 따로 항을 바꾸어 설명한다.

12 최기원, 신회사법론(제6증보판 1991) 660면. 일본에서는 401조의 적용범위를 채권자의 간접손해에 한정하고 주주의 간접손해는 대표소송제도에, 주주나 채권자의 직접손해는 불법행위법에 맡기자는 견해를 비롯해서 주주를 제3자에서 제외하자는 견해도 전혀 없는 것은 아니다. 상세한 것은 久保, (주 7), 139면.

3) 직접손해와 간접손해

제3자가 401조에 의해서 배상을 받을 수 있는 손해의 범위에 대해서는 특히 일본에서는 학설이 다음과 같이 크게 직접손해한정설, 간접손해한정설, 양손해포함설의 세 가지로 나뉘고 있다. 여기서 직접손해와 간접손해가 무엇을 의미하는가에 대해서는 다소 의문이 없는 것은 아니지만,[13] 양자는 대체로 다음과 같이 정의되고 있다. 즉 직접손해는 회사가 손해를 입었는지 여부에 관계없이 이사의 임무해태로 인해 제3자가 직접 개인적으로 입은 손해, 간접손해는 제1차적으로 회사에 손해가 발생하고 그 결과 제2차적으로 제3자가 입은 손해라는 것이다. 대법원도 "회사재산이 감소함으로써 회사가 손해를 입고 결과적으로 주주의 경제적 이익이 침해되는 손해와 같은 간접적인 손해"라는 표현을 사용함으로써 이러한 일반적인 정의를 따르고 있는 것으로 판단된다. 일본에서는 위와 같은 세 가지 학설의 대립이 401조의 법적 성질론과 얽혀서 복잡한 양상을 보이고 있다. 그러나 우리나라에서는 법정책임설을 취하는 학자들은 물론이고 불법행위책임설을 취하는 학자들도 직접손해와 간접손해가 모두 포함된다는 양손해포함설을 지지하고 있다.[14] 대법원은 1985년 판결에서 "이사의 악의 또는 중과실로 인한 임무해태행위와 상당인과관계가 있는 제3자의 손해에 대하여 그 이사가 손해배상의 책임을 진다"고 하여 양손해를 구별하고 있지 않으므로 일본최고재판소와 마찬가지로 일응 양손해포함설을 취하고 있는 것으로 여겨진다. 그러나 우리 학설이 양손해포함설에 일치하고 있는 것은 사실이지만 401조의 손해가 주주의 간접손해까지 포함하는가에 대해서는 견해가 갈리고 있다. 이에 대해서는 다시 항을 바꾸어 설명한다.

13 자세한 것은 上柳克郎, 直接損害 · 間接損害, 會社法 · 手形法論集 97면 이하(1980).

14 이태로 · 이철송, 회사법강의(1987), 497면.

4) 주주의 간접손해

(가) 학설: 제외설과 포함설

401조의 손해에 주주의 간접손해가 포함되는지에 대해서는 제외설과 포함설이 다음과 같이 대립하고 있다.[15] 주주의 간접손해는 401조의 적용대상에서 제외해야 한다는 제외설의 근거는 다음과 같다.

① 회사가 배상을 받으면 자연히 주주의 손해는 간접적으로 전보되는 것이므로 따로 주주의 간접손해에 대한 책임을 인정할 필요가 없다.

② 회사가 이사의 책임추궁에 소극적인 경우에는 주주가 대표소송에 의해서 이사의 책임을 추궁할 수 있다.

③ 이사가 주주에 대해서 배상하여도 회사에 대한 책임이 남는다면 이사는 이중으로 책임을 지는 결과가 된다.

④ 만약 주주에 대한 배상액만큼 이사의 회사에 대한 책임이 감소된다면 책임의 면제에 총 주주의 동의를 요하는 400조와 모순된다.

⑤ 회사가 이사에 대해서 갖는 손해배상청구권은 회사재산으로 볼 수 있는데 주주가 각자 나서서 배상을 받는다면 회사재산이 주주에 유출되는 것과 같은 결과가 되고 회사채권자의 이익을 침해할 우려가 있다.

⑥ 직접 배상을 받은 주주와 그렇지 않은 주주 사이에 불균형이 발생한다.

⑦ 회사와 주주로부터 동시에 청구를 받는 경우에는 법률관계가 복잡해진다.

이에 대해서 주주의 간접손해도 401조의 손해에 포함시켜야 한다는 포함설의 근거로 제시되는 것은 대체로 다음과 같다.

i) 제외설의 ②와 관련하여 주주가 대표소송에 의해 이사의 책임을 추궁하는 것에는 여러 가지 장애물이 있다. 특히 우리나라에서는 대표소송이 발

15 新版注釋會社法(6), 322면(龍田).

행주식의 5% 이상을 소유한 주주만이 제기할 수 있게 되어 있으므로 실제로 제기되는 예를 거의 찾아보기 어렵다.

ii) 제외설의 ③과 관련하여 이사가 주주에게 배상을 한 것만큼 회사에 대한 배상의무가 소멸한다고 보면 이중책임의 위험은 없다.

iii) 제외설의 ④와 관련하여 상법 400조는 주주가 결의에 의해서 이사의 책임을 면제하는 경우에 적용되는 것으로 주주가 배상을 받은 결과 이사책임이 소멸하는 경우에는 적용이 없다.

iv) 직접손해와 간접손해는 구체적으로 구별이 어려운 경우가 있다.

(나) 판례

우리나라에서는 이 판결 이전에는 401조가 주주의 간접손해에 대해서도 적용이 있는지 여부에 대한 판결이 없었다. 일본에서는 직접손해는 물론 간접손해에도 모두 적용된다는 양손해포함설이 판례의 태도라고 보는 것이 일반적이다.[16] 그러한 해석은 1969년 최고재판소가 "회사가 손해를 입은 결과 그로 인해서 제3자에게 손해가 생긴 경우이든 직접 제3자가 손해를 입은 경우이든 불문하고" 책임을 진다고 판시한 것[17]에 근거한다. 그러나 1969년 판결의 사안에서 원고가 된 제3자는 회사의 채권자였다. 실제로 주주의 간접손해에 관해서는 일본에서도 최고재판소의 판결은 없고 다음과 같은 하급심의 판결이 있을 뿐이다.[18]

〔福岡地判 1987. 10. 28(判例時報 1287호 148면)〕

사안은 갑 회사의 주주 을 등이 갑회사의 대표이사 병에 대해서 병이 회사 소유의 토지를 자기가 실질적으로 경영하는 정 회사에 부당하게 저렴한 임

16 龍田節 會社法(1989) 91-92면.

17 日最判 1969. 11. 26 民集 23권 11호 2150면.

18 이하 판결의 소개는 河本一郎, 商法二六六條ノ第一項の〔第三者〕と株主, 商法學における論爭と省察(服部榮三古稀記念論文集 1990) 253면 이하 참조.

료로 임대함으로써 을 등의 이익배당청구권이 침해되었다고 하여 상법 266조의3(우리 상법 401조에 해당)에 기하여 손해배상책임을 구한 경우이다. 법원은 원고 을 등의 청구를 인용하였다. 법원은 먼저 원고의 손해가 회사의 손해에서 연유한 것으로 회사의 손해가 회복되면 원고의 손해도 회복되는 이 같은 사안의 해결은 대표소송에 의하는 것이 일반적으로는 타당하다고 전제하면서도 예외적인 경우가 있을 수 있음을 다음과 같이 인정하였다: "그러나 후에 인정하는 것과 같은 (갑 회사)의 대주주로서 대표이사인 피고는 원고들 소수주주가 위의 손해를 현실적으로 회복하는 것을 모든 방책을 이용하여 방해할 것은 쉽게 예측할 수 있기 때문에 위의 대표소송에 의해서 상법 266조의3에 기한 본건 소송과 같은 결과를 기대할 수 있다고 하기 어렵다."[19]

〔大阪高判 1988. 8. 9(未公表)〕

사안은 제3자에 대한 불공정한 가약의 신주발행으로 인하여 주식의 실질적 가치가 감소된 손해를 입은 주주가 이사에 대해서 제3자책임규정에 의한 손해배상책임을 물은 경우이다. 법원은 그러한 손해는 대표소송에 의해서 회복해야 할 것이라고 하여 원고주주의 청구를 기각하였다. 이어서 법원은 주주가 대표소송에 의해서 이사의 회사에 대한 책임을 물을 수 있는 이상 그 방법에 의하는 것이 회사자본충실의 요청상 상당하다는 것을 비롯하여 앞서 열거한 제외설의 논거들은 제시하였다.[20]

19 이 판결은 본래 기대가능한 배당액이라고 해서 주주가 직접 이사에게 청구할 수 있는가, 이익배당청구권이란 주총결의가 있기 전에는 추상적인 것에 불과한 것 아닌가, 주주가 이사로부터 배상받는 경우 이사의 회사에 대한 손해배상의무는 그 한도만큼 면제되는 것인가 하는 의문에 대해서는 전혀 언급이 없다.

20 사안에서 문제된 불공정한 가액으로 주식이 발행된 경우에 관한 규정인 우리 상법 424조의2 제3항은 일본 상법에서와는 달리 주식인수인의 책임은 이사의 회사 또는 "주주"에 대한 손해배상책임에 영향을 미치지 않음을 명시함으로써 이사가 주주에 대해서 책임을 지는 경우를 상정하고 있다.

(다) 소결

일본의 학설은 주주의 간접손해에 대해서 이사의 책임을 부정하는 제외설이 다수설이라고 할 수 있다.[21] 우리나라의 사정은 오히려 반대라고 할 수 있다. 통설인 양손해포함설을 주주에 대한 관계에서도 관철하는 포함설이 다수설이라고 할 수 있다.[22]

3. 주주의 간접손해의 제외: 판시 (1)

(1) 주주의 손해와 그 배상방법

대법원은 "대표이사가 회사재산을 횡령하여 회사재산이 감소함으로써 회사가 손해를 입고 결과적으로 주주의 경제적 이익이 침해되는 손해"를 간접손해로 파악하고 있다. 대표이사의 횡령행위로 인해서 회사의 재산이 감소하는 경우에는 회사의 손해가 있는 것은 물론이고 그 회사의 주주도 그 주식의 가치가 감소된다는 의미에서 역시 손해를 입게 된다. 회사에 주주와는 별개의 법인격을 인정하는 법제하에서 위와 같은 경우 회사가 손해배상청구권을 가지며 회사가 그것을 행사함으로써 얻은 손해배상액이 회사에 귀속된다는 점에는 의문이 없다.[23] 또한 주주가 회사의 손해와는 관계없이 직접 개인적으로 입은 손해에 대해서는 주주가 손해배상청구권을 가지며 손해배상액이 직접 주주에 귀속된다는 점에도 의문은 없다. 그러나 회사의 손해로 인한 주식가치의 감소라는 이른바 간접손해의 배상과 관련해서는 아직 몇 가지 어려운 문제가 남아 있다.

21 竹内昭夫, 取締役の責任と代表訴訟, 會社法の理論 III (1990) 288면.

22 최기원, (주 12), 661면.

23 Wiedemann은 이를 "회사법상의 자연법"이라고까지 부르고 있다. JZ 1987, 783(785), (Kowalski, Der Ersatz von Gesellschafts-und Gesellschafterschaden(1990)(이하 "Kowalski"로 인용) S.117에서 재인용.

첫 번째 문제는 회사의 손해배상청구권이 완전하고 실현 가능한 것이라면 이론상 회사재산의 가치에는 변함이 없으므로 주주의 간접손해는 없지 않은가 하는 것이다.[24] 실제로 독일의 다수설은 회사의 기관이 손해배상청구권의 행사를 해태하는 경우에도 주주가 그 행사를 강제할 수 있는 한 주주의 간접손해는 없는 것으로 보고 있다. 그에 반해서 회사의 손해배상청구권의 존부나 실현 가능 여부와 관계없이 주주의 손해배상청구를 긍정하는 견해[25]와 주주의 손해를 긍정하면서도 회사의 청구와 주주의 청구 사이에서는 전자를 우선시키는 견해[26] 등이 주장되고 있다. 독일의 다수설은 주주가 회사의 손해배상청구를 강제할 수 있는가 여부를 간접손해존부의 기준으로 삼고 있지만 그 문제는 특히 우리 상법하에서는 쉽게 판단하기 어려운 경우가 많을 것이다. 예컨대 대표소송의 제기요건인 5%의 주식을 갖지 못한 주주라도 다른 주주들과 협력하여 이사에 대한 대표소송을 제기할 수 있지만 5%를 가진 주주라고 하더라도 다른 사정으로 대표소송을 제기하는 것이 현실적으로 어려울 수도 있을 것이다. 또한 독일의 다수설의 논리에 따르면 우리 상법하에서는 대표소송의 상대방이 될 수 없는 회사외부인이 회사에 손해를 입힌 경우에는 항상 주주의 간접손해가 인정될 것인데 이처럼 가해자가 누구인가에 따라 주주의 손해의 존부가 달라지는 것은 불합리하다. 그렇다면 아예 주주의 간접손해라는 개념을 부정하고 항상 회사만이 손해배상청구권을 갖는 것으로 보면 어떨까? 그러나 뒤에서 보는 바와 같이 회사재산이 감소된 경우에도 주주에 대한 직접적인 배상을 인정해야 할 경우가 있기 때문에 주주의 보호상 그러한 선택지는 취할 수 없다. 따라서 일단 회사의 재산이 감소된 경우에는 주주에게도 손해가 있는 것으로 보는 편이 바람직하다고 생각한다.

24 이하는 Kowalski, S.51f. 참조.

25 Brandes, Festschrift für Fleck(1988), S.13.

26 Wiedemann, Gesellschaftsrecht Ⅰ(1980), S241f.

이처럼 주주의 간접손해의 가능성을 인정하는 경우에는 회사의 청구권과 주주의 청구권과의 우열을 가리는 문제가 발생한다. 회사가 청구권을 행사하는 경우에 그것이 우선한다는 것에는 의문이 없다.[27] 문제는 회사가 청구권행사를 하지 않는 경우에 주주가 청구권을 행사할 수 있는가 하는 것이다. 그것을 긍정하는 경우에도 논리적으로 다음 4가지 가능성을 생각해 볼 수 있다. ① 주주가 회사의 청구권을 대위하여 행사하고 손해배상액은 회사에 귀속하는 경우; ② 앞의 ①과 같으나 손해배상액이 각 주주에 직접 귀속하는 경우; ③ 주주가 자신의 손해의 범위 내에서 청구권을 행사하지만 손해배상액은 회사에 귀속하는 경우; ④ 앞의 ③과 같으나 손해배상액이 주주에 귀속하는 경우. ①은 주주가 보유주식에 관계없이 이사, 감사 등의 회사내부인에 대해서는 물론 외부인에 대해서도 대표소송을 제기할 수 있는 경우로 미국법상의 대표소송제도가 바로 그러한 내용으로 되어 있다. 그러나 대표소송을 일정한 회사내부인을 상대로만 인정하고 있는 현행상법하에서는 입법론으로는 몰라도 적어도 해석론으로는 대표소송을 무제한 확대하는 것과 같은 결과인 ①을 취할 수 없다. ②는 ① 난점에 더하여 회사재산의 사외유출이라는 문제가 있어서 따르기 어렵다. 한편 ③의 경우에는 주주도 회사도 충분한 배상을 받지 못하기 때문에 지지를 받지 못하고 있다.[28] 이상의 고찰에서 드러나는 바와 같이 만약 주주의 손해배상청구를 허용하는 경우에는 결국 ④의 결과에 도달할 수밖에 없을 것이다.

그렇다면 주주의 간접손해의 배상청구를 허용할 것인가? 이 문제는 반드시 이사 등의 회사내부인의 책임을 묻는 맥락에서만 생겨나는 것이 아니라 제3자의 가해행위로 인하여 회사재산이 감소된 경우에 일반적으로 제기될

27 앞서 소개한 大阪高等裁判所 판례는 이사가 이미 주주에 배상을 마친 경우라면 이사는 그 한도에서는 회사에 대해서 배상책임을 면할 수밖에 없는데 그렇게 되면 주주들 사이에 불공평이 생기게 된다고 하고 있다. 河本, (주 18), 255면.

28 Kowalski, S.119f.

수 있는 문제이다.[29] 그러나 이 문제는 우리나라에서는 이사의 제3자에 대한 책임의 문맥 밖에서는 논의되는 경우가 없는 것 같다. 비록 행정법적 관점에서이기는 하지만 주주의 간접손해의 문제와 비교적 가까운 문제를 다룬 1971년의 대법원판결[30]이 있는 정도이다. 그 판결은 부적법한 주주총회에서 선임된 대표이사가 회사의 양조시설을 자신이 양수한 것처럼 서류를 위조하여 회사의 주류제조면허를 취소시키고 자신 개인이 면허를 받은 경우에 관한 것이었다. 후에 면허를 상실하였음을 알게 된 그 회사의 대주주가 세무서를 상대로 면허취소처분의 취소를 구하는 행정소송을 제기하였다. 대법원은 주주는 면허취소처분과 "사실상이며 간접적인 관계"를 가질 뿐이라는 이유로 원고주주의 소의 이익을 부정하였다.[31] 대법원의 판단은 회사의 주류제조면허상실로 인하여 주주가 입은 손해는 적어도 법적으로는 손해로 볼 수 없다는 사고에서 나온 것이 아닌가 생각된다. 401조의 손해에서 주주의 간접손해를 제외한 대상판결의 결론은 바로 위와 같은 대법원의 사고가 유지된 결과가 아닌가 여겨진다.

위와 같은 대법원의 태도는 올바른 것인가? 이하에서는 대상판결 결론과 우리 학계의 논의를 독일과 미국의 논의를 참고하여 검토해 보기로 한다.

29 실제로 독일이나 미국에서의 논의는 모두 이사의 책임에 관한 하위문제로서가 아니라 일반적인 문제로서 이루어지고 있다. 다만 미국에서는 직접손해와 간접손해의 구별보다는 대표소송(derivative actions)과 직접소송(direct actions)의 구별의 문제에 초점을 맞추고 있는 점이 특색이다.

30 대판 1971. 3. 23. 70누164.

31 "원고가 주식회사의 대주주라 할지라도 그 주식회사가 사업목적으로 하는 주류제조면허처분이 취소된 데 대하여서는 법률상 직접적이고 구체적인 이익을 가진다고 말할 수 없는 것이요, 따라서 위의 면허취소처분에 대하여 사실상이며 간접적인 관계(그 회사의 수익이 감소되어 따라서 배당이익 따위가 감소되는 불이익)를 가지는 데 불과한 원고는 위의 주식회사의 주류제조면허취소처분을 취소하여 달라는 행정소송을 제기할 이익이 없다고 보는 것이 상당하다."

(2) 간접손해 제외의 논거와 그 한계

대법원은 간접손해는 401조의 손해의 개념에는 포함되지 않는다고 간단히 결론짓고 있다. 그러나 대법원은 그 결론의 논거가 될 만한 것은 거의 제시하고 있지 않다. 통상 제외설의 논거로 제시되는 것들에 대해서는 이미 앞서 소개한 바 있다. 그들 논거 중 포함설 측의 비판에 불구하고 여전히 중요한 의미를 가지는 것은 ① 이사가 회사의 손해를 배상하면 주주의 손해는 자동적으로 회복된다는 것(자동회복논거); ② 이사가 주주의 손해를 배상하면 목적재산인 회사의 손해배상청구권이 소멸하므로 회사채권자의 이익이 침해된다는 것(채권자침해논거)의 두 가지라고 할 수 있다.[32] 독일의 다수설이 자동회복논거에서 한 걸음 더 나아가 회사가 손해배상청구권을 가지고 주주가 그 실현을 강제할 수 있는 경우에는 그 한도 내에서 주주의 간접손해 자체를 부정하고 있다는 점에 대해서는 이미 언급한 바 있다.[33] 한편 이에 대해서 포함설의 주된 논거는 "자동회복논거"의 전제라고 할 수 있는 대표소송제도를 주주가 이용하는 것이 실제로 어렵기 때문에 제외설을 따르면 주주의 보호가 소홀해진다는 점이라고 할 수 있다. 대표소송제도의 실효성에 대한 포함설의 이 같은 우려는 정당한 것이다. 미국회사법으로부터 수입한 대표소송제도가 우리나라나 일본에서는 제소하는 주주에 대한 인센티브가 전혀 없기 때문에 미국에서와는 달리 거의 이용되지 않고 있다는 점은 이미 널리 알려진 사실이다. 심지어 우리 상법은 미국이나 일본에서보다 한 걸음 더 나아가 대표소송을 5%의 주식을 소유하는 주주에게만 허용함으로써 그 이용을 더욱 제한하고 있다. 그리하여 우리나라에서는 제도가 도입된지

32 배상을 받은 주주와 그렇지 않은 주주 사이의 불균형의 문제는 자신의 권리구제에 적극적인 자와 그렇지 못한 자 사이에 불가피하게 존재하는 일반적인 문제로서 반드시 포함설의 고유한 단점으로 볼 것은 아니다.

33 Kowalski, S.51ff.

30여 년이 지난 오늘날까지도 대표소송에 관한 판례를 전혀 찾을 수 없는 실정이다. 이러한 상황에서 주주의 간접손해에 대한 구제를 대표소송제도에만 맡기는 제외설의 태도가 무책임한 것임은 분명하다. 그러나 이러한 대표소송제도의 문제점을 주주가 간접손해에 대해서 이사의 책임을 직접 추궁할 수 있는 길을 전면적으로 열어 줌으로써 해결하는 방법이 과연 바람직하다고 볼 수 있을지는 의문이다. 포함설은 손해배상청구권이라는 회사재산이 주주에게 유출됨으로써 회사채권자가 입는 손해에 대해서는 아무런 대책도 내놓고 있지 않다. 대표소송제도의 결점을 해결하는 정도는 주주가 자신의 손해를 이사로부터 직접 배상받음으로써 대표소송제도를 피해 갈 수 있도록 해주는 것이 아니라 그 제도 자체를 주주들이 현실적으로 이용할 수 있도록 개선하는 것이다.[34]

그렇다면 대표소송제도만 개선된다면 대법원의 간접손해 제외입장을 지지할 수 있을 것인가? 그렇지는 않은 것 같다. 이 점에 관해서는 위에서 밝힌 제외설의 양 논거, 즉 자동회복논거와 채권자침해논거를 다시 면밀히 검토할 필요가 있다. 사실 제외설에 대한 반론은 여러 가지이나 이들 두 가지 논거에 대한 반론은 찾기 어렵다. 그러나 이들 논거가 언제나 타당한 것이라고 볼 수는 없다. 이들 양 논거는 회사의 손해와 주주전원의 손해가 완전히 일치한다는 것을 전제하고 있다.[35] 바꾸어 말하면 회사가 그 손해를 완전히 배상받으면 자동적으로 주주의 손해는 완전히 전보된다는 것이다. 만약 이러한 전제가 타당하지 않은 경우 — 예컨대 회사가 손해를 전부 배상받은 후에도 주주에게 손해가 남아 있는 경우 — 가 있다면 제외설을 관철할 수 없

34 이와 관련해서는 최근 통과된 일본상법개정안 중 대표소송에 관한 부분을 참조할 필요가 있다. 그 내용에 관해서는 前田 庸, 平成五年商法等の改正要綱について(下), 商事法務 1317호(1993) 23면 이하 참조.

35 회사의 손해배상청구권은 손해를 상쇄하는 재산적 가치를 가지므로 그것이 존재하는 경우에는 주주의 간접손해는 부정된다는 독일의 다수설도 회사의 손해와 주주의 손해의 일치를 전제하고 있다는 점에는 차이가 없다.

을 것이다. 그러한 경우에 관해서는 아래 (3)에서 논하기로 한다. 한편 대표소송제도가 개선되는 것을 전제하는 경우에도 간접손해의 배상을 대표소송에 맡기는 것이 명백히 불합리한 결과를 낳는 경우가 있다. 그러한 경우는 주로 폐쇄회사의 경우에 발생하는데 이에 관해서는 아래 (4)에서 논하기로 한다.

(3) 주주의 손해가 회사의 손해를 초과하는 경우

주주의 손해가 회사의 손해를 초과할 수 있는 경우는 상장회사의 경우와 도산의 경우, 두 가지 경우에 발생할 수 있다. 대상판결의 사안은 상장회사에 관한 것이 아니고 도산이 발생한 경우에 관한 것이므로 이 글에서는 후자에 중점을 두어 설명하기로 한다.

1) 상장회사의 경우

주주의 손해는 결국 주식의 가치가 감소하는 것이라고 할 수 있다. 주식의 가치는 어떻게 결정되는가? 시장가격이 존재하는 상장주식의 경우에는 주식의 가치는 원칙적으로 시장가격이라고 할 수 있다. 그러나 시장가격이 존재하지 않는 비상장주식의 가치는 결국 회사의 가치로부터 산정해 낼 수 밖에 없을 것이다. 비상장주식의 평가에 관해서는 아직도 학문적인 논의가 계속되고 있다. 그러나 현재 우리 제도상으로는 대체로 자산가치와 수익가치를 동등하게 고려하여 결정하고 있다.[36] 따라서 비상장회사의 경우에는 이사가 회사의 재산을 횡령하더라도 그것이 회사의 수익에 별 영향을 미치지 않는다면 주식가치의 감소분, 즉 주주의 손해는 횡령된 재산의 가치, 즉

36 상속세법시행령 5조 6항. 공부주식의 인수가액의 산정에 있어서는 이러한 자산가치와 수익가치 이외에 유사회사의 주가도 참작할 수 있도록 되어 있다. 공모주식의 인수가액에 관한 기준 4조 1항.

회사의 손해에 미달할 수도 있을 것이다. 반대로 이사의 횡령으로 인해서 회사의 수익이 크게 감소된다고 해서 주주의 손해가 회사의 손해를 초과한다고 볼 것은 아니다. 왜냐하면 회사의 손해를 산정하면서 그 횡령된 재산의 가치뿐 아니라 수익의 감소 정도도 고려할 수 있기 때문이다. 이처럼 비상장회사의 경우에는 주주의 손해가 회사의 손해에 미달하는 경우는 있어도 초과하는 경우는 생각하기 어렵다.

이에 반해서 상장회사의 경우에는 주주의 손해가 회사의 손해를 초과하는 것이 얼마든지 가능하다. 왜냐하면 상장주식의 시장가격, 즉 주가는 회사의 재산상태와 반드시 밀접한 관련이 있다고 할 수 없기 때문이다. 상장회사의 경우 회사의 재산상태는 주가에 영향을 미치는 한 가지 요인에 불과하다. 주가에 영향을 주는 요인은 무수하며 그 요인들이 반드시 합리적인 것만도 아니다. 예컨대, 최고경영자가 소액의 재산을 횡령한 사실이 알려진 경우 그의 성실성을 의심하게 된 투자자들의 과민반응으로 주가가 폭락할 수도 있지만 반대로 최고 경영자가 회사금고에서 거액을 꺼내서 정치자금으로 사용한 경우에도 회사의 주가는 별 변동이 없을 수도 있다. 전자의 경우에는 그 최고경영자가 회사의 손해를 배상하더라드 주주의 손해는 그대로 남을 것이다. 이처럼 회사재산의 감소로 인하여 주가가 하락하는 경우에도 그 폭이 반드시 회사의 손해에 상응하는 것은 아니다.[37] 그렇다고 해서 상장회사의 경우 주주가 이사에 대해서 모든 손해를 직접 배상받을 수 있도록 하는 것에는 문제가 있다. 왜냐하면 그 경우 주주의 손해 중에는 회사의 손해와 중복되는 부분, 즉 회사의 손해를 배상함으로써 자동적으로 전보되는 손해가 포함되어 있기 때문이다. 논의의 편의상 이러한 손해를 기존의 간접손해와는 별도로 중복손해(deckungsgleiche Schäden)라는 이름으로 부르기로 한다. 한편 주주의 손해 중 회사의 손해와 중복되지 않는 부분, 즉 회사에 배상을

37 Kowalski, S.107.

하더라도 주주에게 여전히 남게 되는 손해는 초과손해(überschiessende Schäden)라고 부르기로 한다. 중복손해에 관해서는 회사도 손해배상청구권을 가지나 초과손해에 관해서는 회사는 아무런 권리도 없다. 중복손해에 대해서 주주의 직접청구를 인정하는 경우에는 회사채권자의 이익이 침해될 가능성이 있다.[38] 그러나 초과손해에 대해서는 그러한 위험이 없으므로 주주의 직접청구를 인정할 수 있을 것이다. 그러나 초과손해의 존재나 범위를 파악하는 것은 현실적으로 극히 어렵다. 과거 독일 제국법원(Reichsgericht)의 판례 중에는 주주가 회사의 청구를 기다리지 않고도 손해의 전액을 직접 청구하는 것을 허용한 예도 있다.[39] 그러한 판례의 논리에 따르면 회사는 다시 가해자에게 배상을 청구할 수 있고 회사에 배상을 한 가해자는 주주의 이중이익에 대해서 부당이득반환청구를 할 수 있을 것이다.[40] 이 경우 가해자가 자력이 있다면 별문제는 없을 것이다. 그러나 그렇지 않다면 회사채권자의 이익이 침해될 가능성이 있다. 따라서 독일에서는 상장주식의 경우에는 우선 회사의 손해를 배상시키고 그것이 시장가격을 완전히 회복시키지 못하는 경우에 한해서 주주가 남는 손해를 청구할 수 있도록 하자는 견해도 있다.[41]

2) 도산의 경우

대상판결에서와 같이 회사가 이사의 횡령행위로 인하여 도산에 이른 경우에는 회사의 손해를 무엇으로 볼 것인지는 의문이다. 횡령한 재산 자체나 그 가액을 회사에 반환하는 것만으로는 이미 도산한 회사를 회생시킬 수 없고 계속기업(going concern)에 대해서 가지는 주주의 이익을 완전히 회복시킬

38 Kowalski, S.112.

39 RGZ 157, 213(219ff). Kowalski, S.111.

40 (주 27)의 大阪高等裁判所判決의 판시와는 차이가 있다.

41 Kowalski, S.113ff.

수 없는 경우가 많다. 만약 회사가 계속기업으로서의 가치를 상실한 것까지도 회사의 손해로 파악할 수 있다면 주주의 초과손해라는 문제는 발생하지 않을 것이다. 그러나 회사가 계속기업의 지위를 상실하는 것 자체를 회사의 손해로 보는 것은 부자연스러운 해석으로 여겨진다. 최근 독일연방대법원(Bundesgerichtshof)은 유한회사의 업무집행자를 겸한 단독사원이 범죄의 혐의를 받고 구금되었다가 무죄로 석방되었으나, 그사이에 회사가 파산하였음을 이유로 "형사소추조치에 대한 보상에 관한법률"(StrEG)에 따른 보상을 구한 사안에서 회사의 파산으로 인해서 사원이 지분의 가치를 상실한 손해를 사원의 직접손해로서 파악하여 보상을 긍정한 바 있다.[42] 이 판결에 대해서는 회사채권자의 이익보호라는 관점에서 비판하는 견해도 있다.[43]

또한 회사가 도산한 경우는 아니지만 납입의 부족으로 설립무효가 된 사안에서 발기인의 주주에 대한 책임을 긍정한 1927년의 일본 대심원판결[44]도 주목할 필요가 있다. 그 사안은 다음과 같다. 갑 회사는 제1회 납입금 25만엔 전액의 납입이 있었다고 하여 창립총회를 종결하고 설립등기를 하였지만 실제로는 겨우 약 2만 엔만이 납입되었을 뿐으로 설립무효판결을 받아 청산절차에 들어갔다. 갑 회사의 주식(실제로 납입이 있었던 주식) 50주를 400엔에 양수하여 주주가 된 을은 취득한 주식이 거의 무가치하게 된 것을 이유로 발기인 병에게 그 주식의 납입금액 625엔 및 납입일 이후의 상사이자상당액의 손해배상을 구하는 소를 제기하였다. 원심은 을의 양수대금 400엔 및 그에 대한 소장송달 다음 달부터의 상사이자상당액의 범위 내에서 을의 청구를 인용하였다. 대심원은 대체로 다음과 같은 이유로 병의 상고를 기각하였다.;

42 BGH, ZIP 1989, 715(716)

43 Kowalski, S.117. 독일의 판례나 일부 견해는 회사의 청산시 주주는 채권자의 이익을 해치지 않는 범위내에서 손해를 직접 자신에게 배상할 것을 청구할 수 있다고 하고 있다. Kowalski, S.176. 미국의 판례 중에도 회사청산의 경우에는 직접 주주에 대한 지급을 허용하는 예가 있다. Clark, Corporate Law 664 fn. 4(1986).

44 日大判 1927. 2. 10 民事 6권 20면.

즉 회사가 발기인으로부터 손해배상을 받는 경우에는 동시에 주주의 이익도 보호되는 것이지만 "회사가 그 권리를 행사할지의 여부는 자유에 속하기 때문에 회사가 손해배상청구권을 포기하는 경우에는 주주는 그것을 어떻게 할 수도 없"기 때문에 주주에 대해서도 손해배상청구권을 인정하는 것이 상당하다. 대심원은 또한 발기인이 회사에 먼저 배상을 한 경우에는 동일한 손해에 대해서 주주에 배상할 의무가 없기 때문에 이중배상의 위험은 없다고 판시하였다. 위의 독일판결과 이 대심원판결은 재산의 부족에 의해서 회사가 소멸하게 된 사안이라는 점에서는 공통점을 지니고 있다. 일부 학자는 이 판결이 주주의 대표소송(일본상법 267조 이하, 196조)과 발기인이나 이사의 책임면제에 주주전원의 동의를 요하는 취지의 규정(일본상법 266조 5항, 196조)이 도입되기 전에 나온 판결로서 현행법상으로는 유지될 수 없다고 본다.[45] 그러나 학설로는 이러저러한 이유로 이 판결의 결론에 찬성하는 견해가 많다.[46] 엄밀히 따져 보자면 이 판결에서 문제된 주주의 손해도 다음의 지적과 같이 중복손해와 초과손해가 결합된 것이었을 것이다.

"납입의 흠결에 의해서 회사설립이 무효가 된 것 자체에 의한 주주의 손해는 회사에 대한 발기인의 위의 책임의 이행만에 의해서는 반드시 완전한 보상을 얻을 수 없다. 그 때문에 위의 경우에는 주주는 일면 대위소송에 의해서 책임을 추급할 수 있는 동시에 그에 의해서는 회복될 수 없는 손해(일종의 직접손해)에 대해서는 제193조 2항(우리 상법 196조 2항에 해당)에 의한 책임을 추급할 수 있다고 해석하는 것이 적당하다."[47]

3) 초과손해의 배상

이처럼 상장회사의 재산이 감소하는 경우나 회사가 이사의 행위로 인하

45 河本, (주 18), 252면.
46 河本, (주 18), 257면.
47 大隅健一郎 · 今井宏, 新版會社法論 上卷(1980) 238면.

여 도산한 경우에는 회사에 대한 배상만으로는 배상이 불가능한 주주의 초과손해가 발생할 수 있다. 초과손해와 관련해서는 두 가지 문제가 있다. 첫 번째 문제는 도대체 그러한 개념을 인정할 필요가 있는가 하는 것이다. 앞서 살펴본 바와 같이 일부 견해는 초과손해를 바로 직접손해로 파악하고 있다.[48] 그에 의하면 직접손해와 간접손해의 구분은 회사의 손해로 인한 것인지 여부에 따른 구분이 아니라 주주의 직접청구가 가능한지 여부에 따른 구분이 된다. 이 문제는 실체적인 문제라기보다는 용어의 문제라고 할 수 있으므로 그러한 구분도 불가능한 것은 아니다. 그러한 구분에 따르면 직접손해인가 간접손해인가의 여부는 마지막 단계에서 주주의 직접청구를 인정할 것인가에 대한 결론에 따라 비로소 결정될 것이다. 뒤에 보는 바와 같이 폐쇄회사에서는 중복손해의 경우에도 주주에 대한 직접 배상을 인정해야 할 경우가 있다. 그렇다면 같은 중복손해가 경우에 따라서 직접손해가 되기도 하고 간접손해가 되기도 하는 것은 부자연스럽다. 따라서 회사재산의 감소에 의한 주주의 손해를 일단 간접손해로 파악하고 회사에 대한 배상으로 회복될 수 있는 손해는 중복손해, 그렇지 않은 손해를 초과손해라고 파악하는 견해가 보다 적절한 것으로 생각된다.

초과손해의 두 번째 문제는 그 범위를 확정하는 문제이다. 관념상으로 초과손해와 중복손해는 확연히 구별되지만 현실적으로 간접손해에서 초과손해부분만을 미리 산정해 내는 것은 불가능에 가깝다. 손해의 입증은 원고 주주 측의 부담이므로 이 문제의 해결 없이는 주주의 보호는 기하기 어렵다. 결국은 앞서 살펴본 독일의 일부 견해[49]와 같이 먼저 회사의 손해를 배상시킨 후 주주에게 남는 손해를 확정하는 것이 가장 합리적인 해결책으로 판단된다. 그 경우 회사가 손해배상청구에 소극적이라면 주주의 대표소송에 기댈 수밖에 없다. 즉 주주는 먼저 대표소송으로 회사의 손해를 회복한 후에야

48 위의 독일연방대법원의 견해 (주 42) 및 大隅 · 今井의 견해 (주 47) 참조.

49 Kowalski, S.133ff.

비로소 자신의 초과손해를 직접 청구할 수 있을 것이다. 이러한 문제해결이 가능하자면 주주가 회사의 손해배상청구를 강제할 수 있는 현실적인 수단이 존재해야 할 것이다. 현행상법상의 대표소송제도가 그러한 실효성 있는 구제수단이 될 수 없다는 점은 이미 지적한 바 있다. 이 점에 관해서는 결국 입법에 의한 해결을 기대할 수밖에 없을 것이다.

(4) 폐쇄회사의 경우

회사에 대한 배상으로도 회복될 수 없는 초과손해를 주주가 직접 청구할 수 있어야 하는 것은 당연하다. 그러나 초과손해가 아닌 경우에도 주주의 직접청구를 인정해야 할 경우가 있다. 1992년에 발표된 American Law Institute의 Principles of Corporate Governance의 최종안[50]은 법원이 폐쇄회사의 경우 대표소송이 다음과 같은 요건을 갖춘 때에는 재량에 따라 직접소송으로 보아 대표소송의 경우에 부과되는 여러 요건을 면제하고 직접 주주에 대한 배상도 명할 수 있도록 규정하고 있다.: ① 회사나 피고들이 부당하게 다수의 소송을 제기당하지 않을 것; ② 회사채권자의 이익이 중대하게 침해되지 않을 것; ③ 배상액이 이해당사자 모두에게 공정하게 분배되는 것을 저해하지 않을 것(§7.01(d)). 뒤의 세 가지 요건은 대체로 직접소송을 허용하는 경우의 문제점에 관한 것이라고 할 수 있다.[51] 그러나 폐쇄회사의 맥락에서는 직접소송을 허용하더라도 이러한 문제점은 생기지 않는 경우가 많다. 특히 대상판결에서와 같이 주주의 수가 극히 적은 경우에는 주주의 손해와 별도로 "회사의 손해"를 인정하는 것이 허구에 불과하다고 할 것이다.[52]

50 American Law Institute, Principles of Corporate Governance: Analysis and Recommendations (Proposed Final Draft 1992)(이하 Principles로 인용).

51 Principles, 606-607.

52 Principles, 608.

이러한 폐쇄회사의 특수한 문제점은 특히 회사에 손해를 발생시킨 가해자가 지배주주인 경우에 더욱 두드러진다. 그 경우 지배주주의 행위로 손해를 입은 주체를 소수주주가 아닌 회사라고 보아 여러 제약이 있는 대표소송의 방법을 이용하도록 강제하고 손해배상도 소수주주가 아니라 회사에 대해서 하게 함으로써 다시 지배주주가 지배할 수 있도록 하는 것은 문제가 있다.[53] 결국 문제는 소수주주의 이익을 회사채권자의 이익과 어떻게 조화시킬 수 있는가 하는 것이다. 주주의 직접청구를 허용하는 것에 반대하는 견해의 주된 근거는 회사채권자의 이익이 침해된다는 것이다.[54] 미국에서는 주주가 직접소송으로 제기하더라도 법원은 주주의 청구를 인용하면서 손해배상은 회사에 하도록 명할 수 있는 광범한 재량권을 누리고 있다. 그러한 재량을 행사하여 법원은 회사채권자의 보호를 위해서 필요한 금액은 회사에, 그리고 나머지 금액은 직접 주주에 배상하도록 명할 수도 있다. 최근 미국에서는 원칙적으로는 대표소송의 형식을 취하는 것이 당연한 사안도 그것이 폐쇄회사에서 일어난 것이라면 폐쇄회사의 특수성을 고려하여 주주가 직접 소송으로 제기하는 것을 인정하는 판례가 늘어 가고 있다.[55] 대상판결에서와 같이 지배주주가 회사재산을 횡령하는 경우는 바로 주주의 직접소송이 인정되는 대표적인 예라고 할 수 있다.[56] 또한 주주가 2인(또는 2개의 집단)밖에 없고 그중 한쪽이 지배주주인 경우에는 대표소송과 직접소송의 구별이 의미가 없다는 이유로 주주의 직접소송을 인정하는 판례도 늘어 가고 있다.[57]

53 지배주주가 손해배상의무자인 경우의 이러한 문제는 미국뿐 아니라 독일에서도 의식되고 있다. Clark, 664 fn. 4; Kowalski, S. 178f.

54 Principles, 608; Clark, 664 fn. 4; Kowalski, S. 178f.

55 Thompson, The Shareholder's Cause of Action for Oppression, 48 Bus. Law, 699, 735(1993).

56 Thomas v. Dickson, 301 S.E. 2d 49 (Ga. 1983); Caswell v. Jordan, 362 S.E. 2d 769 (Ga. Ct. App. 1987).

57 Thompson, (주 55), 736과 그곳에 인용된 판결들 참조.

(5) 소결

주주의 간접손해에 관한 대법원의 판시 (1)의 문면을 보면 두 가지의 상이한 해석이 가능할 것으로도 보인다.

첫 번째 가능성은 "모든" 간접손해는 401조의 손해에서 제외되는 것인데 한라창업이 입은 손해가 간접손해에 해당한다고 판시한 것으로 이해하는 것이다. 두 번째 가능성은 간접손해 중에서도 주주의 직접청구가 인정되는 경우가 있을 수 있는데, 한라창업이 대상판결에서 입은 것 같은 간접손해는 그러한 경우에 해당하지 않는다고 판시한 것으로 이해하는 것이다. 그러나 대법원의 판시를 두 번째의 내용으로 이해하는 것은 옳지 않다. 왜냐하면 사안에서 한라창업이 입은 손해야말로 주주의 직접청구허용 여부를 따졌어야 할 경우의 간접손해에 해당함에도 불구하고 대법원은 전혀 그러한 가능성을 내비치지도 않았기 때문이다. 대상판결의 사안에서 한라창업은 대일정공의 도산으로 인해서 초과손해를 입었을 가능성이 있었으며 대일정공은 폐쇄회사로서 피고인 사공국이 대표이사이자 다수주주(친척으로 짐작되는 사공철호의 지분을 합하면 60%가 넘는다)였으므로 한라창업의 직접청구의 허용 여부에 대해서는 보다 신중한 검토가 있었어야 했다. 그러나 대법원은 한라창업의 손해는 간접손해이고 간접손해는 401조상의 손해에 포함하지 않는다는 단순한 논리에 의해서 한라창업의 청구를 기각하였다. 대법원이 이러한 단순한 논리를 취하게 된 한 가지 이유는 원고인 한라창업의 소송수행이 철저하지 못했기 때문이 아닌가 생각된다. 만약 한라창업이 간접손해제외라는 도그마의 문제점을 착실히 지적하였더라면 대법원도 그러한 단순한 논리에 만족할 수는 없었을 것이다.

4. 기타의 논점

(1) 불법행위성립 여부: 판시 (2)

대법원은 단순히 "(대표이사)의 위 금원횡령이 바로 피고회사의 주주인 원고에 대한 일반불법행위로 된다거나 피고회사의 불법행위로 되는 것은 아니(다)"고 판시하고 있다. 따라서 주주가 직접 손해를 입은 경우에는 이사의 책임은 물론이고 회사의 불법행위책임이 성립할 수 있는 것이 아닌가 하는 추론이 가능하나 이 점에 대해서는 논의를 생략한다.

(2) 합작투자계약: 판시 (3)

창업투자회사가 직접투자를 함에 있어서는 주주간계약이라는 특별한 계약을 체결하는 것이 보통이다. 그때 상대방은 투자대상회사와 그 회사의 대주주가 된다. 이러한 주주간계약은 국내기업과 외국기업 간의 합작투자시에 흔히 체결되고 있다. 이러한 복수의 기업이 하나의 회사에 주주로서 참여하는 관계에서 그 주주 사이의 관계는 동업관계라고 할 수 있다. 그러나 회사법은 주주간의 그러한 동업관계를 거의 배려하고 있지 않으므로 그것을 계약으로 보충하기 위한 것이 이러한 주주간계약을 체결하는 목적이다. 따라서 주주간계약의 내용은 회사법의 규정을 수정하는 형태로 이루어지기 때문에 회사법의 강행법적 성격과 관련하여 그 한계가 문제된다. 이러한 문제는 특히 미국에서 일찍부터 논의된 바 있다. 일반적으로 말하자면 점차 넓게 허용되는 추세라고 할 수 있다.[58]

58 보다 상세한 것은 김건식, 주식발행을 통한 자금조달과 중소기업, 저스티스 24권 1호 (1991) 14-24면 참조

대상판결의 사안에서도 한라창업과 사공국, 대일정공 사이에 이러한 합작계약이 체결되었다. 그러나 사공국 등이 합작투자계약을 위반하였다는 주장은 대법원에 제출한 한라창업의 상고이유서에서 최초로 등장하였다. 대법원은 이것을 새로운 사실주장으로 보아 무시했어야 하지 않았는가 생각되나, 대법원은 오히려 합작투자계약에 사공국의 손해배상책임을 인정할 만한 특약을 찾을 수 없다고 정면돌파하였다. 그러나 대법원의 그런 판단에는 의문이 있다. 그 상고이유서에 의하면 합작계약 중에는 한라창업이 출자한 자금의 목적 외 사용을 위해서는 사전승인을 받아야 하며 그 의무를 위반한 경우에는 손해배상책임을 진다는 규정이 있었다. 그렇다면 사공국의 횡령은 바로 이 의무위반으로 보아야 하는 것이 아닌가? 따라서 사공국은 주주인 창업투자에 대해서 이사로서의 책임은 몰라도 적어도 위의 채무를 불이행한 것에 대한 책임은 지는 것이 아닌가? 회사자금의 횡령행위는 목적 외 사용으로 볼 수 있으므로 그것을 부정한 대법원의 결론에는 의문이 있다. 최근의 미국 판결에서도 가해자가 원고주주에 계약상의 의무와 같은 특정의 의무를 지는 경우에는 주주개인의 소송을 인정하고 있다. 즉 Hikita v. Nichiro Gyogyo Kaisha, Ltd.판결[59]에서 알래스카주 대법원은 가해자의 주주간계약상의 의무위반이 회사경영에 관한 것이고 손해가 직접 회사에 발생한 경우임에도 주주의 직접소송을 인정한 바 있다.

5. 결론

대법원이 합작투자 계약위반 여부에 대해서 구태여 판단을 하면서도 사공국의 책임을 부정한 것에 대해서는 의문이 있다. 오히려 적어도 사공국의 계약위반책임을 인정했어야 하지 않았을까? 또한 위에서 상세히 논한 바와

59 713 P.2d 1197(Alaska 1986).

같이 401조의 손해에는 간접손해가 포함되지 않는다며 한라창업에 대한 사공국의 책임을 부정한 판단에 대해서도 의문은 있다. 만약 한라창업에 대한 사공국의 401조 책임을 인정하는 경우에는 대법원판결에서 시사한 것처럼 회사의 책임(389조 3항, 210조)도 인정할 수 있을 것인가? 그 경우 주주인 한라창업은 회사에 대한 관계에서 채권자로서 일반 채권자와 동등한 지위에 서게 된다. 그러나 원래 기업의 위험을 최종적으로 부담해야 할 주주를 이처럼 채권자의 지위로 격상시키는 것에 대해서는 의문이 있다. 사공국의 책임을 인정하더라도 회사의 책임을 부정하는 한 실제 사공국이 무자력이라면 한라창업으로서는 대상판결의 경우보다 유리할 것이 없을 것이다.

『서울대학교 법학』 34권 2호(1993. 6), 295-313면.

* 추기: 이 글의 테마와 관련해서는 伊藤雄司, 會社財産に生じた損害と株主の損害賠償請求權(法學協會雜誌 123권 9호(2006), 1753면부터 4차례에 걸쳐 게재)이 상세하다.

06 부존재하는 주주총회결의에 기하여 선임된 대표이사와 거래한 제3자의 보호

대상판결: 대법원 1992. 8. 18. 선고 91다39924 판결*

〔판결요지〕

가. 원래 상법 제380조에 규정된 주주총회결의부존재확인의 소는 그 법적 성질이 확인의 소에 속하고, 그 부존재확인판결도 확인판결이라고 보아야 할 것이어서, 설립무효의 판결 또는 설립취소의 판결과 같은 형성판결에 적용되는 상법 제190조의 규정을 주주총회결의부존재확인판결에도 준용하는 것이 타당한 것인지의 여부가 이론상 문제될 수 있으나, 그럼에도 불구하고 상법 제380조가 제190조의 규정을 준용하고 있는 것은, 제380조 소정의 주주총회결의부존재확인의 소도 이를 회사법상의 소로 취급하여 그 판결에 대세적 효력을 부여하되, 주주나 제3자를 보호하기 위하여 그 판결이 확정

* 대법원은 같은 일자에 대상판결과 같은 취지의 판결을 한 건 더 선고한 바 있고(대법원 1992. 8. 18. 선고 91다14369 판결), 이후에도 동일한 취지의 판결을 하고 있다(대법원 1992. 9. 22. 선고 91다5365 판결; 대법원 1994. 3. 25 선고 93다36079 판결; 대법원 1995. 6. 29. 선고 94다22071 판결).

되기까지 그 주주총회의 결의를 기초로 하여 이미 형성된 법률관계를 유효한 것으로 취급함으로써 회사에 관한 법률관계나 법적 안정성을 보장하여 주려는 법정책적인 판단의 결과이다.

나. 상법 제380조가 규정하고 있는 주주총회결의부존재확인판결은 '주주총회의 결의'라는 주식회사 내부의 의사결정이 일단 존재하기는 하지만 그와 같은 의사결정을 위한 주주총회의 소집절차 또는 결의방법에 중대한 하자가 있기 때문에 그 결의를 법률상 유효한 주주총회의 결의라고 볼 수 없음을 확인하는 판결을 의미하는 것으로 해석함이 타당하다.

다. 주식회사와 전혀 관계가 없는 사람이 주주총회의사록을 위조한 경우와 같이 주식회사 내부의 의사결정 자체가 아예 존재하지 않는 경우에 이를 확인하는 결정도 상법 제380조 소정의 주주총회결의부존재확인판결에 해당한다고 보아 상법 제190조를 준용하여서는 안 된다고 할 것인데, 왜냐하면 비록 주주총회의 소집절차 또는 결의방법에 중대한 하자가 있어서 법률상 유효한 주주총회의 결의가 존재하지 않았던 것과 같이 평가할 수밖에 없더라도 주주총회의 결의라는 주식회사 내부의 의사결정이 일단 존재하는 경우에는, 의사결정절차상의 하자라는 주식회사 내부의 사정을 이유로 그 주주총회의 결의를 기초로 하여 발전된 사단적인 법률관계를 일거에 무너뜨리거나 그 주주총회의 결의가 유효한 것으로 믿고 거래한 제3자가 피해를 입도록 방치하는 결과가 되어서는 부당하다고 할 것이나, 이런 경우와는 달리 주주총회의 의사결정 자체가 전혀 존재하지 않았던 경우에는, 상법 제39조(부실의 등기)나 제395조(표현대표이사의 행위와 회사의 책임) 또는 민법에 정하여져 있는 제3자 보호규정 등에 의하여 선의의 제3자를 개별적으로 구제하는 것은 별론으로 하고, 특별한 사정이 없는 한 그와 같이 처음부터 존재하지도 않는 주주총회의 결의에 대하여 주식회사에게 책임을 지울 이유가 없기 때문이다.

〔판결전문〕

사건　　　91다39924 소유권이전등기말소

원심판결　서울민사지방법원 1991. 9. 20. 선고 91나12294 판결

주문　　　원심판결을 파기한다.

사건을 서울민사지방법원 본원합의부에 환송한다.

이유　　　원고소송대리인의 상고이유에 대하여 판단한다.

1. 원심은, 소외 최갑성이 1987. 6. 25. 원고회사의 이사회가 임시주주총회의 소집을 결의한 바 없고 당시 원고회사의 대표이사이던 소외 전병석이 주주총회를 소집하여 개최한 일이 없음에도, 마치 같은 날 주주 8명 중 3명이 출석하여 위 전병석을 퇴임시키고 자신을 대표이사에 취임하도록 하는 결의가 있었던 것처럼 주주총회의사록을 위조한 후, 그날 회사등기부상에도 같은 내용의 임원개임등기를 경료하고, 이어서 원고의 명의로 소유권이전등기가 경료되어 있던 이 사건 제1부동산에 관하여 1987. 9. 15. 피고 학교법인 명지학원의 명의로 소유권이전등기를 경료하였으며, 9. 3. 피고 문기수의 명의로 소유권이전등기가 경료되어 있던 이 사건 제2부동산에 관하여 경료된 원고 명의의 소유권이전등기청구권보전을 위한 가등기의말소등기를 경료하고, 9. 15. 피고 학교법인 명지학원의 명의로 소유권이전등기를 경료한 사실, 위 전병석이 원고회사를 상대로 위 주주총회결의가 부존재한다는 확인을 청구하는 소송을 제기하여 1989. 7. 12. 위 전병석 승소판결이 선고되고 그 무렵 그 판결이 확정된 사실 등을 인정한 다음, 원고회사가 이 사건 제1부동산을 매도하거나 이 사건 제2부동산의 경료된 위 가등기를 말소한 일이 없음에도, 위 최갑성이 원고회사의 주주총회의사록을 위조함으로써 참칭대표이사가 되어 피고 문기수와 공모하여 위 각 등기들을 경료한 것이므로, 그 말소 또는 말소회복을 위하여 이 사건 청구에 이르렀다는 원고의 주장을, 다음과 같은 이유로 배척하고 있다.

즉 상법 제380조에는 같은 법 제190조가 주주총회결의부존재의 확인을 구하는 소에도 준용된다고 규정되어 있고, 같은 법 제190조 단서에는 위 결의부존재확인판결의 효력이 그 확정 전에 생긴 회사와 제3자 간의 권리의무에 영향을 미치지 아니한다고 규정되어 있는바, 위 규정은 부존재임이 확인된 주주총회의 결의에 기초하여 형성된 권리의무에 대하여 주주총회결의가 부존재임이 확인되었음을 이유로 소급하여 그 권리의무를 부정한다고 하면 상대방에게는 예측할 수 없는 손해를 입히게 되어 거래의 안전을 크게 해하게 되므로 거래안전을 위한 기존상태 존중의 정신에 의하여 주주총회결의 부존재확인판결의 소급효를 제한하는 데에 그 취지가 있다고 할 것인데, 주식회사와 무관한 자가 주식회사의 주주총회의사록을 위조하여 참칭대표이사가 되어 제3자와의 사이에 권리의무를 형성한 경우에, 주식회사의 의사와 무관하게 이루어진 것으로서 무효라고 인정한다면 거래의 안전은 크게 위협받고 사실상 주주총회결의부존재확인판결의 소급효를 제한한 위 법규정을 형해화하여 그 규정의 정신을 살리지 못한다고 할 것이므로, 위와 같은 참칭대표이사가 제3자와의 사이에 형성한 권리의무는 주주총회결의부존재확인판결과 무관하게 그 효력이 유지되어야 한다고 봄이 상당하다고 할 것이므로, 위 최갑성이 원고회사와 무관하게 주주총회의사록을 위조하여 참칭대표이사가 된 다음 원고회사의 대표자로서 행한 위 소유권이전등기 및 가등기말소등기는 피고들이 위와 같은 사정을 알면서 위 등기 등을 경료하였다고 볼 만한 자료가 없는 이상, 그 효력이 유지된다고 보아야 한다는 것이다.

2. 상법 제380조는 "제190조의 규정은 총회의 소집절차 또는 결의방법에 총회결의가 존재한다고 볼 수 없을 정도의 중대한 하자가 있는 것을 이유로 하여 결의부존재의 확인을 청구하는 소에 이를 준용한다"고 규정하고 있고, 상법 제190조는 "설립무효의 판결 또는 설립취소의 판결은 제3자에 대하여도 그 효력이 있다. 그러나 판결확정 전에 생긴 회사와 사원 및 제3자 간의

권리의무에 영향을 미치지 아니한다"고 규정하고 있다.

원래 상법 제380조에 규정된 주주총회결의부존재확인의 소는 그 법적 성질이 확인의 소에 속하고 그 부존재확인판결도 확인판결이라고 보아야 할 것이어서, 설립무효의 판결 또는 설립취소의 판결과 같은 형성판결에 적용되는 상법 제190조의 규정을 주주총회부존재확인판결에도 준용하는 것이 타당한 것인지의 여부가 이론상 문제될 수 있으나, 그럼에도 불구하고 상법 제380조가 제190조의 규정을 준용하고 있는 것은, 제380조 소정의 주주총회결의부존재확인의 소도 이를 회사법상의 소로 취급하여 그 판결에 대세적 효력을 부여하되, 주주나 제3자를 보호하기 위하여 그 판결이 확정되기까지 그 주주총회의 결의를 기초로 하여 이미 형성된 법률관계를 유효한 것으로 취급함으로써 회사에 관한 법률관계에 법적 안정성을 보장하여 주려는 법정책적인 판단의 결과로서, 이 점은 원심이 판시하고 있는 바와 같다.

그러나 상법 제380조가 규정하고 있는 주주총회의결의부존재확인판결은, '주주총회의 결의'라는 주식회사 내부의 의사결정이 일단 존재하기는 하지만 그와 같은 의사결정을 위한 주주총회의 소집절차 또는 결의방법에 중대한 하자가 있기 때문에 그 결과를 법률상 유효한 주주총회의 결의라고 볼 수 없음을 확인하는 판결을 의미하는 것으로 해석함이 상당하고, 이 사건처럼 주식회사와 전혀 관계가 없는 사람이 주주총회의사록을 위조한 경우와 같이 주식회사 내부의 의사결정 자체가 아예 존재하지 않는 경우에 이를 확인하는 판결도 상법 제380조 소정의 주주총회결의부존재확인판결에 해당한다고 보아 상법 제190조를 준용하여서는 안 된다고 할 것이다.

왜냐하면 비록 주주총회의 소집절차 또는 결의방법에 중대한 하자가 있어서 법률상 유효한 주주총회의 결의가 존재하지 않았던 것과 같이 평가할 수밖에 없더라도 주주총회의 결의라는 주식회사 내부의 의사결정이 일단 존재하는 경우에는, 의사결정절차상의 하자라는 주식회사 내부의 사정을 이유로 그 주주총회의 결의를 기초로 하여 발전된 사단적인 법률관계를 일거에 무너뜨리거나 그 주주총회의 결의가 유효한 것으로 믿고 거래한 제3자가 피해를 입도록 방치하는 결과가 되어서는 부당하다고 할 것이나, 이런 경우와는 달리 주주총회의 의사결정 자체가 전혀 존재하지 않았던 경우에는, 상법 제39조(부실의 등기)나 제395조(표현대표이사의 행위와 회사의 책임) 또는 민법에 정하여져 있는 제3자 보호규정 등에 의하여 선의의 제3자를 개별적으로 구제하는 것은 별론으로 하고, 특별한 사정이 없는 한 그와 같이 처음부터 존재하지도 않는 주주총회의 결의에 대하여 주식회사에게 책임을 지울 이유가 없기 때문이다.

3. 그럼에도 불구하고, 원심은 원고회사와 무관한 제3자인 소외 최갑성이 원고회사의 주주총회의사록을 위조하여 자신이 원고회사의 대표이사로 선임된 것처럼 허위로 등기한 사실을 인정하면서도, 상법 제380조에 의하여 준용되는 상법 제190조 단서의 규정에 비추어 위 최갑성이 원고회사의 대표자로서 이 사건 부동산에 관하여 경료한 위 소유권이전등기 및 가등기말소등기가 유효한 것이라고 판단하였으니, 원심판결에는 상법 제380조에 규정된 주주총회결의부존재확인판결에 관한 법리를 오해한 위법이 있다고 할 것이고, 이와 같은 위법은 판결에 영향을 미친 것임이 명백하므로, 이 점을 지적하는 논지는 이유가 있다.

4. 그러므로 원심판결을 파기하고 다시 심리판단하게 하기 위하여 사건을 원심법원에 환송하기로 관여법관의 의견이 일치되어 주문과 같이 판결한다.

〔연구〕

1. 서론

(1) 사건의 개요

X회사와 무관한 A는 X회사의 이사회가 임시주주총회의 소집을 결의한 바 없고 대표이사인 B가 소집한 바도 없음에도, 마치 1987년 6월 25일 주주 8명 중 3명이 출석하여 B를 퇴임시키고 자신을 대표이사에 취임하도록 하는 주주총회결의와 이사회결의가 있었던 것처럼 주주총회의사록과 이사회의사록을 위조하고, 회사등기부에 그러한 내용의 등기를 마쳤다.[1] A는 1987년 9월 15일 X회사 명의로 등기되어 있던 제1부동산을 Y-1학원의 명의로 소유권이전등기를 경료하였고, Y-2명의로 등기되어 있던 제2부동산에 관하여 경료된 X회사 명의의 소유권이전등기청구권보전을 위한 가등기를 말소하고 Y-1학원의 명의로 소유권이전등기를 경료하였다. 이에 B는 X회사를 상대로 위 주주총회결의의 부존재확인을 위한 소를 제기하여 1989년 7월 12일 승소판결을 받았고 이 판결은 곧이어 확정되었다. X회사는 A가 참칭대표이사로서 Y-2와 공모하여 위의 등기들을 경료한 것이므로 그 말소 또는 말소회복을 위하여 Y-1과 Y-2를 상대로 다시 소를 제기하였다.

(2) 원심의 판단: 서울민사지법 1991. 9. 20. 선고 91나12294 판결

원심은 대체로 다음과 같은 이유로 원고 X회사의 청구를 기각하였다.

상법 제380조가 준용하는 제190조의 단서는 결의부존재확인판결의 효력

1 이사회의사록위조사실은 판결문에는 나와 있지 않으나 소송자료에 드러나 있다.

이 그 확정 전에 생긴 회사와 제3자 간의 권리의무에 영향을 미치지 아니함을 규정하고 있는바 이 규정의 취지는 거래안전을 위하여 그러한 판결의 소급효를 부정하는 것이다. 주식회사와 무관한 자가 주식회사의 주주총회의사록을 위조하여 참칭대표이사가 되어 제3자와 거래한 경우에 그것을 무효라고 하면 거래의 안전은 크게 침해되고 위 규정은 형해화할 것이다. 따라서 A가 참칭대표이사로서 행한 위 등기들은 "피고들이 위와 같은 사정을 알면서 위 등기 등을 경료하였다고 볼 만한 자료가 없는 이상, 그 효력이 유지된다고 보아야 한다."

(3) 대법원판결의 요지

위 판결에서 드러난 대법원의 견해는 다음과 같이 요약될 수 있다.

즉 주주총회결의의 부존재는 ① 주식회사 내부의 의사결정이 아예 부존재하는 경우(물리적 부존재)와, ② 내부의사결정이 있으나 절차상 중대한 하자가 있어 법률상 결의가 존재하는 것으로 볼 수 없는 경우(법률적 부존재)의 두 가지로 나누어진다. 제380조가 적용대상으로 삼고 있는 것은 ②의 법률적 부존재이고 ①의 물리적 부존재는 제외된다. 다만 ①의 경우에도 결의의 외관을 현출시킨 자가 회사와 관련을 갖는 경우에는 ②에 준해서 제380조의 적용대상이 될 수 있다.[2]

(4) 대상판결의 의의

실무상 주주총회와 이사회를 전혀 개최함이 없이 서류상으로만 마치 대

2 대상판결과 같은 일자에 선고된 91다14369 판결에서는 회사의 과반수 주식을 보유하거나 또는 과반수의 주식을 보유하지 않더라도 사실상 회사의 운영을 지배하는 주주인 경우에는 '회사와의 관련'을 인정할 수 있다고 하고 있다.

표이사가 변경된 것처럼 꾸며 대표이사변경등기를 마치는 경우를 흔히 볼 수 있다. 이러한 대표이사의 변경이 전체 주주의 의사에 기한 것이라면 별 문제가 없을 것이다.[3] 그러나 실제로는 대표이사의 변경등기가 전체 주주의 의사에 기하지 않고 회사의 일부관계자나 심지어는 회사와 전혀 무관한 자에 의해서 경료되는 경우가 없지 않다. 이처럼 불법적인 방법으로 등기를 마치 대표이사(이하에서는 '참칭대표이사'라고 부름)가 예컨대 회사의 재산을 제3자에게 처분해 버린 경우에는 회사와 제3자 중에서 누구를 보호할 것인가 하는 문제가 발생한다.

과거 이러한 참칭대표이사와 거래한 제3자가 자신의 이익을 보호하기 위해서 동원할 수 있는 상법상의 법리로는 대체로 다음 세 가지를 들 수 있다. ① 제190조 단서를 준용하여 주주총회결의부존재확인판결의 소급효를 부인하는 제380조, ② 표현대표이사법리를 규정한 제395조, ③ 부실등기의 공신력을 규정한 제39조.[4] 대상판결은 이들 세 가지 중 특히 ①에 관한 판결로서 주식회사의 내부결정이 아예 부존재하는 경우에는 특별한 예외적 사정이 존재하지 않는 한 제380조가 적용될 여지가 없고, 따라서 주주총회결의부존재확인판결의 소급효가 인정될 수 있음을 선언한 최초의 판결이다. 이 판결에 대하여 학설은 그 결론에는 수긍하면서도 부존재의 유형을 두 가지로 분류하는 이론구성에 대해서는 비판적인 태도를 취하였다.[5] 1995년 상법개정시에 제380조에서 제1990조 본문만을 준용함을 명시함으로써 이 문제는 입법적으로 해결되었다. 따라서 대상판결은 선고 당시에는 중요한 의미를 지

3 대법원은 적어도 1인회사의 경우에는 주주총회가 개최된 바 없어도 의사록만 작성되었다면 결의가 유효하게 성립된 것으로 보고 있다(대법원 1976. 4. 13. 선고 74다1755 판결; 대법원 1996. 6. 23. 선고 91다19500 판결).

4 한편 회사쪽에서는 제3자에게 양도된 것이 회사의 영업용 재산인 경우 제374조의 주주총회특별결의가 없었음을 이유로 그 거래의 무효를 주장하는 것이 보통이다.

5 예컨대 정동윤, "부존재로 확인된 주주총회결의에 기한 거래행위의 효력," 현대상법의 과제와 전망(1994), 29면.

녔으나 현재 선례로서의 가치는 크게 상실되었다.

2. 주주총회결의부존재확인판결과 소급효

(1) 주주총회결의부존재확인의 소와 상법 제190조 단서의 준용 여부

우리 상법 제380조는 합명회사의 설립무효 또는 취소의 판결의 효력에 관한 규정인 상법 제190조를 주주총회결의부존재확인의 소에 준용하고 있다. 상법 제190조의 본문은 그러한 판결의 대세효를 규정하고 있으며, 단서는 "판결확정 전에 생긴 회사와 회원 및 제3자 간의 권리의무에 영향을 미치지 아니한다"고 하여 그러한 판결의 효력이 소급하지 않음을 규정하고 있다. 1984년 상법이 개정되기 전의 제380조는 주주총회결의무효확인의 소만을 적용대상으로 하고 있었다. 따라서 당시에는 제380조가 주주총회결의부존재확인의 소에도 유추적용될 수 있는지에 대해서 학설이 대립하였다. 결의부존재확인의 소를 일반민사소송법상의 확인의 소로 보는 학계의 통설은 제380조의 적용을 부정하고 있었으나, 실무계에서는 그것을 회사법상의 소로 보아 성질이 허용하는 한 제380조의 규정을 준용 내지 유추적용하자는 견해가 많았다.[6] 또한 일부학자들은 결의부존재확인소송에도 결의무효확인소송에 관한 규정을 준용할 것을 입법론으로 주장하기도 하였다.[7] 한편 이 점에 대해서 판례는 한동안 혼미를 거듭하였다. 대법원은 처음에는 이 소송의 성질을 회사법상의 소로 보았으나(대법원 1960. 9. 8. 선고 4292민상766 판결), 1963년 2월 15일의 전원합의체 결정(62마25)을 계기로 일반민사소송법상의 확인의 소라는 태도로 변경하였다. 그후 1982년에 이르러 대법원은 다시 전

6 최기원, (제6증보판)신회사법론, 박영사(1991), 588-589면.

7 손주찬, 개정상법축조해설, 1984, 103면의 인용 참조.

원합의체 판결[8]로 주주총회결의부존재확인의 소도 회사법상의 소라는 전제에서 상법 제380조가 준용된다는 것을 선언함으로써 그간의 혼선은 일단 마무리되었다. 1984년의 상법개정에서 제380조의 적용대상에 주주총회결의부존재확인의 소가 포함된 것은 바로 위와 같은 학계의 입법론과 대법원의 결론이 받아들여진 것으로 볼 수 있다. 1984년의 개정상법 제380조의 법문상 주주총회결의부존재확인판결에 대해서도 제190조가 준용된 결과 대세효가 인정되고 소급효는 부인되는 것처럼 보였다. 그러나 당시의 상법하에서도 일부 학자가 결의가 전혀 없는 경우에도 판결이 있기까지는 결의가 있었던 것과 같이 취급하는 것은 불합리하므로 주주총회결의부존재확인판결은 당연히 소급효를 갖는 것으로 보아야 한다는 견해를 주장한 바 있다.[9] 또한 일부 학자는 적어도 입법론상으로는 주주총회결의의 취소나 무효를 구하는 소의 경우에도 판결의 소급효를 제한하는 규정인 제190조 단서를 준용하지 않는 것이 좋겠다는 견해를 표명하였다.[10]

대상판결은 1984년 개정 이후 주주총회결의부존재확인판결의 소급효문제를 정면으로 다룬 최초의 판결이다. 대상판결에서 대법원은 결의부존재를 아예 외형상 결의라고 할 만한 것이 부존재하는 경우(물리적 부존재)와 절차상 하자가 커서 실질적으로 부존재하는 것으로 보아야 할 경우(법률적 부존재)의 두 가지로 나누어 그 효과를 달리 인정하였다. 즉 대법원은 제380조의 적용대상이 되는 것은 후자뿐이고 전자에는 제380조의 적용이 없으므로 제190조 단서도 준용될 여지가 없다는 취지를 밝혔다.

8 대법원 1982. 9. 14. 선고 80다2425 판결.

9 채이식, 상법강의(상), 1990, 543-545면.

10 정희철, 상법학(상), 1989, 469면.

(2) 주주총회결의부존재확인판결의 소급효에 관한 세 가지 견해

1) 서설

대상판결을 포함해서 부존재확인판결의 소급효에 관한 견해는 다음의 세 가지로 나누어 볼 수 있다. ① 제190조 단서를 준용하여 부존재확인판결의 소급효를 전면적으로 부정하는 견해(전면적 불소급설), ② 대법원판결과 같이 결의부존재를 물리적 부존재와 법률적 부존재의 두 가지로 나누어 후자만을 제380조의 적용대상으로 보고 전자는 아예 제380조의 적용대상에서 배제되는 것으로 보는 견해(편면적 소급설), ③ 주주총회결의부존재확인소송은 모두 제380조의 적용대상이 되지만 제190조의 본문만이 준용되고 단서는 준용되지 않는 것으로 보는 견해(전면적 소급설). 이들 세 가지 견해는 주주총회결의부존재확인소송의 성질론과 밀접히 연결되어 있다. 즉 전면적 불소급설은 형성소송설과, 반면에 전면적 소급설은 확인소송설과 상통한다. 주주총회결의부존재확인소송과 주주총회결의무효확인소송의 법적 성질에 대해서는 다양한 학설이 제기되고 있다.[11] 그러나 주주총회결의부존재확인소송(무효확인소송의 경우에도 사정은 마찬가지이다)의 성질론으로부터 원고적격, 소 이외의 방법에 의한 주장의 허용 여부(배타성), 소급효 등 구체적인 문제의 해답을 구하는 연역적인 방식은 본말전도의 느낌이 든다. 오히려 먼저 개별적 문제마다 나름대로 합리적인 해답을 구하고 성질론은 뒤로 돌리는 편이 타당할 것이다. 그러한 관점에 따라서 이곳에서는 위의 세 가지 견해를 차례로 검토하기로 한다.

2) 전면적 불소급효설

전면적 불소급효설의 가장 주된 논거는 제190조를 준용하고 있는 제380조

11 자세한 것은 김병재, "주주총회결의부존재확인의 소," 회사법의 제문제(상)(재판자료 37집, 1987), 587-591면 참조.

의 문언이라고 할 수 있다. 그러나 뒤에서 전면적 소급설에 대한 부분(4)에서 보다 자세히 논하는 바와 같이 제380조가 '제190조 본문'이라고 특정하지 않고 그냥 '제190조'라고 하고 있다고 해서 반드시 판결효력의 불소급을 규정한 제190조 단서까지 함께 준용하는 것으로 보아야만 하는 것인지는 의문이다. 전면적 불소급설이 다음에서 보는 바와 같이 여러모로 불합리한 결과를 초래한다면 그처럼 문언에 얽매이는 해석은 결코 바람직하다고 할 수 없을 것이다. 전면적 불소급설에 대한 비판은 다음과 같이 정리할 수 있다.[12]

① 명백히 부존재하는 결의를 판결이 있기까지 존재하는 것으로 취급하는 것은 우선 상식적으로 받아들이기 어렵다.

② 부존재확인판결의 효력이 소급되지 않으면 그 실효를 거둘 수 없는 경우가 있다. 예컨대 이사의 보수결정(제388조)이나 재무제표승인의 결의(제449조) 등과 같이 그 자체로 완료적 의미를 가지는 결의는 그 효력을 소급적으로 부정하지 않고서는 소송의 목적을 달할 수 없다.[13]

③ 만약에 회사와 전혀 무관한 자가 참칭대표이사로서 회사재산을 처분하는 경우에도 결의부존재확인판결의 효력이 소급하지 않는다고 한다면 회사는 귀책사유가 없이도 재산을 상실할 가능성이 있다. 이러한 결과는 권리자의 귀책사유 없이 권리를 상실하는 경우를 좀처럼 인정하지 않는 우리 사법의 기본태도와 잘 조화되지 않는다.[14]

④ 만약 결의부존재를 소에 의해서만이 아니라 소송 이외의 방법으로도

12 이하의 비판은 주주총회결의무효확인판결의 효력이 불소급하는 것으로 보는 견해에 대해서도 상당 부분 그대로 타당할 것이다.

13 김병재, 앞의 논문 (주 11), 619면.

14 우리 법제상 그러한 경우로는 선의취득으로 인하여 권리자가 권리를 상실하는 경우(민법 제249조 이하; 어음법 제16조 제2항, 제77조 제1항 제1호; 수표법 제21조; 상법 제359조) 정도를 들 수 있을 것이다. 부동산등기의 공신력이 인정되고 있지 않은 우리나라에서는 그러한 경우가 독일에서보다 좁다. 독일의 사정에 대해서는 Canaris, Die Vertrauenshaftung im deutschen Privatrecht(1971), S. 471.

주장할 수 있다고 한다면, 즉 주주총회결의부존재확인소송의 배타성[15]을 부정한다면, 결의부존재의 주장방법에 따라 소급효가 좌우될 것이다. 이러한 결과가 부당함은 물론이다. 만약 주주총회결의부존재확인의 소의 배타성을 인정한다면 이러한 불합리는 피할 수 있을 것이다. 그러므로 문제는 다시 주주총회결의부존재확인소송의 배타성을 인정할 것인가에 귀착한다고 할 것이다. 그러나 다음과 같은 점에 비추어 배타성은 부정하여야 할 것이다.

(i) 대법원은 최근의 판결(대법원 1992. 9. 22. 선고 91다5365 판결)에서 결의부존재의 주장은 반드시 회사에 대한 소로써만 해야 하는 것은 아니라고 판시하여 배타성을 부정하고 있다.

(ii) 배타성을 인정하면 부존재의 결의로 인하여 손해를 입는 주주, 회사채권자, 회사 자신 등이 구제를 받기가 어려워진다.[16] 구제를 받기 위하여 먼저 결의부존재확인소송을 거쳐야 한다면 시간과 비용이 이중으로 드는 것은 물론이고 경우에 따라서는 아예 구제의 기회를 현실적으로 잃어버릴 가능성마저 있다.[17]

(iii) 독일법도 배타성을 부정하고 있는 것으로 보인다. 독일 주주법은 주주총회결의의 무효는 회사에 대한 주주총회결의무효확인소송에 의해서는 물론 다른 방법으로도 주장할 수 있음을 명문으로 인정하고 있다(제249조 제1항 제2문). 뒤에서 보는 바와 같이 결의부존재를 결의무효와는 별도로 독립된 하자유형으로 볼 것인가에 대해서는 긍정설과 부정설로 학설이 나뉘고 있다.[18] 결의부존재를 결의무효에 포함시키는 부정설을 따르는 경우 이 규정에 따라 결의부존재를 소 이외의 방법으로 주장할 수 있음은 당연하다. 그

15 배타성이라는 용어는 주주총회결의의 하자를 다투는 소송에 대한 岩原紳作 교수의 포괄적인 연구논문인 "株主總會決議を争う訴訟の構造(1)-(9)," 法學協會雜誌 96권 6호(1979), 669면 이하에서 따온 것이다.

16 岩原紳作, "株主總會決議を争う訴訟の構造(9)," 法學協會雜誌 97권 8호(1980), 1106면 이하.

17 岩原, 위의 논문, 1107면(파산이나 회사정리절차 중에 위법배당결의의 무효를 소로써만 주장해야 하는 경우의 문제점).

18 자세한 것은 Zöllner, in Kölner Kommentar zum AktG, §241, Anm. 49ff.

러나 양자를 구별하는 긍정설을 따르더라도 일반적으로 이 규정은 결의부존재의 경우에 유추적용되는 것으로 보고 있기 때문에 차이는 없다.[19]

⑤ 비교법상으로도 주주총회결의부존재확인판결의 소급효를 부정하는 입법례는 찾아보기 어렵다. 이곳에서는 우리 상법규정에 직접적으로 영향을 주었다고 할 수 있는 독일법과 일본법만을 살펴보기로 한다.

먼저 독일법을 살펴본다. 독일법상 주주총회결의의 하자는 우리나라에서와는 달리 다음의 네 가지로 분류되고 있다. (i) 비결의 내지 표현결의, (ii) 무효, (iii) 부동적 무효,[20] (iv) 취소. 독일주식법상 원칙적으로 법률 또는 정관을 위반하는 결의는 모두 취소의 소의 대상이 된다(제243조 제1항). 주식법은 이들 취소사유의 일부를 동시에 결의무효사유로 규정하고 있다(제241조). 우리 상법에서와는 달리 이들 결의무효사유는 내용상의 하자뿐만 아니라 일부 절차상의 하자까지도 포함하고 있다. 예컨대 후자에는 주주총회가 소집권한이 없는 자에 의하여 소집된 경우(제241조 제1호, 제121조 제2항)도 포함되고 있다. 이 같은 경우는 우리나라에서라면 결의부존재에 해당하는 것으로 취급될 것이다.[21] 이들 네 가지 하자유형 중에서 가장 우리 법상의 결의부존재에 가까운 것은 (i)의 비결의(Nichtbeschluß) 내지 표현결의(Scheinbeschluß)라고 할 수 있다. 비결의는 주주총회가 실제로 개최된 바 없이 서면상 결의가 있었던 것처럼 꾸며진 경우를 말하고 표현결의는 주주 아닌 자들이 주주총회를 개최한 경우를 말한다.[22] 실제로 양자를 구별할 법률상의 실익은 없을 것이다.

비결의나 표현결의에 대해서는 전혀 결의의 효력을 인정하고 않고 주식

19 Zöllner, a.a.O., §249, Anm. 7.

20 부동적 무효의 결의는 주주의 고유권을 침해하는 결의와 같이 원칙적으로 무효이지만 당해 주주의 동의와 같은 부가적 요건이 충족되면 완전한 효력을 가질 수 있는 결의를 가리킨다.

21 예컨대 대법원 1975. 4. 22. 선고 74다1464 판결.

22 岩原紳作, "株主總會決議を争う訴訟の構造(8)," 法學協會雜誌 97권 6호(1980), 801면(Schilling, in Großkommentar, §241 Anm. 4를 인용하고 있다).

법상의 결의무효확인소송(제249조)이 아니라 일반민소법상의 확인소송만이 가능하다고 보는 것이 일반적인 견해이다.[23] 이에 대해서는 실제로 무효와의 구별이 어려운 경우가 많으므로 무효와 마찬가지로 취급하자는 소수설이 있다.[24] 비결의나 표현결의의 소급효에 대하서 특별히 논하고 있는 견해는 찾을 수 없다. 그러나 독일에서는 결의취소판결에 대해서도 명문의 규정은 없지만 소급효를 긍정하는 것이 일반적인 견해라는 점[25]에 비추어 비결의나 표현결의의 소급효는 당연히 전제되고 있는 것으로 보인다. 무효확인판결의 소급효에 대해서도 법문에 아무런 규정이 없지만 소급효를 부정하는 견해를 찾기 어렵다.[26] 그렇다면 제3자의 보호는 어떻게 달성하는가? 실제로 주주총회결의취소판결의 경우에는 제3자의 보호를 위해서 제3자에 대한 관계에서는 소급효를 전적으로 부인하자는 견해도 과거에는 존재하였다.[27] 그 밖에도 제3자에 대한 관계에서 여러 가지로 소급효를 제한하려는 시도가 행해진 바 있다. 그러나 이처럼 제3자에 대한 관계에서 소급효를 부인 내지 제한하자는 견해는 별로 지지를 받지 못하고 있다. 소급효를 제한 없이 인정하는 Zöllner는 이사의 대표권을 신뢰하여 거래한 제3자는 오히려 상법전의 등기법리, 표현대리법리, 하자 있는 행위에 의해서 선임된 기관이 행한 행위의 유효성에 관한 법리 등에 의해서 충분한 보호를 받는다고 한다.[28]

독일법과는 달리 일본법은 주주총회결의의 하자를 다투는 소송의 구조가 우리나라 법에서와 상당히 비슷하다. 우리 상법 제190조에 해당하는 조문의 일본 상법에서는 합병무효판결의 효력에 관한 제109조와 제110조의 두 개

23 岩原, (주 22), 801면.

24 예컨대 Zöllner, a.a.O., §241, Anm. 49ff.

25 Zöllner, a.a.O., §248, Anm. 9; Hüffer, in Kommentar zum Aktiengesetz von Geßler, Hefermehl, Eckardt, Kropff, 1984, §248 Anm. 15ff. 다만 감사선임결의의 취소판결의 경우에는 소급효를 부정하는 견해가 유력하다.

26 岩原, (주 22), 828면.

27 Flechtheim, Festschrift für Zitelmann(1913), S. 3ff.(Hüffer, a.a.O., §248, Anm. 17에서 재인용).

28 Zöllner, a.a.O., §248, Anm. 18.

조문이다. 제109조는 판결의 대세효, 제110조는 판결효력의 불소급을 규정하고 있다. 우리 상법 제380조에 해당하는 일본 상법 제252조는 제109조는 준용하지만 제110조는 준용하고 있지 않다. 심지어는 결의취소의 소(제247조)에도 제110조는 준용되고 있지 않다. 따라서 일본에서는 판결의 소급효의 문제는 전적으로 해석에 맡겨져 있다. 그러나 적어도 무효확인판결이나 부존재확인판결의 효력이 소급한다는 것에는 별로 이론이 없다.[29] 결의취소판결에 대해서도 소급효를 긍정하는 것이 판례 · 통설이다.[30]

⑥ 제190조 단서는 선의의 제3자만을 보호하기에는 적합치 않은 규정이다. 제190조 단서는 합명회사의 설립취소 내지는 무효의 판결이 "결의확정전에 생긴 회사와 사원 및 제3자 간의 권리의무에 영향을 미치지 아니한다"고 규정하고 있을 뿐으로 제3자의 선의를 명시적으로 요구하고 있지도 않고 그렇게 해석하는 견해도 찾아볼 수 없다. 대상판결의 원심은 제3자가 상대방이 참칭대표이사임을 알고 있는 경우에는 그 자와 체결한 거래의 효력이 부인될 수 있음을 시사하고 있다. 그러나 그처럼 악의의 제3자에게 제190조 단서의 적용을 배제할 수 있는 근거가 되는 규정으로서 원래 외관을 신뢰한 선의의 제3자를 보호하기 위한 규정이라기보다는 사실상의 회사에 의해서 형성된 기성의 사실관계를 회사법적으로 처리하기 위한 규정이라고 할 것이다.[31]

⑦ 끝으로 주주총회결의부존재확인판결의 소급효를 부정하는 경우에는 다시 이사회결의의 부존재 여부를 따져 보아야 하는 다소 귀찮은 문제가 발생할 수 있다. 그 문제는 대표이사가 일단 주주총회에서 이사로 선임되고 다

29 新版注釋會社法(5)(1986), 398면, 405면(小島); 北澤正啓, 3版 會社法(1991), 333면은 결의무효확인판결이나 부존재확인판결의 경우에도 취소판결의 경우와 마찬가지로 소급효의 유무를 일률적으로 정할 것이 아니라 하나의 결의도 문제에 따라 소급효 여부를 달리하자는 견해를 따르고 있다.

30 자세한 것은 新版註釋會社法, (주 29), 348-550면(岩原) 참조.

31 같은 취지의 견해로서 K. Schmidt, Gesellschaftsrecht, 2. Aufl., 1991, S. 123. 독일에서는 회사와 제3자와의 관계는 사실상의 회사개념에 의해서가 아니라 권리외관이론에 의해서 처리하자는 견해도 유력하지만 단체적 법률관계의 현실적인 해결을 고려하면 취하기 어렵다; ders.

시 이사회에서 대표이사로 선임된 것과 같은 외관을 갖춘 경우에 생겨난다. 만약 참칭대표이사를 이사로 선임하는 주주총회결의부존재확인판결의 소급효를 인정하는 경우에는 그는 자동적으로 대표이사의 자격도 상실할 것이므로 따로 그를 대표이사로 선임한 이사회결의의 부존재를 논할 필요가 없을 것이다. 그러나 주주총회결의부존재확인판결의 소급효를 부정하는 경우 이제는 이사회결의의 하자를 따져 보아야 하지 않는가 하는 의문이 생겨날 수 있다. 이사회결의의 하자에 대해서는 아무런 규정이 없으므로 소에 의해서는 물론이고 소 이외의 방법으로도 주장할 수 있다고 보는 것이 일반적인 견해이다.[32] 또한 이사회결의의 효력을 부인하는 판결—그것이 부존재확인이든 무효확인이든 간에—에는 제190조의 준용은 없으므로 당연히 대세효도 없고 소급효도 인정될 것이다.[33] 그렇다면 참칭대표이사의 행위의 효력을 부정하고자 하는 회사로서는 이사회결의의 효력을 부인하는 방법으로도 목적을 달성할 수 있을 것인가? 그것이 가능하다면 정관상 대표이사를 주주총회와 이사회 중 어느 곳에서 선임하게 되어 있느냐라는 우연적인 사정에 따라 참칭대표이사의 행위의 효력이 좌우될 것이다. 이러한 결과가 불합리한 것은 물론이다. 만약 이사회결의의 효력을 인정할 수 있다면 이러한 불합리한 결과를 피할 수 있을 것이다. 그러나 대상판결은 이사회의사록을 위조한 사안으로 보이지만 이사회결의의 효력은 따로 다투어지지 않았다. 회사 측이 그 점을 주장하지 않은 이유는 알 수 없다. 혹시 부존재하는 주주총회결의에 의해서 선임된 이사도 일단 확정판결이 있기까지는 적법한 이사로 간주된다면 그들이 모여서 한 결의도 적법한 이사회결의로 간주될 것이라고 생각한 것은 아니었을까? 주주총회결의에 의해서 이사로 선임된 것처럼 꾸며진 가짜이사들이 전부 모여서 대표이사선임결의를 한 경우에는

32 최기원, (8대전정판)신회사법론, 1991, 506면; 대법원 1982. 7. 13. 선고 80다2441 판결.

33 대세효를 부정하는 대법원판결로는 대법원 1988. 4. 25. 선고 87누399 판결 참조.

그러한 논리를 따를 수도 있을 것이다. 그러나 실제로 이사회의 개최도 없이 이들 중 1인이 의사록만을 꾸민 경우에도 과연 그러한 논리를 따를 수 있을까? 회사실무에서도 실제로 이사회를 소집하지 않고서 의사록만을 작성하는 경우도 없지 않다고 한다. 만약 이사들이 문제의 이사회결의에 동의하는 경우라면 편의상 그러한 결의의 효력을 인정해야 하지 않는가 하는 견해도 있을 수 있다. 그러나 적어도 대법원은 그러한 융통성 있는 견해를 채택하고 있지 않다. 대법원은 회사의 이사들이 전부 피신하여 실제로 이사회를 개최할 수도 없었던 상황하에서 이사들의 위임을 받은 제3자가 이사회결의가 있었던 것처럼 의사록을 작성하고 등기를 마친 사안에서 그러한 이사회결의는 당연무효이고 그 하자가 치유될 수도 없다고 판시한 바 있다(대법원 1982. 7. 13. 선고 80다2441 판결). 주주총회결의부존재확인판결의 소급효를 인정하는 경우에는 이러한 난제는 사라져 버릴 것이다.

3) 편면적 소급설: 대법원의 견해

이곳에서는 결의불존재를 물리적 부존재와 법률적 부존재의 두 가지로 나누어 전자의 경우에만 소급효를 인정하는 대법원의 논리에 대해서 검토하기로 한다.

① 위에서 언급한 전면적 불소급설에 대한 비판근거 중에서 ②, ④, ⑤, ⑥, ⑦ 등은 대법원의 편면적 소급설에 대해서도 어느 정도 타당할 수 있을 것이다.

② 대법원은 결의부존재를 물리적 부존재와 법률적 부존재의 두 가지로 나누어 제380조의 적용대상은 후자의 경우만이라고 하고 있다. 이와 관련하여 특히 주목을 끄는 것은 대상판결과 같은 일자에 선고된 91다14369 판결(대법원 1992. 8. 18. 선고 91다14369 판결)이다. 이 판결에서 대법원은 물리적 부존재의 경우에도 '주주총회결의의 외관현출에 회사가 관련된 것으로 보아야 할 경우'에는 후자와 마찬가지로 취급해야 한다고 판시하였다. '회사와의 관련'이 인정될 수 있는 예로는 결의의 외관을 현출한 자가 회사의 과반수주

식을 보유하거나 사실상 회사의 운영을 지배하는 주주인 경우를 들었다. 그러나 이들 새로이 도입된 개념들의 의미는 반드시 명확하지는 않다. 먼저 물리적 부존재와 법률적 부존재의 구별이 모호하다. 91다14369 판결에 의하면 물리적 부존재는 (i) 주주총회를 소집, 개최함이 없이 의사록만 작성하였거나, (ii) '외형상 해당회사의 주주총회로 볼 수 없는 회의'를 개최하여 의사록을 작성한 경우라고 하고 있는데 (i)의 의미는 비교적 정확하지만 (ii)는 특히 법률적 부존재와 구별이 용이하지 않다. 또한 물리적 부존재의 예외사유인 '회사와의 관련'도 해석하기에 따라서는 회사의 책임이 인정되는 경우가 상당히 넓어질 수 있다. 그러나 91다14369 판결에서 예외가 인정되는 예로 외관현출을 주도한 자가 실질적인 지배주주인 경우를 들고 있는 것으로 보아 대법원은 그러한 예외의 범위를 상당히 좁게 인정하는 것으로 보인다.[34]

대법원이 제190조 단서의 적용을 피하기 위해서 이러한 개념을 새로이 채택한 결정의 밑바닥에는 회사가 잘못된 외관의 현출에 아무런 '귀책사유'가 없는 경우에도 책임을 지는 것이 부당하다는 사고가 막연하게나마 깔려 있었던 것으로 보인다. 그러나 이들 개념은 회사의 귀책사유를 반영하는 데 적합한 도구개념이라고 하기는 어렵다.

③ 결의의 물리적 부존재를 다투는 소의 경우에는 제380조의 적용이 없다는 대법원의 견해에 따르면 그러한 소에는 판결효력의 불소급을 규정한 제190조 단서뿐만 아니라 제380조가 결의부존재확인의 소에 준용하도록 규정한 다른 규정들, 예컨대 대세효에 관한 제190조 본문, 전속관할에 관한 제186조 등도 모두 준용될 수 없게 된다. 이러한 결과는 불합리할 뿐만 아니라 입법자의 의사에도 반할 것이다. 이제껏 판례는 물리적 부존재와 법률적 부존재의 경우를 나누어 효과에 차별을 둔 일이 없다. 물론 물리적 부존재의

34 대상판결에서도 대법원은 참칭대표이사 A가 회사와 전혀 무관한 자라고 하고 있지만 하급심판결에서 드러난 사실관계에 의하면 A는 회사의 실질적인 소유자인 일본인사업가의 심부름을 하는 재일동포로서 회사의 직책을 맡지 않았을 뿐 회사와 반드시 전혀 무관하다고만은 할 수 없다.

경우에 대해서도 해석에 의해서 제190조 단서 이외의 규정을 준용한다면 실질적으로 큰 문제는 없다고 할 수도 있을 것이다. 그러나 그러한 법운용이 자연스럽지 못한 것임은 물론이다.

④ 제380조는 '총회결의부존재확인의 소' 또는 일본 상법 제252조에서와 같은 '총회결의가 존재하지 않는 것의 확인을 청구하는 소'라는 표현 대신 '총회의 소집절차 또는 결의방법에 총회결의가 존재한다고 볼 수 없을 정도의 중대한 하자가 있는 것을 이유로 하여 결의부존재의 확인을 청구하는 소'라는 표현을 쓰고 있다. 따라서 소집절차나 결의방법에 중대한 하자가 있는 경우가 아니라 아예 총회가 소집개최된 바도 없는데 마치 결의가 있었던 것처럼 의사록이 위조된 경우, 즉 물리적 부존재의 경우는 제380조에서 배제되는 것같이 보일 수도 있다. 물리적 부존재와 법률적 부존재를 구별하는 대법원의 논리도 이러한 법문상의 표현의 차이에 근거한 것으로 보인다. 그러나 입법과정상 그처럼 결의부존재의 경우를 두 가지로 구분하여 차별적으로 취급하려 했다는 흔적은 어디에서도 찾아볼 수 없다. 개정법이 총회결의부존재확인의 소라는 간단한 표현 대신에 그처럼 긴 표현을 쓴 것은 그러한 경우에도 결의부존재에 해당하는 것을 분명히 하기 위한 것이었다. 즉 결의부존재의 개념범위를 확실히 하기 위한 것이었지[35] 물리적 부존재의 경우를 배제하기 위한 것은 아니었다.

4) 전면적 소급설

이상에서 본 바와 같이 결의부존재확인판결의 소급효를 부정하는 전면적 불소급설이나 대법원이 채택한 편면적 소급설은 모두 취하기 어렵다. 그렇다면 이제 남은 대안은 결의부존재확인판결의 소급효를 전면적으로 인정하는 것이다. 그러나 그러한 전면적 소급설을 취하기 위해서는 반드시 해결하

35 손주찬, (주 7), 103면.

고 넘어가야 할 몇 가지 문제가 있다.

먼저 전면적 소급설을 가로막는 가장 큰 장애물은 결의부존재확인의 소에 준용되는 것을 '제190조 본문'에 한정하지 않고 그냥 '제190조'라고 하고 있는 제380조의 문언과 배치한다는 것이다. 대법원이 구태여 결의부존재를 두 가지로 나누는 기교적인 해결을 도모한 것은 바로 이러한 난점을 고려해서였을 것이다. 학자에 따라서는 제380조가 제190조 본문만이 아니라 제190조 전부를 준용한 것은 단순한 입법상의 부주의르 보고 있다.[36] 애당초 1962년 상법이 제정될 당시에는 그러했을지도 모른다. 그러나 제380조에 결의부존재확인의 소가 추가된 1984년의 상법개정시에는 제190조 단서를 준용대상에서 배제할 것인가의 문제를 전혀 의식하지 못했던 것은 아니다. 일설에 의하면 애초에는 제190조 본문만이 준용되도록 개정하는 시안이 마련되었으나 후에 많은 개정의견이 제출되는 과정에서 종전의 규정이 그대로 유지되게 되었다고 한다.[37] 그러나 구체적으로 어떠한 이유에서 어떠한 과정을 거쳐서 종전의 규정이 유지되게 되었는지는 밝혀지고 있지 않다. 따라서 '제190조'를 '제190조 본문'으로 개정하는 시안이 채택되지 않았다는 사실에 얼마만큼의 가치를 부여해야 할 것인지 판단하기 어렵다. 만약에 국회가 입법과정에서 주주총회결의부존재확인판결의 소급효를 부정할 필요성을 분명히 인식하여 개정시안을 거부하고 종전의 문언을 유지한 것이라면 그러한 입법자의 의사를 무시하기는 어려울 것이다. 그러나 그렇지 않은 경우라면 '제190조'라는 제380조의 문언을 '제190조 본문'만을 의미하는 것으로 해석하는 것이 반드시 해석의 범위를 벗어난다고 할 수만은 없을 것이다. 만약에 이러한 정도의 해석이 해석의 범위를 넘는 것이라면 대법원의 기교적인 해

36 채이식, (주 9), 544면 주 1).

37 박영식, "주주총회결의부존재확인의 소의 성질," 민사판례연구(IV)(1984), 133면. 필자가 접촉한 어느 판사의 말로는 상법개정 당시 대법원에서도 준용대상을 제190조 본문에 한정하자는 의견을 냈으나 어떤 이유에서인지 받아들여지지 않았다고 하는데 직접 확인해 보지는 못했다.

석은 더더욱 그러한 것이 아닐까?

대법원이 전면적 소급설을 취하기 어려웠던 또 하나의 이유는 과거에 내린 반대취지의 판결을 뒤엎는 것이 다소 껄끄러웠기 때문일지도 모른다. 상법이 개정되기 전인 1983년 대법원은 전원합의체판결로 제190조 단서가 주주총회부존재확인판결에도 준용되므로 그 결의에 의해서 선임된 대표이사가 부존재확인소송에서 회사를 대표할 수 있다고 판시한 바 있다(대법원 1983. 3. 22. 선고 82다카1810 판결). 전기 91다14369 판결에서 대법원은 이 판결이 1984년 상법개정 전의 판결이라는 이유를 들어 가볍게 무시하였다. 그러나 상법개정으로 인하여 결의부존재확인의 소가 명문으로 제380조의 적용대상에 포함되기 이전에 이미 제190조 단서가 준용된다는 취지를 밝힌 이 전원합의체판결의 의의가 상법개정 때문에 바로 사라져 버렸다고 할 수 있을지 의문이다. 오히려 대법원은 전원합의체판결로서 그 판결을 명식적으로 번복하였어야 했을 것이다. 그렇다고 해서 반드시 부존재확인소송에서는 문제의 결의에 의해서 선임된 대표이사가 회사를 대표한다는 이 전원합의체 판결의 결론까지 뒤집어야만 하는 것은 아니다. 일본에서는 소급효를 부정하는 취지의 규정이 없음에도 불구하고 무효나 부존재의 결의에 의해서 선임된 대표이사가 무효확인이나 부존재확인의 소에서 회사를 대표함을 당연한 것으로 보고 있으며 독일에도 마찬가지 취지의 판례가 있다.[38]

3. 참칭대표이사와 거래한 제3자의 보호

전면적 소급설을 취하기 위해서는 참칭대표이사와 거래한 제3자를 보호할 수 있는 대안을 고려해야 할 것이다. 1995년 상법개정으로 이제 그러한 대안의 필요성은 더욱 부각되고 있다. 그러한 대안으로서 고려할 수 있는 법

38 岩原, (주 16), 834면.

리로는 제395조의 표현대표이사법리와 제39조의 부실등기의 공신력의 두 가지를 들 수 있다. 이들 법리는 모두 외관법리에 속하는 것이기 때문에 부실한 외관과 관련하여 회사와 제3자 사이의 이익을 조정하는 과제를 수행하기에는 제190조 단서보다는 여러 가지로 더 적합하다고 할 것이다. 먼저 제190조 단서가 적용될 수 있으려면 주주총회결의와 연결점을 가져야만 하므로 부실한 외관이 주주총회결의와 무관하게 작출된 경우에는 전혀 제3자보호에 무력할 수밖에 없다는 단점이 있다. 예컨대 기존이사 중 1인이 자신이 이사회에서 대표이사로 선임된 것처럼 서류를 위조하여 등기를 마친 경우 그러한 참칭대표이사와 거래한 제3자에게는 제190조 단서가 아무런 도움이 될 수 없을 것이다. 그러나 외관법리는 그러한 경우에도 마찬가지로 적용될 수 있다. 또한 제190조 단서는 적용상 회사 측의 귀책사유와 제3자의 보호가치와 같은 사항을 고려하기 어려우나 외관법리의 경우에는 그러한 사항을 고려하여 적용상 융통성을 기할 수 있다.

대법원은 표현대표이사법리와 부실등기의 공신력을 언급하였다. 이 글에서는 이들 법리의 장단점에 대해서 검토할 여유는 없다.[39] 결론만을 밝히자면 표현대표이사법리는 원래 명칭에 대한 신뢰의 보호를 목적으로 하는 것이기 때문에 참칭대표이사와 같이 등기에 대한 신뢰의 보호에는 적합치 않다. 등기를 신뢰한 제3자의 보호는 부실등기의 공신력에 관한 제39조에 의해서 달성하는 것이 가장 바람직하다고 할 것이다.

4. 결어

참칭대표이사가 회사를 대표하여 제3자에게 회사재산을 매각하는 등의

39 이에 관해서는 김건식, "부존재하는 주주총회결의에 기하여 선임된 대표이사와 거래한 제3자의 보호," 서울대학교 법학, 제34권 1호(1993), 155-163면 참조.

행위를 한 경우에는 앞서 지적한 바와 같이 외관을 신뢰한 제3자의 이익과 회사의 이익이 충돌하게 된다. 실제로 드물지 않게 발생하는 이러한 종류의 분쟁의 해결에 있어서는 이들 양자의 이익을 합리적으로 조정하여야 할 것이다. 그러한 이익조정은 구체적인 사실관계에 기하여 누구에게 그 위험을 부담시키는 것이 합리적인가를 따지는 방식으로 이루어져야 할 것이다. 앞서 언급한 세 가지 법리, 즉 ① 제190조 단서를 준용하여 주주총회결의부존재확인판결의 소급효를 부인하는 제380조, ② 표현대표이사법리를 규정한 제395조, ③ 부실등기의 공신력을 규정한 제39조는 모두 그러한 이익조정작업을 지배하는 기준 내지는 지침으로 파악할 수 있다. 이들 세 가지 방안 중에서 먼저 제3자의 보호를 결의부존재확인판결의 소급효를 부정함으로써 달성하는 것은 가장 거칠고 융통성 없는 방안이라고 할 것이다. 이 방안으로는 회사나 제3자의 귀책사유를 책임결정에 반영하기 어렵다. 대상판결에서 대법원이 결의부존재를 물리적 부존재와 법률적 부존재의 두 가지 유형으로 나누어 전자의 경우에 부존재확인판결의 효력이 소급함을 인정한 것은 바로 이 방안의 한계를 극복하기 위한 노력이었다는 면에서는 높이 평가할 수 있을 것이다. 실제로 이들 두 가지 유형의 부존재를 구별하면서 회사의 귀책사유에 대한 평가를 반영하는 것이 어느 정도 가능했을 것이다. 그러나 대법원의 견해는 결의부존재를 두 가지로 나눈다는 바로 그 자체에도 문제가 있을 뿐 아니라 부존재확인판결의 소급효를 문제삼는 원래의 방안이 갖는 한계를 완전히 벗어나지 못하였다. 이제 1995년의 상법개정으로 제190조 단서가 준용되지 않게 된 결과 참칭대표이사의 문제는 표현대표이사법리나 부실등기의 공신력과 같은 외관책임법리로 해결하는 정도(正道)를 밟을 수 밖에 없게 되었다.

「재판의 한 길」(김용준 화갑기념논문집 1998), 511-529면. 이 평석은 같은 제목으로 『서울대학교 법학』 34권 1호(1993) 140면에 이하에 발표한 논문을 수정 · 보완한 것이다.

07 은행이사의 선관주의의무와 경영판단원칙

대법원 2002. 3. 15. 선고 2000다9086 판결*

〔사실관계〕

대법원이 원심의 판단을 기초로 정리한 사실관계는 대체로 다음과 같다.[1]

(1) 한보철강은 1993. 10.경, 당진제철소 건설을 위하여 거액을 단기로 차입하여 재무구조가 열악하였다. 한보철강으로부터 신규대출요청을 받은 제일은행은 1993. 8.경 한보철강에 대하여 자체 신용조사를 실시한 결과 그 상환능력이 미흡하다는 사정을 충분히 알았거나 알 수 있었다. 제일은행은 신규대출 당시의 여신심사의견서에도 한보철강의 재무구조가 업계에서 열악한 상태이고, 기여도, 장단기 상환능력, 담보력이 미흡하여 여신심사기준 평

* 법원공보 2002, 864면.

1 실제로 원심은 제1심 판단을 그대로 인용하고 있을 뿐이므로 사실에 관한 대법원의 설시는 제1심의 판단에 근거한 것으로 보인다.

가결과 평점 36점으로 여신제공이 원칙적으로 금지되는 E급 대상업체로 평가하였다. 그러나 제일은행의 전현직 이사인 피고들은 장차 담보를 제공하겠다는 약속만 믿고 무담보로 신규대출을 감행하였다.

(2) 피고들은 한보철강이 그후의 대출을 받을 때에도 공사 중이던 제철소 외에는 담보로 제공할 자산이 없었고 제철소건설사업의 성공 여부도 불투명하였으므로 만일의 사태에 대비하여 대출시마다 확실한 담보를 취득하는 등으로 대비책을 마련하였어야 함에도 불구하고 이를 게을리 한 채 신용만으로 여신을 제공하여 회수불능의 위험에 빠지게 하였다.

피고들은 한보철강의 재무구조가 계속 악화되어 여러 평가에서 한보철강의 제철소사업계획의 변경과 이에 따른 사업소요자금의 확대 등의 문제들이 지적되고 외부차입금에 의존한 아산만철강단지조성의 사업성에 관한 우려가 계속적으로 표명되고 있었으므로, 한보철강의 사업계획을 면밀히 검토하여 그 사업성 여부를 판단하고 적정여신규모를 파악하여 상환능력이 의심이 되면 즉시 여신을 축소하고 담보를 확보하는 등 종합적이고 실효성 있는 여신관리대책을 강구했어야 함에도 불구하고 기존의 여신에 대한 관리대책을 세우지 아니함은 물론 오히려 여신의 규모를 대폭 확대하여 담보 없이 거액의 여신을 지속적으로 제공한다고 결의하였다.

피고들은 거액의 대출 후 제철소건설사업의 진척상황 및 사업변경의 타당성 등을 조사하여 그 여신이 적절한 용도로 사용되고 있는지 감시하고 자금의 지원규모가 적정한지 여부를 검토하여 적정한 여신관리를 해야 할 의무가 있다고 할 것인데, 한보철강의 사업규모가 7차례에 걸쳐 수시로 변동 · 증대되었음에도 이에 대한 철저한 원인규명 없이 한보철강이 요구하는 대로 지속적으로 여신을 제공하기로 결의하였다.

은행의 여신심사의견서는 대출 여부를 결정함에 있어서 가장 중요한 자료이므로 담당실무자가 각종 자료나 답사를 통하여 차주의 재무구조, 사업

전망, 담보력, 상환능력 등 차주의 신용상태에 관하여 객관적으로 평가하여 작성하여야 할 것임에도, 은행장이었던 피고들은 미리 여신제공방침을 결정하고 담당실무자에게 여신적격 의견으로 심사의견서를 작성하라고 지시하고, 나머지 피고들은 심사의견서가 위와 같이 작성되었음을 알고 있었거나 적어도 충분히 판단할 수 있었음에도 이사회의 결의시 아무런 이의제기 없이 승인결의하였다.

또한 피고들은 한보철강이 은행법상의 동일인 여신한도에 이르자 그 제약을 받지 않는 다른 신탁계정을 통하여 여신을 계속 제공하였으며 추가로 거액의 여신을 제공하기 위한 방편으로 한보건설이 유원건설을 인수하도록 하였다. 또한 일부 이사들은 한보철강에 위와 같이 대출을 해주면서 그 사례로 거액의 뇌물을 받았다.

〔제1심 판결〕

한보철강의 부도와 은행의 부실대출이 커다란 사회의 물의를 빚자 시민단체인 참여연대가 주도하여 제일은행의 전현직 이사들인 피고들을 상대로 주주대표소송을 제기하였다. 제1심인 서울지법은 1998년 원고들의 승소를 선언하였다.[2] 제1심에서 다퉈진 쟁점은 많지만 이곳에서는 손해배상책임의 인정과 직접 관련된 판시사항만을 기재한다.

(1) 신규대출

먼저 신규대출과 관련해서 "위에서 인정한 바와 같이 제일은행이 한보철강에 대하여 신규여신을 제공한 1993년 10월경에는 한보철강이 위 제철소

2 서울지법 1998. 7. 24 선고 97가합39907 판결.

건설을 위하여 거액의 자금을 외부차입금에 의존해 투자하고 있었고, 그 자금은 단기차입금 위주로 구성되어 있어 재무구조가 동 업계를 하회하는 열악한 수준에 있었다는 점, 피고들 역시 1993년 8월경 한보철강에 대해 실시한 자체 신용조사로 한보철강은 1989년경부터 추진된 당진제철소 매립공사로 인한 단기차입금 증대로 안전성 관련 재무비율이 열악한 상태에 있고 앞으로 계속적으로 자금의 부담이 가중되어 한보철강의 전반적인 상환능력이 미흡하다는 사정을 충분히 알았거나 알 수 있었다는 점, 신규대출 당시의 여신심사의견서에도 '차주사 재무구조 동 업계 대비 열악한 상태이며, 기여도, 장단기 상환능력, 담보력 미흡한 여신심사기준 평가결과 평점 36점으로 E급 대상업체임' 이라고 기재되어 있었고, 제일은행의 여신심사및운용규칙에도 E급 업체에 대하여는 여신제공을 금지하도록 되어 있는 점 등에 비추어 볼 때, 제일은행의 이사들인 피고들로서는 한보철강에 대한 신규대출을 삼갔어야만 했고, 대출을 하더라도 만약의 사태에 대비하여 확실한 담보를 취득하는 등 채권보전조치에 만전을 다했어야만 했다. 그럼에도 불구하고 피고들은 정태수 등의 위 매립공사완공 후의 담보제공의 약속을 믿고 아무런 담보를 제공받음이 없이 위 신규대출을 감행한 것은, 은행의 경영자가 여신을 취급함에 있어 자금의 용도가 적절하고 자산신용과 영업상태가 확실하며 거래상황이 양호한 자에게 허용하여야 하고 담보취득을 원칙으로 한다는 여신운용원칙에 반한 행위로서 피고들은 위 신규거래 시점부터 제일은행에 대한 선관주의의무 내지 충실의무에 위반하였다고 보아야 할 것이다.

이에 대하여 피고들은, 위와 같이 신규거래함에 있어서 한보철강이 여신기준심사 평가 결과 E급 업체였으나 이러한 경우에도 상임이사회의 승인을 얻어 여신을 취급할 수 있다는 위 여신심사및운용준칙에 기하여 상임이사회의 승인을 거쳐 위와 같이 대출을 한 것이므로 법령에 위반한 것이 아니며, 당시 담보를 취득하지 아니한 것은 한보철강이 아산만의 공장부지를 매립완료하면 그 부지를 담보로 취득하여 충분히 채권보전될 것으로 예상하였기 때문이고, 또한 공장완공 후 철강재가 생산되기 시작하면 매출액 및 수출액 증가로 제일은행과의 거래가 활성화되어 많은 이익이 발생할 것으로 기대하여 위와 같이 신규대출을 한 것이므로 피고들이 대출업무를 취급함에 있어서 임무를 해태한 것은 아니라고 항쟁하나, 여신심사및운용준칙에서 여신심사기준 평가 E급 업체에 대하여 여신을 원칙적으로 금지하고, 이 경우에 있어 여신을 취급하고자 할 때에는 상임이사회의 승인을 거치게 한 것은 E급 업체에 대한 여신을 신중히 하여야 한다는 취지로서 상임이사회에서 E급 업체에 대한 여신을 승인함에 있어서는 그 업체에 대한 자산, 신용, 사업실태 및 기타 필요한 모든 사항을 조사하여 여신의 위험이 없다고 객관적으로 평가되는 경우에만 여신을 취급하고, 그 경우에도 확실한 담보를 설정하여 채권회수불능의 위험이 없도록 하는 등의 고도의 주의의무가 필요하다고 할 것인데, 피고들이 이러한 주의의무를 기울이지 아니한 채 위와 같이 열악한 재무구조를 가진 E급의 업체로서 그 사업성도 불투명하던 한보철강에게 담보제공 없이 위와 같은 거액의 여신을 제공할 것을 결의하여 회수곤란 내지 회수불능의 위험에 빠지게 한 행위는 은행이사로서의 임무를 해태한 것이므로 위 대출절차에 있어서 상임이사회의 결의를 거쳤다거나 한보철강이 장래 제일은행에 많은 이익을 가져다주리라는 기대가 있었으므로 피고들의 임무해태가 없다는 피고들의 위 항쟁은 이유 없다."

(2) 법원은 그후의 대출 등과 관련해서도 상환능력이 의심스런 상황에서 검토가 없이 대출을 결의한 것은 임무해태라고 인정하였다.

첫째, 사전담보취득과 관련해서 다음과 같이 임무해태를 인정하였다. 은행여신은 담보를 취득하는 것이 원칙이고 예외적으로 자산신용이 확실한 자에 대해서만 신용대출이 가능한 것이다.[3] 그러나 피고들은 한보철강이 문

3 이처럼 담보취득을 원칙이라고 하고 있는 것은 이제까지의 금융관행에 비추어 이해할 수 없는 것은 아니나 언제까지나 담보대출의 원칙만을 고수할 수는 없을 것이다.

제의 ○○여신을 제공받을 시에는 공사 중이던 위 제철소 외에는 담보를 제공할 자산이 없어 자산신용이 확실한 자라 할 수 없고, 한보철강의 위 제철소건설사업의 성공 여부가 불투명한 시점이므로 피고들은 위 제철소공사가 중단되는 등의 만약의 사태에 대비하여 위 각 여신을 취급할 때마다 다른 확실한 담보를 취득하였어야만 했다. 그럼에도 불구하고 피고들이 각 대출을 결의함에 있어 사전에 담보를 취득함이 거의 없이 위 제철소가 순조롭게 준공되어 그에 담보를 설정하면 채권보전이 가능할 것이라는 안일한 생각에 위와 같이 신용만으로 여신을 제공하여 회수불능의 위험에 빠지게 한 행위는 은행이사로서의 임무를 해태한 것이다.

둘째, 사후여신관리와 관련해서도 피고들의 임무해태를 인정하였다. 한보철강은 신규대출 시에 여신금지업체인 E급 업체로 평가받고 있었을 뿐만 아니라 신규대출 이후에도 재무구조가 계속 악화되어 여러 신용조사 결과 부정적인 평가를 받고 있었다. 피고들로서는 "상환능력이 의심이 된다면 즉시 여신을 축소하고 담보를 확보하는 등 종합적이고 실효성 있는 여신관리 대책을 강구했어야" 했음에도 불구하고 그러한 대책 없이 무담보로 여신규모를 확대한 것은 은행이사로서의 임무해태에 해당한다. 피고들은 원래 대출시 공장의 완공 후에 담보취득하기로 했기 때문에 대출중단으로 공장건설이 중단되면 담보취득도 못한 채 대출금 회수가 불가능할 것을 우려하여 계속 자금지원할 수밖에 없었다고 주장하였다. 그러나 법원은 당초에 담보가 부족한 상태에서 거액의 신용여신을 제공한 것 자체가 잘못이라고 하여 피고의 주장을 배척하였다.

셋째, 한보철강의 사업계획의 변경과 관련해서도 임무해태를 인정하였다. 한보철강은 당초 약 1조 5,000억 규모로 사업을 시작하였으나 1994년 7월경에는 3조 6,900억 원, 1996년 12월경에는 5조 7,265억 원으로 대폭 확대되는 등 7차례에 걸쳐 수시로 변동, 증대되었음에도 피고들은 이에 대한 철저한 원인규명 없이 한보철강이 요구하는 대로 지속적으로 여신을 제공하기로 결의한 피고들의 행위는 은행이사로서의 임무를 해태한 것이다.

넷째, 여신심사의견서 작성과 관련해서도 임무해태를 인정하였다. 은행의 여신심사의견서는 대출의 승인 여부를 결정함에 있어서 가장 중요한 자료로서 그 담당실무자가 각종 자료나 답사를 통하여 차주의 재무구조, 사업전망, 담보력, 상환능력 등 차주의 신용상태가 객관적으로 평가되어 작성되어져야 할 것임에도 위와 같이 은행장인 피고 이철수, 신광식이 미리 여신을 제공할 것을 결정하고 그 담당실무자에게 여신적격의견으로 심사의견서를 작성하라고 지시한 행위는 은행의 대표이사로서의 임무를 해태한 것이고, 피고 이세선, 박용이는 이러한 심사의견서가 위와 같이 작성되었음을 알고 있었거나 적어도 충분히 판단할 수 있었음에도 이사회의 결의시 아무런 이의제기 없이 승인결의한 행위는 은행이사로서의 임무를 해태한 것이다.

다섯째, 기타 피고들이 은행법상 동일인에 대한 여신한도를 피하기 위하여 그 한도의 적용이 없는 신탁계정을 통해서 여신을 계속 제공한 점, 한보철강에 추가 여신을 제공하기 위하여 유원건설을 한보건설에서 인수하도록 한 점, 피고 이철수, 신광식이 한보철강에 위와 같이 대출을 해주면서 그 사례로 정태수로부터 위와 같이 거액의 뇌물을 받았다는 점 등은 모두 피고들의 은행이사로서의 임무해태와 관련이 있다.

(3) 소결론

은행의 경영자는 그 대출 여부를 결정함에 있어 회수불능의 위험이 없는지를 객관적인 자료를 통하여 신중히 판단해야 하고, 만약 회수불능의 위험이 우려되면 이를 피하지 않으면 안 되고, 대출을 하더라도 확실한 담보를 취득하여 은행에 손해가 발생하는 일이 없도록 할 의무가 있다. 그러므로 위에서 본 바와 같이 피고 이철수, 신광식이 한보철강에 대한 대출금의 회수불능위험을 충분히 예측가능했음에도 이를 무시하고 정태수와의 유착관계에 기인하여 한보철강에게 담보제공 없이 거액의 여신을 지속적으로 제공하도록 그 부하직원에게 지시한 행위는 은행 최고경영자로서의 임무를 해태한 것이고, 또한 피고 이세선, 박용이는 제일은행의 이사로서 한보철강에 대한 위 여신의 위험성에 대하여 잘 알고 있으면서도 피고 이철수, 신광식의 이러한 무모하고 독단적인 여신제공결정을 저지하지 못하고 이사회 결의로 이를 승인함에 있어 찬성한 것은 은행이사로서의 임무를 해태한 것이 분명하므로, 피고들은 각자 위와 같은 행위로 인하여 제일은행이 입은 손해를 배상할 책임이 있다 할 것이다.

〔원심판결〕

제1심 판결은 피고들에게 400억 원에 달하는 거액의 손해배상책임을 인정함으로써 세인의 주목을 끌었다. 원심판결의 선고 전에 제일은행의 감자로 말미암아 원고 주주들이 원고적격을 상실하였으나 마침 제일은행이 공동소송참가를 해옴에 따라 사실상 원고가 제일은행으로 바뀌게 되었다. 원심은 주주인 원고의 청구는 각하하였지만 공동소송참가인인 제일은행에 대해서는 제1심의 판시를 그대로 인용하며 그 청구를 인용하였다.[4]

〔대법원판결〕

대법원은 피고의 상고를 기각하였다. 판결이유 중에서 직접 손해배상책임에 관련된 부분만 따오면 다음과 같다.

4 원심(서울고법 2000. 1. 4. 선고 98나45982 판결)은 이 글에서 대상으로 삼은 본안판단에 관해서는 제1심의 판단을 그대로 인용하고 있으므로 이하에서는 원심의 판단에 대해서 따로 언급하지 않기로 한다.

"주식회사의 이사는 회사에 대하여 선량한 관리자의 주의의무를 지므로 (상법 제382조 제2항; 민법 제681조), 그 의무를 충실히 한 때에야 이사로서의 임무를 다한 것으로 된다.

그리고 금융기관인 주식회사의 이사가 한 대출이 결과적으로 회수곤란 또는 회수불능으로 되었다고 할지라도 그것만으로 바로 대출결정을 내린 대표이사 또는 이사의 판단이 선관주의의무 내지 충실의무를 위반한 것이라고 단정할 수 없음은 상고이유에서 주장된 바와 같다.

그런데 금융기관인 은행은 주식회사로 운영되기는 하지만, 이윤추구만을 목표로 하는 영리법인인 일반의 주식회사와는 달리 예금자의 재산을 보호하고 신용질서 유지와 자금중개 기능의 효율성 유지를 통하여 금융시장의 안정 및 국민경제의 발전에 이바지해야 하는 공공적 역할을 담당하는 위치에 있는 것이기에, 은행의 그러한 업무의 집행에 임하는 이사는 일반의 주식회사 이사의 선관의무에서 더 나아가 은행의 그 공공적 성격에 걸맞은 내용의 선관의무까지 다할 것이 요구된다 할 것이다.

따라서 금융기관의 이사가 위와 같은 선량한 관리자의 주의의무에 위반하여 자신의 임무를 해태하였는지의 여부는 그 대출결정에 통상의 대출담당임원으로서 간과해서는 안 될 잘못이 있는지의 여부를 금융기관으로서의 공공적 역할의 관점에서 대출의 조건과 내용, 규모, 변제계획, 담보의 유무와 내용, 채무자의 재산 및 경영상황, 성장 가능성 등 여러 가지 사항에 비추어 종합적으로 판정해야 할 것이다.

기록 중의 증거들과 대조하면서 위의 법리에 비추어 살펴보니, 원심이 피고들의 이 사건 대출결정에 이른 경위와 규모, 그 당시 대출을 받는 한보철강의 제반 상황 및 담보확보 여부, 한보철강의 재무구조 및 수익성에 대한 부정적인 평가결과 등의 제반 사정을 종합 고려한 끝에 피고들이 은행 최고경영자 혹은 이사로서 임무를 해태하였으므로 원고 공동소송참가인에 대한 손해배상책임이 있다고 판단한 것은, 결론에 있어서 정당하고, 거기에 증거법칙 위배로 인한 사실오인이나 심리미진, 혹은 이사의 주의의무나 회사에 대한 책임 및 위법성에 관한 법리오해 등의 위법이 없다."

〔연구〕

1. 서론

대상판결은 여러 가지로 세간의 이목이 집중되었던 유명한 판결이다. 1997년 경제위기를 한층 가속시킨 한보그룹의 도산과 관련된 대형부실대출 사건이라는 점에서는 물론이고, 은행 경영진에 대한 최초의 주주대표소송으로 제1심에서 거액의 손해배상책임이 인정되었다는 점에서도 널리 주목을 끌었다. 항소심에서 원고적격을 상실한 주주 대신 소송수행을 맡은 제일은행이 청구액을 대폭 감액하면서 일반의 관심이 크게 줄어든 것이 사실이다.[5] 그러나 대상판결은 실질적인 소송 주체가 바뀌는 우여곡절을 겪는 과정에서 불거진 수많은 법률적 쟁점에 대한 판단을 담고 있어 판례로서의 가치는 극히 높다.[6] 특히 소송법상으로 흥미 있는 논점을 다수 포함하고 있지만, 이 글에서는 본안인 이사의 손해배상책임에 직접 관련이 있는 선관주의의무의 위반 여부에 대한 판단만을 대상으로 삼기로 한다. 대법원은 한보철강에 대한 대출이 피고의 이사로서의 선관주의의무에 반한다고 판단한 원심의 결정을 지지하였다. 먼저 이 글의 결론부터 밝히자면 이사의 손해배상책임을 긍정한 대법원의 판단에는 찬성한다. 그러나 그 이론구성에 대해서는 다소

5 상법에서 이사의 책임면제에 총주주의 동의를 요하고 있는 점(제400조)을 고려할 때 청구액의 감액을 어떻게 정당화하면 좋을지도 흥미로운 문제이다. 제일은행 쪽에서는 청구액에 비례하여 높은 인지대를 치러야 한다는 점, 피고들의 자력이 충분치 않았다는 점을 청구액을 감축한 이유로 들고 있다.

6 대법원에서 재판연구관이 작성한 보고서가 200페이지를 넘었다고 한다.

의문과 불만이 없지 않다.

이 글은 다음과 같은 순서로 진행된다. 먼저 2.는 기초적 고찰로 상법 제399조상 이사의 손해배상책임의 기본구조와 손해배상책임을 발생시키는 이사의 선관주의의무에 대해서 간단히 살펴본다. 3.에서는 이사의 경영판단이 선관주의의무에 반한 것인지 여부를 결정하는 데 흔히 제기되는 이른바 경영판단원칙에 대해서 검토한다. 4.에서는 이러한 이론적 검토를 기초로 대상판결의 논리에 대해서 비판적인 분석을 시도한다.

2. 기초적 고찰

(1) 이사의 책임과 임무해태

상법 제399조에 의하면 이사는 "법령 또는 정관에 위반한 행위를 하거나 그 임무를 해태한 때에는" 회사의 손해를 배상할 책임을 진다. 법문상으로 보면 이사의 책임을 발생시키는 경우는 법령위반(정관위반을 포함)과 임무해태의 두 가지로 나눌 수 있다. 전자는 무과실책임이고 후자는 과실책임이라는 식으로 양자를 질적으로 구분하는 견해도 있으나 찬성하기 어렵다. 법령을 위반하는 행위도 넓은 의미에서는 임무해태에 해당한다고 볼 수 있기 때문이다. 대상판결에서 문제된 것은 좁은 의미의 임무해태이다.

임무해태에서 말하는 '임무'란 무엇을 가리키는가? 대상판결에서는 그 임무를 이사가 회사에 대해서 부담하는 '선관주의의무와 충실의무'라고 하고 있다.[7] 선관주의의무와 충실의무의 관계는 종래 학설상 다투어져 왔지만 충실의무가 상법에 명시적으로 도입된 오늘날 그 논의의 실익은 별로 없다.[8]

7 제3자에 대한 책임에 관한 판례에서도 임무를 선관주의의무와 충실의무로 보고 있다(대법원 1985. 11. 12. 선고 84다카2490 판결; 대법원 2002. 3. 29. 선고 2000다47316 판결 등).

8 김건식, "회사법상 충실의무법리의 재검토," 21세기 한국상사법학의 과제와 전망(심당 송상현선생 화

대상판결에서 문제된 것은 주로 선관주의의무라고 할 것이므로, 이 글에서도 선관주의의무(이하 '주의의무'로 약칭)를 중심으로 살펴본다.

(2) 이사의 주의의무

1) 수단채무로서의 주의의무

상법상 이사는 회사의 수임인으로서 선량한 관리자의 주의의무를 부담한다(제382조 제2항; 민법 제681조). 그러나 상법상 이사가 주의의무를 이행하기 위하여 적극적으로 어떠한 행위를 해야 하는지는 분명치 않다. 분명한 것은 이사의 주의의무가 회사의 손해를 전혀 발생하지 않도록 해야 하는 '결과채무'가 아니라, 회사의 이익을 위하여 필요하고 적절한 조치를 다해야 하는 '수단채무'라는 점이다. 따라서 대법원이 판시하는 바와 같이, "이사가 한 대출이 결과적으로 회수곤란 또는 회수불능으로 되었다고 할지라도 그것만으로 바로 대출결정을 내린 대표이사 또는 이사의 판단이 선관주의의무 내지 충실의무를 위반한 것이라고 단정할 수 없음"은 물론이다.[9] 이사의 행위가 회사의 이익을 위하여 이사가 취해야 할 "필요하고 적절한 조치"에 해당하는지 여부는 회사에 손해가 발생하고 난 후에 사후적으로 판단하는 것이 아니라, 이사가 실제로 조치를 취한 시점을 기준으로 판단한다.

2) 주의의무의 내용

어려운 문제는 과연 어떤 것이 회사의 이익을 위하여 "필요하고 적절한 조치"인가 하는 것이다. 그것은 결국 구체적인 사안에 따라 개별적으로 판단될 수밖에 없을 것이므로 일반적으로 그 내용을 논하는 것은 불가능하다.

갑기념 논문집 2002), 145면.

9 전부터 이 점은 판례가 인정하고 있다. 대법원 1996. 12. 23. 선고 96다30465 판결(대출금의 미회수로 인하여 회사에 손해가 발생하였다고 해서 바로 주의의무위반사실을 추정할 수 없다).

주의의무의 내용이 이처럼 막연할 수밖에 없는 것은 회사와 주주의 최대이익을 위하여 노력해야 하는 이사가 직면하는 불확실성을 고려할 때 불가피할 것이다. 그렇지만 주의의무의 내용이 완전히 안개 속에 파묻혀 있는 것은 아니다. 이사가 다른 이사, 특히 대표이사의 업무집행을 감시할 의무(감시의무)나 회사의 업무집행이 법의 테두리 내에서 이루어지도록 확보할 의무(법령준수의무)는 최근 특히 사외이사의 주의의무의 핵심을 이루는 것으로 강조되고 있다. 그러나 적극적인 회사가치 창조를 의한 경영상의 판단과 관련하여 이사가 주의의무를 이행하기 위해서 구체적으로 어떠한 조치를 취하여야 하는지는 분명치 않다. 이 부분이야말로 결국 이사의 경영전문가로서의 재량을 존중할 수밖에 없는 부분이라고 할 것이다. 그러므로 이처럼 내용이 불명확한 주의의무의 이행을 법적인 책임만을 가지고 확보하려는 것은 결코 가능하지도 않을 뿐 아니라 바람직하지도 않다. 그러나 그렇다고 해서 주의의무위반에 대한 법적 책임을 묻는 일을 완전히 포기할 수는 없다. 주의의무를 노골적으로 팽개친 행위에 대해서 책임을 묻지 않는 것은 정의에는 물론이고 효율에도 반할 것이기 때문이다.

그러한 의미에서 주의의무 위반에 대해서 이사의 손해배상책임을 인정한 대상판결은 당연히 관심을 야기한다. 법원은 과연 어떠한 근거에서 주의의무 위반을 인정하였는가? 대법원은 원심법원이, “피고들의 이 사건 대출결정에 이른 경위와 규모, 그 당시 대출을 받는 한보철강의 제반상황 및 담보확보 여부, 한보철강의 재무구조 및 수익성에 대한 부정적인 평가결과 등의 제반 사정을 종합 고려한 끝에” 주의의무를 위반하였다고 판단한 것은 타당하다고 판시하였다. 앞에서 제시한 대상판결의 사실관계에 비추어 보면 피고인 이사들의 행위를 정당화하기는 어려울 것이다. 또한 대법원이 열거한 ‘제반 사정’이 주의의무 판단에 고려해야 할 사항이란 점도 부정하기 어렵다. 그러나 이러한 일반적인 설시가 과연 앞으로 하급법원의 판단에 얼마나 도움이 될 수 있는지는 의문이다.

또한 은행을 비롯한 일반 회사의 이사들의 업무수행에 과연 어떠한 지침이 될 수 있을지도 의문이다. 무릇 이사의 경영판단이란 필연적으로 모든 것이 불확실한 가운데 내릴 수밖에 없다. 이 사건에서 제일은행의 이사에게 손해배상책임을 인정한 대법원의 결론이 타당한 것이라고 하더라도 대상판결의 판시는 너무 막연해서 이사들로서는 자칫 책임이 과도하게 넓게 인정되는 것이 아닌가 하는 우려를 가질 수도 있다. 그렇게 되면 경영자의 적극적인 영리추구행위, 특히 모험적인 신규투자가 크게 위축될 것이다. 대상판결에 대한 경제계의 비판은 주로 이러한 관점에서 제기되었다.

이처럼 과도한 책임에 대한 경영자의 우려를 불식시키기 위한 단골처방으로 제시되는 것이 바로 경영판단원칙이다. 미국에서 발달한 경영판단원칙에 대해서는 이미 우리나라에도 많은 연구가 축적되어 있고[10] 상법의 명문규정으로든 해석상으로든 그 도입을 주장하는 학자들도 많다.[11] 일부 판결은 그 논리전개에서 경영판단원칙과 유사한 사고를 보여 주고 있기도 하다.[12] 그러나 경영판단원칙이 우리나라에서 과연 구체적으로 어떻게 주의의무의 추상성으로 인한 경영자의 불안을 해소시켜 줄 수 있는 것인지 아직 분명하지 않은 것 같다. 이 점에 대해서는 뒤에서 보다 상세히 논하기로 한다.

3) 은행이사의 주의의무와 공공성

대상판결에서 피고는 일반 회사의 이사가 아니라 금융기관인 은행의 이사이다. 미국에서는 금융기관의 공공성을 이유로 은행의 이사에는 일반 기업의 이사에 비하여 보다 무거운 주의의무를 인정하고 경영판단원칙의 적

10 최근 3-4년 사이에 나온 문헌만 하더라도 예컨대 강희갑, "경영판단의 원칙에 관한 미국법의 최근동향," 상사법연구 제17권 제3호(1999), 134면; 양동석, "경영판단원칙의 수용가능성," 기업법연구 제7집(2001), 110면; 곽병훈, "미국 회사법의 경영판단원칙," 재판자료 98집(2002), 119면.

11 도입에 반대하는 견해는 그렇게 많지는 않지만 예컨대, 권재열, "경영판단의 원칙—도입 여부에 관한 비판적 검토," 비교사법 제6권 제1호(1999), 30면.

12 아래 3. (6)의 서술 참조.

용을 부정하는 판례나 학설이 유력하다. 대상판결에서 대법원도 비슷한 취지로 해석될 수 있는 여지가 있는 표현을 사용하고 있다. 즉 은행은 "이윤추구만을 목표로 하는 영리법인인 일반의 주식회사와는 달리 예금자의 재산을 보호하고 신용질서 유지와 자금중개 기능의 효율성 유지를 통하여 금융시장의 안정 및 국민경제의 발전에 이바지해야 하는 공공적 역할을 담당하는 위치에 있는 것이기에, 은행의 그러한 업무의 집행에 임하는 이사는 일반의 주식회사 이사의 선관의무에서 더 나아가 은행의 그 공공적 성격에 걸맞은 내용의 선관의무까지 다할 것이 요구된다"는 것이다.

국민경제에서 은행이 특수한 지위를 차지하고 있다는 점에 대해서는 전적으로 동감이다. 은행법에서 은행업을 특별히 규제대상으로 삼고 진입을 규제할 뿐 아니라 영업의 여러 측면에 대해서 광범한 간섭을 가하고 있는 것은 모두 은행의 특수성에서 비롯된 것이다. 그러나 대법원의 판시사항 중 "공공적 성격에 걸맞은 내용의 주의의무"가 무엇을 말하는 것인지는 언뜻 분명치 않다. 우선 은행의 이사가 은행의 특수성에서 비롯된 금융규제상의 의무를 충실하게 준수해야 한다는 점에는 의문이 없다. 앞서 언급한 바와 같이 이사가 법령을 준수해야 할 의무는 주의의무의 일부를 구성한다고 보기 때문이다. 어려운 것은 "공공적 성격에 걸맞은 내용의 주의의무"가 은행의 이사가 법령의 명시적인 요구를 넘어서까지 공공성을 고려해야 한다고 보아야 하는가이다. 만약 그 점을 긍정한다면 설사 회사 및 주주에게는 커다란 이익을 가져올 수 있더라도 위험성이 높은 거래에 대해서는 예금자와 사회 전체의 이익을 고려하여 보다 신중할 필요가 있을 것이다. 대법원이 위와 같은 판시를 포함시킨 것은 이처럼 은행이사는 다른 기업의 이사보다 신중해야 하는데 한보철강에 대한 대출은 위험성이 높은 것이었다는 점을 말하고자 했기 때문이 아닐까?[13] 이사가 회사나 주주의 이익과 상충되는 다른 이해

13 미국에서는 은행이사가 일반회사의 이사에 비하여 보다 높은 수준의 주의의무를 부담하는가에 관하

관계자의 이익을 고려할 수 있는지(또는 고려해야 하는지) 여부에 대해서는 아직도 논의가 계속되고 있다. 이러한 공공성에 대한 고려는 주주이익과 반드시 완전히 일치하는 것은 아니지만, 다른 기업에서는 몰라도 은행의 경우에는 다소 주주이익이 후퇴하는 것은 어쩔 수 없는 것이 아닌가 여겨진다. 그러나 은행의 이사에 대해서 경영판단원칙을 적용할 수 없다는 주장에 대해서는 찬성하기 어렵다.[14] 일반 기업의 이사와 마찬가지로 은행의 이사도 경영상의 재량을 향유한다. 그렇다면 뒤에서 설명하는 바와 같은 경영판단원칙의 필요는 은행의 이사에 대해서도 인정하지 않을 수 없을 것이다.

(3) 임무해태와 채무불이행

상법 제399조상 손해배상책임의 법적 성격에 대해서는 다툼이 있다. 일부에서는 채무불이행책임도 불법행위책임도 아닌 특수책임이라는 견해[15]도 있지만, 일반적으로는 채무불이행으로 인한 책임으로 보고 있다.[16] 즉 위임계약상의 선관주의의무라는 채무를 불이행한 것에 대한 책임으로 파악하고 있다. 주의의무의 위반은 채무불이행의 유형 중에서 이른바 "하는 채무"의 불완전이행에 해당한다. 불완전이행으로 인한 손해배상청구에서는 원고가 불완전이행을 주장 · 입증해야 할 책임을 진다. 따라서 원고가 채무자인 이사의 업무수행이 주의의무에 반한다는 점을 주장 · 입증해야 한다. 일단 주의의무위반이 입증되면 일반적인 채무불이행책임의 원칙상 피고인 이사가 무과실을 주장 · 입증함으로써 책임을 회피할 수 있다. 그러나 주의의무위반은 그 자체가 과실적인 요소를 담고 있으므로 일단 주의의무위반이 성립한

여 판례, 학설이 대립하고 있다. 吉井敦子, "經營破綻銀行の取締役の注意義務と責任(一)," 民商法雜誌 제114권 제1호(1996), 8-9면.

14 岩原紳作, "信用組合理事の融資における善管注意義務," ジュリスト 1220호(2002), 133면도 같은 취지.

15 이철송, 제10판 회사법강의(2002), 596면.

16 판례도 마찬가지 태도를 취하고 있다. 대법원 1985. 6. 25. 선고 84다카1954 판결.

경우에는 이사가 무과실을 입증하기는 어려울 것이다.

3. 경영판단원칙과 주의의무

(1) 경영판단과 위험

경영자는 여러 조건이 불확실한 상태에서 신규사업투자와 같은 경영상의 결정을 감행할 수밖에 없다. 따라서 경영자의 판단에는 위험이 따르게 마련이다. 경영자가 성공을 거둔 경우에는 그 열매를 누릴 것이고 실패에 이른 경우에는 여러 가지로 불이익을 입을 것이다. 만약 자신의 판단 잘못으로 회사에 손해가 발생하였다고 해서 경영자가 법적으로 그 손해를 배상할 책임까지 져야 한다면 경영자의 업무수행은 크게 위축되고 무사안일에 흐를 공산이 크다. 따라서 사업활동에 수반되게 마련인 위험성을 고려하여 경영자의 판단에 대해서는 어느 정도 존중할 필요가 있다. 이러한 필요는 어느 나라에서도 무시할 수 없을 것이다. 그것이 가장 먼저 구체적으로 제도화된 곳은 미국이다. 미국에서는 이미 19세기부터 법원의 판결을 통해서 이른바 "경영판단원칙"(business judgment rule)이란 것이 형성되었다. 경영판단원칙이란 요컨대 일정한 요건을 갖춘 이사의 경영판단에 대해서는 회사가 손해를 입은 경우에도 법원이 주의의무위반을 이유로 이사의 책임을 묻지 않는다는 원칙이다. 사실 이러한 원칙은 어느 나라에서건 다소 내용의 차이는 있더라도 인정되는 것으로[17] 이미 우리 판결에서도 일부 그러한 취지가 발견되는 경우가 있다. 그러나 그것이 가장 발달된 곳은 미국이므로 이곳에서는 미국법상의 경영판단원칙을 중심으로 논의를 전개한다. 경영판단원칙은 판

17 독일의 학설이나 판례도 독일법상 경영판단원칙과 비슷한 결과를 도출할 수 있다고 보고 있다. 예컨대 Klaus J. Hopt, Grosskommentar AktG (4. Aufl. 1999), §93 Rdn. 83.

례에서 형성된 것이다 보니 그 구체적 내용은 판례나 논자에 따라서 상당한 차이를 보이고 있다. 따라서 먼저 경영판단원칙의 구체적 내용을 분명히 하지 않은 채 그 도입 여부를 논하는 것은 혼란스럽고 비생산적인 결과를 초래할 것이다. 이하에서는 먼저 논의 전개에 필요한 범위 내에서 경영판단원칙의 내용을 간단히 정리하고자 한다.

(2) ALI의 경영판단원칙

1992년 미국법률가협회(American Law Institute: ALI)가 채택한 "기업지배구조의 원칙-분석과 권고"(Principles of Corporate Governance: Analysis and Recommendations. 이하 ALI원칙)는 주의의무(duty of care)와 아울러 경영판단원칙에 대한 정의를 내리고 있다. 먼저 주의의무에 대해서 ALI원칙은 다음과 같이 규정한다. "이사(임원 포함)는 회사에 대해서 성실하게(in good faith) 회사의 최선의 이익에 합치한다고 합리적으로 믿는 방식으로, 또한 통상의 신중한 자가 같은 지위에서 비슷한 상황에서 베풀 것으로 합리적으로 기대되는 주의로써 이사의 직무를 수행할 의무를 부담한다"(4.01조 (a)항).[18] 이어서 경영판단원칙을 규정하며 다음과 같은 요건이 충족되는 경우에는 성실하게 경영판단을 한 이사는 주의의무를 이행한 것으로 한다고 규정하고 있다:

① 경영판단의 대상에 이해관계가 없을 것

② 경영판단의 대상에 관해서 그 상황 하에서 적절한 것으로 합리적으로(reasonably) 믿을 정도로 알고 있을 것

③ 경영판단이 회사의 최선의 이익에 합치한다고 이성적으로(rationally) 믿을 것

18 1984년 개정 모범사업회사법(Revised Model Business Corporation Act) 8.30조(a)항도 비슷한 규정을 두고 있고, 거의 대부분의 주회사법도 비슷한 규정을 두고 있다.

이처럼 경영판단원칙을 명료하게 정리한 것은 ALI원칙이 처음이지만 이러한 정리는 대체로 일반적인 주판례법과 크게 어긋나지 않는 것으로 보고 있다.[19] 이제 경영판단원칙의 요건에 대해서 간단히 살펴보자. 먼저 ①은 이익상충이 없어야 한다는 요건이다. 이익상충이 있는 경우에는 주의의무가 아니라 충실의무(duty of loyalty)가 적용된다. ②는 절차적인 요건으로 판단에 필요한 정보를 합리적인 정도로 수집하여 검토하여야 한다는 요건이다. ③은 내용상의 요건으로 경영자가 자신의 결정이 회사이익에 부합한다고 믿을 뿐 아니라 그러한 믿음이 이성적이어야 한다. 주의할 것은 ②의 합리성기준과 ③의 이성기준이 다르다는 것이다. 당연히 내용에 적용되는 이성기준은 합리성기준보다 낮은 수준의 기준으로 일응 어느 정도 일관된 설명이 가능한 경우에는 충족된 것으로 볼 수 있을 것이다. 주의할 것은 "성실하게 경영판단을 한 이사"라고 하고 있기 때문에 위의 세 가지 요건에 추가로 성실성 요건이 존재한다는 점이다. 합리성, 이성도 그렇지만 성실성도 추상도가 상당히 높은 개념이다.[20]

(3) 경영판단원칙과 주의의무의 관계

이러한 경영판단원칙은 주의의무와 어떠한 관계에 있는 것일까? 먼저 지적할 것은 주의의무와 경영판단원칙의 적용대상이 완전히 겹치는 것은 아니라는 점이다. 의식적인 경영판단이 없는 경우에는 경영판단원칙이 적용될 여지가 없다. 그렇지만 주의의무위반은 여전히 문제될 수 있다. 그 전형적인 예가 바로 부작위로 감시의무를 위반한 경우이다.

19 American Law Institute, Principles of Corporate Governance: Analysis and Recommendations Vol.1, 173 (Comment a to §4.01(c))(1994).

20 여기서 성실성은 단순히 주관적인 성실성만을 의미하는 것이 아니라 객관적인 성실성을 의미한다. 따라서 회사를 위하여 법을 위반하는 것도 성실성 위반에 해당하기 때문에 경영판단원칙을 주장할 수 없다.

일단 적극적인 경영판단이 존재하면 이제 경영판단원칙이 가동을 개시한다. 델라웨어주 법원은 경영판단원칙을 이사의 주의의무이행에 대한 반증가능한 추정(rebuttable presumption)이라고 하고 있다. 그러나 여기서 '추정'이 과연 어떠한 의미로 사용되었는지에 대해서는 상당한 혼란이 존재한다. 그러한 혼란을 피하기 위하여 ALI원칙은 추정이란 표현을 사용하는 대신 바로 경영판단원칙의 요건이 충족되면 주의의무가 이행된 것과 동일시하였다. 그렇다면 경영판단원칙에 관한 입증책임을 누가 부담하는가? 델라웨어주 판례에서는 추정이라고 하고 있으므로 그것은 당연히 원고가 부담한다. ALI 원칙도 입증책임을 원고에 부담시키고 있다. 즉 경영자의 경영판단에 대해서는 경영판단원칙의 요건을 충족하지 못하였다는 점을 원고가 입증하지 못하면 바로 주의의무가 이행된 것으로 본다. 그 경우 법원은 사실심리에 들어갈 필요 없이 바로 원고의 청구를 각하한다.

요건의 미비로 경영판단원칙이 적용되지 않는 경우의 효과는 어떻게 되는가? ALI원칙은 원고 측이 경영판단원칙의 요건이 구비되지 않았다는 점은 물론이고, 주의의무의 위반도 입증할 책임이 있다고 하고 있다.[21] 그러나 이는 주로 ②의 절차요건이 결여된 경우에 의미가 있을 것이다. ①의 이익상충이 있는 경우에는 충실의무의 대상이기 때문에 공정성(fairness)기준이라는 전혀 다른 기준의 적용을 받는다. ③의 내용요건이 결여된 경우에는 당연히 주의의무위반을 인정할 수 있을 것이다.

(4) 경영판단원칙의 의의

이상에서 설명한 미국법의 경영판단원칙이 어떠한 의의를 갖는 것인지에

21 American Law Institute, Principles of Corporate Governance: Analysis and Recommendations §4.01(d))(1994).

대해서는 별반 논의가 없는 것 같다. 주의할 것은 경영판단원칙이 단순히 원고가 주의의무위반을 입증해야 한다는 입증책임원칙을 의미하는 것은 아니라는 점이다. 만약 경영판단원칙을 단순히 입증책임에 관한 원칙으로 이해한다면 구태여 우리나라에서 경영판단원칙을 논할 실익은 없을 것이다. 왜냐하면 우리법상으로도 어차피 주의의무위반에 대한 입증은 원고가 해야 하기 때문이다.

경영판단원칙에 대해서는 그것이 이사의 주의의무를 경감하는 원칙으로 이해하는 시각도 존재한다. 사실 우리 경제계에서 경영판단원칙의 도입을 촉구하는 의견이 끊이지 않는 것은 바로 그러한 시각에서 비롯된 것으로 짐작된다. 만약 경영판단원칙이 상법상의 주의의무를 경감하는 것이라면 그 도입을 위해서는 입법적인 조치가 필요할 것이다. 미국의 판결 중에도 이러한 시각을 뒷받침하는 것처럼 보이는 판결이 존재한다. 이사의 주의의무위반을 이유로 책임을 인정하여 경제계에 충격을 주고 이사책임을 제한하는 입법을 촉발시킨 델라웨어주 대법원의 Smith v. Van Gorkom판결[22]이 바로 그것이다. 그 판결에서 델라웨어주 대법원은 이사회가 충분한 정보를 얻고서 내린 결론인지에 대한 판단기준은 중과실(gross negligence)이라고 판시한 바 있다.[23] 일반적인 주의의무가 과실책임이라는 점을 고려하면 중과실이란 기준은 주의의무를 완화시키는 것으로 비치기도 한다. 그러나 중과실과 과실을 명확하게 구분하는 것이 어렵다는 점을 고려하면 이러한 과실 대신 중과실이란 표현이 사용된 것의 의미를 크게 강조하는 것은 적절치 못할 것이다.[24]

그렇다면 경영판단원칙은 주의의무의 '수준'에 영향을 주는 것이라기보

22 488 A. 2d 858 (Del. 1985).

23 이러한 중과실기준은 Van Gorkom판결이 나오기 직전에 나온 Aronson V. Lewis판결(473 A. 2d 805, 812 (Del. 1984))에서도 등장하고 있다.

24 비슷한 견해는 미국에서도 발견된다. 예컨대 Edward Rock & Michae Wachter, Dangerous Liaisons: Corporate Law, Trust Law and Interdoctrinal Legal Transplants, 96 Northwestern University Law Review 651, 658 n.56 (2002).

다는 막연한 그 내용을 보다 구체화하는 원칙으로 이해하는 것이 타당할 것이다. ALI원칙에 따르면 성실한 경영판단에 대해서는 원고가 이사의 주의의무위반을 주장할 수 있는 길이 제한된다. 즉 충실의무 영역에 속하는 이익상충에 해당하는 경우가 아니라면 절차가 비합리적이라는 점을 입증하거나 내용이 비이성적임을 입증하지 않고서는 주의의무위반이라는 결론에 이를 수가 없는 것이다. 바꿔 말하면 경영자가 합리적인 절차를 거쳐서 내린 경영판단의 "내용"에 대해서는 어지간해서는 간섭하지 않겠다는 것이 경영판단원칙의 취지라고 할 수 있다. 이러한 의미에서 경영판단원칙은 추상적인 주의의무 개념의 구체화인 동시에 미국 회사법의 절차적 접근방법을 보여 주는 또 하나의 예라고 할 수 있다.[25]

(5) 경영판단원칙의 도입론

앞서 지적한 바와 같이 우리나라에서도 경영판단원칙의 도입논의가 활발하다.[26] 그러나 그러한 논의가 보다 생산적이기 위해서는 도입의 대상이 되는 경영판단원칙의 내용을 보다 구체적으로 확정할 필요가 있을 것이다. 앞서 지적한 바와 같이 경영판단원칙을 단순한 입증책임상의 원칙으로 이해한다면 이미 원고의 입증책임이 인정되는 우리법상 구태여 도입의 필요가 없을 것이다. 한편 경영판단원칙을 이사의 주의의무를 경감하는 원칙으로 이해한다면 그러한 원칙을 도입하기 위해서는 현행 상법을 개정해야 할 것이다. 그러나 과연 상법을 고치면서까지 주의의무 자체를 경감할 필요가 있는지는 의문이다. 우리 상법상 이사의 주의의무는 추상도가 아주 높은 규정

25 미국회사법의 절차적 접근방식에 관해서는 김건식, "자기거래와 미국회사법의 절차적 접근방식," 서울대학교 법학 제35권 제1호(1994. 5), 261면 참조.

26 이에 대한 간단한 소개로는 홍복기, "이사의 의무와 경영판단의 원칙의 적용," 경영자의 권한과 책임은 어디까지인가(한국금융학회 · 한국증권법학회 · 예금보험공사 주최 정책심포지엄 자료, 2003. 9. 18), 28면.

이다. 따라서 ALI원칙이 제시하는 경영판단원칙 정도라면 구태여 상법을 개정하지 않더라도 법원이 주의의무의 해석을 통해서 기능적으로 유사한 결과를 도출해 낼 수 있을 것이다. 다음에 보는 바와 같이 실제로 최근 일부 판결에서는 그러한 노력이 나타나고 있다.

(6) 대법원판결과 경영판단원칙

최근에는 우리 판결 중에서도 미국법상의 경영판단원칙과 유사한 고려가 반영된 것들이 나타나고 있다. 하급심판결들은 다수가 있지만[27] 이곳에서는 2002년 6월에 나온 대법원 판결(대법원 2002. 6. 14. 선고 2001다52407 판결)[28] 만을 검토하기로 한다.

1) 사실관계

사실관계는 다음과 같다. 새마을금고의 이사장인 피고가 부부나 자매관계에 있는 특정인들에 대한 개인적인 채권의 회수가 어렵게 되자 퇴직 직전에 자신의 직권을 남용하여 금고로 하여금 대출을 해주고 그 대출금의 일부로 자신의 채권변제에 충당하였다. 원고인 금고는 피고가 채권회수불능의 위험성을 금고에게 전가시켜 결과적으로 금고의 부실을 초래하였다는 이유로 피고에게 손해배상청구소송을 제기하였다.

원심법원은 이들 특정인 중 일부가 대출금 연체의 경력이 있었지만 대출당시에는 신규대출금지 대상인 대출연체자나 신용불량거래자에 해당하지 않았고, 소정의 대출요건을 모두 구비한 점까지 고려해 보면 피고가 원고 금고의 이사장으로서 이 사건 대출에 관한 직무를 수행함에 있어서 고의 또는

27 예컨대 전주지법 2003. 2. 14. 선고 99가합6639 판결; 수원지법 2001. 12. 27. 선고 98가합22533 판결 등.

28 법원공보 2002. 8. 1.(159), 1650면.

중과실이 있었다고 볼 수 없다고 판단하고, 원고의 청구를 기각하였다.

2) 판결이유

대법원은 우선 금융기관의 임원의 선관주의의무의 내용과 경영판단의 원칙과의 관계, 금융기관의 임원의 선관주의의무에 위반하여 임무를 해태하였는지 여부의 판단기준에 관하여 다음과 같이 판시하고 있다.

"즉, 구새마을금고법(2001. 7. 24. 법률 제6493호로 개정되기 전의 것) 제23조 제2항은 임원이 그 직무를 수행함에 있어서 고의 또는 중대한 과실로 금고 또는 타인에게 끼친 손해에 대하여는 연대하여 손해배상의 책임을 진다고 규정하고 있다.

그런데 금융기관의 임원은 소속 금융기관에 대하여 선량한 관리자의 주의의무를 지므로, 그 의무를 충실히 한 때에야 임원으로서의 임무를 다한 것으로 된다고 할 것이지만, 금융기관이 그 임원을 상대로 대출과 관련된 임무해태를 내세워 채무불이행으로 인한 손해배상책임을 물음에 있어서는 임원이 한 대출이 결과적으로 회수곤란 또는 회수불능으로 되었다고 하더라도 그것만으로 바로 대출결정을 내린 임원에게 그러한 미회수금 손해 등의 결과가 전혀 발생하지 않도록 하여야 할 책임을 물어 그러한 대출결정을 내린 임원의 판단이 선량한 관리자로서의 주의의무 내지 충실의무를 위반한 것이라고 단정할 수 없고, 대출과 관련된 경영판단을 함에 있어서 통상의 합리적인 금융기관 임원으로서 그 상황에서 합당한 정보를 가지고 적합한 절차에 따라 회사의 최대이익을 위하여 신의성실에 따라 대출심사를 한 것이라면 그 의사결정과정에 현저한 불합리가 없는 한 그 임원의 경영판단은 허용되는 재량의 범위 내의 것으로서 회사에 대한 선량한 관리자의 주의의무 내지 충실의무를 다한 것으로 볼 것이며, 금융기관의 임원이 위와 같은 선량한 관리자의 주의의무에 위반하여 자신의 임무를 해태하였는지의 여부는 그 대출결정에 통상의 대출담당임원으로서 간과해서는 안 될 잘못이 있는지의 여부를 대출의 조건과 내용, 규모, 변제계획, 담보의 유무와 내용, 채무자의 재산 및 경영상황, 성장 가능성 등 여러 가지 사항에 비추어 종합적으로 판정해야 할 것이다."[29]

그리고 금융기관 임원의 업무수행상 고의 또는 중과실 여부의 판단기준에 대하여도 다음과 같이 판시하고 있다.

"즉, 금융기관의 임원, 특히 이 사건과 같이 새마을금고의 임원이 대출을 결정함에 있어서 임원이 법령이나 정관에 위반한 대출이었음을 알았거나 또는 어떤 부정한 청탁을 받거나 당해 대출에 관한 어떤 이해관계가 있어 자기 또는 제3자의 부정한 이익을 취득할 목적으로 대출을 감행한 경우 또는 조금만 주의를 기울였으면 임원으로서의 주의의무를 다할 수 있었을 것임에도 그러한 주의를 현저히 게을리 하여 쉽게 알 수 있었던 사실을 알지 못하고 대출을 실행한 경우에는 고의 또는 중과실로 인한 책임을 진다고 한다.

그런데 이 사건에서, 피고의 고의 또는 중과실을 따짐에 있어서는, 규정상 A 등이 대출을 받을 형식적인 자격을 구비하였는지 여부만을 단순하게 판별해 보는 것만으로 그쳐서는 아니 되고 더 나아가, 피고의 다른 고의 또는 중과실사유인 피고가 당해 대출이 법령이나 정관에 위반한 대출이었음을 알았거나 또는 어떤 부정한 청탁을 받거나 당해 대출에 관한 어떤 이해관계가 있어 자기 또는 제3자의 부정한 이익을 취득할 목적으로 대출을 감행한 경우에 해당하는지 여부에 관하여도 심리 · 판단하여야 할 것이고, 그 결과 이러한 점이 사실로 드러난다면 피고에게 고의 또는 중과실로 인한 책임을 인정할 수 있다는 것이다."

이 사건에서, 원고가 제출한 각 증거에 의하면, A는 평소 피고와 개인적인 금전거래관계를 해오던 끝에 피고에 대하여 합계 5,000만 원의 차용금 채무를 부담하게 되었고, 이를 전액 변제하라는 피고의 요구를 받게 되자 피고의

29 금융기관 임원의 임무해태의 판단기준에 관한 판시는 대상판결의 판시와 일치된다.

이사장 임기가 얼마 남지 않은 시점에서 원고 금고로부터 2,000만 원의 신규 신용대출을 받아 이를 피고에게 전달하도록 하였으며, 피고의 퇴직 이후 피고로부터 나머지 3,000만 원의 변제독촉을 받은 일이 있는 점, 원고 금고의 대출서류 접수담당 직원은 피고와 A는 매우 친밀한 사이였는데, A가 피고와 친분관계가 있음을 기화로 피고의 퇴직 직전 언니, 여동생, 남편의 이름을 빌려 이 사건 대출을 받은 것이고, 이 사건 대출에 있어서 실제 차용인은 A일 뿐이며 A에 대한 대출이 부당한 것이라고 만류하였음에도 피고는 무리하게 이 사건 대출을 강행하였다는 점 등을 엿볼 수 있는바, 원심으로서는 A와 피고 사이의 친분의 정도, A와 피고 사이의 개인적 금전거래관계의 규모와 내역, 피고와 A 사이의 친분관계와 금전거래관계 등에 비추어 이 사건 대출 당시 피고가 A 등의 변제자력 정도를 알았거나 쉽사리 알 수 있었는지 여부, 이 사건 대출에 있어서 실제 차용인이 A인지 여부, A가 원고 금고로부터의 대출금을 가지고 피고에 대한 개인적 채무변제에 사용하였는지 여부, 이 사건 대출에서 피고가 관계 직원의 만류에도 불구하고 부당한 압력을 행사하여 이 사건 대출을 무리하게 강행한 일이 있었는지 여부 등에 대한 심리를 더 나아가 진행하여 원고 주장의 당부를 살펴보았어야 한다고 판시하고 있다.

3) 검토

대법원은 경영판단이 일정한 요건을 갖추는 경우에는 주의의무를 이행한 것으로 보고 있다. 이러한 대법원 판결의 판시는 얼핏 미국법상의 경영판단 원칙과 유사한 것으로 보이지만, 자세히 살펴보면 다소 차이도 발견된다. 대법원은 먼저 절차적 요건으로 합당한 정보, 적합한 절차를 제시하고 있다. 또한 정보와 절차 앞에 "그 상황에서"라는 문구를 첨가함으로써 구체적인 사정에 따라 절차의 엄격성이 좌우될 수 있다는 점을 분명히 밝히고 있다. "회사의 최대이익을 위하여 신의성실에 따라"야 한다는 표현은 미국법상 회사와의 이익상충이 없어야 한다는 요건과 성실성(in good faith)요건에 대응하는 것으로 볼 수도 있을 것이다. 대법원 판시에서 쉽게 찾을 수 없는 것은 내용적 요건이다. 대법원 판결은 "의사결정과정에 현저한 불합리가 없는 한"이라고 하여 내용이 아닌 '과정'의 불합리를 문제 삼고 있다. 그러나 보다 주의 깊게 살펴보면 내용적 요건이라고 할 만한 것이 전혀 없는 것은 아니다. 대법원은 "자신의 임무를 해태하였는지의 여부는 그 대출결정에 통상의 대출담당임원으로서 간과해서는 안 될 잘못이 있는지의 여부를 대출의 조건과 내용, 규모, 변제계획, 담보의 유무와 내용, 채무자의 재산 및 경영상황, 성장가능성 등 여러 가지 사항에 비추어 종합적으로 판정해야 할 것이다"라고 하여 대상판결의 판시를 그대로 반복하고 있다. 이 부분은 내용적 요건으로 적용될 여지가 없는 것은 아니다. 그러나 그렇다고 하더라도 내용적 요건의 "정도"에 대해서는 아무런 제시가 없다. 또한 절차적 요건과의 관계도 분명히 제시되고 있지 않다. 절차를 논하는 부분에서는 마치 절차만 제대로 밟으면 주의의무를 다한 것으로 본다는 식으로 표현하고서도 뒤에서는 다시 내용과 관련해서 주의의무 여부를 따지고 있다.

4. 대상판결과 경영판단원칙

대법원은 "원심이 피고들의 이 사건 대출결정에 이른 경위와 규모, 그 당시 대출을 받는 한보철강의 제반상황 및 담보확보 여부, 한보철강의 재무구조 및 수익성에 대한 부정적인 평가결과 등의 제반 사정을 종합 고려한 끝에 피고들이 은행 최고경영자 혹은 이사로서 임무를 해태하였으므로 원고 공동소송참가인에 대한 손해배상책임이 있다고 판단한 것은 결론에 있어서 정당하(다)"고 판시하였다. 앞서 밝힌 바와 같이 피고가 주의의무를 해태했다는 대법원의 결론에 대해서는 찬성한다.

그러나 그 이유에 대해서는 다소 의문과 불만이 있다. 대법원이 지적한

'제반 사정' 을 주의의무 판단시 고려해야 한다는 것에 이견을 제시할 수는 없을 것이다. 그러나 이러한 일반적인 설시는 앞으로 하급법원의 판단이나 경영자의 업무수행에 과연 어떠한 지침을 줄 수 있는지 의문이다.

대상판결의 판시에 의하면 자칫 경영판단의 당부가 전면적으로 법원의 사후적인 판단대상이 되는 것이 아닌가 하는 우려를 낳을 수도 있다. 경영판단의 내용을 법원이 심사하는 것이 더 큰 비용을 초래할 수 있는 것임은 우리나라에서도 널리 인식되고 있다. 그렇다면 우리도 의사결정의 내용보다 절차를 중시하는 방향으로 나아가야 할 것인가? 결국 경영판단원칙의 도입 논의에서 핵심적인 것은 바로 이 문제라고 할 것이다.[30] 일단 경영판단원칙을 수용한다는 입장에 선다면 대상판결은 어떠한 문제가 있는가? 우선 대법원이 제시한 "제반 사정"이 체계화가 되어 있지 않음은 물론이고 "대출결정에 이른 경위"라고 해서 절차적인 요소로 볼 수 있는 사항도 다소 고려되고 있지만 대부분 내용적인 요건에 치우치고 있다.

이러한 점에서는 위에서 소개한 새마을금고사건판결은 대상판결보다 한 발 앞선 측면이 있다. 절차적 요건을 명시적으로 강조하고 있기 때문이다. 그러나 그곳에서도 내용적 요건의 수준이나 절차적 요건과 내용적 요건의 관계 등이 모호한 상태에 머물고 있다. 물론 이러한 사정은 경영판단에 관한 소송이 최근에 시작된 사정에서 비롯된 것으로 앞으로 시간이 흐름에 따라 차츰 구체화될 것으로 기대한다. 만약 그것이 여의치 않다면 차선책으로나마 상법에 우리 나름의 경영판단원칙을 명시하는 것도 생각해 볼 수 있을 것이다.

미국식의 경영판단원칙을 적용한다면 대상판결은 어떠한 결론이 도출될 것인가? 미국식의 경영판단원칙은 요건을 갖추지 못하여 적용될 수 없을 것이다. 원심이 확정한 사실관계에 의하면 피고들은 먼저 대출결정의 결론을

30 홍복기, 앞의 글 (주 26), 27면도 같은 취지를 밝히고 있다.

내린 상태에서 관련서류의 작성을 지시할 정도로 필요한 정보를 수집하고 검토하는 절차가 결여되고 있기 때문이다. 또한 일부 이사들이 한보철강으로부터 대출과 관련하여 뇌물을 받았기 때문에 판단의 성실성도 결여하고 있다. 이러한 경우에는 대출결정이 내용적인 면에서 일반적인 주의의무에 위반한 것인지 여부를 따지게 될 것이다. 대상판결의 사안과 같이 상환의 전망이 극히 불투명한 상황에서 거액의 대출을 감행한 것은 통상적인 경영자의 관점에서 주의의무를 다한 것이라고 볼 수 없을 것이다. 사안에서 대출에 대해서 부정적인 정보가 긍정적인 정보보다 압도적으로 많았다는 점, 대출의 성격상 한보철강이 위험성이 높은 제철소 건설에 성공하는 경우라도 제일은행이 얻을 수 있는 이익이 제한된다는 점 등도 주의의무위반이라는 결론을 뒷받침하는 요소로 볼 수 있다. 게다가 이 사안에서 주의의무의 주체가 신중한 경영이 요구되는 은행의 이사였다는 점도 고려요소로 추가해야 할 것이다.

5. 결론

이사의 경영판단이 주의의무위반으로 판단되는 경우는 국내외를 막론하고 극히 드물다. 그리하여 특히 미국에서는 심지어는 주의의무는 종언을 고했다는 말까지 나오고 있는 상황이다. 그러한 점에서 보면 이사의 주의의무위반을 인정한 대상판결은 상당히 이례적인 것이라고 할 수 있다. 그러나 더 이례적인 것은 법원의 판단이 아니라 무모한 대출을 감행한 이사의 결정이라고 할 것이다. 앞으로 은행을 포함한 기업의 경영이 정상적인 궤도에 오르게 되면 우리나라에서도 이사의 경영판단에 대하여 주의의무위반이 인정되는 경우는 크게 감소할 것이다.

대상판결은 미국법상의 경영판단원칙을 의존하지 않고 논리를 전개하였다. 그러다 보니 절차적 요소에 대한 판단이 적어도 표면적으로는 부각되지 않았다.[31] 실제로 추상적인 차원에서 경영판단원칙의 도입 여부를 논하는 것은 앞서 지적한 바와 같이 생산적이지 못하다. 중요한 것은 경영판단원칙의 고려요소인 절차적 요소를 법원이 주의의무의 해석시에 어느 정도로 배려할 것인가이다. 경영판단의 내용에 대한 법원의 개입이 비효율을 초래할 수 있다는 점을 고려하면 미국식의 절차적 접근방식이 매력적으로 비치는 것도 사실이다. 그러나 절차적 접근방식이 제대로 기능하기 위해서는 경영판단의 주체인 이사의 전문성은 물론이고 독립성이 강화될 필요가 있을 것이다. 현재로도 이사가 결정의 대상에 대해서 직접 이해관계를 갖는 경우에는 결의에 참석할 수 없는 것이 사실이다. 그러나 아직 "이해관계"는 상당히 좁게 해석되고 있다. 예컨대 지배주주가 이해관계를 갖는 거래에 대한 이사회의 결정에서 지배주주의 심복들인 사내이사들은 특별한 사정이 없는 한 "이해관계"는 없는 것으로 간주되어 결의에 참여하고 있다. 우리나라에서도 미국에서와 같이 이익상충을 넓게 이해하지 않는다면 이러한 결정들이 모두 경영판단으로서 존중될 것이다. 또한 절차가 중시되면 이사로서는 결론을 이미 내려놓은 상태에서 충분히 정보를 수집, 검토하였다는 외형만을 갖추려고 할 가능성도 크다. 그러나 그러한 폐해는 어느 정도 불가피할 것이다. 이사들의 성실하고 적극적인 업무수행은 결국 주의의무만으로 보장할 수는 없기 때문이다.[32]

경영판단원칙은 어느 정도 이사의 위험부담을 제한하는 원리로서 기능하는 것이 사실이다. 그러나 경영판단원칙으로 인하여 이사의 책임은 전면적으로 인정되거나 부정된다. 입법론적으로 과연 이처럼 전부 아니면 전무(all or nothing)라는 식의 법리에만 의존하는 것은 바람직하지 않다. 이사의 책임이 너무 가혹해지면 이사의 업무수행이 잘못된 경우에도 법원이 주의의무

31 단순히 대출에 이르게 된 경위라고 하여 제반 사정의 고려요소로 열거되었을 뿐이다.

32 이사진이 적절하게 구성되는 경우에는 그래도 절차를 지키려는 노력이 판단의 내용에도 긍정적인 효과를 미칠 것으로 기대할 수 있을 것이다.

위반 인정에 주저할 수도 있을 것이다. 이러한 현상이 바람직하지 않은 것은 물론이다. 따라서 이사의 손해배상책임을 구하는 소송이 증가함에 따라 이제는 이사의 책임을 과실에 비추어 적당한 정도로 제한하는 방안을 검토할 필요가 있을 것이다.

『민사판례연구』 26집(2004), 404-431면.

* 추기: 증권거래법은 2009년 시행된 자본시장과 금융투자업에 관한 법률("자본시장법")로 흡수되었다. 폐지된 증권거래법이 담고 있던 상장법인에 관한 특례규정은 자본시장법과 상법에 분산하여 이관되었다. 450면에 인용된 증권거래법의 사외이사 선임관련규정도 상법으로 이관되었다. (주 17)과 관련하여 독일 주식법도 경영판단원칙을 도입하고 있다(주식법 93조 1항 2문).

08 이사의 감시의무와 내부통제

대상판결: 대법원 2004. 12. 10. 선고 2002다60467 · 60474 판결*

〔사실의 개요〕

이 판결의 사안은 1999년 파산선고결정을 받은 증권회사 D의 파산관재인인 원고가 D의 대표이사와 상무이사로 각각 근무하였던 甲과 乙을 상대로 이사로서의 손해배상책임을 묻는 경우이다. 판결에서는 다양한 쟁점이 문제되었으나 이 글에서 검토대상으로 삼은 이사의 감시의무와 관련된 부분의 사실관계만을 원심의 판단을 기초로 정리하면 대체로 다음과 같다.

1. 나산종합건설 주식회사 기업어음(CP) 매입과 관련하여

증권회사 D의 외국 측 주주회사인 P의 자회사인 S는 1997년 4월경 나산

* 공 2005. 1. 15.(218), 87.

그룹의 재무구조 개선을 위한 방안으로 해외에서 나산그룹 명의의 외화채권을 발행·판매하여 외화자금을 조달하여 주는 대가로 미화 100만 달러의 대가를 받기로 하는 계약을 체결하였다. 그러나 나산그룹의 신용도가 좋지 않아 외화채권 발행계획이 연기되자, D의 부사장인 丙은 나산그룹에 단기자금을 제공하여 줄 목적으로 1997년 5월과 6월에 나산종합건설 주식회사(이하 '나산종건')가 발행한 CP 180억 원 상당을 매입하였다. 나산종건이 1998년 1월 부도를 냄에 따라 D는 위 CP 대금 180억 원 중 60억 원만을 회수하고 나머지 120억 원 상당을 회수하지 못하게 되었다.

외국인인 丙은 원래 S에서 최고위급 간부로 근무하던 자로서 1997년 초부터 D에서 사실상 부사장으로 채권관련 업무를 전담하여 왔다. 丙은 CP 매입 당시 이사회의 승인을 받거나 다른 임원들에게 알리지 아니한 채 단독으로 매입을 결정하고 채권팀장에게 실무적인 업무를 처리하도록 지시하였으며, 1997년 7월경에 이르러서야 비로소 위험관리위원회 및 임원회의에서 이를 보고하였다.

D의 회사내규인 상품채권운용지침에 의하면 CP는 원래 관리대상에 포함되지 않았다. 또한 증권거래법상 유가증권에도 해당하지 않은 CP를 예외적으로 보유할 만한 불가피한 사정이 있었다거나 그 보유에 대한 요건이나 절차를 갖추었다고 볼 수 없었다. 나산종건은 당시 신용평가등급이 B등급에 불과하고 재무구조 조정작업을 서둘러 진행해야 할 정도로 재무구조가 상당히 취약한 상태에 있었다.

2. 주식회사 미도파 주식 매입과 관련하여

한편 D는 1997년 2월경 주식회사 미도파(이하 '미도파')에 대한 적대적 기업인수를 위해 홍승파이낸스 주식회사(이하 '홍승') 및 일진파이낸스 주식회사(이하 '일진')와 사이에 "D로부터 미도파 주식을 총 100억 원의 범위 내에서 장내를 통해 D가 지정한 가격으로 매수하면 D는 매매일로부터 30일 이내에 제반 비용을 가산하여 재매입하겠다"는 내용의 주식매매계약을 체결하였다. 1997년 4월 D는 홍승 및 일진이 매입한 미도파 주식 53만 6,960주를 206억 5,400만 2,000원에 장외매수하였다. D는 1997년 5월 13일부터 1997년 6월 5일까지 사이에 위 미도파 주식 중 53만 4,960주를 장내에서 43억 1,361만 8,238원에 다시 매도하였고, 2,000주는 그대로 보유하여 미도파 주식의 매매거래로 인하여 약 153억 8,400만 원 상당의 손해를 입었다. 이러한 미도파 주식의 매매거래는 D의 회장이던 丁의 지시에 따라 미도파에 대하여 적대적 기업인수합병을 실행하는 과정에서 D의 임원이던 戊, 己 등에 의하여 주도된 것이었다. 乙은 戊가 계약서를 제시하고 대표이사 직인의 날인을 요청하자 대표이사인 피고 甲에게 전화를 걸어 내용을 설명하고 그로부터 직인 날인에 관하여 승낙을 받아 계약서에 직인을 날인하여 주었다.

〔원심판결〕

원심은 이상의 사실관계를 바탕으로 각 거래에 관하여 다음과 같이 판시하였다.

1. 나산종건 CP매입

나산종건은 당시 신용평가등급이 B등급에 불과하고 재무구조 조정작업을 서둘러 진행해야 할 정도로 재무구조가 상당히 취약한 상태에 있었으므로, 만약 나산종건의 재무구조나 신용도 등에 대하여 조금만 주의를 기울여 조사하였던들 향후 위 CP 매입대금의 회수가 어려워질 가능성이 있음을 어렵지 않게 알 수 있었다고 보이므로 丙의 주도로 이루어진 위 CP의 매입은 임원으로서의 선관주의의무 내지 충실임무를 해태한 행위이고, 피고 甲이 비록 丙에 의한 위 CP의 매입과정에 직접 관여하였다거나 그 매입사실을 알고 있었다고 볼 증거는 없지만, D의 대표이사로서 대외적으로는 회사를 대표하고 대내적으로는 업무 전반의 집행을 담당하는 직무권한을 가지고 있는 만큼, 회사업무의 전반을 총괄하여 다른 이사의 직무집행을 감시 · 감독하여야 할 지위에 있고, 더욱이 丙은 D의 외국측 주주인 P의 자회사인 S에서 근무한 배경을 가진 자로서 정식이사로 선임되기 이전부터 사실상 부사장으로서의 직무를 수행하면서 영업과 관련된 업무 전반을 독자적으로 처리하여 왔으므로 그의 직무집행과 관련하여서는 보다 면밀한 감시 · 감독이 요구되는 상황이었다고 할 것임에도 불구하고, 丙이 무려 180억 원에 이르는 CP를 매입함에 이르렀음에도 이를 제대로 감시 · 감독하지 못한 채 방치한 것은 대표이사에게 요구되는 선관주의의무 내지 감시의무 등을 해태한 것으로 봄이 상당하므로, 피고 甲에게 D가 입은 손해를 배상할 책임이 있다.

2. 미도파 주식거래

D는 홍승 및 일진이 매입한 미도파 주식을 일정기간 이후에 제반 비용을 가산하여 재매입하겠다는 약정을 하고 이를 이행함으로써 실질적으로는 홍승 및 일진에 대하여 사전에 주식거래에 따른 손실을 부담할 것을 약정하였거나 사후에 재산상 이익의 제공행위 내지 거래손실의 보전행위를 한 것에 해당되므로 이는 증권거래법에 위반된 행위이다.

위 미도파 주식의 매입이 비록 회장 丁의 지시를 받은 다른 임원들에 의하여 주도된 것이라고 하더라도, D의 대표이사로서 회사의 업무 전반을 총괄하여야 할 지위에 있는 甲으로서는 거래규모가 무려 200억 원대에 이르는 계약을 체결함에 있어 직접 계약서 내용을 살피거나 직인 날인의 가부를 묻는 乙로 하여금 이를 확인하도록 하는 등 조금만 주의를 기울이는 등 다른 이사들의 업무집행에 대한 감시 · 감독을 제대로 행하였더라면 위와 같은 법령위반행위를 어렵지 않게 방지할 수 있었을 것임에도, 대표이사로서의 선관주의의무 내지 감시의무를 게을리 한 잘못이 있고, 한편 총무팀 업무를 관장하면서 대표이사 직인을 관리하는 책임을 지고 있는 乙로서도 약간의 주의를 기울여 戊가 직인 날인을 요구하면서 제시한 계약서의 내용을 살펴보기만 하였다면 그것이 법령에 위반되는 행위임을 어렵지 않게 알 수 있었음에도 피고 甲의 승낙을 받았다는 사유만으로 그 계약서에 그대로 직인을 날인하여 줌으로써 이사로서의 선관주의의무 내지 감시의무를 게을리 한 잘못이 있으므로, 피고들에게 D가 입은 손해를 배상할 책임이 있다.

〔판결요지〕

대법원은 먼저 다음과 같이 1985년 판결요지를 제시한 후 원심의 판단을 거의 그대로 받아들여 원심의 결론을 유지하였다.

"주식회사의 이사는 이사회의 일원으로서 이사회에 상정된 의안에 대하여 찬부의 의사표시를 하는 데에 그치지 않고, 담당업무는 물론 다른 업무담당이사의 업무집행을 전반적으로 감시할 의무가 있으므로, 주식회사의 이사가 다른 업무담당이사의 업무집행이 위법하다고 의심할 만한 사유가 있음에도 불구하고 이를 방치한 때에는 이로 말미암아 회사가 입은 손해에 대하여 배상책임을 면할 수 없다."(대법원 1985. 6. 25. 선고 84다카1954 판결; 2002. 5. 24. 선고 2002다8131 판결 등)

〔평석〕

1. 서설

이 판결은 평이사의 감시의무를 인정한 1985년 대법원판결[1] 이후에 나온 첫 번째 대법원판결이다. 1985년 판결 당시에는 우리나라에서는 물론이고 외국에서도 이사의 감시의무는 별로 주목을 받지 못했다. 그러나 최근 이사회의 감독기능이 부각됨에 따라 이사의 감시의무는 전 세계적으로 큰 관심을 끌고 있다. 이러한 변화의 원인으로는 두 가지를 지적할 수 있을 것이다. 하나는 이사회에서 사외이사의 비중이 증가한 사실이다. 일상적인 경영에 참여할 수 없는 사외이사가 늘어날수록 이사회의 감독기능 내지 이사의 감시의무가 강조될 수밖에 없다. 둘째는 엔론이나 월드컴 같은 대형 스캔들의 영향을 들 수 있다.[2] 엔론스캔들의 영향으로 2002년 미국에서 제정된 이른바 Sarbanes-Oxley법은 우리나라를 비롯한 여러 나라에 급속히 전파되어 이제 내부통제(internal control)가 널리 각광을 받고 있다.[3]

이 판결에서 문제된 사안은 내부통제가 크게 부각되기 이전인 1997년에 일어난 것이다. 또한 이 판결은 사외이사가 아닌 대표이사와 상임이사의 감시의무를 대상으로 삼고 있다. 이처럼 이 판결의 사안은 최근의 달라진 이사회 환경과 직접 관련이 있는 것은 아니지만 1985년 판결 이후 거의 20년 만에

1 대법원 1985. 6. 25. 선고 84다카1954 판결.

2 이와 관련해서는 Kenneth B. Davis, Jr.(이대희 역), "이사의 감독의무—엔론 사태 이전과 이후," 상사법연구, 제21권 제3호(2002), 221면 이하 참조. 미국법상 이사의 감시의무에 관한 우리 논문으로는 정봉진, "이사의 감시의무에 관한 미국법 연구," 비교사법, 제10권 2호(2003), 357면 이하 참조. 미국에서는 엔론사태 이전인 1996년에도 이미 유명한 Caremark사건으로 이사의 감시의무가 크게 주목을 받은 바 있다. In re International Inc., Derivative Litigation, 698 A.2d 959(Del Ch. 1996).

3 Sarbanes-Oxley법이 이사의 감시의무에 미친 영향에 대한 최근의 문헌으로는 Regina F. Burch, Director Oversight and Monitoring: The Standard of Care and the Standard of Liability Post-Enron, 6 Wyoming Law Review 481(2006) 참조. Sarbanes-Oxley법이 우리 법에 미친 영향에 관해서는 고창현·김연미, "기업회계관련법의 분석과 평가," BFL 제4호(2004. 3.), 41면 이하 참조.

정면으로 감시의무위반을 이유로 이사의 책임을 인정한 대법원판결이라는 점에서 주목할 가치가 있다.[4] 그러나 결론부터 밝히자면 안타깝게도 이 판결은 1985년 판결의 논리를 그대로 답습하고 있을 뿐 장차 이사회나 법원이 참고할 만한 구체적인 행동지침을 제시해 주지 못하고 있다. 이하에서는 이 판결의 논리를 감시의무에 관한 최근의 논의에 비추어 검토해 보기로 한다.

이 글의 순서는 다음과 같다. 먼저 2.에서는 이사의 감시의무를 그 근거와 위상을 중심으로 살펴본다. 본론이 시작되는 3.에서는 감시의무의 범위와 발동사유를 검토한다. 4.에서는 감시의무의 구체적 내용과 관련하여 최근에 급속히 부각되고 있는 내부통제에 대해서 일별한다. 5.에서는 특히 甲의 미도파주식매매를 감시의무위반으로 파악한 법원의 판단이 적절한 것인지 여부에 관해서 논하고자 한다.

2. 이사의 감시의무: 그 근거와 위상

우리 상법은 이사의 감시의무에 대해서 명시하고 있지 않다. 그럼에도 불구하고 이사가 감시의무를 부담한다는 점에는 통설, 판례가 일치하고 있다.[5] 이 판결에서는 이사의 "선관주의의무 내지 감시의무"라는 표현을 사용함으로써 마치 감시의무가 선관주의의무와 별도의 의무로 해석될 수도 있는 여지를 보이고 있다. 그러나 일반적으로 학설은 감시의무를 선관주의의무의 일부를 구성하는 것으로 파악하고 있다.[6]

감시의무의 실정법상의 근거로는 이사회의 감독권(제393조 제2항)과 대표이사에 대한 이사의 보고청구권(제393조 제3항)을 들 수 있을 것이다.[7] 그러나

4 대법원 2004. 3. 26. 선고 2002다29138 판결도 이사의 감시의무를 다루고 있지만 입증이 없다는 이유로 간단히 이사의 책임을 부정하고 있다.

5 이철송, 『회사법강의(제13판)』, 2006, 584면.

6 정봉진, (주 2), 357면.

7 이철송 교수는 이사의 감시의무는 이사회의 감독권과 구별되는 개념으로 보고 있으나(이철송, (주 5),

보다 실질적인 근거는 회사 내의 업무집행에 관한 분업관계에서 찾을 수 있다. 우리 상법상 회사의 업무집행은 이사회가 결정한다(제393조 제1항). 결정사항의 집행은 회의체인 이사회가 담당할 수 없으므로 다른 기관에 맡길 수밖에 없을 것이다. 상법은 집행을 담당할 기관에 대해서는 명시적으로 언급하고 있지 않다. 대외적 집행이라고 할 수 있는 회사의 대표에 관해서 대표이사에 대한 규정(제389조)을 두고 있을 뿐이다. 그러나 대내적 집행에 대해서는 아무런 규정이 없고 학자들 간에 별로 논의도 없다.

대내적 집행의 구체적인 방식에 대해서는 이론상 여러 가능성을 생각해 볼 수 있을 것이다. 이사회가 업무집행을 주도하면서 이사와 집행임원에게 적절히 분담시키는 것도 이론상으로는 가능하다. 그러나 이사회가 집행의 전면에 나서는 이러한 형태는 50대 50인 합작기업의 경우에는 모르겠지만 일반적인 대기업의 경우에는 적절치 않을 것이다. 일반 대기업에서는 이사회가 가급적 굵직한 사항만을 챙기고 세부적인 업무집행은 집행조직에 위임하는 편이 좋을 것이다. 집행조직에 대한 이사회의 위임범위가 넓어질수록 이사의 감시의무가 중요해지는 것은 당연하다.

상법에 명시적인 근거는 없지만 집행조직의 최고책임자는 일반적으로 회장이나 사장으로 불리며 대표이사를 겸하는 것이 보통이다. 대표이사는 복수 존재하는 경우도 적지 않기 때문에 대표이사가 반드시 집행의 최고책임자는 아니다. 그러나 현실적으로 집행의 최고책임자가 대표이사를 맡지 않는 경우는 거의 없기 때문에[8] 이 글에서는 대표이사를 집행의 최고책임자와 같은 의미로 사용한다. 이 판결에서 대법원이 대표이사가 "대내적으로는 업무 전반의 집행을 담당하는 직무권한을 가지고 있(다)"고 전제한 것도 대내적인 집행에서도 대표이사가 최고책임자의 역할을 수행하는 실무를 반영한

584면) 그처럼 구별할 실익이 있는지는 의문이다.

8 1997년 경제위기 이전에는 지배주주가 이사직도 맡지 않으면서 경영에 관여하는 경우도 없지 않았다.

것으로 볼 수 있다.

상법상 이사회가 이사의 직무집행을 감독한다는 규정(제393조 제2항)과 이사의 감시의무는 이러한 이사회와 집행조직 사이의 분업관계를 고려하여 해석할 필요가 있다. 먼저 감시 내지 감독의 객체는 상법 제393조 제2항이 '이사'의 직무집행이라고 하고 있지만 주로 대표이사를 정점으로 하여 업무집행이사를 포함하는 집행조직 전체에 대한 것으로 보아야 할 것이다. 감시의 주체는 제393조 제2항이 '이사회'라고 하고 있지만 결국 실제로 감시의무는 개별 이사가 부담할 수밖에 없다. 그중에서도 특히 중요한 것은 업무집행을 담당하지 않는 이사이다. 감독의 대상이 업무집행을 담당하는 집행조직이라면 집행조직에 속하는 대표이사나 업무집행이사는 아무래도 감독의 주체로서의 역할을 제대로 수행하기는 어렵기 때문이다. 상장기업에서 사외이사의 도입을 강제하고 있는 것은 이사회의 감독기능을 중시하는 관점에서 쉽게 이해할 수 있다.

대표이사나 업무집행이사라고 해서 감시의무를 전혀 부담하지 않는 것은 아니다. 이들도 이사회의 구성원이라는 점에서 이론상으로는 다른 이사가 집행하는 직무에 대해서 감시할 의무가 있다. 그러나 집행조직의 최고책임자로서의 대표이사가 지는 감시의무는 이사회의 구성원으로서 부담하는 감시의무와 현실적으로 차이가 있다. 대표이사가 하위집행조직에 속하는 업무집행이사의 직무집행을 감시하는 것은 집행의 일환으로도 볼 수 있다. 따라서 집행의 최고책임자인 대표이사는 사외이사보다는 적극적·능동적으로 업무집행이사의 직무집행을 감시해야 할 것이다.[9] 대표이사의 감시의무는 비단 업무집행이사뿐 아니라 집행임원이나 일반 직원의 업무에 대해서도 미친다.

9 학설도 대표이사 및 업무집행이사는 평이사보다 높은 정도의 감시의무가 적용되는 것으로 보고 있다. 정봉진, (주 2), 358면.

3. 감시의무의 범위와 발동사유

이사가 수행할 감시의무의 구체적인 내용 내지 범위는 회사의 규모, 업종, 이사의 지위 등에 따라 달라질 것이다. 감시의무의 범위는 실제로 집행을 담당하지 않는 사외이사의 경우에 가장 좁고 집행조직의 최고책임자인 대표이사의 경우에 가장 넓을 것이다. 그러나 앞서 언급한 1985년 대법원판결에 의하면 업무집행을 담당하지 아니한 평이사의 감시의무도 단지 이사회에 상정된 의안에 국한되는 것이 아니라 전반적인 업무집행에 미친다. 1985년 판결에서 가리키는 평이사와 현재 확산되고 있는 사외이사가 반드시 일치하는 것은 아니다.[10] 그러나 사외이사도 업무집행을 담당하지 않는다는 점에서는 평이사와 같으므로 동일한 법리는 사외이사에도 적용될 수 있을 것이다. 이처럼 비상근의 사외이사에게도 회사의 업무전반에 대한 감시의무를 인정하면 특히 사업범위가 광범하고 업무내용이 복잡한 대기업에서는 커다란 부담이 될 수 있을 것이다. 그러나 후에 살펴보는 바와 같이 우리 판례는 이처럼 사외이사에게까지 넓은 범위의 감시의무를 브과하면서도 실제로 감시의무를 발동해야 하는 경우는 비교적 좁게 인정하고 있다.

학설상 사외이사의 감시의무가 어떠한 경우에 발동되는가에 관해서는 견해가 갈리고 있다.[11] 소극설은 업무집행이사의 직무위반행위를 안 경우에 비로소 행동에 나설 의무가 있다고 하는 데 반하여 적극설은 평시에도 업무집행의 상황을 파악해 둘 의무가 있다고 보고 있다. 이에 비하여 1985년 판결에서 대법원은 평이사가 "대표이사를 비롯한 업무담당이사의 전반적인 업무집행을 감시할 수 있는 것이므로, 업무담당이사의 업무질행이 위법하다고 의

10 사외이사의 경우에는 업무집행을 담당하지 않을 뿐 아니라 일정한 독립성요건이 적용된다는 점에서 평이사와는 구별된다.

11 상세한 것은 이철송, (주 5), 586-587면 참조. 사외이사가 아닌 평이사를 대상으로 하고 있으나 양자를 특별히 달리 취급할 필요는 없을 것이다.

심할 만한 사유가 있음에도 불구하고 평이사가 감시의무를 위반하여 이를 방치한 때에는 이로 말미암아 회사가 입은 손해에 대하여 배상책임을 면할 수 없다"고 판시하였다. 즉 '의심할 만한 사유'가 없는 경우에는 마치 감시의무가 발동하지 않는다는 해석이 나올 수 있는 표현을 쓰고 있다.[12] 1985년 판결의 논리는 1963년 미국 델라웨어주 대법원이 Graham v. Allis Chalmers Manufacturing Co.판결[13]에서 채택한 다음과 같은 논리와 비슷하다.

"무엇인가 잘못되었다는 의심을 하도록 하는 무엇인가가 발생할 때까지 이사들은 자신들의 하급자의 정직성과 성실성을 신뢰할 수 있는 것으로 보인다. 만약 그러한 것이 발생하고 이에 대해서 주의하지 않았다면 이사의 책임이 발생할 수 있을 것이지만, 의심할 만한 이유가 존재하지 않는다면, 이사들은 의심할 만한 이유가 없는 부정행위를 찾아내기 위한 회사의 감시체제를 설치하고 운용할 의무를 부담하지 않는다."[14]

이러한 논리에 따른다면 일부러 회사의 업무집행상황을 외면하여 "의심할 만한 사유" 자체의 인식을 피하는 경우에는 손해배상책임을 면할 수 있는 것인가? 이러한 해석은 이사의 감시의무를 거의 무력화할 것이기 때문에 받아들이기 어려울 것이다. 따라서 특별히 의심할 만한 사유가 불거지지 않은 평상시에도 사외이사는 업무집행에 대한 감시의 노력을 게을리 해서는 아니 될 것이다.[15] 이러한 해석은 최근의 미국판례와도 일치한다. 1981년 뉴저지주 대법원판결인 Francis v. United Jersey Bank판결[16]에서 Pollock 판사는 아들들의 회사자금횡령을 막지 못한 이사인 어머니에게 손해배상책임을

12 미국이나 일본의 판례도 최근 내부통제가 강화되기 전에는 감시의무위반이 인정되는 경우는 대체로 이사의 위법행위를 상당한 주의 없이도 용이하게 알 수 있었음에도 만연히 간과한 경우에 한정되었다.

13 188 A.2d 125(Del. 1963). 이 판결에 대한 간단한 소개로는 정봉진, (주 2), 364-366면; Davis, (주 2), 227-229면 참조.

14 Id. at 130. 판시사항은 Davis, (주 2), 228면의 번역에 의존하였다.

15 이철송, (주 5), 587면도 대체로 비슷한 취지로 해석할 수 있을 것이다.

16 432 A.2d 814(1981).

인정하면서 다음과 같이 판시한 바 있다: "이사들은 회사의 잘못에 대하여 눈을 감은 채 자신들은 잘못을 보지 못했기 때문에 조사할 의무가 없다고 주장할 수는 없다."[17]

이사의 감시의무와 관련해서는 Francis판결보다 1996년 델라웨어주 형평법원의 In re Caremark International Inc., Derivative Litigation결정(Caremark결정)[18]이 훨씬 더 유명하다. 이 결정에서 Allen 판사[19]는 이사가 회사활동에 대해서 적절히 알고 있을 의무가 있으며 그 의무를 이행하기 위해서는 적절한 "정보 및 보고시스템"(information and reporting system)을 갖춰야 한다고 판시하였다. Allen 판사는 회사의 비행에 대해서 몰랐다는 점이 이사책임의 원인인 경우에는 이사회가 감시를 "지속적이고 체계적으로" 해태한 경우에 비로소 법적 책임을 진다고 판시하였다.[20] 즉 일시적인 감시소홀을 넘어서 감시시스템을 지속적으로 도외시한 경우에 책임을 지게 되는 것이다.

이러한 Caremark결정의 사고는 1998년 개정된 모범사업회사법(Model Business Corporation Act)으로 이어지고 있다. 모범사업회사법(§8.31(a)(2)(iv))은 감시의무와 관련하여 이사가 책임을 지는 경우로 (1) 일상적인 감시의 지속적인 해태와 (2) 중대한 우려사실이 현실화된 경우에도 적절한 조사를 행하지 않는 것의 두 가지를 들고 있다. 1985년 판결이 채택한 '의심할 만한 사유'기준은 위의 (2)에 유사한 것으로 (1)을 포섭하는 데는 한계가 있다. 따라서 '의심할 만한 사유'기준은 사외이사의 경우에도 반드시 타당한 것이라고

17 원문은 Joel Seligman, Corporations, p. 161(1995)에서 인용하였다.

18 698 A.2d 959(Del. Ch. 1996). Caremark사의 이사에 대한 주주대표소송에서 화해를 승인한 결정이다. Caremark사건에 관해서는 Davis, (주 2), 233-237면; 정봉진, (주 2), 366-372면; H. Lowell Brown, The Corporate Director's Compliance Oversight Responsibility in the Post *Caremark* Era, 26 Delaware Journal of Corporate Law, pp.7-32(2001) 참조.

19 현재는 법원을 떠나 NYU Law School 교수로 재직하고 있다.

20 이사는 회사의 사정을 알기 위하여 선의(good faith)의 노력을 기울여야 하는데 이처럼 감시기능을 심하게 게을리 한 경우에는 선의라고 볼 수 없기 때문에 책임을 진다는 것이다. 여기서 악의는 중과실(gross negligence)보다는 無謀性(recklessness)에 접근하는 개념으로 판단된다.

보기는 어렵다. 실제 집행의 최고책임자인 대표이사의 경우에는 그 기준의 한계는 더욱 두드러진다. 그러나 1985년 판결에서와는 달리 대표이사의 감시의무가 문제된 이 판결에서도 대법원은 여전히 '의심할 만한 사유'에 관한 표현을 그대로 반복하고 있다.

그렇다면 사안에서 CP 매입과 관련하여 대표이사 甲이 丙의 '업무집행이 위법하다고 의심할 만한 사유'가 있었는가? 대법원이 감시의무의 발동근거로 제시한 것은 丙이 "D의 외국 측 주주인 P의 자회사인 S에서 근무한 배경을 가진 자로서 정식이사로 선임되기 이전부터 사실상 부사장으로서의 직무를 수행하면서 영업과 관련된 업무 전반을 독자적으로 처리하여 왔(다)"는 점이다. 그러나 이러한 사실의 어느 부분도 바로 '업무집행이 위법하다고 의심할 만한 사유'에 해당하는 것으로 보기는 어렵다. 사실 이 사안은 오히려 판례가 채택한 '의심할 만한 사유'기준의 한계를 보여 주는 사례로 볼 수 있을 것이다.

대법원이 CP 매입과 관련하여 甲의 감시의무위반를 인정한 결론은 타당한 것으로 보인다. 그러나 '의심할 만한 사유'기준으로는 그 결론을 뒷받침하기 어렵다. 대법원은 甲이 "대표이사로서 대외적으로는 회사를 대표하고 대내적으로는 업무 전반의 집행을 담당하는 직무권한을 가지고 있는 만큼, 회사업무의 전반을 총괄하여 다른 이사의 직무집행을 감시 · 감독하여야 할 지위에 있[다]"고 함으로써 포괄적인 감시의무를 인정하고 있다. 이러한 대표이사의 감시의무는 '의심할 만한 사유'와 관계없이 평상시에도 작동하는 것으로 보아야 할 것이다. 그렇다면 대표이사인 甲은 감사의무 이행을 위해서 어떠한 행위를 하여야 했는가? 이 물음에 대한 답은 바로 '내부통제'(internal control)라는 개념에서부터 출발해야 할 것이다.

4. 감시의무와 내부통제

최근 내부통제는 전 세계적으로 각광을 받고 있다.[21] 이 개념이 발상지라고 할 수 있는 미국에서는 Sarbanes-Oxley법 이후 내부통제구축이 상장기업에 과도한 부담이 되고 있다는 불만이 확산될 정도로 관심을 끌고 있다. 이웃 일본에서도 2000년의 유명한 大和銀行判決[22]에서 처음 이사의 내부통제구축의무가 인정된 이래 2005년 통과된 회사법에서도 이른바 대회사와 위원회설치회사의 이사회에 내부통제시스템의 구축의무가 부과되고 있다(제348조 제3항 제4호; 제362조 제4항 제6호, 제5항; 제416조 제1항 제1호).[23] 일본에서와는 달리 아직 우리 상법에서는 내부통제라는 개념이 명시적으로 도입되고 있지 않다. 그러나 우리 상법의 해석상으로도 이사회에 적절한 내부통제체제를 구축할 의무를 인정할 수 있을 것이다. 이미 내부통제의 개념은 우리 기업실무에서는 물론이고 법제에도 도입이 되고 있다. 주식회사외부감사에 관한 법률이 규정하는 내부회계관리제도(제2조의2)가 그 대표적인 예이다.

내부통제는 특히 사외이사의 감시의무와 관련하여 중요한 의미를 갖는다. 현실적으로 비상근의 사외이사가 각자 대표이사를 비롯한 임직원의 구체적인 업무집행을 직접 감시하는 것은 불가능하다. 이러한 상황에서 사외

21 내부통제에 관한 회사법적인 검토에 관해서는 김건식 · 안수현, "법적 시각에서 본 내부통제," BFL, 제4호(2004. 3.) 7-16면 참조. 내부통제에 관하여 가장 권위 있는 문헌은 이른바 COSO보고서로 불리는 다음 자료이다. Committee of Sponsoring Organizations of the Treadway Commission, Internal Control—Integrated Framework(1992).

22 大阪地方裁判所 2000.9.20., 判例時報 1721호 3면. 이 판결에 대한 대표적인 평석으로는 岩原紳作, "大和銀行代表訴訟事件一審判決と代表訴訟制度改正問題(上, 下)," 商事法務, 1576호(2000), 4면 이하, 1577호(2000), 4면 이하 참조.

23 이제 일본의 학설, 판례는 어느 정도 규모 이상의 회사의 경우 대표이사가 내부통제시스템을 구축할 의무가 있다고 보고 있다. 江頭憲治郎, 株式會社法(2006), 425면. 일본 회사법상 내부통제시스템에 관한 국내 논문으로는 정대, "일본의 신회사법상의 주식회사의 내부통제시스템에 관한 연구," 『상장협』 54호(2006), 138면 이하 참조.

이사의 감시의무는 개별적인 사항을 감독하는 것보다는 효과적인 내부통제시스템을 구축하는 것에 중점을 둘 수밖에 없다. 사외이사는 내부통제체제가 유효하게 기능하고 있다면 특별히 '의심할 만한 사유'가 없는 한 내부통제체제를 거쳐서 이사회에 제공되는 정보 등을 독립적으로 검사하거나 조사하지 않고 신뢰할 수 있다.[24]

내부통제시스템을 구축할 의무는 이사회에 있지만 현실적으로 작업을 담당하는 것은 대표이사를 비롯한 집행조직이 될 것이다.[25] 내부통제시스템의 바람직한 형태는 회사의 구체적인 상황에 따라 다르기 때문에 내부통제시스템의 구축은 결국 이사회의 경영판단에 맡길 수밖에 없다.[26] 사안에서 D의 내부통제시스템의 전모는 드러나고 있지 않다. 그러나 丙이 대표이사인 甲의 지휘감독을 받지 않고 채권관련 업무를 전담한 사실, 丙이 문제의 CP 매입을 이사회의 승인을 받거나 적절한 사내조직에 보고하지 않고도 단독으로 결정하고 집행할 수 있었다는 사실, 5월 내지 6월에 이루어진 CP 매입에 대한 보고가 7월에 이르러야 행해진 점 등에 비추어 D의 내부통제시스템은 적절하게 구축되지 않았거나 제대로 작동되지 않았던 것으로 보인다.[27] 따라서 대표이사 甲으로서는 내부통제시스템의 구축 내지 운용이 적절하지 못한 것에 대해서 감시의무위반의 책임을 져야 할 것이다. 사안에서 법원이 만연히 과거의 판례에 기대어 '의심할 만한 사유'를 근거로 감시의무를 도출한 것은 논리적으로나 현실적으로 다소 무리한 느낌을 금할 수 없다.

24 제공된 정보에 의문이 있으면 이사회에서 설명을 구하고 그래도 의문이 풀리지 않는 경우라면 합리적인 범위 내에서 조사를 할 수 있을 것이다.

25 사외이사의 의무는 대표이사에 대해서 내부통제체제 구축을 독려하고 구축된 체제를 평가하여 개선할 점이 있다면 그것을 이사회에 건의하는 것이다.

26 이 점은 Caremark결정에서도 분명히 지적되고 있다.

27 앞서 언급한 모범사업회사법의 표현을 빌리자면 '일상적인 감시의 지속적인 해태'에 해당하는 것으로 볼 수 있을 것이다.

5. 법령위반과 감시의무

미도파 주식거래에 관한 판시에 대해서는 몇 가지 보다 근본적인 의문이 있다. 먼저 미도파 주식거래가 증권거래법을 위반한 손실보전행위라는 법원의 평가에 대해서 의문이 있다. 손실보전약정은 증권회사가 거래를 권유하는 시점에서 장차 손실이 발생하는 경우 그것을 보전해 주기로 하는 약정으로 고객의 안이한 투자판단을 부추긴다는 점에서 증권거래법상 금지되고 있다(제52조 제1호). 사안에서 D는 증권회사이기 때문에 문제의 주식거래는 외견상 손실보전약정과 비슷하게 보이는 것도 사실이다. 그러나 전형적인 손실보전약정에서는 거래의 계산주체가 증권회사가 아닌 고객이다. 그러나 사안에서는 사실관계가 완전히 명확한 것은 아니지만 "D로부터 미도파 주식을 총 100억 원의 범위 내에서 장내를 통해 D가 지정한 가격으로 매수하면 D는 매매일로부터 30일 이내에 제반 비용을 가산하여 재매입하겠다"는 표현에 비추어 실제의 계산주체가 계약상의 매수인인 일진이나 홍승이 아니라 D가 아닌가 하는 의문이 있다. 적대적 M&A의 과정에서는 인수회사가 자신의 진정한 지분을 숨기기 위해서 제3자에게 자신의 지분을 맡겨 놓는 사례(이른바 '파킹'parking)이 없지 않다. 사안에서도 문제의 거래가 실제로 파킹목적의 거래였지만 마침 인수회사가 증권회사였기 때문에 외견상 비슷한 손실보전약정으로 잘못 평가된 것으로 짐작된다. 파킹의 대상인 주식은 증권거래법상 대량보유보고의무(제200조의2)와 관련하여 D가 '보유'하는 주식으로 평가될 가능성이 크기 때문에(증권거래법시행령 제10조의4) D의 지분으로 제대로 보고되지 않는 경우에는 증권거래법 대량보유보고의무위반에 해당할 것이다. 그러나 대량보유보고의무위반으로 인정되는 경우에는 회사의 손해를 인정하기가 쉽지 않았을 수도 있다.

문제의 거래가 위법한 손실보전약정이었다는 법원의 판단을 받아들이더라도 문제는 있다. 법원은 손실보장약정에 대해서도 甲과 乙이 감시의무를 위반한 사례로 파악하고 있다.[28] 감시의무는 이사의 적극적인 행위를 요구하기 때문에 감시의무위반은 부작위의 형태로 나타나는 것이 보통이다. 사안에서 주식거래와 관련해서 실제로 행위에 나선 것은 물론 회장의 지시를 받은 다른 임원들이었다. 그러나 최종적으로 계약서에 날인한 것은 대표이사인 甲이었기 때문에[29] 법적인 관점에서 문제의 주식거래는 甲이 실행한 것으로 볼 수 있다. 그렇다면 법적으로 자신이 '직접' 행한 거래를 타인의 행위에 대한 감시의무의 위반으로 이론구성하는 것은 적절하다고 볼 수 없을 것이다.

이사는 선관주의의무의 일환으로 법령을 준수할 의무를 부담한다.[30] 여기서 말하는 법령에는 회사 및 주주의 이익보호를 위한 법령은 물론이고 일반 공익을 목적으로 하는 법령(예: 형법, 공정거래법)도 포함된다고 보는 것이 일반적이다.[31] 그런데 손실보전약정을 규율하는 증권거래법 규정은 증권회사나 그 주주의 이익을 위한 것이 아니라 고객, 그리고 나아가 증권시장의 공정한 가격형성을 도모하는 것이라는 점에서 공익적인 법령에 속한다. 그러나 이사가 그것을 위반한 경우에는 법령준수의무의 위반으로 손해배상책임을 발생시킬 수 있을 것이다. 또한 법령위반으로 인한 책임은 무과실책임으로 보는 견해도 있지만 일반 선관주의의무위반의 경우와 마찬가지로 과실책임으로 보는 것이 타당할 것이다.[32] 증권회사인 D로서는 증권시장을 규율하는 증권거래법의 내용을 적절히 파악하여 준수할 의무가 있다. 따라서 대표이사 甲이 증권거래법상 손실보전약정이 법에 위반된다는 점을 몰랐다 하더라도 그것은 과실에 해당하는 것으로 볼 수 있을 것이다.[33]

28 판결문에서는 감시의무 앞에 선관주의의무를 함께 열거하고 있지만 감시의무가 선관주의의무의 일부를 구성한다는 점에서 중점은 감시의무에 놓인 것으로 보아야 할 것이다.

29 사실상 날인은 乙이 했지만 그것은 甲의 의사에 기한 것으로 甲의 행위와 동일시할 수 있을 것이다.

30 이철송, (주 5), 583면.

31 江頭憲治郎, (주 23), 422면.

32 이철송, (주 5), 599-600면.

33 파킹에 의한 대량보유보고의무위반인 경우에도 마찬가지 논리가 적용될 수 있을 것이다.

6. 맺음말

법원이 나산종건 CP 매입과 관련하여 대표이사 甲의 감시의무위반을 인정한 결론에는 찬성한다. 그러나 대표이사의 감시의무가 문제된 사안에서 감시의무의 발동근거를 종전의 판례에 따라 만연히 '의심할 만한 사유'로 뒷받침한 것에는 의문이 있다. 보다 적극적으로 적절한 내부통제시스템을 구축하고 운영할 의무를 위반한 것으로 이론구성하는 편이 나았을 것이다.

미도파 주식매매를 증권거래법이 금지하는 손실보전약정으로 본 것에 대해서도 의문이 있다. 설사 그것이 손실보전약정이라고 하더라도 대표이사 甲이 계약서에 날인한 사안을 감시의무위반으로 구성하는 것은 문제가 있다. 그보다는 법령준수의무위반으로 구성하는 편이 옳았을 것이다.

이처럼 이 판결은 결론은 타당한 것으로 보이지만 그 이론구성에서는 문제가 있다. 이는 감시의무에 대한 그간의 논의가 별로 성숙되지 못한 탓도 있었을 것이다. 앞으로는 최근 국내외 경영상의 변화를 고려하여 내부통제 개념을 수용하는 방향으로 전환할 것을 기대한다.

최기원 편, 『상사판례연구』 제7권(2007), 78-91면.

* 추기: 최근 판결에서 대법원은 이사의 감시의무와 관련하여 내부통제구축의무를 정면으로 인정한 바 있다. 대법원 2008. 9. 11. 선고 2006다68636 판결.

≫ 저자 약력

김건식

1977년 서울대 법대 졸업

1980년 미국 하버드 법대 LL.M.

1985년 미국 워싱턴 주립대 J.D.

1995년 미국 워싱턴 주립대 Ph.D.

1995년~1996년 일본 동경대 법학부 객원조교수

1998년 미국 하버드 법대 객원교수

1986년~현재 서울대 법대 교수

2008년~2010년 서울대 법대 학장

주요 저서 및 논문

「무의결권우선주에 관한 연구」(상장협 연구보고서, 1994)

「Chaebol and Corporate Governance in Korea」
(워싱턴주립대 박사학위논문, 1995)

『미국의 증권규제』(공저, 홍문사, 2001)

『자본시장법』(공저, 두성사, 2009)

『기업지배구조와 법』(도서출판 소화, 2010)

회사법 연구 II

초판인쇄 | 2010년 9월 10일
초판발행 | 2010년 9월 17일

지 은 이 | 김건식
발 행 인 | 고화숙
발 행 처 | 도서출판 소화
등　　록 | 제13－412호
주　　소 | 서울시 영등포구 영등포동 7가 94-97
전　　화 | 2677-5890
팩　　스 | 2636－6393
홈페이지 | www.sowha.com

ISBN 978-89-8410-327-6 94360
ISBN 978-89-8410-325-2(세트)

값 26,000원